Daniel Molkentin

Qt 4

Einführung in die Applikationsentwicklung

Bibliografische Information Der Deutschen Bibliothek

Die Deutsche Bibliothek verzeichnet diese Publikation in der Deutschen Nationalbibliografie; detaillierte bibliografische Daten sind im Internet über http://dnb.ddb.de abrufbar.

Copyright © 2006 Open Source Press
Lektorat: Patricia Jung
Satz: Open Source Press (LaTeX)
Umschlaggestaltung: Fritz Design GmbH, Erlangen
Gesamtherstellung: Kösel, Krugzell

ISBN-10 3-937514-12-0
ISBN-13 978-3-937514-12-3

http://www.opensourcepress.de

Vorwort von Matthias Ettrich

Programme, die auf Qt-APIs zugreifen, sollen anderen Programmen in nichts nach-
stehen, und das nicht nur auf einem bestimmten System, sondern plattformunabhängig auf allen Zielsystemen, sei es Microsoft Windows oder Apple Macintosh,
seien es Linux-Workstations oder gar mobile Endgeräte wie Handys. Dies ist kein
bescheidener Anspruch und für das Trolltech-Entwicklerteam jeden Tag eine neue
– und willkommene – Herausforderung.

Der schwierigste, weil sichtbarste Teil ist dabei die grafische Benutzeroberfläche.
Sie setzt voraus, dass die entsprechenden Programme auf den Bildschirm zeichnen
können. Qt enthält hierfür eine eigene Technologie, nämlich „Arthur, the paint-
engine". Inspiriert von „Thomas, the tank engine"[1], ist Arthur weit gekommen in den
letzten Jahren. Seine Geschichte ist ein gutes Beispiel für die Weiterentwicklung
von Qt, wie kleine Ideen und Problemlösungen sich verselbständigen, wenn man
sie auf Anwender loslässt.

Arthur begann mit einer einfachen Idee: Viele Qt-Anwender benutzten OpenGL in
ihrer Software, und so wuchs der Wunsch, auch auf einer GL-Oberfläche mit dem
QPainter wie auf herkömmlichen Widgets zeichnen zu können. Mit Qt 4 wollten wir
dies endlich anbieten. Leichter gesagt als getan. Die damals schon fast zehn Jahre
alte Architektur des **QPaintDevice** gab diese Änderung nicht her, und so erblickte
Arthur als kleines Refactoring das Licht der Welt. Mit dem **QPainter** konnten wir
dann in der TechPreview 1 von Qt 4 nicht nur auf OpenGL zeichnen, sondern unter
Microsoft Windows auch auf dem damals relativ neuen GDI+, mit Anti-Aliasing
und linearen Gradienten.

Schön, dachten wir, und soviel besser als Qt 3. Doch wir hatten die Rechnung ohne
unsere User gemacht, mit denen wir auf einer eigenen Mailingliste **qt4-preview-
feedback**[2] intensiven Kontakt pflegten. In der Welt der Computergrafik hatte sich
nämlich einiges getan. Unter X11 wurde XRender immer leistungsstärker und das
Cairo-Projekt schickte sich an, den Abstand zu anderen Systemen endgültig zu
schließen, der Macintosh hatte CoreGraphics, und ein neues Vektorformat mit dem
kurzen Namen SVG machte deutlich, was wirklich verlangt wird von einem modernen Toolkit am Beginn des einundzwanzigsten Jahrhunderts. Arthur war der

---

[1]   http://www.thomasandfriends.com/
[2]   http://lists.trolltech.com/qt4-preview-feedback/

richtige Weg, aber davon waren wir noch himmelweit entfernt. Was schnell war auf dem Mac, war langsam unter GDI+ oder X11 und umgekehrt. Und unter X11 – unserer Stammplattform für die Open-Source-Version – hingen wir trotz XRender weit hinterher.

So setzte sich das Arthur-Team unter Leitung von Gunnar Sletta ein neues Ziel: den Leistungsumfang von SVG. Sie wollten nicht ruhen, bis sich moderne Vektorgrafiken auf allen Plattformen in gleicher Qualität und Geschwindigkeit darstellen ließen. Dies geschah nach der Veröffentlichung der Qt-4-TechPreview 1, wohlgemerkt.

Wie hätten Sie als Projektleiter reagiert? Wir wussten, dass unsere Lösung nicht gut genug war, aber wir lagen schon hinter dem Zeitplan. Und was gibt Ihnen das Vertrauen, dass zwei Entwickler im Alleingang einen neuen Renderer schreiben können, der mit den Großen der Betriebssystemhersteller mithalten muss? Nicht nur das, er sollte auch noch besser sein als GDI+ und plattformunabhängig. Klar, ein Prototyp musste her! Team Arthur bekam drei Wochen, in denen es zeigen sollte, was es konnte.

Und die beiden lieferten, und was sie lieferten! Dank dem fantastischen Scan-Converter des FreeType-Projekts, einer Open-Source-Software, die allgemein in freier Software zum Darstellen von Schrift benutzt wird, gelang der Coup. Danach waren es nur doch drei Tage zur Darstellung komplexer SVGs in Fließkomma-Präzision, mit Anti-Aliasing und leistungsstarken Gradienten. Ironischerweise konnten wir jetzt nicht mehr herkömmlich schwarz-weiß zeichnen, ohne Anti-Aliasing. Das hatte uns im Überschwang des Erfolgs erstmal wenig interessiert.

Was lernen wir daraus? Qt wird ständig weiterentwickelt, von manchmal etwas verrückten, hochmotivierten Programmierern, die sich selber Trolle nennen und von unseren Anwendern zu Höchstleistungen getrieben werden. Wie beispielsweise von Daniel und Patricia, denen wir unter anderem dieses wundervolle Buch zu verdanken haben, das Sie gerade in Ihren Händen halten. Ohne sie alle wäre Qt nicht da, wo es ist, und das Entwicklerteam ist sich dessen dankbar bewusst.

Genau deshalb wollen und werden wir so weitermachen wie bisher, nur besser. Für Sie, unsere Anwender, und weil es uns natürlich auch ein bisschen Spaß macht. Willkommen bei Qt!

Matthias Ettrich,
Entwicklungsleiter Trolltech

Inhaltsverzeichnis

Einleitung

Vor einigen Jahren fiel mir, eher zufällig, ein Artikel über GUI-Programmierung mit C++ in die Hände. Ich hatte gerade damit begonnen, C++ zu lernen, und war erstaunt, mit wie wenig Code der Autor[3] ein komplettes Spiel inklusive Menüführung realisiert hatte. Natürlich gab es dort einige Konstrukte, die einer Erklärung bedurften, doch schon nach kurzer Zeit war ich angesteckt: Die Qt-Bibliothek, die er verwendete, erwies sich nicht nur als eine sehr umfangreiche Sammlung von allerlei nützlichen *Widgets* (Windows-Programmierern auch als *Steuerelemente* bekannt), sondern verfügte über Standardalgorithmen, Datenstrukturen sowie weitere nicht-grafische Klassen, die das Programmieren mit C++ so intuitiv machten, wie ich es zuvor noch bei keinem anderen Toolkit gesehen hatte.

Zudem warb der Hersteller Trolltech mit einer plattformunabhängigen API: Ein Toolkit, das mit reinem Neukompilieren des Codes Programme für Windows und Linux produzieren sollte, machte mich neugierig. Kurz darauf, vor nun fast genau sechs Jahren, schloss ich mich dem KDE-Projekt an, das einen kompletten Desktop auf Basis von Qt entwickelte. KDE zählt heute neben GNOME zu den bedeutendsten Desktops unter Linux. Aber auch eine nicht kleine Anzahl von Firmen verwendet Qt: So basiert Google Earth genauso auf Qt wie die Telefoniesoftware Skype oder das Videoschnittprogramm MainActor.

Als Trolltech 2005 eine Vorversion von Qt 4 veröffentlichte, begann ich einige der neuen Funktionalitäten auszuprobieren und war begeistert. Hinzu kam das erstmalig einheitliche Lizenzschema für alle Varianten von Qt, das bis dahin für Linux und Mac OS X unterschiedlich war: Quid Pro Quo – wer ein Programm unter eine Open-Source-Lizenz stellt, kann die Open-Source-Variante der Bibliothek nutzen. Wer hingegen proprietäre Programme entwickelt, zahlt für Qt Lizenzgebühren, fördert so die Entwicklung des Toolkits und erhält Support durch den Hersteller.

Für die Lizenzierung der kostenpflichtigen Qt-Variante ist die Ausbaustufe relevant. Trolltech hält drei Editionen von Qt 4 bereit: *Qt Console* für nichtgrafische Entwicklung, *Qt Desktop Light* sowie *Qt Desktop* als Version mit allen Features. Die Open-Source-Version entspricht jeweils der Desktop-Ausgabe, ist also im Umfang nicht beschränkt.

---

[3] Der Artikel stammte von Matthias Ettrich, dem Gründer des KDE-Projekts.

Dieses Buch orientiert sich an der Open-Source-Ausgabe von Qt, doch auch Käufer der kommerziellen Variante können mit ihm in der Hand problemlos in Qt einsteigen. Die Embedded-Version von Qt (*Qtopia Core*) wird nicht behandelt, denn obwohl die API bis auf wenige Extra-Klassen identisch ist, gibt es bei der Embedded-Entwicklung zu viele Dinge zu beachten, die ein eigenes Buch rechtfertigen würden.

Zielgruppe und Voraussetzungen

Eine Zielgruppe für Qt-Programmierung zu definieren ist schon deswegen schwierig, weil die Einsatzmöglichkeiten von Qt nahezu unbeschränkt sind. In der Regel verbindet sie jedoch der Wunsch nach plattformunabhängigen Ergebnissen in einer eigentlich systemnahen Hochsprache wie C++, die nicht zuletzt aus Performancegründen zu nativem Code kompilieren soll.

Das Buch setzt grundlegende C++-Kenntnisse voraus. Der geneigte Leser sollte mit den Konzepten von Zeigern und Templates vertraut sein. Auch Dinge wie das Überladen von Operatoren setzt das Buch als bekannt voraus.

Ausdrücklich nicht vorausgesetzt wird die Kenntnis der *Standard Template Library* (STL). Qt bietet für die geläufigsten Algorithmen und Container eigene Klassen, die im Anhang erläutert werden.

Aufbau des Buches

Das Buch erklärt zunächst den grundlegenden Aufbau des Qt-Toolkits und die wichtigsten spezifischen Eigenschaften. Die Folgekapitel führen hin zu eigenen kleinen Applikationen. Alle weiteren Technologien, die die abschließenden Kapitel darstellen, werden aus Gründen der Übersichtlichkeit als eigenständige, kurze Beispiele demonstriert. Sie sind jedoch so angeordnet, dass es kein Problem sein sollte, sie in einem realen Programm an der richtigen Stelle einzusetzen.

Fast jedem der in diesem Buch abgedruckten Beispiele liegt ein komplettes, kompilierbares Testprogramm zu Grunde. Diese Beispiele beginnen mit dem Namen der zitierten Quelltextdatei in C++-Kommentaren, also etwa mit

```
// programmname/dateiname.cpp
```

Aus Gründen der besseren Verständlichkeit stehen zwischen Code-Segmenten immer wieder Erklärungen, so dass der Code unterbrochen wird. Eine Fortsetzung wird dann ebenfalls als Kommentar vermerkt:

```
// programmname/dateiname.cpp (fortgesetzt)
```

Wer die Beispiele lieber im Zusammenhang lesen oder sie ausprobieren möchte, kann ein komplettes Archiv mit allen im Buch beschriebenen Beispielen herunterladen. Diese Datei sowie weitere Hinweise und Link-Empfehlungen hält die Website zum Buch bereit:

```
http://www.qt4-buch.de/
```

Dieses Buch richtet sich an Einsteiger und will keine Referenz sein. Die exzellente Online-Dokumentation – abrufbar über den mitgelieferten Qt Assistent oder online unter http://doc.trolltech.com/ – bietet zu allen hier vorgestellten Klassen eine ausführliche API-Dokumentation und wäre nur schwer zu übertreffen.

Stattdessen soll das Buch Zusammenhänge und grundsätzliche Techniken anhand der Beispiele vermitteln und den Einstieg in die Programmierung erleichtern, ebenso wie mir damals jener Zeitschriftenartikel beim Einstieg in Qt geholfen hat.

Danksagung

Das vorliegende Buch zu schreiben wäre unmöglich gewesen, wenn mir nicht eine ganze Menge Leute beratend zur Seite gestanden hätten. Vor allem Patricia Jung und ihre Kollegen von Open Source Press haben entscheidend dazu beigetragen, dieses Buch inhaltlich und formal zu gestalten. Mein Dank gilt weiterhin Rainer M. Schmid, der das Projekt mit auf den Weg gebracht hat.

Außerdem möchte ich den Leuten danken, die das Buch Korrektur gelesen und mir wertvolles Feedback haben zukommen lassen. Thorsten Stärk und Stephan Zeissler verdienen hier eine ganz besondere Erwähnung ebenso wie Axel Jäger, mit dem ich viele für dieses Buch wertvolle Diskussionen geführt habe.

Natürlich hätte ich dieses Buch niemals geschrieben, wenn ich nicht auf das KDE-Projekt und mit Harri Porten auf einen geduldigen Maintainer gestoßen wäre, der sich meiner ersten Patches annahm und sie mit viel Geduld kommentierte.

In der Entstehungsphase des Buchs stand mir außerdem die extrem hilfsbereite Truppe des #kde4-devel-Kanals auf irc.freenode.net mit wichtigen Hinweisen oder Ratschlägen zur Seite. Auch das Mailinglisten-Archiv von Trolltech und das Community-Forum http://www.qtcentre.org/ lieferten bei der Klärung kniffliger Fragen wertvolle Hinweise.

Ein besonderer Dank gilt Trolltech selbst, denn dank der Dual-Lizenzierung fördert die Firma nicht nur den Gedanken der freien Software: Der Quelltext war in einigen Fällen die letzte Möglichkeit, Sachverhalte zu bestätigen, wo selbst die exzellente API-Dokumentation Lücken aufwies.

Auch die Linux/Unix Usergroup Sankt Augustin und der Bonner Netzladen verdienen eine Erwähnung. Ihre exzellente Versorgung mit Club-Mate hat mich während der Arbeit stets hellwach gehalten.

Viele meiner Freunde haben mir für dieses Projekt Mut zugesprochen und mich motiviert. Ein großer Dank geht aber auch an meine Familie. Sie hat mir vor allem in der heißen Phase den Rücken freigehalten und mich unterstützt, was mir die Arbeit extrem erleichtert hat. Dieses Buch ist deshalb der besten Familie gewidmet, die man haben kann.

Daniel Molkentin

Vorbereitungen

Damit man die Beispiele tatsächlich kompilieren kann, sollte man die jeweils neueste Qt-Version von Trolltech verwenden. Linux-Benutzer können auch die vorkompilierten Pakete ihrer Linux-Distribution nutzen, jedoch sollten sie sich auf oftmals subtile Probleme mit diesen Paketen gefasst machen, da viele Distributionen Qt 4 erst seit recht kurzer Zeit mitliefern. So traten beispielsweise in den Paketen für Ubuntu Dapper Drake Probleme mit den Debug-Bibliotheken auf. Sicherer ist es daher, sich die Quelltexte von Trolltech zu besorgen und die Quellen selbst zu übersetzen.

Unter Linux und Mac OS X genügt es, einen installierten Compiler vorausgesetzt, das Archiv auszupacken und dann innerhalb des Pakets die Kommandos

```
./configure -qt-gif -debug
make
```

ablaufen zu lassen. Sie sollten jedoch zunächst per **./configure -help** überprüfen, ob das System spezielle Module, etwa gewisse Datenbanktreiber, die Sie für Ihre Arbeit benötigen, bei der Übersetzung berücksichtigt. Genauere Hinweise, vor allem zu den SQL-Modulen, stehen in den jeweiligen Kapiteln in diesem Buch.

Die hier angegebenen Parameter für **configure** haben sich als kleinster gemeinsamer Nenner für viele Anwendungsfälle herauskristallisiert: **-qt-gif** bewirkt, dass die standardmäßig aus lizenztechnischen Gründen deaktivierte Unterstützung für das Dateiformat GIF Eingang in die Bibliothek findet. **-debug** sorgt dafür, dass neben den normalen Bibliotheken auch eine Version mit Debug-Symbolen gebaut wird. Zum Entwickeln sollte man stets die Debug-Version der Bibliotheken verwenden. Wenn nicht, geben einige Beispiele aus diesem Buch nichts aus, da sie zu diesem Zweck Debugging-Funktionalität verwenden.

Ein **make install** installiert Qt unter Unix ins Verzeichnis **/usr/local/Trolltech/Qt-***version*. Wer ein anderes Verzeichnis vorzieht, übergibt den gewünschten Installationspfad mit Hilfe der **-prefix**-Option an **configure**. Qt ist jedoch auch direkt aus dem Verzeichnis, in dem es gebaut wurde, nutzbar. Dazu nimmt man lediglich das **bin**-Verzeichnis in den Pfad und das **lib**-Verzeichnis unter Unix in die Umgebungsvariable **LD_LIBRARY_PATH** auf.

Windows-Benutzer müssen ebenfalls zum Compiler greifen. Wer nicht über eine MSVC-Lizenz verfügt, sollte den MinGW-Compiler[4] verwenden. MinGW (*Minimalist GNU for Windows*) ist eine Portierung der GNU Compiler Collection (GCC) auf Windows, die native Windows-Executables produziert, ohne dass wie bei Cygwin eine Unix-Kompatibilitätsbibliothek nötig ist. Nach erfolgreicher MinGW-Installation installiert man Qt wie unter Unix, der **configure**-Befehl ist hierbei jedoch eine **.exe**-Datei, so dass der Auruf

```
configure.exe -qt-gif -debug
```

lauten muss. Passende grafische Entwicklungsumgebungen stellt das erste Kapitel vor.

---

[4] http://www.mingw.org/

Grundbegriffe, Werkzeuge und erster Code

1.1 Das erste Qt-Programm

Der Tradition aller Programmierbücher und -tutorials folgend, beginnt auch dieses Buch mit dem obligatorischen „Hallo Welt"-Programm. Diese minimale Qt-Applikation, die wir in einer Datei namens **main.cpp** abspeichern, macht einfach nur ein Fenster auf, um darin den Text **Hallo Welt!** anzuzeigen:

```
// halloWelt/main.cpp

#include <QApplication>
#include <QLabel>

int main(int argc, char *argv[])
{
    QApplication a(argc, argv);
```

```
QLabel label("Hallo Welt!");
label.show();

return a.exec();
}
```

Zu diesem Zweck binden die ersten beiden Codezeilen die Header-Dateien für die Qt-Klassen in den Quelltext ein, die wir im Folgenden benutzen wollen. In unserem Fall enthalten sie die Schnittstellenbeschreibung für die Klassen **QApplication** und **QLabel**.

In Qt 4 existiert zu jeder Qt-Klasse genau eine Header-Datei, die den Klassennamen trägt und auf die sonst übliche Dateinamenserweiterung .h verzichtet: Ihr Name entspricht genau dem Klassennamen.[1] Dabei gilt es, auf korrekte Groß-/Kleinschreibung zu achten.

Ab der vierten Zeile zeigt das Listing, wie die typische **main()**-Funktion eines Qt-Programms aussieht: Zunächst legt man ein **QApplication**-Objekt an und übergibt ihm die Kommandozeilen-Argumente, mit denen der Nutzer das fertige Programm aufruft. Ohne dieses Objekt kommt kein GUI-Programm aus, da es unter anderem eine *Event-Loop* (auch *Ereignisschleife* genannt) zur Verfügung stellt. Diese Schleife sorgt dafür, dass die Applikation so lange läuft, bis das Fenster geschlossen wird.

Als nächstes erzeugen wir ein **QLabel**-Objekt, das den Text **Hallo Welt!** darstellt. Dieses Objekt ist zunächst unsichtbar. Wir müssen seine Funktion **show()** aufrufen, um es – wie in Abbildung 1.1 – als Fenster anzuzeigen.

Abbildung 1.1:
Das erste
Qt-Programm

Schließlich startet der **exec()**-Aufruf die Event-Loop. Diese Schleife ist dafür zuständig, Ereignisse an die entsprechenden Klassen weiterzuleiten. Solche Events werden zum Beispiel durch Benutzeraktionen hervorgerufen, etwa durch das Klicken eines Buttons. Die Ereignis-Behandlung überlassen wir in unserem Beispiel komplett Qt selbst. Abschnitt 1.3 auf Seite 32 zeigt, wie man auf Benutzeraktionen reagiert.

Die Event-Loop beendet sich, wenn die **quit()**-Funktion des **QApplication**-Objekts aufgerufen wird. Dies geschieht im Beispiel indirekt, wenn sich das letzte Hauptfenster der Applikation, in diesem Fall also **label**, schließt und damit aus dem Speicher gelöscht wird.

[1] Tatsächlich enthalten diese Dateien lediglich eine Include-Zeile, die die passende .h-Datei lädt. Diese sind aber nicht dokumentiert, so dass man nicht sicher sein kann, ob Trolltech bei Gelegenheit unangekündigte Veränderungen vornimmt.

1.1.1   Kompilieren eines Qt-Projekts

Beim Übersetzen dieses Programms steht man zunächst vor einem Problem: Qt unterstützt unterschiedliche Plattformen, und auf all diesen Systemen kompiliert es sich verschieden. Der Qt-Hersteller Trolltech löst dieses Problem mit einem einfachen Programm zur plattformübergreifenden Projekterstellung: qmake.

Es erzeugt Makefiles aus einer vom Betriebssystem unabhängigen Projektdatei. Diese Makefiles enthalten dann alle Informationen, die nötig sind, um das Programm auf der konkreten Plattform zu kompilieren. Unter Windows ist es auch möglich, aus den qmake-Projektdateien Visual-Studio-Projekte zu generieren.

Projektdateien und Makefiles mit qmake erzeugen

Um eine Projektdatei für das Hallo-Welt-Programm zu erzeugen, genügt es, qmake mit der Option -project aufzurufen.[2] Hierzu wechselt man in einem Terminal-Fenster ins Verzeichnis mit der Quelldatei. Befindet sich der Quelltext im Verzeichnis halloWelt und trägt, wie in unserem Fall, den Namen main.cpp,[3] erzeugt der Befehl

```
user@linux:halloWelt$ qmake -project
```

eine Datei halloWelt.pro folgenden Inhalts:

```
#halloWelt/halloWelt.pro

#####################################
# Automatically generated by qmake
#####################################

TEMPLATE = app
CONFIG -= moc
DEPENDPATH += .
INCLUDEPATH += .

# Input
SOURCES += main.cpp
```

---

[2] Achten Sie bitte darauf, tatsächlich das Qt-4-qmake zu verwenden, das sich deutlich von der Qt-3-Version unterscheidet. Dessen Anwendung auf Qt-4-Projekte verursacht Fehler. Viele Linux-Distributionen bringen sowohl Qt 3 als auch Qt 4 mit – bei Ubuntu Breezy Badger und Dapper Drake beispielsweise linkt qmake per Default auf qmake-qt3. Die Qt-4-Version des Tools lässt sich mit qmake-qt4 aufrufen; wenn man die 3er Ausgabe selten braucht, ändert man den entsprechenden Link in /etc/alternatives.

[3] Zwar ist qmake nicht darauf angewiesen, dass main.cpp die main()-Funktion enthält, doch hat sich diese Konvention eingebürgert.

Interessant darin sind die Einträge **TEMPLATE** und **SOURCES**.[4] **TEMPLATE** bestimmt, ob wir eine Applikation (**app**) oder eine Bibliothek (**lib**) erstellen wollen; **SOURCES** gibt die Quelltext-Dateien an, aus denen das Projekt besteht.

Um aus der Projektdatei das Makefile zu erzeugen, genügt ein einfacher **qmake**-Aufruf:

```
user@linux:halloWelt$ qmake
```

Dieser Befehl generiert unter Windows drei Dateien: **Makefile**, **Makefile.Debug** und **Makefile.Release**. Dabei ist **Makefile** eine Meta-Datei, die auf die beiden anderen verweist. **Makefile.Debug** und **Makefile.Release** wiederum beschreiben, wie das Programm **make** das Projekt zusammenbauen soll.

Auf Unix-Plattformen (also auch unter Linux und Mac OS X) erzeugt **qmake** nur die Datei **Makefile**, die nach Aufruf von **make** die Debug-Ausgabe des Programms erstellt, es sei denn, die Debug-Varianten der Qt-Bibliotheken fehlen.[5]

Um sicherzugehen, dass sich diese auf dem Rechner befinden, sucht man auf Unix-Systemen nach der Datei **libQtCore_debug.so.4**. Unter Windows tragen die entsprechenden DLL-Dateien ein **d** vor der Versionsnummer, also **qtcored4.dll** für die Debug-Version der QtCore-Bibliothek. Hier sorgt erst ein Klick auf den Eintrag **Build debug libraries** im Startmenü-Ordner **Programme** dafür, dass Qt seine Debug-Bibliotheken baut.

Um mit **qmake** unter Unix zum gleichen Ergebnis wie unter Windows zu kommen, müssen nicht nur die Debug-Bibliotheken vorhanden sein, sondern es bedarf zusätzlich der folgenden Zeile in **halloWelt.pro**:

```
CONFIG += debug_and_release
```

Der Operator **+=** hat dabei die gleiche Funktion wie in Qt: Er fügt der Variablen eine weitere Option hinzu, ohne die bereits gesetzten zu überschreiben. Analog existiert der Operator **-=**, der einzelne Optionen wieder herausnimmt.

Alternativ kann man auch die Umgebungsvariable **QMAKEFLAGS** auf den Wert **'CONFIG+=debug_and_release'** (Hochkommata beachten!) setzen, bevor man **qmake** ausführt. Der Eintrag in der .pro-Datei vereinfacht jedoch die Entwicklung, wenn mehrere Programmierer (oder ein einzelner an mehreren Rechnern) über ein Versionskontrollsystem wie CVS, Subversion oder Visual Source Safe am Code arbeiten.

---

[4] Die anderen Einträge benötigt man nicht; **qmake** ist bei der automatischen Projektgenerierung zu vorsichtig. **CONFIG = -moc** gibt an, das wir den Meta-Object-Compiler für dieses Projekt nicht benötigen, in **INCLUDEPATH** und **DEPENDPATH** können wir Verzeichnisse angeben, in denen der Compiler Include-Dateien suchen soll.

[5] Die Debug-Bibliotheken müssen beispielsweise bei Kubuntu (libqt4-debug, libqt4-debug-dev) und SUSE (qt-debug, qt-devel) extra nachinstalliert werden.

Wer nur die Debug-Variante wünscht, fügt der **CONFIG**-Variablen den Wert **debug** hinzu. Analog wählt man **release**, um nur ausführbare Dateien ohne Extra-Informationen zu erzeugen, die sich zur Freigabe an die Endbenutzer eignen.

Übersetzen des Projekts

Das Kommando **make** ohne weitere Kommandozeilenoptionen oder

```
user@linux:halloWelt$ make release
```

erzeugt eine Release-Version des Projekts, während

```
user@linux:halloWelt$ make debug
```

entsprechend eine Debug-Version erzeugt. Falls Sie Microsoft Visual Studio benutzen, müssen Sie den Befehl make durch nmake ersetzen. make bzw. nmake legen die ausführbare Datei im Unterverzeichnis **release** bzw. **debug** ab.

Die so übersetzte und auf Unix-Systemen mit **./release/halloWelt** bzw. **./debug/halloWelt** gestartete Anwendung öffnet ein Fenster wie in Abbildung 1.1 auf Seite 24.

1.2 Layout, Objekthierarchien und Speicherverwaltung

1.2.1 Widgets automatisch anordnen

Um das Hallo-Welt-Programm so zu erweitern, dass es nicht nur einen Text in einem **QLabel**-Objekt anzeigt, sondern wie in Abbildung 1.2 zwei **QLabel** untereinander anordnet, greifen wir auf das in Qt eingebaute Layout-System zurück. Es richtet die GUI-Elemente, bei Qt als *Widgets* oder auch *Controls* bezeichnet, automatisch aus. Ganz ähnlich wie im Druckbereich spricht man hierbei von *Layouting*.

Abbildung 1.2:
Ein Widget mit
vertikalem Layout

Hinter Abbildung 1.2 steckt folgender Quellcode:

```
// layout/main.cpp

#include <QApplication>
#include <QVBoxLayout>
#include <QLabel>

int main(int argc, char *argv[])
{
    QApplication a(argc, argv);

    QWidget window;

    QVBoxLayout* mainLayout = new QVBoxLayout(&window);
    QLabel* label1 = new QLabel("Eins");
    QLabel* label2 = new QLabel("Zwei");

    mainLayout->addWidget(label1);
    mainLayout->addWidget(label2);

    window.show();

    return a.exec();
}
```

Zusätzlich zu den bereits in Kapitel 1.1 verwendeten Klassen **QApplication** und **QLabel** binden wir nun mit **QVBoxLayout** eine Klasse ein, die Widgets vertikal anordnet – das V im Namen steht für *vertical*. Als Hauptfenster der Applikation dient diesmal statt des **QLabel** ein einfaches **QWidget**-Objekt, das wir **window** nennen. Dieser Variablenname ist zunächst einmal nur eine Konvention. Ob das Objekt tatsächlich zum eigenständigen Fenster wird, entscheidet sich an zwei Stellen: Zum einen beim Aufruf des **QWidget**-Konstruktors: Fehlen dabei wie hier sämtliche Argumente, hat das neue Objekt kein Eltern-Widget und bildet somit selbst die Wurzel einer Objekthierarchie. Zum anderen wird ein Widget erst dann zum Fenster, wenn es mittels **show()** angezeigt wird.

Nach dem **QWidget** erzeugen wir ein **QVBoxLayout**-Objekt. Warum hier der **new**-Operator statt

```
QVBoxLayout mainLayout(&window);
```

zum Einsatz kommt, erklärt das folgende Kapitel 1.2.2. Damit das **QVBoxLayout** weiß, dass es für das Layout von **window** zuständig ist, bekommt es einen Zeiger auf das **QWidget**-Objekt als Argument mit auf den Weg.

In ähnlicher Weise entstehen auch die beiden **QLabel**-Objekte mit den Texten **Eins** und **Zwei**. Damit das Layout-Objekt sie verwaltet, fügen wir sie dem **QVBoxLayout** mit der **QVBoxLayout**-Funktion **addWidget()** hinzu.

Der Rest des Programms unterscheidet sich kaum vom ersten Beispiel – wir machen lediglich das **QWidget**-Objekt anstelle des **QLabel** mit **show()** sichtbar. Damit erscheinen alle Widgets, die das Objekt enthält, auf der Bildfläche, in unserem Fall also beide **QLabel**.

Zuletzt starten wir noch die Event-Loop. Ein einfaches **return 0;** beendete die Applikation sofort; das Fenster würde gar nicht angezeigt.

Die Anwendung zeigt den Vorteil von Layouts: Man muss sich nicht um die genaue Positionierung der Widgets kümmern. Zudem kann der Benutzer automatisch layoutete Fenster ohne weiteres Zutun des Programmierers vergrößern oder verkleinern. Das Layout sorgt dafür, dass die Bestandteile des Fensters den dann zur Verfügung stehenden Platz sinnvoll ausfüllen.

Der Programmierer wiederum darf für die einzelnen Widgets festlegen, welches Verhalten sinnvoll ist: Soll ein Steuerelement – zum Beispiel ein Widget zum Anzeigen mehrzeiligen Textes – möglichst viel Platz einnehmen? Was soll mit Widgets, etwa einer Checkbox, geschehen, denen mehr vertikaler Platz nichts nützt? Kapitel 5 beschreibt die hier zur Verfügung stehenden Möglichkeiten ab Seite 139 genauer.

1.2.2 Speicherverwaltung in Objekthierarchien

Die im vorigen Kapitel beschriebene Anwendung aus Abbildung 1.2 führte nicht nur automatische Layouts ein, sondern unterscheidet sich auch in einem weiteren Aspekt von „Hallo Welt" aus Kapitel 1.1: Während die Codezeile **QWidget window;** das **QWidget**-Objekt erzeugt, kommt beim **QVBoxLayout** und den **QLabel**-Objekten der Operator **new** zum Einsatz:

```
QVBoxLayout* mainLayout = new QVBoxLayout(&window);
```

Dies liegt daran, dass C++ keine automatische Speicherverwaltung besitzt – der Programmierer muss sich selber darum kümmern. Qt nimmt ihm einen Teil der Arbeit ab: Von **QObject** abgeleitete Klassen können eine Baumstruktur bilden; entsprechende Objekte dürfen Kind-Objekte besitzen. Wird ein solches Objekt gelöscht, so löscht Qt automatisch alle Kind-Objekte, diese „Kinder" löschen ihrerseits ihre „Nachkommen" und so weiter.

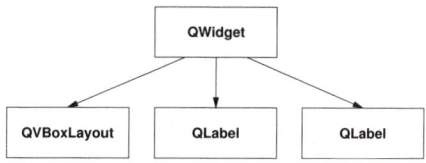

Abbildung 1.3: Von QObject abgeleitete Klassen lassen sich in einem Baum anordnen

Anders ausgedrückt: Verschwindet die Wurzel eines Objektbaums, so löscht Qt den gesamten Baum. Damit dies funktioniert, müssen alle Kinder auf dem *Heap* liegen, was **new** veranlasst. Die Objekte werden dann mit einem Zeiger referenziert.

Objekte *nicht* auf den Heap zu legen (also *nicht* mit **new** zu allokieren) ist ein beliebter Anfängerfehler: Widgets, die beispielsweise in einem Klassenkonstruktor nur auf dem Stack angelegt werden, löscht der Compiler nach der Abarbeitung wieder. Damit erzeugt die Anwendung das Widget zwar kurz, macht es aber nie für das Auge sichtbar.

Die eben zitierte Codezeile legt das **QVBoxLayout**-Objekt als Kind des **QWidget**-Objekts **window** an. Die beiden Label haben bei ihrer Entstehung zunächst keinen Vater:

```
QLabel* label1 = new QLabel("Eins");
```

Allerdings sorgt der **QVBoxLayout::addWidget()**-Aufruf dafür, dass das **QWidget**-Objekt automatisch die Elternschaft übernimmt. In der Tat müssen in einem Widget enthaltene GUI-Elemente Kinder des übergeordneten Widgets sein. Deswegen wird das **QWidget** zum Vater des **QLabel**-Objekts und nicht das **QVBoxLayout**-Objekt, wie zu vermuten wäre. Es ergibt sich eine Baumstruktur wie in Abbildung 1.3.

Demnach müssen sowohl das Layout-Objekt als auch die beiden Label mittels **new** auf dem Heap erzeugt werden. Das Fenster hingegen erzeugen wir mittels **QWidget window**; auf dem Stack, um es bei Applikationsende nicht von Hand löschen zu müssen. Das darf man nur bei Objekten, die keinen Vater besitzen. In den meisten Fällen empfiehlt es sich daher, Objekte einer von **QObject** abgeleiteten Klasse auf dem Heap mittels **new** zu erzeugen.

1.2.3   Weitere Layout-Typen

Analog zur Klasse **QVBoxLayout** für vertikale Layouts gibt es auch eine, die Elemente horizontal anordnet: **QHBoxLayout**. Ihre Schnittstelle unterscheidet sich nicht von der des **QVBoxLayout**. Ersetzt man im Beispiel aus Abbildung 1.2 **QVBoxLayout** durch **QHBoxLayout**, sieht das Ergebnis aus wie in Abbildung 1.4.

Abbildung 1.4:
Die beiden Label
horizontal statt
vertikal angeordnet

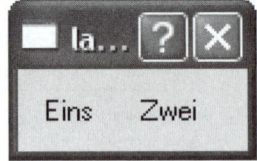

Zusätzlich gibt es eine Klasse, die Widgets in einem Raster ausrichtet, **QGridLayout**:

```
// gridLayout/main.cpp

#include <QApplication>
#include <QGridLayout>
```

```
#include <QLabel>

int main(int argc, char *argv[])
{
    QApplication a(argc, argv);

    QWidget window;

    QGridLayout* mainLayout = new QGridLayout(&window);
    QLabel* label1 = new QLabel("Eins");
    QLabel* label2 = new QLabel("Zwei");
    QLabel* label3 = new QLabel("Drei");
    QLabel* label4 = new QLabel("Vier");
    QLabel* label5 = new QLabel("Fünf");
    QLabel* label6 = new QLabel("Sechs");

    mainLayout->addWidget(label1, 0, 0);
    mainLayout->addWidget(label2, 0, 1);
    mainLayout->addWidget(label3, 1, 0);
    mainLayout->addWidget(label4, 1, 1);
    mainLayout->addWidget(label5, 2, 0);
    mainLayout->addWidget(label6, 2, 1);

    window.show();

    return a.exec();
}
```

Dieses Programm ähnelt ebenfalls dem vorherigen Beispiel: Anstelle des **QVBoxLayout** kommt nun ein **QGridLayout** als „Behälter" für diesmal sechs **QLabel**-Objekte zum Einsatz. Anders als die **addWidget()**-Funktion der horizontalen bzw. vertikalen Layoutklasse verlangt **QGridLayout::addWidget()** drei Argumente: das einzuordnende Widget sowie die Zeilen- und Spaltennummer der Rasterzelle, in der es seinen Platz finden soll. Die erste Zelle des Rasters trägt die Koordinaten (0,0) und befindet sich in der linken oberen Ecke. Das Ergebnis zeigt Abbildung 1.5.

Abbildung 1.5:
Ein Programm, das
QGridLayout
verwendet

Wird die Aufschrift **Fünf** nicht korrekt ausgegeben, so liegt dies meist daran, dass der verwendete Editor die Datei UTF-8-kodiert gespeichert hat. In diesem Fall muss sie ins ISO-8859-1- oder ISO-8859-15-Format umgewandelt werden. Beim KDE-Editor Kate findet sich diese Option im „Speichern unter..."-Dialog.

Weitere Details zum Thema „Layout" bietet Kapitel 5. Es erläutert, wie man kompliziertere Layouts entwirft, etwa durch Verschachtelung, und geht auch auf manuelles Layout, *Splitter* und die QStackedLayout-Klasse ein.

Splitter verhalten sich ganz ähnlich wie vertikale oder horizontale Layouts, stellen aber in den sonst leeren Zwischenräumen sogenannte *Handles* dar, eine Art Griff, den der Benutzer in beide Richtungen ziehen kann, um somit für die jeweils gegenüberliegenden Widgets Platz zu schaffen. Dabei schrumpfen die Widgets auf der Seite, in die das Handle gezogen wird.

Die QStackedLayout-Klasse hingegen verwaltet mehrere „Seiten" mit Widgets, von denen immer nur eine sichtbar ist. Mit ihrer Hilfe entstehen zum Beispiel Konfigurationsdialoge, in denen der Anwender auf der linken Seite eine Kategorie auswählt und rechts davon die Widgets angezeigt bekommt, mit denen er die Konfiguration der Kategorie ändert. Wechselt der Benutzer die Kategorie, muss das QStackedLayout lediglich erfahren, dass es eine andere „Seite" anzeigen soll.

1.3   Signale und Slots

Die bisher vorgestellten Programme erzeugten lediglich eine Ausgabe; Benutzereingaben waren nicht möglich. Soll sich das ändern, kommt man um programminterne Kommunikation nicht herum.

Andere GUI-Toolkits nutzen zu diesem Zweck oft *Callback-Funktionen* oder *Event-Listener*. Bei Qt kommt stattdessen das Signal-und-Slot-Konzept zum Einsatz.[6] Gegenüber Callback-Funktionen hat es den Vorteil, dass Qt die Verbindungen automatisch trennt, wenn eines der beiden kommunizierenden Objekte gelöscht wird. Das vermeidet Abstürze, und das Programmieren vereinfacht sich.

1.3.1   Der einfachste Fall: Slot reagiert auf Signal

Am einfachsten lassen sich Signale und Slots am Beispiel erklären – etwa anhand eines Programms, das einen einfachen Schaltknopf mit dem Text **Beenden** anzeigt. Betätigt der Benutzer diesen Button, beendet sich die Applikation:

---

[6]   Auch in Qt gibt es Events und Event-Handler-Funktionen. Der Unterschied besteht darin, dass ein Signal mit beliebig vielen Slots verbunden sein kann, insbesondere auch mit Slots verschiedener Objekte. Ein Event-Handler hingegen behandelt nur die Events, die an das jeweilige Objekt selber gehen – jedes Event wird von genau einem Event-Handler behandelt. Kapitel 7 geht ausführlicher auf Events ein.

```
// signalSlot/main.cpp

#include <QApplication>
#include <QPushButton>

int main(int argc, char *argv[])
{
    QApplication a(argc, argv);

    QPushButton button("Beenden");
    button.show();

    QObject::connect(&button, SIGNAL(clicked()),
                     &a, SLOT(quit()));

    return a.exec();
}
```

Verglichen mit dem Hallo-Welt-Programm aus Kapitel 1.1 auf Seite 23 ändert sich nur zweierlei: Das dort verwendete **QLabel**-Objekt muss einem **QPushButton** weichen. Diese Klasse stellt eine Schaltfläche dar und verarbeitet Mausklicks auf diesen Knopf.

Der zweite Unterschied besteht im Aufruf von **QObject::connect()**. Diese Funktion legt die Aktion fest, die ausgeführt wird, wenn der Benutzer den Schaltknopf betätigt: Im Beispiel beendet sich die Applikation.

connect() ist eine statische Funktion der **QObject**-Klasse, die die Verbindung zwischen einem Signal und einem Slot herstellt. Die ersten beiden Argumente bezeichnen das Objekt, das das Signal aussendet, und das Signal, das wir an den Slot binden möchten. Die beiden anderen Argumente definieren den Empfänger, also das Objekt selber und den entgegennehmenden Slot. Die &-Zeichen sind wieder notwendig, weil die Funktion Zeiger als Argumente erwartet.

An dieser Stelle sehen wir erstmals, wie die Kommunikation über Signale und Slots vonstatten geht. Jede Unterklasse von **QObject** kann solche Signale und Slots definieren.

Bei Slots handelt es sich um ganz normale Funktionen einer Klasse, die man speziell kennzeichnet, so dass sie auf Signale reagieren können. Signale hingegen werden von Objekten „gesendet". Ein Signal lässt sich mit einem oder mehreren Slots desselben oder eines anderen Objekts verbinden. Sendet nun ein Objekt ein Signal aus, so werden alle Slots aufgerufen, die mit dem Signal verbunden sind. Gibt es keine passende Verknüpfung, passiert nichts.

Die **connect**-Funktion im Beispiel verbindet das **clicked()**-Signal des Schaltknopfs mit dem **quit()**-Slot des **QApplication**-Objekts. Das **clicked()**-Signal senden **QPushButton**-Objekte immer dann aus, wenn der Benutzer den Schaltknopf betätigt. Als Reaktion auf dieses Signal wird die **quit()**-Funktion der Applikation aufgerufen. Dieser Slot beendet die Ereignisschleife und somit die gesamte Applikation.

Beim Verknüpfen von Signalen und Slots mit der **QObject::connect()**-Funktion muss man zwingend die Makros **SIGNAL()** bzw. **SLOT()** verwenden. Die Funktion erwartet als Argumente für das Signal und den Slot nämlich Zeichenketten, denen der Typ (Signal oder Slot) einer Qt-internen Konvention entsprechend vorangestellt wurde. Die beiden Makros stellen sicher, dass die korrekte Zeichenkette erzeugt wird.

1.3.2 Signale mit Zusatzinformationen und deren Verarbeitung

Über Verknüpfungen von Signalen mit Slots lassen sich auch zusätzliche Informationen übertragen, die die konkrete Reaktion des Slots steuern. Ein Beispiel dafür zeigt Abbildung 1.6. Das Programm besteht aus drei Steuerelementen: einem Label, das einen Wert als Zahl darstellt, einer Spin-Box, in der sich dieser Wert über Tastatur oder Maus ändern lässt (und die ihn ebenfalls anzeigt) sowie ein Schieberegler, der den aktuellen Wert grafisch darstellt und gleichfalls Manipulationen erlaubt.

Abbildung 1.6:
Alle drei Elemente
sollen denselben,
änderbaren Wert
anzeigen

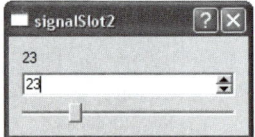

Ziel ist, dass alle drei Widgets stets den gleichen Wert anzeigen. Ändert ihn der Benutzer über den Schieberegler, muss sich auch der Wert in der Spin-Box und im Label anpassen. Dasselbe gilt für Schieberegler und Label, wenn der Benutzer den Wert in der Spin-Box korrigiert:

```
// signalSlot2/main.cpp

#include <QApplication>
#include <QVBoxLayout>
#include <QLabel>
#include <QSpinBox>
#include <QSlider>

int main(int argc, char *argv[])
{
    QApplication a(argc, argv);

    QWidget window;

    QVBoxLayout* mainLayout = new QVBoxLayout(&window);
    QLabel* label = new QLabel("0");
    QSpinBox* spinBox = new QSpinBox;
    QSlider* slider = new QSlider(Qt::Horizontal);
```

```
mainLayout->addWidget(label);
mainLayout->addWidget(spinBox);
mainLayout->addWidget(slider);

QObject::connect(spinBox, SIGNAL(valueChanged(int)),
                 label, SLOT(setNum(int)));
QObject::connect(spinBox, SIGNAL(valueChanged(int)),
                 slider, SLOT(setValue(int)));
QObject::connect(slider, SIGNAL(valueChanged(int)),
                 label, SLOT(setNum(int)));
QObject::connect(slider, SIGNAL(valueChanged(int)),
                 spinBox, SLOT(setValue(int)));

window.show();

return a.exec();
}
```

Die drei Widgets legen wir der Reihe nach (also von oben nach unten) in einem vertikalen Layout ab. Dabei steuert die Klasse **QSpinBox** das Spin-Box-Element bei; entsprechend ist die Klasse **QSlider** für den Schieberegler zuständig.

Um die Synchronisierung zu gewährleisten, braucht es vier **connect()**-Aufrufe (Abbildung 1.7): Ändert sich der Wert der Spin-Box, müssen jeweils das Label und der Schieberegler aktualisiert werden; variiert der Stand des Schiebereglers, wollen das Label und die Spin-Box auf den neuen Stand gebracht werden. Da die Variablen **spinBox**, **label** und **slider** schon Zeiger sind, darf man das &-Zeichen nicht verwenden.

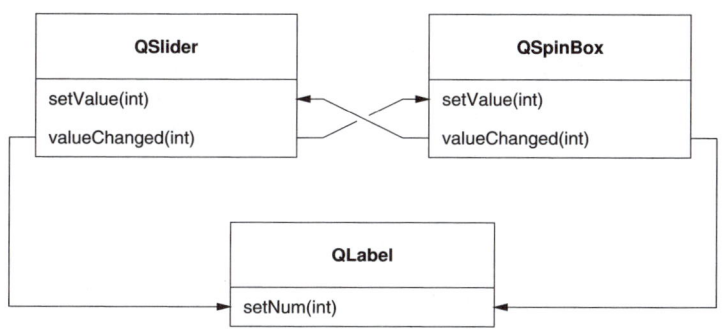

Abbildung 1.7:
Das
Beispielprogramm
zeigt, dass sich ein
Signal mit mehreren
Slots verbinden lässt

Eine Änderung des Wertes durch den Benutzer melden die Klassen **QSpinBox** und **QSlider** über **QSpinBox::valueChanged(int)** bzw. **QSlider::valueChanged(int)**. Das mit **int** gekennzeichnete, ganzzahlige Argument, mit dem das Signal dem Slot Zusatzinformationen übermittelt, gibt jeweils den neuen Wert der Spin-Box bzw. des Sliders an.

Einen neuen Wert für das Label setzt der Slot QLabel::setNum(int), eine Funktion, die mit einem Integer-Wert als Argument aufgerufen werden will. Für Spin-Box und Schieberegler geschieht dies mit den Slots QSpinBox::setValue(int) bzw. QSlider::setValue(int).

Die Pfeile in Abbildung 1.7 zeigen, dass ein Signal mit mehreren Slots verknüpft sein darf. Auch ein Slot kann auf mehrere Signale reagieren. Sendet zum Beispiel das QSpinBox-Objekt das Signal valueChanged(int) mit dem Wert 5 aus, werden sowohl der Slot setNum(int) des QLabel-Objekts als auch die Funktion setValue(int) des QSlider-Objekts mit dem Wert 5 aufgerufen.

Die Reihenfolge, in der das geschieht, legt Qt nicht fest. Sowohl das Label als auch der Schieberegler könnte als erstes aktualisiert werden. Am Ende zeigen aber alle drei Widgets den Wert 5 an.

In diesem Beispiel hatten die Signale und Slots die gleiche Argumentliste. Dies ist notwendig, da bei Signal-Slot-Verbindungen keine Typumwandlung stattfindet. So lässt sich der setText()-Slot des QLabel-Objekts, der eine Zeichenkette als Argument nimmt und sie anzeigt, nicht mit den valueChanged(int)-Signal verbinden, da das int-Argument nicht zu einer Zeichenkette konvertiert wird.

Kommt man um eine Typumwandlung nicht herum, so muss man von der Klasse ableiten und einen entsprechenden Slot implementieren. Dieser Slot konvertiert das Argument im einfachsten Fall und ruft den eigentlich gewünschten Slot auf. Dies ist problemlos möglich, da Slots ganz normale Funktionen einer Klasse sind. Der Umkehrschluss trifft hingegen nicht zu: Man kann nicht einfach beliebige Funktionen als Slots verwenden, da Slots speziell gekennzeichnet werden müssen, um von Qt als solche erkannt zu werden. Kapitel 2 erklärt ausführlich, wie man von QObject ableitet und eigene Signale und Slots definiert.

Auch wenn Signal-Slot-Verbindungen Argumenttypen nicht automatisch anpassen, darf man ein Signal mit einem Slot verbinden, der weniger Argumente annimmt. Dieser ignoriert die überzähligen Argumente einfach. So ließe sich das valueChanged(int)-Signal des QSlider- mit dem quit()-Slot des QApplication-Objekts verbinden. Dies würde die Applikation beenden, sobald sich der Wert des Schiebereglers ändert – ein Verhalten, das zugegeben nicht besonders sinnvoll ist.

Auch in diesen Fällen müssen die Typen der vom Slot verwendeten Argumente mit denen der Signal-Argumente übereinstimmen. Zum Beispiel kann man das (fiktive) Signal signalFoo(int, double) mit den (ebenfalls hypothetischen) Slots slotFoo(), slotFoo(int) und slotFoo(int, double) verbinden. Es funktioniert allerdings nicht, das Signal mit dem Slot slotFoo(double) zu verknüpfen.

Versucht man eine ungültige Signal-Slot-Verbindung herzustellen, so beschwert sich weder der Compiler noch der Linker darüber. Man bekommt erst zur Laufzeit der Applikation eine Warnung, dass Signal und Slot nicht verbunden wurden. Wenn der connect()-Aufruf ausgeführt wird, zeigt das Terminalfenster, aus dem heraus das Programm aufgerufen wurde, in unserem Beispiel folgende Warnung:

```
Object::connect: Incompatible sender/receiver arguments
        SomeClass::signalFoo(int,double) --> SomeClass::slotFoo(double)
```

Ein Slot, der mehr Argumente erwartet, als das Signal mitbringt, kann diese nicht verarbeiten. So ist es nicht möglich, das Signal **signalFoo(int, double)** mit dem Slot **slotFoo(int, double, double)** zu verbinden.

1.4 Basisklassen in Qt

1.4.1 Von QObject abgeleitete Klassen

Sowohl die automatische Speicherverwaltung (siehe Kapitel 1.2.2 ab Seite 29) als auch das Signal-Slot-Konzept fordern, dass die beteiligten Klassen von der Klasse **QObject** abstammen.[7]

Entsprechend viele Qt-Klassen besitzen **QObject** als Basisklasse. So leiten sich alle Widgets (also alle Elemente, die etwas auf dem Bildschirm darstellen) von der Klasse **QWidget** ab, die wiederum von **QObject** abstammt. Auch die Layout-Klassen erben von **QObject**, damit man Hierarchien bilden kann und von der automatischen Speicherverwaltung profitiert. Als nicht-visuelle Objekte sind sie aber nicht von **QWidget** abgeleitet.

Auch andere nicht-grafische Klassen gehen auf **QObject** zurück, so zum Beispiel **QThread** für Leichtgewichtsprozesse (siehe Kapitel 12) oder **QTcpSocket**, eine Klasse, die Objekte für die Netzwerk-Kommunikation über Sockets bereitstellt. Diese Klassen besitzen **QObject** als Basisklasse, damit sie über Signale und Slots kommunizieren können.

1.4.2 QString und andere Klassen, die nicht auf QObject zurückgehen

Qt enthält aber auch viele Klassen, die nicht von **QObject** abstammen, da sie weder Signale und Slots noch automatische Speicherverwaltung benötigen. Zu diesen Klassen gehört zum Beispiel die wichtige Klasse **QString**, die für Zeichenketten zuständig ist. Die Zeichenketten in **QString** speichert und verarbeitet Qt im Unicode-Format und erlaubt damit, Text in fast allen Schriftsystemen dieser Erde zu nutzen; also nicht nur westeuropäische Zeichen, sondern auch kyrillische, arabische, hebräische, chinesische und viele mehr. Deswegen kann man Qt sehr gut für Programme verwenden, die mit unterschiedlichen Sprachen zurechtkommen

---

[7] Es gibt noch weitere Aufgaben, die **QObject** als Basisklasse verlangen: die Behandlung von Events und das Übersetzen von Zeichenketten von einer Sprache in eine andere. Sie werden im Kapitel 7 bzw. 14 ausführlich erläutert.

müssen – vorausgesetzt, man verwendet grundsätzlich **QString** für Zeichenketten, die der Nutzer ggf. zu Gesicht bekommt.

Auch die Klassen **QImage** zum Laden und Speichern von Bildern, **QColor**, die eine Farbe speichert, und viele andere leiten sich nicht von **QObject** ab. Sie alle arbeiten wertebasiert, lassen sich also kopieren.

Dabei geht der Kopiervorgang durch das sogenannte *implizite Sharing* sehr ressourcensparend vonstatten: Die Objekte kapseln ihre Nutzdaten in einem eigenständigen Objekt, das sie über einen Zeiger referenzieren. Wird der Wert einem anderen Objekt gleichen Typs zugewiesen, bekommt es in Wirklichkeit nur einen Zeiger auf das Datenobjekt, das sich nun beide teilen. Über einen Referenzzähler wissen die beteiligten Objekte, wieviele Objekte das innere Datenobjekt derzeit referenzieren. Erst wenn der Programmierer das zweite Objekt ändert, kopiert Qt das Datenobjekt, dekrementiert den Referenzzähler und ändert die Kopie.

Abbildung 1.8:
Implizites Sharing
anhand zweier
QString-Instanzen

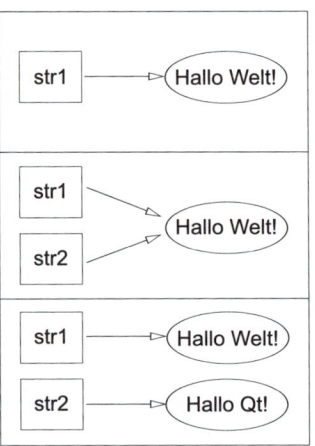

Abbildung 1.8 stellt den Vorgang anhand folgenden Codebeispiels zeilenweise dar:

```
QString str1 = "Hallo Welt!";
QString str2 = str1;
str2.replace("Welt", "Qt");
```

Zunächst erstellen wir die **QString**-Instanz **str1**. Diese legt den String **Hallo Welt!** automatisch in einem zusätzlichen Objekt ab. In der zweiten Zeile kommt die Instanz **str2** hinzu: Sie referenziert nun ebenfalls das interne Objekt. Im dritten Schritt ändern wir **str2**. Bevor das Objekt die Änderung umsetzt, legt es sein eigenes, internes Datenobjekt an. Dies alles geschieht ohne Zutun des Programmierers. Trotzdem ist es wichtig zu wissen, dass man problemlos Kopien von z. B. **QImage**-Objekten herumreichen kann, ohne durch den Kopiervorgang viel Arbeitsspeicher zu verschwenden.

1.4.3   Die Qt-Ableitungshierarchie

Abbildung 1.9 zeigt einen kleinen Ausschnitt aus der Ableitungshierarchie von Qt. Darin sieht man, dass **QLabel** nicht nur alle Eigenschaften eines **QObject** und eines **QWidget** erbt, sondern auch die von **QFrame**. Dabei handelt es sich um eine Basisklasse für alle Widgets, die einen Rahmen haben können.

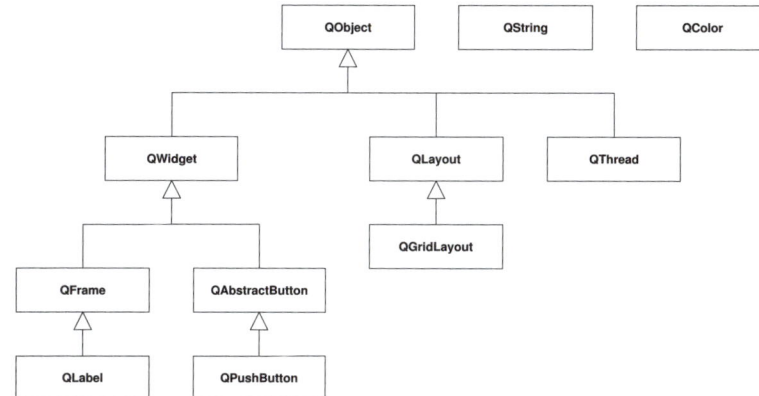

Abbildung 1.9:
Nicht alle Qt-Klassen
leiten sich von
QObject *ab*

Auch die Basisklasse **QAbstractButton** geht auf **QWidget** zurück. Sie dient allen Klassen, die eine Schaltfläche (also ein Bedienelement, das der Benutzer per Mausklick betätigen kann) darstellen, als Grundlage. Hierzu gehören neben der Klasse QPushButton auch QCheckBox oder QRadioButton.

In einem separaten Zweig, der nicht auf QWidget zurückgeht, befinden sich die Layout-Klassen, für die QLayout als Basisklasse dient. QGridLayout leitet sich direkt davon ab, wohingegen QVBoxLayout und QHBoxLayout von der Klasse QBoxLayout abstammen.

Die Klassen QFrame, QAbstractButton, QLayout und QBoxLayout wird man in den wenigsten Fällen direkt benutzen. Sie fassen lediglich gemeinsame Eigenschaften und Funktionen ihrer „Kinder" in einer Basisklasse zusammen. Die Klassen **QString** und **QColor** hingegen haben keine Basisklasse.

Will man ein eigenes Widget implementieren, so leitet man dieses üblicherweise von **QWidget** ab.

1.5   Das Qt-Paket im Überblick

Tatsächlich handelt es sich bei Qt 4 nicht einfach nur um *eine* recht umfangreiche Programm-Bibliothek, sondern um sieben, ergänzt um einige Hilfsprogramme. **qmake** ist eines davon.

1.5.1   Programm-Bibliotheken

Auch der gängige Sprachgebrauch vom *GUI-Toolkit* beschreibt heute nur noch einen Teil der Wirklichkeit. Qt bringt generell umfangreiche Klassen für die Applikationsentwicklung mit. Viele davon beziehen sich auf die Programmierung grafischer Oberflächen, es gibt aber auch Klassen für Netzwerk-Programmierung, OpenGL-Unterstützung, Datenbank- und XML-Entwicklung und vieles mehr. Der Fokus liegt hierbei auf der Plattformunabhängigkeit der Klassen: Bis auf ganz wenige Ausnahmen stehen die gleichen Klassen auf allen unterstützten Betriebssystemen mit den gleichen Funktionen und dem gleichen Verhalten zur Verfügung.

Qt 4.0 besteht aus folgenden sieben Programm-Bibliotheken:

- QtCore enthält grundlegende Klassen, die keine GUI-Ausgaben erzeugen,

- QtGui umfasst die grundlegenden GUI-Klassen,

- QtNetwork die Netzwerk-Klassen,

- QtOpenGL die OpenGL-Unterstützung,

- QtSql die SQL-Datenbank-Klassen,

- QtXml enthält die XML- und DOM-Klassen (siehe Seite 43) und

- Qt3Support bringt Klassen mit, die die Kompatibilität mit Qt 3 gewährleisten.

In Qt 4.1 kam außerdem die Bibliothek QtSvg hinzu, die Unterstützung für das Vektorgrafikformat SVG bereitstellt.

Unter Umständen muss man eine Applikation entsprechend gegen unterschiedliche Bibliotheken linken. In vielen Fällen werden das QtCore und QtGui sein. Deswegen verwendet **qmake** diese beiden Libraries als Standardeinstellung.

Die zu linkenden Bibliotheken legt die **qmake**-Variable QT fest. Standardmäßig enthält sie die Werte **core gui**. Will man zum Beispiel ein GUI-Programm mit Netzwerk-Unterstützung schreiben, ergänzt man den Wert **network**. Dies geschieht in der **.pro**-Datei durch die Zeile

```
QT += network
```

Für ein Kommandozeilen-Programm mit XML-Unterstützung, das lediglich gegen QtCore und QtXml linkt, nicht aber gegen QtGui, muss man hingegen den Wert **gui** entfernen und **xml** hinzufügen. Dies erledigen die folgenden Zeilen:

```
QT -= gui
QT += xml
```

Um alle in Qt 4.0 enthaltenen Bibliotheken zu verwenden, schreibt man:

```
QT += network opengl sql xml support
```

Abgesehen von den Projektdateien gibt es noch eine weitere Stelle, an der das Wissen über die Aufteilung in Bibliotheken interessant ist. Außer der Methode, Klassendefinitionen über Header-Dateien einzubinden, deren Dateiname dem Klassennamen entspricht, bietet Qt für seine Einzelbibliotheken auch Header-Dateien an, die alle Klassen der Bibliothek enthalten. Der Name dieser Header-Datei entspricht dem Namen der Bibliothek. In den bisherigen Beispielen hätten wir anstelle der vielen einzelnen **#include** Statements auch einfach

```
#include <QtGui>
```

schreiben können. Allerdings sind diese Header-Dateien sehr lang, was die Dauer des Kompiliervorgangs u. U. beträchtlich erhöht. Unterstützt der Compiler vorkompilierte Header-Dateien, so stellt dies kein Problem dar. Dies ist aber nur bei neueren Compilern der Fall, etwa beim GCC ab Version 3.4.

Die Basisbibliothek QtCore

Bei QtCore handelt es sich um die Teilbibliothek, die jedes Qt-Programm benötigt. Sie stellt unter anderem

- grundlegende Datentypen wie **QString** und **QByteArray**,

- grundlegende Datenstrukturen wie **QList**, **QVector** und **QHash**,

- Ein-/Ausgabeklassen wie **QIODevice**, **QTextStream** und **QFile**,

- Klassen, mit denen sich mehrere Threads programmieren lassen (darunter **QWaitCondition** und **QThread**), vor allem aber

- die Klassen **QObject** und **QCoreApplication** (die Basisklasse für **QApplication**)

bereit. Allen diesen Klassen ist gemein, dass sie nicht von GUI-Komponenten abhängen. Diese Aufteilung erlaubt es, Qt-Applikationen ohne GUI zu schreiben, zum Beispiel ein Kommandozeilen-Programm oder einen Server.

Die Klasse **QCoreApplication** übernimmt in nicht-grafischen Programmen die Rolle der **QApplication**-Klasse: Sie stellt eine Event-Loop bereit. Dies ist dann nützlich, wenn man asynchrone Kommunikation benötigt, sei es zwischen verschiedenen Threads oder über Netzwerk-Sockets.[8]

---

[8] QtCore enthält keine Netzwerk-Klassen, die QtNetwork-Bibliothek lässt sich aber zusammen mit QtCore verwenden.

Die GUI-Bibliothek QtGui

Die QtGui-Bibliothek enthält alle Klassen, die zum Programmieren grafischer Oberflächen notwendig sind. Sie besteht unter anderem aus

- der Klasse **QWidget** und davon abgeleiteten Klassen wie **QLabel** und **QPushButton**,

- den Layout-Klassen (darunter **QVBoxLayout**, **QHBoxLayout** und **QGridLayout**),

- Klassen wie **QMainWindow** und **QMenu**, die man benötigt, wenn man eine Applikation mit Menüs ausstatten will,

- Klassen zum Zeichnen wie **QPainter**, **QPen** und **QBrush**,

- Klassen, die vorgefertigte Dialoge bereitstellen (darunter **QFileDialog** und **QPrintDialog**),

- sowie der Klasse **QApplication**.

QtGui setzt die QtCore-Bibliothek voraus.

Die Netzwerk-Bibliothek QtNetwork

Klassen zum Schreiben von Netzwerkanwendungen stellt die Teilbibliothek QtNetwork zur Verfügung. Neben einfacher Socket-Kommunikation über die Klassen **QTcpSocket** und **QUdpSocket** erlaubt sie auch Client-seitiges HTTP und FTP mit **QHttp** und **QFtp**.

QtNetwork benötigt die QtCore-Bibliothek, nicht aber QtGui. Sie lässt sich natürlich zusammen mit QtGui und den anderen Bibliotheken verwenden.

Die OpenGL-Bibliothek QtOpenGL

Die QtOpenGL-Bibliothek erlaubt es, OpenGL in einem Qt-Programm zu verwenden. Sie stellt unter anderem die Klasse **QGLWidget** zur Verfügung – ein Qt-Widget, in das man mit OpenGL-Befehlen zeichnen kann.

QtOpenGL setzt auf den QtCore- und QtGui-Bibliotheken auf.

Die Datenbanken-Bibliothek QtSql

Für SQL-Datenbanken sind in Qt-Programmen die Klassen der QtSql-Bibliothek zuständig. Sie umfasst Klassen, die die Verbindung mit einer SQL-Datenbank herstellen, Daten abfragen und ändern, und wird in Kapitel 9 ab Seite 255 umfassend gewürdigt.

Qt unterstützt eine Reihe von SQL-Datenbanken, die Open-Source-Datenbanken PostgreSQL, MySQL und SQLite eingeschlossen. QtSql benötigt die QtCore-Bibliothek.

Die XML-Bibliothek QtXml

Einen einfachen, nicht-validierenden XML-Parser stellt die Teilbibliothek QtXML zur Verfügung. Er lässt sich direkt über ein SAX2-Interface (*Simple API for XML*) ansprechen.

Ferner enthält QtXml eine Implementierung des DOM-Standards (*Document Object Model*). Die entsprechenden Klassen erlauben es, ein XML-Dokument zu parsen und dessen Baumstruktur zu manipulieren. Danach kann man das modifizierte Dokument auch wieder als XML-Dokument ausgeben. Mit DOM ist es zudem möglich, ein neues XML-Dokument zu erstellen.

Diese Bibliothek setzt lediglich die QtCore-Bibliothek voraus und wird in Kapitel 13 ab Seite 355 näher besprochen.

Die Kompatibilitätsbibliothek Qt3Support

Verglichen mit seinem Vorgänger Qt 3 hat sich Qt 4 stark weiterentwickelt: Einige Klassen enthalten mit Qt 3 inkompatible Änderungen, andere Klassen ersetzt Qt 4 durch komplett neue Klassen mit anderen Namen. Um die Portierung von Qt-3-Programmen nach Qt 4 zu erleichtern, liefert Hersteller Trolltech die entsprechenden Qt-3-Klassen in der Qt3Support-Bibliothek mit.

Für neue Programme sollte man diese Bibliothek nicht verwenden, da ihre Klassen nicht weiterentwickelt werden. Da dieses Buch die Programmierung mit Qt 4 erläutert, werden wir sie nicht benutzen und nicht weiter auf sie eingehen.

Die Vektorgrafikbibliothek QtSvg

Dem vom W3-Konsortium verabschiedeten und auf XML basierenden Vektorgrafikformat SVG wird viel Potential vorhergesagt. Seit Qt 4.1 unterstützt die QtSvg-Bibliothek die SVG-Profile *SVG-Basic* und *SVG-Tiny*[9], mit deren Hilfe sich SVG-Dateien und -Animationen darstellen, aber bislang nicht erzeugen oder wie HTML über einen DOM-Baum manipulieren lassen.

---

[9] http://www.w3.org/TR/SVGMobile/

ActiveQt und Migrationsklassen

Die plattformspezifische Erweiterung ActiveQt für Windows erlaubt es, Active-X-Komponenten mit Qt zu implementieren und in Qt-Programmen zu benutzen. Sie ist jedoch nur in der kommerziellen Qt-Desktop-Edition enthalten.

Des Weiteren existieren Migrationslösungen für MFC-, Motif- und Xt-basierte Applikationen. Da Trolltech diese in Qt 4 allerdings nur als separate kommerzielle Lösungen, den sogenannten *Qt Solutions*[10], anbietet, geht dieses Buch nicht weiter darauf ein.

1.5.2 Werkzeuge und Hilfsprogramme

Qt bringt zu alledem drei GUI-Programme mit, die die Qt-Dokumentation anzeigen, Dialoge grafisch nach dem WYSIWYG-Prinzip (*What You See Is What You Get*) erstellen bzw. Programme in andere Sprachen übersetzen. Außerdem stellt das Toolkit eine Reihe von Kommandozeilen-Programmen für unterschiedliche Aufgaben zur Verfügung.

Der Dokumentationsbrowser „Qt Assistant"

Die Qt-Dokumentation besteht aus einfachen HTML-Dateien, die sich mit jedem Webbrowser ansehen lassen. Man kann sie aber auch mit dem mitgelieferten Qt Assistant anschauen. Gegenüber einem Webbrowser bietet er den Vorteil, dass er einen Index für die gesamte Qt-Dokumentation anzeigt und Volltextsuche erlaubt (Abbildung 1.10).

Abbildung 1.10:
Der Qt Assistant zeigt
die
Qt-Dokumentation

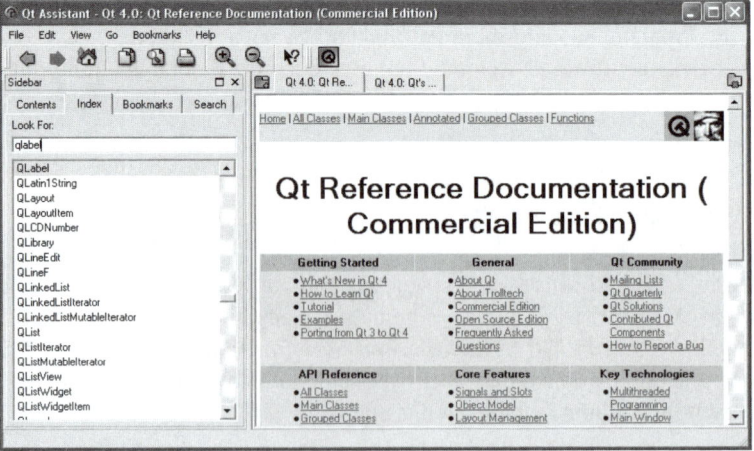

---

[10] http://www.trolltech.com/products/solutions/

Insbesondere das Stichwortverzeichnis erweist sich bei der täglichen Arbeit mit Qt als nützlich: Benötigt man die Dokumentation zu einer Klasse, zum Beispiel zu QLabel, genügt es, qlabel im Index einzugeben. Mit (Enter) gelangt man dann sofort zur exzellenten Klassendokumentation.

Diese ist eine wichtige Ergänzung zu diesem Buch, auch wenn sie nur in Englisch abgefasst ist, denn sie dokumentiert nicht nur seit Erscheinen dieses Buches neu hinzugekommene oder aus Platzgründen nicht erwähnte API-Aufrufe, sondern liefert zusätzliche Beispiele zu deren Anwendung.[11]

Der GUI-Editor „Qt Designer"

Der Qt Designer erlaubt es, Dialoge und Hauptfenster nach dem WYSIWYG-Prinzip zu erstellen (Abbildung 1.11). Dies erweist sich insbesondere bei komplexen Dialogen und Layouts als nützlich. Widgets fügt man im Designer per Drag&Drop hinzu. Auch deren Eigenschaften ändert man bei Bedarf mit seiner Hilfe, zum Beispiel den Text eines QLabel oder die zu verwendende Farbe und Schrift.

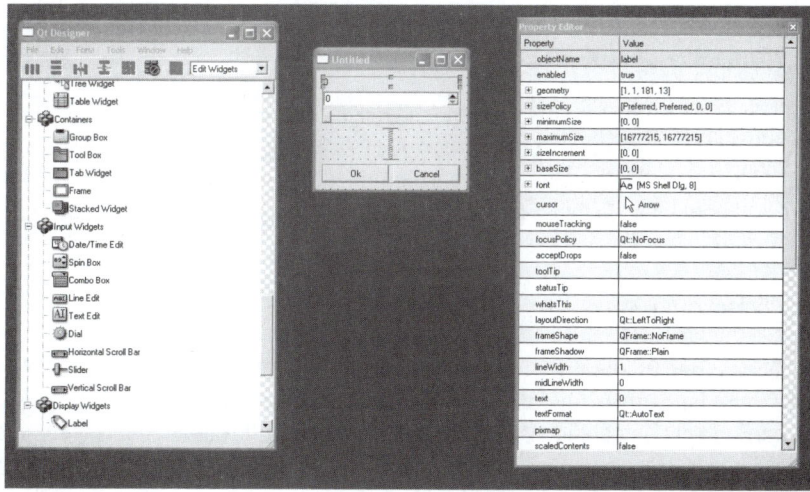

Abbildung 1.11:
Die Werkzeuge des Designers als Multiple Top-Level Windows

Mehrere Widgets lassen sich interaktiv zu einem Layout zusammenfassen, und man sieht sofort die Wirkung, die das Layout auf ein Fenster hat. Sogar Signal-Slot-Verbindungen zwischen den Widgets richtet der Designer bei Bedarf ein.

Der Vorschau-Modus erlaubt es, die erstellten GUIs zu überprüfen: Man kann sich anschauen, wie die Layouts auf Größenänderungen reagieren, Widgets betätigen und überprüfen, ob die Signal-Slot-Verbindungen die gewünschten Effekte haben.

---

[11] Wer sie lieber im Webbrowser nachliest, findet die Qt-Klassendokumentation auf der Trolltech-Website unter http://doc.trolltech.com/.

Ferner besitzt der Designer einen Modus, der die *Tab-Reihenfolge* der Widgets festlegt. Darunter versteht man die Reihenfolge, in der der Benutzer die einzelnen Widgets besucht, wenn er die (Tab)-Taste betätigt. Nur bei einer sinnvollen Tab-Reihenfolge lässt sich ein Programm intuitiv mit der Tastatur bedienen. Setzt man die Reihenfolge nicht selber, ermittelt Qt diese automatisch, was aber nicht in allen Fällen zu wünschenswerten Ergebnissen führt. Deswegen sollte man sie immer noch einmal überprüfen.

Um im Designer erstellte Dialoge in einem eigenen Programm zu verwenden, benötigt man ein separates Konvertierungsprogramm namens uic (*User Interface Compiler*). Der Qt Designer speichert die Beschreibung der Entwürfe nämlich in einem eigenen XML-Format mit der Dateinamensendung .ui ab. Um diese in einem Programm verwenden zu können, muss aus der XML-Beschreibung C++-Code werden. Dies geschieht mit dem Kommandozeilen-Tool uic.

Benutzt man **qmake** für die Projekterstellung, lässt sich uic sehr einfach einbinden: Man fügt jede zu verwendende .ui-Datei der Variablen FORMS hinzu. Zum Beispiel nimmt die folgende Zeile in der .pro-Datei die Beschreibung des Dialogs aus **mydialog.ui** ins Projekt auf:

```
FORMS += mydialog.ui
```

qmake erzeugt dann eine entsprechende Regel, die aus **mydialog.ui** die C++-Datei **ui_mydialog.h** erzeugt. Sie enthält den C++-Code, der den Dialog erstellt. Die unterschiedlichen Methoden, wie man diesen im eigenen Programm verwendet, erläutert Kapitel 3 ab Seite 86 näher.

Das Übersetzungswerkzeug „Qt Linguist"

Ähnlich wie der Qt Designer benötigt der Qt Linguist externe Kommandozeilen-Programme, namentlich **lupdate** und **lrelease**, um Übersetzer in die Arbeit an einem Software-Projekt einzubinden. **lupdate** extrahiert die zu lokalisierenden Texte aus dem Quelltext des Programms und generiert die Übersetzungsdateien gemäß der Definition in der Projektdatei:

```
TRANSLATIONS = anwendung_fr.ts \
               anwendung_nl.ts
```

Die GUI-Applikation Linguist dient als grafisches Hilfsmittel bei der Übersetzung der so erzeugten Übersetzungsdateien (Abbildung 1.12). Zum Schluss generiert **lrelease** Binär-Dateien, die die Übersetzungen enthalten. Diese lädt man zur Laufzeit der Applikation, so dass sie die übersetzten Texte anzeigt. Eine Anwendung muss also nicht neu kompiliert werden, um eine andere Sprache zu unterstützen.

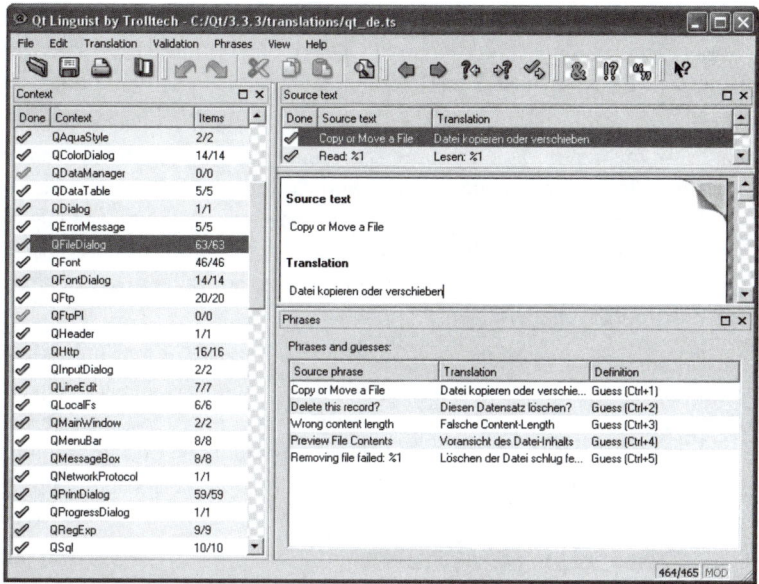

Abbildung 1.12:
Der Qt Linguist
ermöglicht das
Übersetzen von
Applikationen in
andere Sprachen

Damit dies alles funktioniert, muss man die zu übersetzenden Texte den Funktionen **QObject::tr()** oder **QApplication::translate()** übergeben. Dies hat zwei Gründe:

* Qt muss die Möglichkeit haben, die Texte dynamisch zu ändern. Spezifiziert man lediglich die Zeichenkette **Hallo Welt** im Quelltext, kommt auch nur sie zum Einsatz. Schickt man diesen String aber zuerst durch die **QObject**-Funktion **tr()** oder das zum Funktionsumfang der **QApplication**-Klasse gehörende **translate()**, so kann diese Funktion die Übersetzung nachschlagen und statt **Hallo Welt** die übersetzte Zeichenkette zurückgeben.

* **lupdate** benutzt diese Funktionen, um zu übersetzende Passagen im Quelltext zu finden.

Das einfache Hallo-Welt-Programm aus Kapitel 1.1 lässt sich leider nicht in andere Sprachen übersetzen, da wir weder **tr()** noch **translate()** für die Zeichenkette **Hallo Welt** verwendet haben. Dieses Manko beheben wir, indem wir die Zeile

```
QLabel label("Hallo Welt!");
```

durch

```
QLabel label(QApplication::translate("MyLabel", "Hallo Welt!"));
```

ersetzen. Die Funktion **QApplication::translate()** verlangt als erstes Argument einen Kontext für den Text, während bei der **QObject::tr()**-Funktion (so möglich) automatisch der jeweilige Klassenname als Kontext dient.[12] Ruft man z. B. **QLabel::tr()** auf, so verwendet Qt automatisch den Kontext **QLabel**. Das kommt daher, dass **QLabel** von **QObject** als Basisklasse abgeleitet ist und daher die Funktion **tr()** erbt.

Der Kontext ist insofern wichtig, als es vorkommt, dass der gleiche Text in einer Sprache an mehreren Stellen in unterschiedlichem Zusammenhang verwendet wird, in einer anderen Sprache aber je nach Kontext unterschiedlich übersetzt werden muss. So kann der englische Text **Open** in einem Dialog mit der Bedeutung *open file*, in einem anderen Dialog mit der Bedeutung *open internet connection* vorkommen. Die deutsche Übersetzung müsste den ersten Fall als **Öffnen** und den zweiten als **Aufbauen** wiedergeben.

Es empfiehlt sich, alle Texte, die im Programm vorkommen, durch die **tr()**- oder **translate()**-Funktion zu schicken. Damit lässt sich das Programm in aller Regel ohne größere Schwierigkeiten übersetzen – es ist eine mühsame Arbeit, den gesamten Quelltext eines größeren Programms von Hand durchzugehen und im Nachhinein überall **tr()**-Aufrufe hinzuzufügen. Dieser Regel folgen die Beispielprogramme im Rest des Buches.

Details zum Thema „Internationalisierung und Lokalisierung" behandelt Kapitel 14.

Projekterstellung

Wie bereits in Kapitel 1.1.1 gezeigt, erstellt **qmake** aus selbstgenerierten oder von Hand erzeugten, systemunabhängigen Projektdateien plattformspezifische Makefiles. Die darin abgelegten Regeln anwendend, kompilieren und linken **make** bzw. **nmake** die neue Applikation. **nmake** funktioniert jedoch nur mit der kommerziellen Qt-Version, nicht mit der Open-Source-Ausgabe.[13] Die GPL-Variante von Qt 4 für Windows verwendet die GCC-Portierung MinGW, die statt **nmake** das von Linux bekannte GNU-**make** mitliefert.

qmake-Projektdateien haben den Vorteil, dass man sich weder um Compiler- noch um Linkeroptionen kümmern muss. Deswegen verwenden wir **qmake** für alle Beispiele in diesem Buch.

Unter Windows kann man mit **qmake** auch Projektdateien für Microsoft Visual Studio erstellen, sofern man Inhaber einer kommerziellen Qt-Lizenz ist. Benutzer der kostenlosen Variante Visual Studio Express sollten jedoch beachten, dass die Qt-Integration in diesem Fall nicht funktioniert. Somit sind auch sie auf das Kommandozeilen-basierte **qmake** angewiesen.

---

[12] Siehe dazu auch Seite 382.
[13] Die EULA von Visual Studio ist ohnehin inkompatibel mit der GPL, sobald Bibliotheken aus Visual Studio mit ausgeliefert werden.

Für Open-Source-Entwickler unter Windows bietet sich die Entwicklungsumgebung Code::Blocks[14] als brauchbare Alternative an. Sie arbeitet mit dem von Qt mitgelieferten MinGW zusammen und besitzt sogar eine Vorlage für Qt-4-Projekte. Damit sie mit **qmake** zusammenspielt, muss man ihr jedoch zunächst abgewöhnen, das **Makefile** selber zu erzeugen. Dazu wählt man **Project | Properties** und kreuzt die Option **This is a custom Makefile** an. Danach sucht man den Dialog unter **Project | Build options** auf und aktiviert den Karteireiter **Commands**. Im Feld **Pre-build steps** trägt man nun folgende Kommandos ein:

```
qmake -project
qmake
make.bat
```

Damit **qmake** auch dann aufgerufen wird, wenn andere Programme, etwa der Qt Designer, neue Dateien hinzufügen, sollte man die Option **Always execute, even if target is up-to-date** ebenfalls auswählen. Abbildung 1.13 zeigt Code::Blocks nach der Kompilierung des Hallo-Welt-Programms.

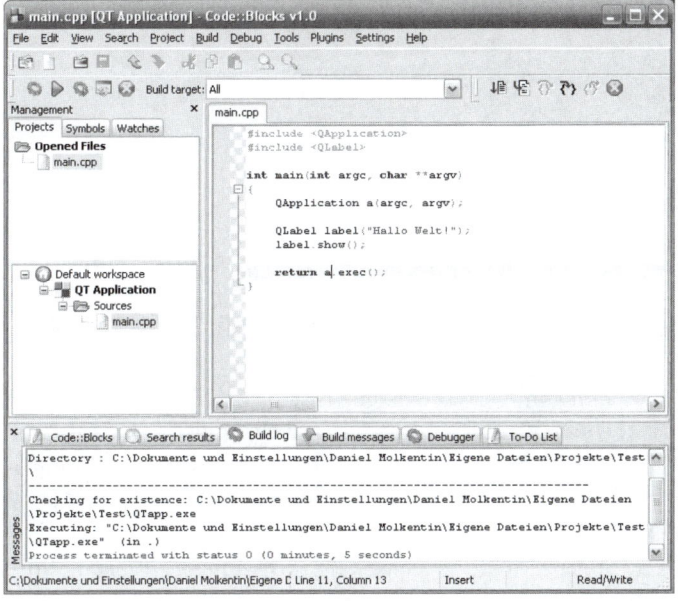

Abbildung 1.13:
Code::Blocks baut
unser
Hallo-Welt-Programm

Um den Designer, den Assistant oder **make** einzeln zu starten, bietet es sich an, entsprechende Menüpunkte im **Tools**-Menü unterzubringen. Dieses dient gewissermaßen als Schnellstarter für eigene Programme, die man über den Unterpunkt **Configure tools...** selbst definiert.

---

[14] http://www.codeblocks.org/

qmake erzeugt bei allen Qt-Editionen Mac-OS-X-Projektdateien für die OS-X-Entwicklungsumgebung XCode. Sie ist seit Version 10.3 (Panther) als Paket im Lieferumfang enthalten, das allerdings nachinstalliert werden muss. Mit dem Aufruf

```
qmake -spec macx-xcode
```

generiert **qmake** ein XCode-Projekt aus einer .**pro**-Datei, das dann in der Projektverwaltung von XCode auftaucht. Demgegenüber erstellt

```
qmake -spec macx-g++
```

ein Makefile für den Einsatz ohne XCode.

Abbildung 1.14:
Apples XCode-IDE
erlaubt effiziente
Projektverwaltung,
für die qmake die
notwendigen Dateien
generiert

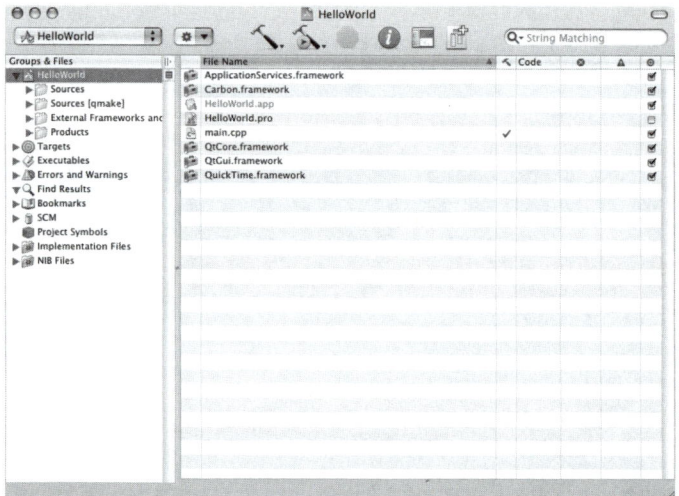

Soll die Anwendung unter Linux entstehen, ist die Entwicklungsumgebung KDevelop[15] die erste Wahl. Version 3.4, die mit Erscheinen dieses Buches veröffentlicht werden soll, wird Unterstützung für Qt-4-Projekte bieten. Diese umfasst sowohl eine Projektvorlage als auch eine grafische Verwaltung für **qmake**-Projektdateien, die sich nahtlos in die IDE integriert.

Als gute Alternative verfügt der Editor **Kate** (*KDE Advanced Text-Editor*) über eine aufklappbare Konsole, über die man wie in Abbildung 1.15 den Compiler direkt aufrufen kann. Sogar Plugins für Code-Vervollständigung, eine Übersicht über Methoden und Mitgliedsvariablen in C- und C++-Dateien sowie eine Code-Schnipsel-Verwaltung lassen sich unter **Einstellungen | Kate einrichten | Erweiterungen** aktivieren. Je nach Distribution muss zuvor das **kate-plugins**-Paket nachinstalliert werden.

---

[15] http://www.kdevelop.org/

Zudem bietet der Einrichtungsdialog den Unterpunkt **Externe Programme**, in dem man wie bei Code::Blocks eigene Kommandos ablegen kann. Sie tauchen dann unter **Extras | Externe Programme** auf. Unter **Einstellungen | Kurzbefehle einrichten** lassen sie sich zusätzlich mit Tastenkürzeln versehen.

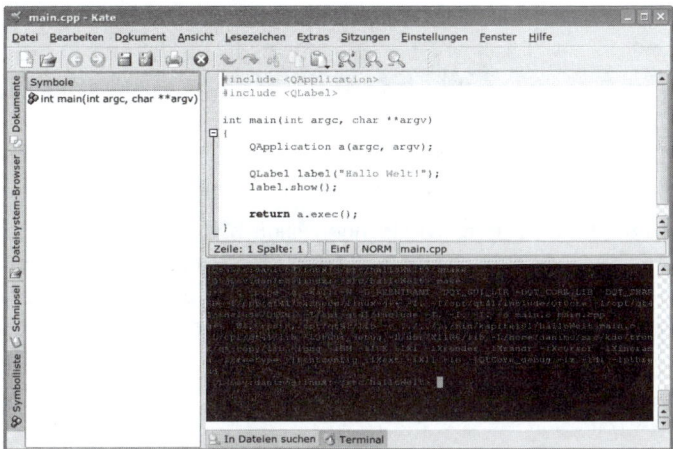

*Abbildung 1.15:
Der KDE-Editor Kate
ist schnell zum
leistungsfähigen
Quellcode-Editor
umgebaut*

Der Meta-Object-Compiler moc

Das Signal-Slot-Konzept in Qt ist kein reines C++, sondern erweitert den C++-Standard vielmehr. Deswegen verwandelt das Kommandozeilen-Programm **moc** (*Meta Object Compiler*) Signale und Slots in Standard-konformes C++: **moc** generiert für jede von **QObject** abgeleitete Klasse zusätzlichen C++-Code.

Dieser sorgt dafür, dass sich Signal-Slot-Verbindungen dynamisch zur Laufzeit erzeugen lassen. Er erlaubt es zudem, den Namen von Klassen mit **QObject** als Basisklasse dynamisch zur Laufzeit zu ermitteln und sogar festzustellen, ob eine Klasse eine andere als Basisklasse[16] besitzt.

Qt umfasst auch ein *Property-System*, für das **moc** den notwendigen Code erzeugt. Bei Properties handelt es sich um spezielle Eigenschaften einer Klasse, die man abfragen und setzen kann. Beispielsweise gehört zur Klasse **QLabel** die Property **text** – der Text, den das Label anzeigt. Zu jeder Property gibt es zwei Funktionen: eine, die ihren aktuellen Wert verrät, auch *Get-Methode* genannt (im Falle von **QLabel** gibt **text()** den Text zurück), und eine, die ihn verändert (die *Set-Methode*): **setText()** versieht das Label mit einem neuen Text.

---

[16] Unter Basisklasse versteht man nicht nur die Klasse, von der sich eine Klasse direkt ableitet, sondern *alle* Klassen in der Ableitungsfolge. So besitzt QVBoxLayout drei Basisklassen (QBoxLayout, QLayout und QObject), denn QLayout geht auf QObject zurück, QBoxLayout auf QLayout und QVBoxLayout auf QBoxLayout.

Diese zwei Funktionen sind in der Klassendefinition als Property markiert. Damit lässt sich der Text auch über **QObject::property()** abfragen und mit **QObject::set Property()** setzen. Beide verlangen eine Zeichenkette, nämlich den Namen der Property, als Argument. Der *Property-Editor* des Designers ermittelt den Wert von Properties zur Laufzeit und erlaubt es ebenfalls, diese Eigenschaften zu ändern. Benötigt man Properties in einer eigenen Klasse, so muss sich diese von **QObject** ableiten.

Kurz gesagt benötigt man **moc** immer dann, wenn **QObject** als Basisklasse dient: Der Meta-Object-Compiler muss jede Datei, die die Klassendefinition einer entsprechenden Klasse enthält, vorverarbeiten, ehe der C++-Compiler zum Zuge kommt. Dabei entsteht jeweils eine Datei, die mit dem Präfix **moc_** beginnt.

Schreibt man zum Beispiel einen eigenen Dialog **MyDialog** mit der Klassendefiniton in der Datei **MyDialog.h** und der eigentlichen Implementierung in **MyDialog.cpp**, muss der Meta-Object-Compiler **MyDialog.h** verarbeiten. Er erzeugt daraus die Datei **moc_MyDialog.cpp**, die ins Projekt mit eingebunden werden muss. **qmake** macht dies automatisch.

Der Qt-Ressourcen-Compiler rcc

Nahezu jedes Programm greift auf externe Ressourcen wie etwa Bilder oder Grafiken zurück. Diese können entweder in separaten Dateien liegen oder aber direkt in die zu generierenden ausführbaren Dateien eingebettet werden. Dazu nutzt Qt 4 den Ressourcencompiler *rcc*. Dieser bezieht seine Informationen aus Ressourcenbeschreibungsdateien, deren Namen auf .qrc enden. Sie enthalten den Pfad zur Ressource, ausgehend vom Pfad der .qrc-Datei. Um anzuzeigen, dass es sich um einen Ressourcenpfad handelt, muss der Verzeichnisangabe lediglich ein Doppelpunkt vorangestellt werden.

Nimmt man die Ressourcendatei ins **qmake**-Projekt auf, erzeugt Qt automatisch hexadezimal kodierte Arrays, in denen es den Inhalt der Dateien unterbringt. Das *Qt Resource System* sorgt dann dafür, dass das Programm auf die so kodierten Ressourcen unter dem alten Verzeichnisnamen zugreifen kann.

Eine .qrc-Datei enthält die XML-Beschreibung der Dateien, die im fertigen Programm abrufbar sein sollen. Sie sieht wie folgt aus:

```
<RCC>
    <qresource>
        <file>pics/symbols/stop.png</file>
        <file>pics/symbols/start.png</file>
        <file>pics/symbols/pause.png</file>
    </qresource>
</RCC>
```

Die Pfadangaben beziehen sich immer relativ auf das Verzeichnis, in dem die Ressourcendatei liegt. Das aktuelle Beispiel nimmt daher an, dass unterhalb des Ordners mit dem Quellcode das Verzeichnis **pics/symbols** existiert, das die erforderlichen Bilder enthält.

Damit **qmake** die Informationen aus der Ressourcendatei berücksichtigt, muss man die Projektdatei um eine entsprechende **RESOURCES**-Direktive erweitern:

```
RESOURCES    = symbols.qrc
```

Die zu verwendende Ressourcendatei heißt hier **symbols.qrc**. Die Bilddatei **stop.png** unter **pics/symbols** lässt sich im Code nun wie folgt referenzieren:

```
myLabel->setPixmap(QPixmap(":/pics/symbols/stop.png"));
```

Der führende Schrägstrich ist kein Tippfehler, die relativen Pfade im Dateisystem werden bei der logischen Pfadangabe im Quellcode immer zu absoluten Pfaden mit dem Code-Verzeichnis als Wurzel.

Bei korrekt ins Projekt eingebundener Ressourcenbeschreibungsdatei kann **QPixmap** den Pfad korrekt auflösen, und das Label zeigt ein Stopp-Symbol an.

Eine Datei in einer Ressource kann auch mit einem völlig anderen als ihrem tatsächlichen Dateisystempfad adressiert werden:

```
<RCC>
  <qresource prefix="/player">
    <file alias="stop.png">pics/symbols/stop.png</file>
    ...
  </qresource>
</RCC>
```

Das Attribut **prefix** zum **qresource**-Tag verlängert den absoluten Pfad, der **alias**-Parameter hingegen erlaubt es, die Grafik unter einem anderen Namen oder einem anderen Pfad zu erreichen. In der Kombination lässt sich das Stopp-Symbol nun auch wie folgt ansprechen:

```
myLabel->setPixmap(QPixmap(":/player/stop.png"));
```

Mit Hilfe des **lang**-Attributs und alternativer **qresource**-Einträge kann das System abhängig von der aktuellen Spracheinstellung andere Grafiken laden:

```
<RCC>
  <qresource>
    <file>pics/symbols/stop.png</file>
    ...
  </qresource>
```

```
  <qresource lang="de">
    <file>pics/symbols/de/stop.png</file>
    ...
  </qresource>
</RCC>
```

Ab Version 4.1 verfügt der Qt Designer über einen Ressourceneditor (siehe Seite 94). Leider zeigt dieser in Qt 4.1.0 weder den relativen Pfad für einzelne Dateien an, noch kann er mit dem **alias**-Attribut umgehen, was eine Nachkontrolle der erzeugten Ressourcendatei erforderlich macht.

1.5.3 Beispiele und Demos

Eine vollständige Qt-Installation enthält im Verzeichnis **examples** eine Reihe von Beispielprogrammen und im **demo**-Ordner einige Demoprogramme.

Die Beispielprogramme helfen insbesondere dann weiter, wenn man Probleme bei der Nutzung spezieller Qt-Klassen hat, die Demoprogramme zeigen dagegen hauptsächlich, was Qt alles kann. Sie eignen sich nicht als Referenz zur Benutzung der Klassenbibliotheken.

1.6 Umgang mit der Dokumentation

Die von Trolltech mitgelieferte Dokumentation im HTML-Format empfiehlt sich als ständiger Begleiter bei der Qt-Programmierung, denn sie beschreibt insbesondere alle Qt-Klassen en detail. Sogar bei der Lektüre dieses Buchs kann es hilfreich sein, die jeweils verwendeten Klassen darin nachzuschlagen.

Bei Programmstart lädt der Qt Assistant die Startseite **doc/html/index.html** automatisch (Abbildung 1.10 auf Seite 44); sie lässt sich aber in jedem beliebigen Webbrowser anschauen und steht auch online[17] zur Verfügung. Unter ihrem Dach versammeln sich zum Beispiel Einführungstexte, Übersichten zum Signal-Slot-Konzept, zu Layouts und zu den SQL-, Netzwerk-, XML- und OpenGL-Modulen, detaillierte Beschreibungen der Werkzeuge und Hilfsprogramme und eben die genaue Dokumentation der Qt-Klassen.

Diese Klassendokumentation wird man am häufigsten bei der täglichen Arbeit mit Qt benutzen. Kennt man den Klassennamen, so gibt man diesen im **Index**-Reiter des Assistants ein. Von der Startseite erreicht man aber auch eine Liste aller Klassen und eine nach Themen gruppierte Liste.

Alle Klassendokumentationen beginnen mit einer kurzen Beschreibung dessen, was die Klasse macht, gefolgt vom Namen der Header-Datei, die man einbinden muss,

---

[17] Für Qt 4.1 unter http://doc.trolltech.com/4.1/

wenn man sie nutzen will. Hinter dem Stichwort **Inherits** erfährt man, von welchen direkten Basisklassen die Klasse sich ableitet, **Inherited by** zählt ggf. die abgeleiteten Klassen auf (Abbildung 1.16).

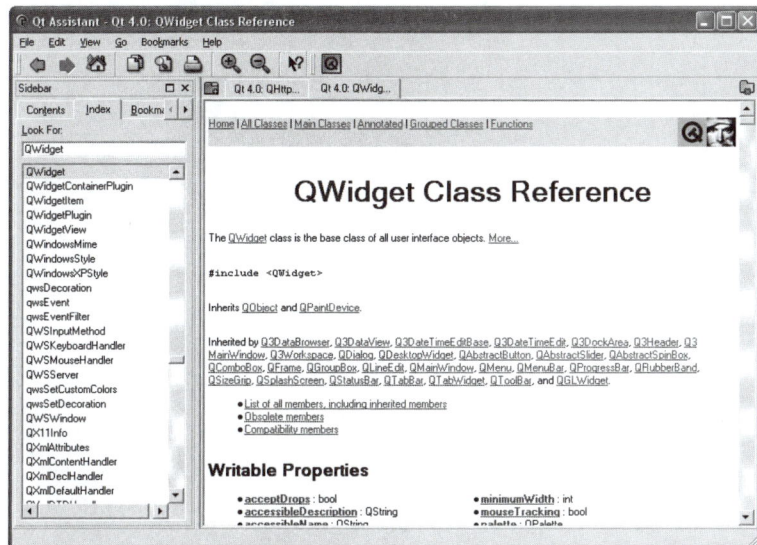

Abbildung 1.16:
Die Klassen-
dokumentation der
QWidget-Klasse

Darauf folgt eine Liste der Funktionen der Klasse. Sie teilt sich in mehrere Kategorien auf. Darunter fallen die Properties, die man abfragen und setzen kann (**Writable Properties**), die Properties, die man nur abfragen kann (**Read-Only Properties**), **public**- und **protected**-Funktionen, Signale und Slots.

In dieser Liste tauchen jedoch nur die Funktionen auf, die in der Klasse selbst definiert sind; Methoden, die die Klasse durch Vererbung von der Basisklasse erhält, zeigt die Dokumentation nicht an. Dies sollte man immer bedenken, wenn man nach einer speziellen Funktion sucht und diese in der Liste nicht findet – vielleicht ist sie bei der Basisklasse dokumentiert. Alternativ führt der Link **List of all members, including inherited members** am Anfang der Klassendokumentation zu einer Liste aller Funktionen der Klasse, inklusive der ererbten Funktionen.

Der Funktionsliste folgt eine ausführliche Klassenbeschreibung. Sie erklärt neben den Aufgaben, die die Klasse erfüllt, auch typische Anwendungsweisen. Gerade dann, wenn man eine Klasse zum ersten Mal benutzen will, empfiehlt es sich, diese ausführliche Beschreibung gründlich zu lesen. Sie enthält in vielen Fällen nützliche Hinweise und beugt einigen Stolperfallen vor.

2

Kapitel

Das Handwerkszeug zum Erstellen von Dialogen

Mit der gewonnenen Übersicht über Qt wenden wir uns nun einem Beispiel zu, das praktischen Nutzen hat, um ein Gefühl dafür zu bekommen, wie die Klassen zusammenhängen. Unser erstes aufwändigeres Programm soll Zahlen zwischen Dezimal-, Hexadezimal- und Binärdarstellung konvertieren und sieht aus wie in Abbildung 2.1.

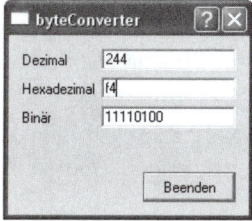

Abbildung 2.1:
Unser
Beispielprogramm
konvertiert Zahlen
zwischen Dezimal-,
Hexadezimal- und
Binärdarstellung

Seine Nutzer können in jedes der drei Eingabefelder nur Zahlen eingeben, die in einem Byte Platz haben, also die Zahlen 0 bis 255. Die beiden anderen *Line-Edits* – so genannt, weil es sich um Eingabefelder handelt, in denen die Nutzer genau eine Zeile editieren können – aktualisiert das Programm mit dem konvertierten Wert.

2.1 Was unterscheidet Dialoge von Widgets?

Die **main()**-Funktion des Programms ist fast identisch mit der **main()**-Funktion des „Hallo Welt"-Programms aus Abschnitt 1.1:

```cpp
// byteConverter/main.cpp

#include <QApplication>
#include "ByteConverterDialog.h"

int main(int argc, char *argv[])
{
    QApplication a(argc, argv);

    ByteConverterDialog bc;
    bc.setAttribute(Qt::WA_QuitOnClose);
    bc.show();

    return a.exec();
}
```

Lediglich die Klasse **QLabel** wurde durch **ByteConverterDialog** ersetzt. Diese Klasse leiten wir von **QDialog** ab und legen ihre Klassendefiniton in der Header-Datei **ByteConverterDialog.h**[1] ab. Die **#include**-Direktive, die diese Header-Datei einbindet, benutzt Anführungszeichen anstelle von spitzen Klammern, da sich die Datei im gleichen Verzeichnis wie **main.cpp** befindet.

Außerdem versehen wir den Dialog mit dem Attribut **WA_QuitOnClose**. Damit stellen wir sicher, dass sich das Programm beendet, wenn der Dialog geschlossen wird. Das war in den bisherigen Beispielen nicht notwendig, da wir keine von **QDialog** abgeleitete Klasse als Hauptfenster verwendet haben. In diesen Fällen ist das Attribut automatisch gesetzt. Da Dialoge normalerweise nur für Zwischeninformationen verwendet werden, ist es für **QDialog** nicht standardmäßig aktiv – schließlich soll das Schließen eines Dialogs die Anwendung normalerweise nicht beenden.

Den Inhalt der Datei **ByteConverterDialog.h** umgeben wir mit *Include-Guards*, den drei Präprozessoranweisungen **#ifndef** *marke*, **#ifndef** *marke* und **#endif**:

---

[1] Für Header-Dateien, die wir selber erstellen, benutzen wir die in C/C++ übliche Datei-Erweiterung .h, um den Dateityp deutlich zu machen.

```
// byteConverter/ByteConverterDialog.h

#ifndef BYTECONVERTERDIALOG_H
#define BYTECONVERTERDIALOG_H

#include <QDialog>
class QLineEdit;

class ByteConverterDialog : public QDialog
{
    Q_OBJECT

public:
    ByteConverterDialog();

private:
    QLineEdit* decEdit;
    QLineEdit* hexEdit;
    QLineEdit* binEdit;
};

#endif
```

Diese Standard-Technik in der C/C++-Programmierung vermeidet Probleme, die dadurch auftreten, dass die gleiche Header-Datei mehrfach eingebunden wird – passiert dies, so ist die Marke **BYTECONVERTERDIALOG_H** schon definiert und der Präprozessor ignoriert den gesamten Inhalt.

Wir binden die Header-Datei **QDialog** ein, da sich die Klasse **ByteConverterDialog** von **QDialog** ableitet: In diesem Fall muss der Compiler die Definition der Basisklasse kennen. Damit die Funktionen von **QDialog** auch außerhalb der **ByteConverter-Dialog**-Klasse zugänglich sind, leiten wir mit der Zugriffskontrolle **public** ab.

Die Klasse **QLineEdit** *deklarieren* wir (mit der Zeile **class QLineEdit;**) *vorwärts*: Da die **ByteConverterDialog**-Klasse drei private Variablen besitzt, die auf **QLineEdit**-Objekte zeigen, muss der C++-Compiler an dieser Stelle zwar wissen, dass **QLineEdit** eine Klasse ist, er muss aber die genaue Klassendefinition nicht kennen.[2]

Das Makro **Q_OBJECT** muss man für alle (auch indirekte) Ableitungen von der Basisklasse **QObject** verwenden. Es definiert u. a. Funktionen, ohne die das Signal-Slot-Konzept nicht funktioniert. Mehr hierzu in Abschnitt 2.1.1.

Die einzige öffentliche Funktion der Klasse ist der Konstruktor. Die drei Line-Edits speichern wir in den Variablen **decEdit**, **hexEdit** und **binEdit**, da wir die Eingabe-felder, in die der Benutzer nichts einträgt, sofort aktualisieren. So stellen wir sicher,

---

[2] Alternativ könnte man die **QLineEdit**-Header-Datei einbinden; dann muss der Parser sie aber auch lesen, was gerade auf langsamen Rechner das Kompilieren erheblich verlangsamt. Deswegen versuchen wir in diesem Buch, die Header-Dateien so zu optimieren, dass nur die notwendigen Header-Dateien eingebunden werden.

dass alle drei Line-Edits den gleichen Text anzeigen. Da sie ein Implementierungsdetail unseres Dialogs darstellen, deklarieren wir sie als private Variablen.

2.1.1 Ableiten von QObject

Wie schon erwähnt, muss man das Makro **Q_OBJECT** immer dann verwenden, wenn
sich eine abgeleitete Klasse auf die Basisklasse **QObject** zurückführen lässt. Es definiert einige Funktionen, die das Signal-Slot-Konzept umsetzen. Wenn es fehlt,
melden den Fehler leider weder Compiler noch Linker. Stattdessen bleiben Qt die Signale und Slots der abgeleiteten Klasse unbekannt – entsprechende Verbindungen
ignoriert das Programm zur Laufzeit einfach. Als Debug-Version kompilierte Applikationen verraten zur Laufzeit immerhin mit einer Warnung im Terminal-Fenster,
dass das Signal bzw. der Slot nicht existieren – dies allerdings auch nur dann, wenn
Code ausgeführt wird, der versucht, auf unbekannte Signale oder Slots zuzugreifen.
Die Fehlermeldung bei vergessenem **Q_OBJECT**-Makro sieht folgendermaßen aus:

```
Object::connect: No such slot QObject::decChanged(QString)
```

Sie tritt aber auch auf, wenn man den Namen des Signals oder Slots falsch geschrieben hat oder die Argumentenliste nicht stimmt.

Einige Compiler werfen Fehler, wenn man das **Q_OBJECT**-Makro mit einem Semiko-
lon beendet, weshalb es sich aus Portabilitätsgründen dringend empfiehlt, es stets
wegzulassen.

Jede Datei, die das **Q_OBJECT**-Makro verwendet, muss man dem Kommandozeilen-
Programm **moc** vorlegen (siehe Seite 51). Dieses generiert automatisch den Code,
der das Signal-Slot-Konzept in reinem C++ umsetzt.

Benutzt man **qmake** zur Projekterstellung, so sucht dieses Tool in allen Header- und
Quelltext-Dateien, die die .pro-Datei nennt, nach dem **Q_OBJECT**-Makro und erzeugt automatisch die notwendigen Build-Anweisungen für **moc**. Dazu muss man
die Header-Dateien des Projekts natürlich in der .pro-Datei mit angeben. Hierfür
benutzt man die **qmake**-Variable **HEADERS**, analog zur Variablen **SOURCES** für
Quelltext-Dateien:

```
#byteConverter/byteConverter.pro

TEMPLATE = app

SOURCES  = main.cpp \
           ByteConverterDialog.cpp
HEADERS  = ByteConverterDialog.h
```

Wenn der moc-Schritt für Dateien fehlt, die das **Q_OBJECT**-Makro enthalten, beschwert sich der Linker über nichtaufgelöste Symbole. GCC gibt folgende Fehlermeldung aus:

```
ld: Undefined symbols:
vtable for ByteConverterDialog
ByteConverterDialog::staticMetaObject
```

In diesem Fall sollte man überprüfen,

- ob man die Header-Dateien in der **qmake**-Variablen **HEADERS** vergessen hat und

- ob sich das Problem löst, wenn man die Makefiles mit **qmake** erneut erstellt.

qmake merkt es nämlich nicht automatisch, wenn man das **Q_OBJECT**-Makro nachträglich in einer Datei einfügt.

2.1.2 Komplexere Layouts

Wenden wir uns nun der Implementierung der **ByteConverterDialog**-Klasse zu. Im Konstruktor erzeugen wir alle Widgets und fügen diese zu einem Layout zusammen. Dieses ist nicht mehr so einfach wie bisher: Damit sich die Anwendung intuitiv verhält, wenn der Benutzer die Größe des Dialogs ändert, brauchen wir verschachtelte Layouts. Abbildung 2.2 zeigt, dass Qt dafür sorgt, dass die Eingabefelder immer oben im Fenster erscheinen und der **Beenden**-Knopf stets in der rechten unteren Ecke des Fensters.

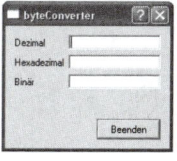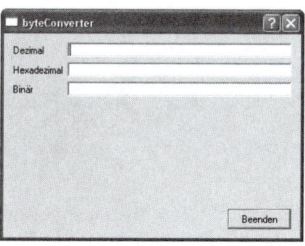

Abbildung 2.2:
So wirken sich
Qt-Layouts auf eine
Größenänderung des
Dialogs aus

Der Quelltext für den Konstruktor wird dadurch etwas länger, verwendet aber keine komplexeren Funktionen:

```
// byteConverter/ByteConverterDialog.cpp

#include "ByteConverterDialog.h"
#include <QLabel>
#include <QLineEdit>
#include <QPushButton>
#include <QVBoxLayout>
#include <QHBoxLayout>
#include <QGridLayout>
```

```
ByteConverterDialog::ByteConverterDialog()
{
    // Erzeuge die notwendigen Layouts
    QVBoxLayout* mainLayout = new QVBoxLayout(this);
    QGridLayout* editLayout = new QGridLayout;
    QHBoxLayout* buttonLayout = new QHBoxLayout;

    mainLayout->addLayout(editLayout);
    mainLayout->addStretch();
    mainLayout->addLayout(buttonLayout);

    // Erzeuge die Labels und Line-Edits und füge sie
    // zum editLayout hinzu
    QLabel* decLabel = new QLabel(tr("Dezimal"));
    QLabel* hexLabel = new QLabel(tr("Hexadezimal"));
    QLabel* binLabel = new QLabel(tr("Binär"));
    decEdit = new QLineEdit;
    hexEdit = new QLineEdit;
    binEdit = new QLineEdit;

    editLayout->addWidget(decLabel, 0, 0);
    editLayout->addWidget(decEdit, 0, 1);
    editLayout->addWidget(hexLabel, 1, 0);
    editLayout->addWidget(hexEdit, 1, 1);
    editLayout->addWidget(binLabel, 2, 0);
    editLayout->addWidget(binEdit, 2, 1);

    // Erzeuge den "Beenden"-Knopf und füge ihn zum
    // buttonLayout hinzu
    QPushButton* exitButton = new QPushButton(tr("Beenden"));

    buttonLayout->addStretch();
    buttonLayout->addWidget(exitButton);
}
```

Abbildung 2.3 zeigt, welche der darin verwendeten Layouts sich um welche Widgets kümmern: So enthält das **editLayout**-Objekt die Labels und Line-Edits.

Abbildung 2.3:
Die Layouts, wie sie
ByteConverterDialog
verwendet

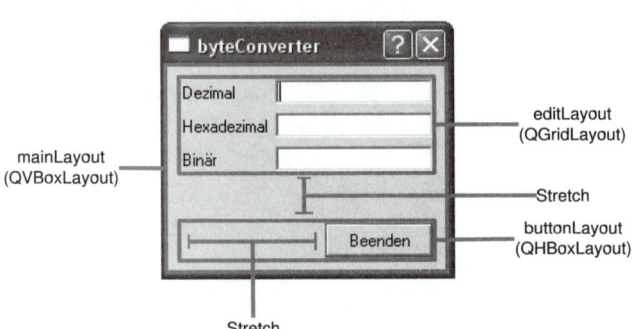

Für das Layout des ganzen Dialogs zeichnet das Objekt **mainLayout** zuständig. Daher übergeben wir diesem vertikalen Box-Layout im Konstruktor einen Zeiger auf das **ByteConverterDialog**-Objekt. Dies geschieht per **this**-Zeiger, da wir uns in einer Funktion der **ByteConverterDialog**-Klasse selbst befinden.

Das **editLayout**-Objekt ist für das Layout der Labels und Line-Edits zuständig. Damit diese Elemente sich schön untereinander anordnen und die Widgets in einer Spalte die gleiche Größe haben, verwenden wir ein Rasterlayout. Der **Beenden**-Knopf wird durch das **buttonLayout** verwaltet.

Bevor wir die Widgets erzeugen und zu **editLayout** und **buttonLayout** hinzufügen, müssen wir diese beiden Layouts mit **addLayout()**, dem Layout-Äquivalent der **addWidget()**-Funktion, ins **mainLayout** einfügen. Bringt man Widgets in einem noch nicht mit einem Widget assoziierten Layout unter, erhält man zur Laufzeit des Programms die Warnung

```
QLayout::addChildWidget: add layout to parent before adding children to
layout.
```

im Terminal-Fenster und die Widgets bleiben unsichtbar. Deswegen sollte man Layouts immer „von oben nach unten" erzeugen.

Damit die Eingabefelder immer oben und der **Beenden**-Knopf immer rechts unten platziert werden, kommen sogenannte *Stretches* zum Einsatz. Diese nehmen den Platz ein, den die Widgets nicht benötigen. Verzichtet man im Beispiel auf sie, so nehmen die Widgets den ganzen Raum ein. Vergrößert der Benutzer den Dialog, sieht das Ergebnis aus wie in Abbildung 2.4.

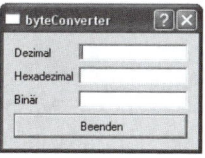 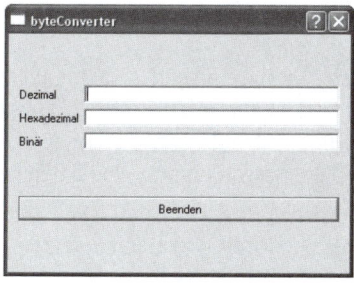

Abbildung 2.4:
So sieht der Dialog
nach einer
Größenänderung aus,
wenn man auf die
Stretches verzichtet

Um dieses Verhalten zu vermeiden, fügen wir mit der **addStretch()**-Funktion zwischen dem **editLayout** und dem **buttonLayout** einen Stretch hinzu.

Jetzt sind wir bereit, die Labels und Line-Edits zu erzeugen und in die Obhut des **editLayout** zu geben. Die Line-Edit-Objekte speichern wir in den privaten Klassenvariablen **decEdit**, **hexEdit** und **binEdit**, da wir ihren Inhalt durch in anderen Funktionen abgelegten Code verändern wollen. Auf alle anderen Objekte müssen wir außerhalb des Konstruktors nicht zugreifen, weshalb wir auf entsprechende Zeiger verzichten können.

Damit die **Beenden**-Schaltfläche nicht nur stets ganz unten, sondern auch ganz rechts angezeigt wird, befüllen wir das horizontale Layout **buttonLayout** zuerst mit einem Stretch, bevor wir den Knopf selber einpassen.

Indem wir alle Widgets und Unterlayouts zum **mainLayout**-Objekt bzw. dessen Kindern hinzufügen, sorgen wir dafür, dass all diese Objekte, die wir im Konstruktor mit **new** erzeugen, Nachfahren des **ByteConverterDialog**-Objekts sind. Damit müssen wir keines davon von Hand löschen. Die automatische Speicherverwaltung sorgt dafür, dass beim Löschen des **ByteConverterDialog**-Objekts alle seine Kinder mit verschwinden. Dies funktioniert nur, weil **QObject** die Basisklasse des Dialogs ist.

Macht sich Ernüchterung breit ob des doch recht vielen Codes, den wir schreiben mussten, um einen so einfachen Dialog zu erstellen? Abhilfe naht in Kapitel 3, das zeigt, wie man mit Hilfe des Designers einen Dialog erstellt und wie der Code automatisch generiert wird. Mehr Details und Hintergründe zu Layouts bietet Kapitel 5.

2.1.3 Benutzbarkeit verbessern

Trotz des verbesserten Layouts verhält sich der Dialog noch nicht in allen Aspekten ideal:

- Der Fenstertitel zeigt im Moment noch den Programmnamen **byteConverter** an. Besser wäre etwas Aussagekräftigeres.

- Die **Beenden**-Schaltfläche sollte zum *Default-Knopf* des Dialogs werden. Dieser wird durch (Enter) aktiviert, auch wenn er keinen Tastaturfokus besitzt. Die meisten Widget-Stile heben den Default-Knopf besonders hervor.

- Momentan kann man in die Line-Edits beliebige Zahlen eingeben. Dies sollten wir auf gültige Werte beschränken, für Dezimalzahlen also nur ganze Zahlen zwischen 0 und 255 zulassen, die Hexadezimalzahlen auf maximal zweistellige Werte und die Binärzahlen auf maximal acht Bits begrenzen.

Diese drei Probleme lösen wir, indem wir den Konstruktor um folgende Zeilen erweitern:[3]

```
// byteConverter/ByteConverterDialog.cpp (fortgesetzt)

ByteConverterDialog::ByteConverterDialog()
{
    ...
    setWindowTitle(tr("Zahlen-Konverter"));
```

---

[3] Um den folgenden Code zu kompilieren, ergänzen Sie bitte die (hier der Übersichtlichkeit halber) fehlenden #include-Zeilen für die neu benutzten Klassen **QIntValidator** und **QRegExpValidator**!

```
    exitButton->setDefault(true);

    // Beschränke die Eingabe auf gültige Werte
    QIntValidator* decValidator =
        new QIntValidator(0, 255, decEdit);
    decEdit->setValidator(decValidator);

    QRegExpValidator* hexValidator =
        new QRegExpValidator(QRegExp("[0-9A-Fa-f]{1,2}"), hexEdit);
    hexEdit->setValidator(hexValidator);

    QRegExpValidator* binValidator =
        new QRegExpValidator(QRegExp("[01]{1,8}"), binEdit);
    binEdit->setValidator(binValidator);
}
```

Fenstertitel setzen

Die ersten beiden Probleme sind mit jeweils einer Zeile erledigt: Die Funktion **set-WindowTitle()** setzt den Fenstertitel eines Widgets, falls dieses ein Top-Level-Fenster ist. Es handelt sich dabei um eine Funktion der **QWidget**-Klasse. Da **ByteConverterDialog QWidget** als Basisklasse besitzt, erbt sie diese Funktion, und wir können sie einfach aufrufen.

Default-Knopf festlegen

Den Default-Knopf eines Dialogs legt man fest, indem man dem entsprechenden Button (und nicht etwa dem Dialog, wie man zunächst vermuten könnte) mitteilt, dass er es ist. Der Aufruf von **setDefault(true)** auf ein **QPushButton**-Objekt zeigt aber nur dann Wirkung, wenn der Knopf in einem Dialog verwendet wird – in einem Main-Window gibt es keine Default-Knöpfe. Versucht man einen Default-Knopf für ein Hauptfenster zu definieren, zeichnet Qt ihn zwar im Stil eines solchen, aktiviert ihn aber nicht, wenn der Nutzer die (Enter)-Taste betätigt.

Nutzereingaben überprüfen

Das dritte Problem, die Eingabe in den Line-Edits auf gültige Werte zu beschränken, erfordert etwas mehr Arbeit, lässt sich aber über *Validatoren* lösen. Diese nutzen **QValidator** als Basisklasse. Sie überprüfen Nutzereingaben und teilen „ihrem" Line-Edit mit, ob er die aktuellen Werte erlauben soll oder nicht.

Zum Überprüfen der Dezimalzahleneingabe benutzen wir ein **QIntValidator**-Objekt. Im Konstruktor übergeben wir diesem den minimalen und maximalen erlaubten Wert als erstes bzw. zweites Argument. Das dritte Argument, **decEdit**, ist das Line-

Edit-Objekt, das wir in der **QObject**-Hierarchie zum Elternobjekt des Validators machen. Damit unterliegt es der automatischen Speicherverwaltung.

Dass der Validator ein prüfendes Auge auf das **decEdit**-Objekt wirft, erreichen wir durch den **setValidator()**-Aufruf. Jetzt kann der Benutzer nur noch ganze Zahlen zwischen 0 und 255 ins Eingabefeld eintippen.

Zur Überprüfung der Eingabe hexadezimaler Zahlen müssen wir auf einen anderen Validator-Typ zurückgreifen: **QRegExpValidator**. Dieser vergleicht den Eingabestring mit einem regulären Ausdruck, in unserem Fall mit **[0-9A-Fa-f]{1,2}**, der die erlaubten Zeichen festlegt: hier die Ziffern 0 bis 9 und die Buchstaben A bis F (groß und klein geschrieben). Das darauf folgende **{1,2}** beschränkt die Länge der Zeichenkette auf mindestens ein und maximal zwei Zeichen.

Reguläre Ausdrücke in Qt sind mit denen von Perl verwandt, jedoch gibt es Unterschiede. Beispielsweise ist es wichtig, umgekehrte Schrägstriche (\, auch *Backslashes* genannt) aufgrund ihrer speziellen Bedeutung als Maskierungsoperator mit sich selbst zu maskieren. **QRegExp** erkennt sie dann als einfache Backslashes. Daraus folgt, dass wir vier Backslashes eingeben müssen, wenn wir mit einem regulären Ausdruck einen literalen Backslash finden wollen.

QRegExpValidator benutzen wir mit dem regulären Ausdruck **[01]{1,8}** auch als Validator für Binärzahlen. Er erlaubt nur die Zeichen 0 und 1, die Zeichenkette kann aber bis zu acht Zeichen lang werden.

2.1.4 Slots implementieren

Damit der **Beenden**-Knopf den Dialog auch beendet, verbinden wir sein **clicked()**-Signal mit dem **accept()**-Slot des Dialogs, den die **ByteConverterDialog**-Klasse von der **QDialog**-Basisklasse erbt:

```
// byteConverter/ByteConverterDialog.cpp (fortgesetzt)

    ...
    connect(exitButton, SIGNAL(clicked()),
        this, SLOT(accept()));
}
```

Er schließt einfach den Dialog. Der Name *accept* rührt daher, dass sehr viele Dialoge einen Ok- und einen **Abbrechen**-Knopf besitzen. **Ok** korrespondiert mit dem **accept()**-Slot, **Abbrechen** mit dem **reject()**-Slot. Beide Slots schließen den Dialog, der eine mit einem positiven, der andere mit einem negativen Rückgabewert (siehe auch Kapitel 6 ab Seite 159). In diesem Beispiel interessiert uns der Rückgabewert allerdings nicht.

Bei der eigentlichen Verarbeitungslogik können wir nicht mehr auf vordefinierte Slots zugreifen, sondern müssen die **ByteConverterDialog**-Klasse um eigene Slots erweitern. Diese sollen in Aktion treten, wenn die **QLineEdit**-Objekte das Signal **textChanged()** aussenden, weil sich der Text ändert. Deswegen erweitern wir unsere Klassendefiniton wie folgt:

```
// byteConverter/ByteConverterDialog.h (fortgesetzt)

class ByteConverterDialog : public QDialog
{
    ...

private slots:
    void decChanged(const QString&);
    void hexChanged(const QString&);
    void binChanged(const QString&);
};
```

Slots werden wie normale Funktionen deklariert. Lediglich für die Zugriffskontrolle verwendet man statt **public:**, **protected:** und **private:** die Bezeichner **public slots:**, **protected slots:** und **private slots:**.

Unsere drei Slots nehmen ein Argument vom Typ **const QString&** an. So kann das **textChanged()**-Signal der Funktion den neuen Text des Line-Edits übergeben.

Als Argumenttyp wählen wir nicht einfach **QString**, sondern eine **const-Referenz**. Da das **QString**-Objekt damit nicht kopiert werden muss, wird der Code effizienter.[4]

Auch wenn die Deklaration eines Slots etwas von der einer normalen Funktion abweicht, unterscheidet sich die Implementierung nicht. So lassen sich Slots im Zweifelsfall auch über normale Funktionsaufrufe nutzen. Der **decChanged()**-Slot in der Datei **ByteConverterDialog.cpp** enthält folgenden Code:

```
// byteConverter/ByteConverterDialog.cpp (fortgesetzt)

void ByteConverterDialog::decChanged(const QString& newValue)
{
    bool ok;
    int num = newValue.toInt(&ok);
    if (ok) {
        hexEdit->setText(QString::number(num, 16));
        binEdit->setText(QString::number(num, 2));
    } else {
        hexEdit->setText("");
        binEdit->setText("");
    }
}
```

---

[4] Auch wenn das Kopieren von Qt-Typen wie **QString** oder **QPixmap** wie auf Seite 38 beschrieben sehr effizient ist, empfiehlt es sich, **const**-Referenzen zu übergeben, wenn die Variable keine Veränderung innerhalb der Methode erfahren soll.

Kenntnis vom neuen Wert des Line-Edits erhält die Funktion über die Variable **newValue**. Als Objekt der **QString**-Klasse kennt es einige Funktionen, die Strings in Zahlen umwandeln. Wir benutzen die **toInt()**-Funktion, da es sich bei der Eingabe um einen Integer-Wert handelt.

toInt() nimmt einen **bool**-Zeiger als optionales Argument an: Spezifiziert man einen solchen, so setzt diese Funktion die Variable, auf die er zeigt, auf **true**, falls sich der String erfolgreich umwandeln ließ, und auf **false**, wenn dies fehlschlug. Letzteres ist der Fall, wenn die Zeichenkette keinen Integer-Wert darstellt.

Bei erfolgreicher Konvertierung setzen wir den Text der beiden anderen Line-Edits (**hexEdit** und **binEdit**) auf den neuen Wert. Dazu wandeln wir die Zahl in eine Zeichenkette um, die einmal eine Hexadezimalzahl und beim zweiten Mal eine Binärzahl darstellt. Für diesen Zweck kennt die **QString**-Klasse die statische Funktion **number()**, die die Zahl als Zeichenkette zurückgibt. Sie erwartet als zweites Argument die Basis für das verwendete Zahlensystem, **16** für hexadezimal und **2** für binär. Wenn wir keine angeben, nimmt **number()** an, dass wir im Zehner-System rechnen, weshalb man diese Angabe in den meisten Fällen unterschlagen darf.

Konnte die **toInt()**-Funktion die Zeichenkette nicht in eine Zahl umwandeln, schreiben wir mit **setText()** einen leeren Text in die beiden Line-Edits. Dank des Validators für das **decEdit**-Objekt, der dafür sorgt, dass nur Zahlen im Bereich 0 bis 255 eingegeben werden können, schlägt die Konvertierung allerdings nur in einem einzigen Fall fehl: wenn der Benutzer die Eingabe komplett löscht.

Die beiden verbleibenden Slots implementieren wir analog:

```
// byteConverter/ByteConverterDialog.cpp (fortgesetzt)

void ByteConverterDialog::hexChanged(const QString& newValue)
{
...
    if (ok) {
        decEdit->setText(QString::number(num));
        binEdit->setText(QString::number(num, 2));
    } else {
...
    }
}

void ByteConverterDialog::binChanged(const QString& newValue)
{
...
    if (ok) {
        decEdit->setText(QString::number(num));
        hexEdit->setText(QString::number(num, 16));
    } else {
...
    }
}
```

Allerdings müssen wir diesmal beim Umwandeln der Zeichenkette in einen Integer-Wert die Basis angeben: Per Default nutzt **toInt()** die Basis 10. Das ist auch der Fall für **QString::number()**: Wenn wir den Text für **decEdit** setzen, dürfen wir die Basis also ebenfalls weglassen.

Damit die so implementierte Verarbeitungslogik im Programm ihre Schuldigkeit tut, müssen wir die **textChanged()**-Signale unserer **QLineEdit**-Objekte mit den Slots verbinden. Zu diesem Zweck fügen wir unserem Konstruktor die folgenden Zeilen hinzu:

```
// byteConverter/ByteConverterDialog.cpp (fortgesetzt)

ByteConverterDialog::ByteConverterDialog()
{
    ...
    connect(decEdit, SIGNAL(textChanged(const QString&)),
            this, SLOT(decChanged(const QString&)));
    connect(hexEdit, SIGNAL(textChanged(const QString&)),
            this, SLOT(hexChanged(const QString&)));
    connect(binEdit, SIGNAL(textChanged(const QString&)),
            this, SLOT(binChanged(const QString&)));
}
```

Damit erledigt der Konstruktor unserer **ByteConverterDialog**-Klasse drei unterschiedliche Aufgaben:

- Er erzeugt alle Widgets und fügt sie in einem Layout zusammen.

- Er setzt vernünftige Startwerte für unsere Widgets, so dass sie sich korrekt verhalten.

- Er richtet alle notwendigen Signal-Slot-Verbindungen ein.

Die Slots beschränken sich auf die eigentliche Verarbeitungslogik.

2.2 Trennung von GUI und Verarbeitungslogik

2.2.1 Alternatives Design

Im vorherigen Beispielprogramm haben wir nur eine Klasse definiert, die sowohl die grafische Oberfläche als auch die Verarbeitungslogik implementiert: Ändert der Benutzer den Wert in einem Line-Edit, so ruft die **ByteConverterDialog**-Klasse den entsprechenden Slot auf und passt den Wert der beiden anderen Line-Edits an. Abbildung 2.5 zeichnet dies nach.

Eine solche Verzahnung von GUI und Verarbeitungslogik birgt die Gefahr eines unübersichtlichen und schwer wartbaren Programmdesigns. Insbesondere können Änderungen an der grafischen Oberfläche Änderungen in der Verarbeitungslogik nach sich ziehen, beispielsweise wenn Programmierer eigentlich allgemeingültige Algorithmen als Methode in der Subklasse eines Widgets implementieren, die sie hinterher in mühevoller Arbeit extrahieren müssen.

Abbildung 2.5:
GUI-Elemente und
Verarbeitungslogik
der bisherigen
ByteConverterDialog-
Klasse

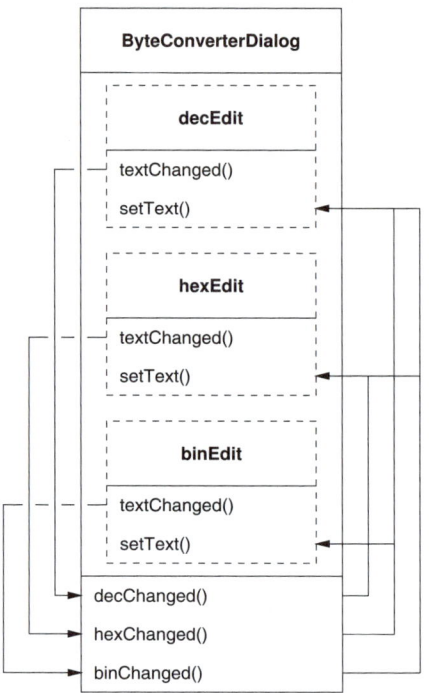

Dieses Problem lässt sich nicht in jedem Fall verhindern, aber immerhin minimieren, indem man Nutzerschnittstelle und Datenverarbeitung wie in Abbildung 2.6 trennt. Die Möglichkeit, Signale und Slots zu nutzen, vereinfacht dabei die Abstraktion, da sich damit Abhängigkeiten der Dialog-Klasse von der Verarbeitungsklasse (und umgekehrt) vermeiden lassen.

Hier ist die **ByteConverterDialog**-Klasse lediglich für die GUI zuständig; die Konvertierung der Zahlen übernimmt eine zusätzliche Klasse, **ByteConverter**. Sie besitzt die Slots **setDec()**, **setHex()** und **setBin()**. Ruft man **setDec()** mit einer Zeichenkette auf, so sendet die Klasse die Signale **hexChanged()** und **binChanged()** mit den entsprechenden Werten in hexadezimaler bzw. binärer Darstellung aus – Analoges gilt für die beiden anderen Slots.

Die Signale und Slots der Line-Edits aus dem **ByteConverterDialog** verbinden wir mit den Signalen und Slots der **ByteConverter**-Klasse, etwa das **textChanged()**-

Signal des **decEdit**-Objekts mit dem **setDec()**-Slot. Gibt der Benutzer einen neuen Dezimalwert ein, sendet der Line-Edit das genannte Signal aus, und **setDec()** kommt zum Zuge. Dieser Slot sendet wiederum die Signale **hexChanged()** und **binChanged()** aus. Da wir sie mit dem **setText()**-Slot des **hexEdit**- bzw. **binEdit**-Objekts verbunden haben, aktualisiert das Programm den hexadezimalen und den binäre Wert in der grafischen Benutzerschnittstelle.

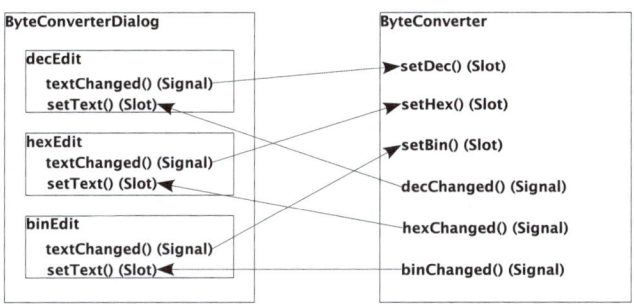

Abbildung 2.6:
Trennung von
GUI-Elementen und
Verarbeitungslogik

Die **ByteConverter**-Klasse „weiß" nichts von den GUI-Komponenten. Sie hat eine klar definierte Schnittstelle und kann auch weiterverwendet werden, wenn sich das Aussehen der Anwendung ändert.

Eine solche Trennung der Datenverarbeitung von der GUI sollte man immer in Betracht ziehen, wenn sich die Verarbeitungslogik auf natürliche Weise vom User-Interface trennen lässt. Gilt es hingegen nur, einzelne GUI-Elemente miteinander zu synchronisieren, sollte man von einer solchen Aufspaltung Abstand nehmen: In diesem Fall gewinnt man keine Unabhängigkeit, sondern verschiebt lediglich die Verantwortung in eine neue Klasse.

Unser Beispielprogramm ist in dieser Hinsicht ein Grenzfall: Seine Aufgabe besteht darin, Zahlen umzuwandeln – eine Funktionalität, die nicht an ein bestimmtes User-Interface gebunden ist. Schreibt man hingegen einen Hex-Editor, dessen Ausgabe sich zwischen dezimaler, hexadezimaler oder binärer Darstellung umschalten lässt, ließe sich eine Trennung von GUI und Umrechnungslogik bei der Synchronisation der entsprechenden Line-Edits eher nicht rechtfertigen.

Man sieht schon, dass sich die Frage, was man trennen und was man zusammen lassen sollte, nicht ganz einfach beantworten lässt. Zu einem gewissen Grad hängt die Antwort vom Programmierstil und der Projektorganisation ab. Qt gibt die notwendige Freiheit für beide Methoden.

2.2.2 Signale deklarieren und aussenden

Die neue **ByteConverter**-Klasse hat Signale und Slots und muss daher auf **QObject** als Basisklasse zurückgehen. Da sie nichts auf dem Bildschirm darstellt, kein Widget ist und auch sonst keine Funktionalität erfordert, die Qt in separaten, von **QObject** abgeleiteten Klassen bereitstellt, leiten wir sie direkt von **QObject** ab:

```
// byteConverter2/ByteConverter.h

#ifndef BYTECONVERTER_H
#define BYTECONVERTER_H

#include <QObject>

class ByteConverter : public QObject
{
    Q_OBJECT

public:
    ByteConverter(QObject* = 0);

public slots:
    void setDec(const QString&);
    void setHex(const QString&);
    void setBin(const QString&);

signals:
    void decChanged(const QString&);
    void hexChanged(const QString&);
    void binChanged(const QString&);
};

#endif
```

Wichtig ist es auch hier wieder, das **Q_OBJECT**-Makro nicht zu vergessen, sonst kennt Qt die deklarierten Signale und Slots nicht.

Der Konstruktor nimmt als Argument einen Zeiger auf ein **QObject**-Objekt an. Dieses dient der neuen Klasse als „Vater" in der Objekthierarchie. Als Default-Wert kommt (genau wie in der Signatur des **QObject**-Konstruktors) 0, der Null-Zeiger zum Einsatz – entsprechende **ByteConverter**-Objekte haben also keine Eltern.

Die Klasse besitzt drei Slots, **setDec()**, **setHex()** und **setBin()**. Diesmal wollen wir von außerhalb der Klasse, nämlich von der **ByteConverterDialog**-Klasse aus, auf sie zugreifen und erlauben dies mit dem Stichwort **public**.

Signale deklariert man mit dem Bezeichner **signals:**. Für sie gibt es keine Zugriffskontrolle – sie sind immer öffentlich. Private oder geschützte (**protected**) Signale wären außerhalb der Klasse unsichtbar und damit sinnlos: Signale dienen ja gerade der Kommunikation zwischen unterschiedlichen Klassen; innerhalb der gleichen Klasse benutzt man ganz normale Funktionsaufrufe. Abgesehen davon sehen Signaldeklarationen wie normale Funktionsdeklarationen aus.

Allerdings fehlt Signalen im Gegensatz zu Funktionen und Slots die Implementierung, da sie lediglich die mit ihnen verbundenen Slots aufrufen.[5]

Der **ByteConverter**-Konstruktor ist schnell implementiert:

```
// byteConverter2/ByteConverter.cpp

#include "ByteConverter.h"

ByteConverter::ByteConverter(QObject* parent) :
    QObject(parent)
{
}
```

Wir übergeben lediglich dem **QObject**-Konstruktor (also dem Konstruktor der Basisklasse) das Argument **parent**.

Die Implementierung der Slots entspricht nahezu derjenigen aus Kapitel 2.1.4 auf Seite 66:

```
// byteConverter2/ByteConverter.cpp (fortgesetzt)

void ByteConverter::setDec(const QString& newValue)
{
    bool ok;
    int num = newValue.toInt(&ok);
    if (ok) {
        emit hexChanged(QString::number(num, 16));
        emit binChanged(QString::number(num, 2));
    } else {
        emit hexChanged("");
        emit binChanged("");
    }
}

void ByteConverter::setHex(const QString& newValue)
{
    bool ok;
    int num = newValue.toInt(&ok, 16);
    if (ok) {
        emit decChanged(QString::number(num));
        emit binChanged(QString::number(num, 2));
    } else {
        emit decChanged("");
        emit binChanged("");
    }
}
```

---

[5] Streng genommen werden auch Signale implementiert, und zwar automatisch von moc. Der dabei generierte Code ruft nacheinander die passenden Slots auf. Es ist aber nicht möglich, eine eigene Implementierung für Signale zu schreiben.

```
void ByteConverter::setBin(const QString& newValue)
{
    bool ok;
    int num = newValue.toInt(&ok, 2);
    if (ok) {
        emit decChanged(QString::number(num));
        emit hexChanged(QString::number(num, 16));
    } else {
        emit decChanged("");
        emit hexChanged("");
    }
}
```

Wieder wandeln wir einen numerischen Wert mit den **QString**-Funktionen **toInt()** und **number()** in die drei Zahlensysteme um. Allerdings verändern die Slots den Wert des Line-Edits nicht selbst, sondern senden lediglich entsprechende Signale. Dazu rufen wir das Signal einfach wie eine Funktion auf.

Um deutlich zu machen, dass dies kein normaler Funktionsaufruf ist, stellen wir dem Aufruf den Bezeichner **emit** voran. Dies ist nicht notwendig, sondern lediglich als Hilfe für den Programmierer gedacht, der daran sofort erkennt, dass ein Signal gesendet wird. Es ist gute Programmierpraxis, Signalaussendungen konsequent mit **emit** zu markieren.

Die neue Header- und Quelltext-Dateien müssen wir nun lediglich noch in die **.pro**-Datei eintragen, damit **qmake** die notwendigen **moc**-Aufrufe generieren kann:

```
#byteConverter2/byteConverter2.pro

TEMPLATE = app

SOURCES  = main.cpp \
           ByteConverterDialog.cpp \
           ByteConverter.cpp
HEADERS  = ByteConverterDialog.h \
           ByteConverter.h
```

Vergisst man, eine Datei, die eine Klasse mit eigenen Signalen deklariert, von **moc** verarbeiten zu lassen, beschwert sich der Linker über nichtaufgelöste Symbole; GCC gibt zum Beispiel folgenden Fehler aus:

```
ld: Undefined symbols:
ByteConverter::binChanged(QString const&)
ByteConverter::decChanged(QString const&)
ByteConverter::hexChanged(QString const&)
```

Deklariert die Klasse hingegen nur Slots, erhält man leider erst zur Laufzeit die Fehlermeldung, dass die Signal-Slot-Verbindung nicht erstellt werden könne, da der Slot unbekannt sei.

2.2.3 Benutzen eigener Signale

Mit der **ByteConverter**-Klasse ist die **ByteConverterDialog**-Klasse einfacher geworden – wir benötigen weder Klassenvariablen noch Slots; der Konstruktor genügt:

```
// byteConverter2/ByteConverterDialog.h

#ifndef BYTECONVERTERDIALOG_H
#define BYTECONVERTERDIALOG_H

#include <QDialog>

class ByteConverterDialog : public QDialog
{
    Q_OBJECT

public:
    ByteConverterDialog();
};

#endif
```

Die Widgets erzeugen wir wie im vorherigen Beispiel und übergeben sie auf gleiche Weise in die Obhut des Layouts, auch die Anpassungen inklusive der Validatoren unterscheiden sich nicht. Wir benötigen lediglich andere Signal-Slot-Verbindungen:

```
// byteConverter2/ByteConverterDialog.cpp

ByteConverterDialog::ByteConverterDialog()
{
    ...
    // Signal-Slot-Verbidungen
    connect(exitButton, SIGNAL(clicked()),
            this, SLOT(accept()));

    ByteConverter* bc = new ByteConverter(this);

    connect(decEdit, SIGNAL(textChanged(const QString&)),
            bc, SLOT(setDec(const QString&)));
    connect(hexEdit, SIGNAL(textChanged(const QString&)),
            bc, SLOT(setHex(const QString&)));
    connect(binEdit, SIGNAL(textChanged(const QString&)),
            bc, SLOT(setBin(const QString&)));

    connect(bc, SIGNAL(decChanged(const QString&)),
            decEdit, SLOT(setText(const QString&)));
    connect(bc, SIGNAL(hexChanged(const QString&)),
            hexEdit, SLOT(setText(const QString&)));
    connect(bc, SIGNAL(binChanged(const QString&)),
            binEdit, SLOT(setText(const QString&)));
}
```

Das clicked()-Signal des **Beenden**-Knopfs verbinden wir wieder mit dem **accept()**-Slot des Dialogs, der letzteren schließt. Die restlichen Signal-Slot-Verbindungen entsprechen denen in Abbildung 2.6 auf Seite 71.

Im **ByteConverter**-Konstruktor geben wir den **this**-Zeiger als Argument an, so dass das neue Objekt Kind des **ByteConverterDialog** wird. Somit löscht die automatische Speicherverwaltung das **ByteConverter**-Objekt, sobald die GUI gelöscht wird. Zudem stellt diese Eltern-Kind-Beziehung sicher, dass das **ByteConverter**-Objekt die ganze Lebensdauer des **ByteConverterDialog**-Objekts über verfügbar ist.

Das Beispiel zeigt: Ob man Slots mit eigenen oder mit Signalen der Qt-Klassen verbindet, spielt syntaktisch keine Rolle.

GUI-Gestaltung mit dem Qt Designer

Während sich einfache grafische Schnittstellen wie die des in Kapitel 2 erstellten Konverters noch unproblematisch „von Hand" programmieren lassen, wünscht man sich die Hilfe eines grafischen Programms spätestens dann, wenn es ums Gestalten von Dialogen geht, in denen viele GUI-Elemente platziert werden müssen. Qt liefert ein solches in Gestalt des *Qt Designer* mit.

3.1 Dialoge „per Mausklick"

Mit Hilfe dieses GUI-Tools wollen wir im Folgenden den ByteConverter-Dialog aus dem vorhergehenden Kapitel erstellen.

Dass sich beim Start des Designers viele verschiedene Fenster öffnen, ist für Windows-Benutzer gewöhnungsbedürftig. Wer stattdessen den von Visual Studio bevorzugten Dockfenster-Modus wünscht, schaltet diesen unter **Edit | User Interface Mode | Docked Window** ein.

Bei einem der Fenster handelt es sich um den „**New Form**"-Dialog, der die Auswahl einer Vorlage erwartet. Hier stehen Templates für Hauptfenster (**Main Window**), Dialoge und Widgets generell zur Verfügung. Qt 4 unterscheidet zwischen Dialogen mit unten bzw. rechts angeordneten Schaltflächen für die Benutzeraktionen **OK** (bestätigen) und **Cancel** (abbrechen). Für den ByteConverter-Dialog wählen wir einen davon als Vorlage; Abbildung 3.1 zeigt den Typ **Dialog with Buttons Bottom**.

Abbildung 3.1:
Das Dialog-Template
mit unten
angeordneten
Standard-
Schaltflächen

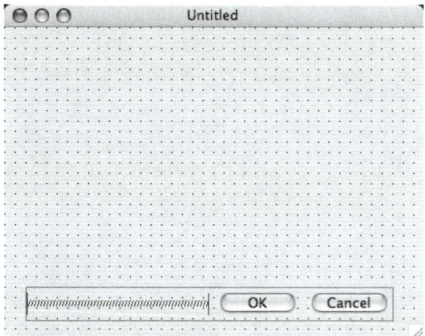

Die vorgegebenen Schaltflächen benötigen wir nicht weiter. Um sie zu löschen, ziehen wir deshalb mit der linken Maustaste einen Auswahlrahmen auf, der die Buttons sowie den Platzhalter (*Spacer*) einschließt. Ein Druck auf die (Entf)-Taste entfernt die in unserem Fall überflüssigen Widgets.

Als nächstes erweitern wir das Dialog-Gerüst um die Eingabezeilen sowie die Labels. Diese finden sich in der **Widget Box**, die das Programm normalerweise am linken Bildschirmrand platziert. Um ein neues Label zu erstellen, suchen wir die Gruppe **Display Widgets** (ganz unten in der Box) und ziehen den Eintrag **Label** per Drag & Drop auf den Dialog.

Abbildung 3.2:
Der Dialog enthält
erste Widgets

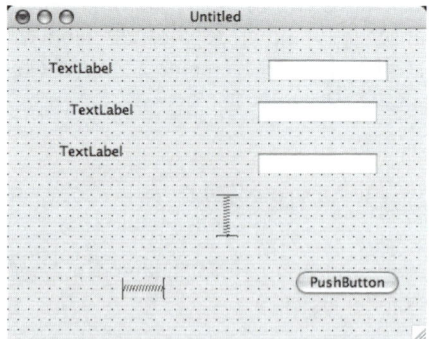

Als nächstes kommt ein Line-Edit an die Reihe. Als Eingabeelement befindet es sich in der Kategorie **Input Widgets** und wird ebenfalls per Drag & Drop an die richtige Stelle gebracht. Zusätzlich zu den drei Text-Labels und Line-Edits benötigen wir eine Schaltfläche (**Buttons | Push Button**) und einen horizontalen sowie einen vertikalen Spacer. Diese Platzhalter übernehmen im Designer die Aufgabe der Stretches, vergrößern also den Abstand zwischen Widgets. Ein einmal positioniertes GUI-Element lässt sich mit gedrückter linker Maustaste neu positionieren. Wie es aussieht, wenn alle benötigten Widgets platziert wurden, zeigt Abbildung 3.2.

3.1.1 Layouten im Designer

Noch fehlt den Widgets jedoch eine saubere Anordnung. Pixelgenaue Platzierungen sind hier nicht notwendig, stattdessen stellt auch der Qt Designer Layouts zur Verfügung. Um eine Anzahl von Widgets zu gruppieren, markiert man sie, indem man mit der linken Maustaste ein Rechteck aufzieht, das all diese GUI-Elemente einschließt. Danach wählt man entweder aus dem Kontextmenü, das per Rechtsklick auf die Auswahl erscheint, oder aus der Werkzeugleiste das passende Layout aus. Letzteres empfiehlt sich speziell Mac-Nutzern mit Eintastenmaus.

Im Falle der Line-Edits und Labels ist ein Rasterlayout (*Gridlayout*) die beste Wahl; im Kontextmenü wählt man es über den Punkt **Lay out | Lay Out in a Grid**. Das nun rot umrandete Layout wirkt wie eine Gruppierung in einem Grafikprogramm.

Beim Anwenden eines Layouts bemüht sich der Designer, Pixelungenauigkeiten zu tolerieren, die der Enrwickler bei der Platzierung der Widgets verursacht hat. Sollte sich ein Widget einmal nicht wie gewünscht in ein Layout einpassen oder ein Layout mehr Elemente als geplant zusammenführen, löst man die Anordnung über den Kontextmenüeintrag **Lay out | Break Layout** wieder auf.

Für den Spacer und die Schaltfläche empfiehlt sich ein horizontales Layout (**Lay out | Lay Out Horizontally**).

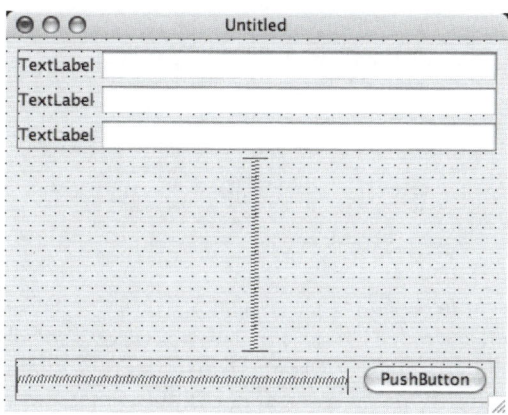

Abbildung 3.3:
Layouts gruppieren
Widgets

Zum Schluss fassen wir beide Layouts mitsamt dem bisher ungruppierten vertikalen Platzhalter (*Spacer*) per Auswahl des Kontextmenüeintrags **Lay out | Lay Out Vertically** in einem gemeinsamen, vertikalen Layout zusammen. Dieses „globale" Layout erfordert keine spezielle Auswahl (das Kontextmenü öffnet sich per Rechtsklick auf eine freie Stelle des Dialogs); der Designer kennzeichnet es auch nicht mit einem extra Rahmen. Es wirkt auf alle zuvor gebildeten Layouts und bislang ungruppierte Elemente wie den vertikalen Spacer.

Das Ergebnis aus Abbildung 3.3 entspricht schon sehr unserem späteren Endresultat. Allerdings sind die Labels noch nicht korrekt beschriftet. Dies lässt sich über den Kontextmenüeintrag **Change text...** oder über den *Property Editor* am rechten Bildschirmrand ändern. Um diesen genauer zu verstehen, lohnt sich ein Blick auf das Property-Konzept von Qt.

3.1.2 Der Property-Editor

QObject-basierte Klassen verfügen über spezielle Eigenschaften, englisch *Properties*, die sich per **setProperty()** setzen und mittels **property()** auslesen lassen. Dazu zählen Größe, Beschriftung, Formatierungsangaben, Hilfetexte und vieles andere mehr.

Abbildung 3.4:
Der Property-Editor
gliedert die
Eigenschaften einer
Klasse abhängig
davon, in welcher
(Eltern-)Klasse sie
erstmals definiert
wurden

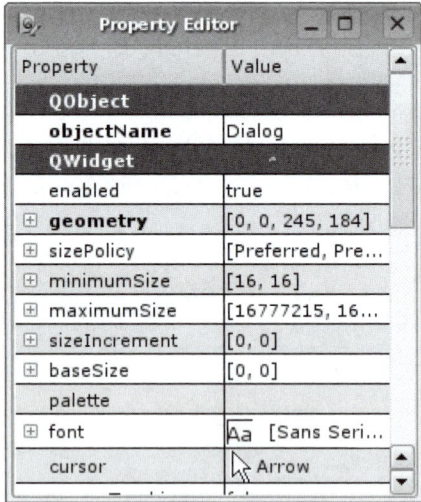

Das geschieht im *Property Editor* (Abbildung 3.4). Er listet die änderbaren Eigenschaften gegliedert nach der Elternklasse auf, in der sie erstmalig implementiert wurden: Ein **QLabel** erbt von der **QFrame**-Klasse, die wiederum ein **QWidget** ist; entsprechend lassen sich für Labels nicht nur **QLabel**-Properties wie der Beschriftungstext (Property **text**) ändern, sondern auch **QFrame**-Eigenschaften wie etwa die Rahmenart (frameShape)[1] oder auch QWidget-Eigenschaften wie die Größe (geometry).

Da alle Widgets von QObject abstammen, kann man immer die QObject-Property objectName setzen, eine interne Bezeichnung, die man nicht mit der in der Benutzerschnittstelle anzuzeigenden Aufschrift (der text-Eigenschaft) beispielsweise eines Labels oder eines Buttons verwechseln sollte. Aus ihr leitet sich u. a. der Name der Objektvariablen ab.

Da wir im später von Hand zu schreibenden Code nichts mehr an den Labels ändern wollen, spielen deren Variablennamen keine weitere Rolle, so dass wir die vom Designer generierten Objektnamen weiterverwenden. Auf die Line-Edits müssen wir hingegen manuell zugreifen und geben ihnen daher dieselben Namen wie schon in Kapitel 2, nämlich decEdit, hexEdit und binEdit. Damit heißen auch die entsprechenden Zeiger im generierten Code so. Wie wir auf sie zugreifen, klären wir ab Seite 87.

Um Properties im Designer zu ändern, markiert man das jeweilige Widget per (linkem) Mausklick. Der Inhalt des Property-Editor-Fensters passt sich dabei entsprechend an. Fett gedruckt erscheinen dabei die Properties, deren Wert (bereits) vom Default abweicht.

Fenstertitel ändern

Um den Fenstertitel des Gesamtdialogs zu ändern, klicken wir auf eine Stelle im Zeichenfenster, die sich keinem Teilwidget oder -layout zuordnen lässt, beispielsweise den Bereich zwischen Layoutrahmen und Dialogrand. Der Property-Editor listet jetzt im QWidget-Abschnitt die Eigenschaft windowTitle auf. Ein Klick auf die entsprechende Zeile erlaubt es, den Wert der Property zu ändern, beispielsweise aus dem Dialog einen Zahlen-Konverter zu machen.[2] Der Knopf mit dem kleinen roten Pfeil rechts neben dem Wert der Property erlaubt es, die Eigenschaft auf den Standardwert zurückzusetzen.

Obwohl jedes Widget die windowTitle-Property besitzt, wird sie nur im Falle von *Toplevel-Widgets*, also Fenstern und Dialogen, sichtbar.

Beschriftungen anpassen

Des Weiteren fehlen unserem Dialog noch die korrekten Aufschriften der Labels und der Schaltfläche. Hier ist die text-Eigenschaft gefragt, die wir bei den drei QLabels auf Dezimal, Hexadezimal bzw. Binär, bei der Schaltfläche (im Abschnitt

---

[1] Labels sind normalerweise rahmenlos, weshalb frameShape auf QFrame::None steht.

[2] Bei neuen Projekten zeigt der Designer den geänderten Fenstertitel erst an, wenn der Benutzer den Dialog abspeichert. Vorher enthält die Titelleiste lediglich das Wort untitled, was auf den Umstand hinweist, dass der Dialog noch nie gespeichert wurde.

der Elternklasse **QAbstractButton**) auf **Beenden** setzen. Die Abbildung 3.5 zeigt das Ergebnis.

Abbildung 3.5:
Die Labels erhalten
den korrekten Text

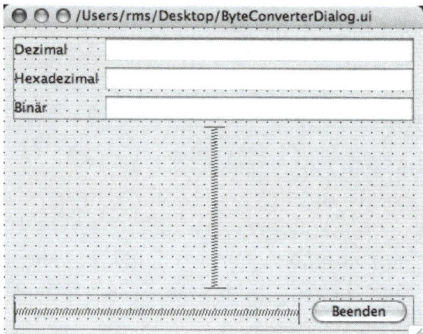

Default-Knopf festlegen

Wer will, kann zudem die **default**-Eigenschaft des **QPushButton** einschalten. Steht sie auf **true**, aktiviert ein Druck der (Enter)-Taste an einer beliebigen Stelle im Dialog die Schaltfläche. Ob dies wünschenswert ist, ist hier jedoch fraglich, da die Applikation auf diesen Knopfdruck eine destruktive Aktion ausführt (nämlich sich beendet), deren versehentliche Aktivierung den Benutzer durchaus frustrieren dürfte.

Der Designer akzeptiert es zwar, wenn die **default**-Eigenschaft mehrerer Schaltflächen pro Widget auf **true** steht. Qt behandelt aber nur den zuletzt instanzierten Default-Knopf als solchen.

Handelt es sich bei dem betroffenen Widget um einen Dialog, aktiviert Qt ab Version 4.1 zudem automatisch die **autoDefault**-Eigenschaft aller darauf angeordneten Schaltflächen. Sie kommt dann zum Tragen, wenn der Nutzer mit der (Tab)-Taste von Teilwidget zu Teilwidget „springt" (siehe Seite 84): Gelangt er dabei beispielsweise auf einen Line-Edit, so aktiviert ein Druck auf die Eingabetaste die nächstgelegene Schaltfläche, sofern diese die **autoDefault**-Property gesetzt hat.

Fenstergröße ändern

Nun stört noch eine letzte Kleinigkeit: Der Dialog als Ganzes ist viel zu groß. Selbstverständlich besteht die Möglichkeit, auf das Pluszeichen vor der Eigenschaft **geometry** zu klicken und darin die Breite (**width**) und die Höhe (**height**) pixelgenau festzulegen.

Alternativ lässt sich der Dialog natürlich auch per Maus auf die gewünschte Größe verkleinern. In der Regel ist es jedoch einfacher, die Funktion **Adjust Size** aus dem **Form**-Menü oder der Werkzeugleiste (über das Icon mit dem diagonalen Pfeil ganz außen rechts) zu wählen, vorausgesetzt, man hat zuvor den Dialog selber aktiviert. Nun schrumpft derselbige auf eine vom Designer berechnete, angemessene Größe (Abbildung 3.6).

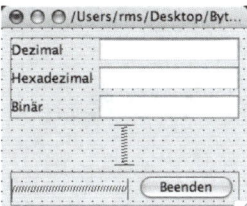

Abbildung 3.6:
Adjust Size *gibt dem*
Dialog die korrekte
Größe

3.1.3 Die Vorschau

Um das Resultat zu kontrollieren, bietet das **Form**-Menü des Designers eine Vorschaufunktion (**Preview**) an. Wer mag, kann sich den Dialog über das Untermenü **Preview in** sogar in anderen Widget-Styles anschauen. Abbildung 3.7 zeigt die Vorschau unter Mac OS X mit dem Aqua-Style. Dieser ist genau wie der Windows-XP-Style nur auf der jeweiligen Plattform verfügbar. Unter Linux gibt Trolltech den Plastique-Style als Standard vor, der dem Default-Style von KDE 3 ähnelt.

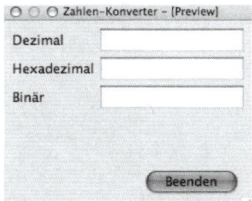

Abbildung 3.7:
Das fertige Widget in
der Vorschau

3.1.4 Signal-Slot-Verbindungen

Neben dem Entwurfsmodus besitzt der Designer auch eine Ansicht, in der sich Signale bestehender Widgets mit Slots grafisch verknüpfen lassen. Zum Umschalten dient (F4) oder der Eintrag **Edit Signals/Slots** aus dem **Edit**-Menü; **Edit | Edit Widgets** oder (F3) verlassen den Modus wieder.

Das Verbinden von Signalen und Slots im Qt Designer ist ein zweistufiger Prozess: Zunächst zieht man vom Widget mit dem gewünschten Signal per Drag & Drop eine Verbindung auf das Widget mit dem passenden Slot. Auch die Hintergründe von Widget oder Dialog selber können dabei Drop-Ziele sein. Der Designer versieht Verbindungen, die dort landen, mit einem Erdungssymbol, andernfalls enden die

Verbindungen mit einem Pfeil auf dem Ziel-Widget (Abbildung 3.8 demonstriert diese beiden Fälle).

Abbildung 3.8:
Signal-Slot-
Verbindungen
entstehen im
Designer per Drag &
Drop

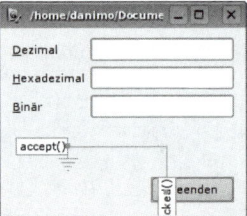

Schritt zwei besteht nun in der Auswahl eines passenden Signal- und Slot-Paares. Sobald man die Maustaste über dem Ziel-Widget loslässt, öffnet der Designer dazu ein Fenster wie in Abbildung 3.9: Auf der linken Seite zeigt er eine Auswahl der am häufigsten gebrauchten Signale an. Ist das gesuchte Signal nicht dabei, liefert ein Klick auf die Checkbox **Show all signals and slots** alle möglichen Signale. Wählt man eines davon aus, zeigt die rechte Auswahlbox alle dazu passenden Slots. Bestätigt man den Dialog, ist die Verbindung hergestellt.

*Abbildung 3.9:
Signale und Slots
zweier ausgewählter
Widgets führt der
Entwickler in diesem
Dialog zusammen*

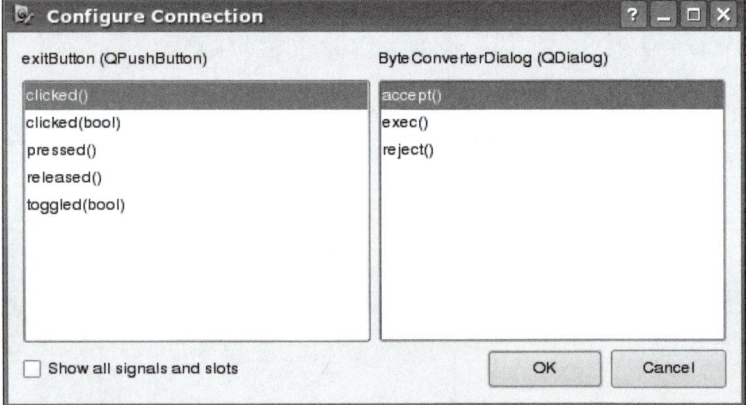

Ein Klick auf die Verbindungslinie, gefolgt von einem Druck auf (Entf), entfernt die Verbindung wieder.

3.1.5 Tab-Reihenfolge

Wichtig für Tastaturbenutzer ist die sogenannte *Tab-Reihenfolge*. Diese Funktion erlaubt es, den Eingabefokus per Tabulatortaste auf das nächste Widget zu schieben, das eine Eingabe akzeptiert. Der Designer legt die Tab-Reihenfolge so fest, dass als erstes das erste in den Dialog eingefügte Widget den Tastaturfokus erhält, auf

(Tab)-Tastendruck das anschließend eingefügte GUI-Element usw. Sofern man nicht schon beim Designen des Dialogs auf die richtige Reihenfolge achtet, sollte man nachbessern, um die eigene Anwendung möglichst nutzerfreundlich zu gestalten.

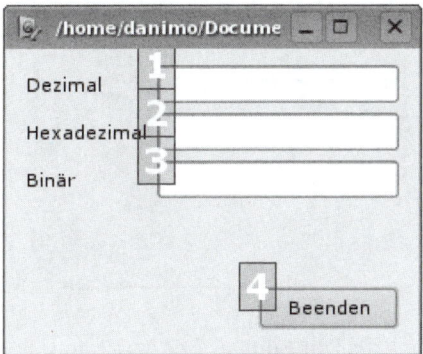

Abbildung 3.10: Wie der Fokus beim Druck auf die (Tab)-Taste weitergegeben wird, legt man im Tab-Order-Modus fest

Dazu schaltet man über **Edit | Edit Tab Order** oder das Icon mit den Ziffern **123** und einem Pfeil in der Toolbar in den *Tab-Order-Modus*. Nun zeigt der Designer zu jedem Widget in einer blauen Box die aktuelle Position in der Tab-Reihenfolge an (Abbildung 3.10). Ein Klick auf die jeweilige Box erhöht den Rang in der Reihenfolge um eins.

3.1.6 Tastenkürzel und Buddies

Freunde der Tastatursteuerung danken es Ihnen, wenn sie möglichst viele Widgets direkt anspringen können. GUI-Elemente, die selber einen benutzerdefinierten Text anzeigen, wie etwa Schaltflächen, weist man ein Tastenkürzel zu, indem man dem betreffenden Zeichen ein kaufmännisches Und, englisch: *Ampersand* (&), voranstellt. Soll der Text selbst ein echtes kaufmännisches Und enthalten, maskiert man es durch Verdoppelung: &&.

Drückt der Benutzer fortan die Kombination (Alt)+(Zeichen), erhält das Widget den Fokus und wird aktiviert. In Abbildung 3.11 verwenden wir diese Technik bei der **Beenden**-Schaltfläche.

Labels bilden jedoch eine Ausnahme. Da sie anderen Widgets quasi nur als Beschreibung zur Seite stehen, akzeptieren sie selbst keinen Fokus. Sie können ihrem Partnerwidget aber „Kumpel", englisch: *Buddy*, sein: Dank der **Buddy**-Eigenschaft aktivieren Labels zugewiesene Tastenkürzel, die im Normalfall ins Leere laufen würden, das jeweilige Partnerelement, das oftmals selber über keine Beschreibung verfügt.

Abbildung 3.11:
Labels sind Freunde:
Die Buddy-
Zuordnungen trifft
man im Buddy-Modus
des Qt Designer

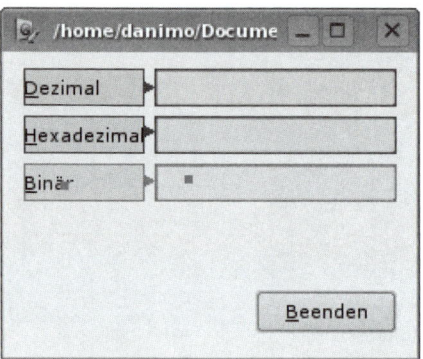

Im Designer-Ansichtsmodus **Edit Buddies** legt man nun fest, mit welchem Widget ein Label gut Freund ist. Dazu klickt man auf das künftige Buddy-Label, das daraufhin rot aufleuchtet. Bei gedrückter Maustaste zieht man nun eine Verbindung zu dem Widget, das in Zukunft mit dem Label verbunden sein soll.

Im Beispiel aus Abbildung 3.11 erhält nun also der jeweilige Line-Edit den Fokus, wenn der Nutzer den in der Labelaufschrift unterstrichenen Buchstaben zusammen mit der (Alt)-Taste drückt.

Alternativ kann man den Namen des gewünschten Buddy-Widgets im normalen Entwurfsmodus im Property-Editor mit der **Buddy**-Eigenschaft setzen.[3] Im Falle des **Dezimal**-Labels würden wir beispielsweise **decEdit** eintragen. **decEdit** entspricht dabei dem String, auf den die **objectName**-Eigenschaft des Line-Edits für die Eingabe der Dezimaldarstellung gesetzt ist.

Um die Beziehung wieder zu lösen, genügt ein Klick auf die Verbindungslinie im Buddy-Modus, gefolgt von einem Druck auf die (Entf)-Taste.

3.2 Designer-Dateien in Qt-Projekte einbinden

Beim Abspeichern über den Menüpunkt **File | Save Form** bzw. **Save Form As...** generiert der Designer aus den gegebenen Informationen pro Widget eine .ui-Datei.[4] Diese baut man mit einer Zeile wie der folgenden in die **qmake**-Projektdatei ein:

```
FORMS = byteconverterdialog.ui
```

[3] Obwohl bereits in Qt 3.x enthalten, zeigt der Designer aus Qt 4.0 diese Eigenschaft nicht an. Erst bei Version 4.1 existiert sie wieder.
[4] Der dritte Punkt **Save Form As Template...** macht ein fertig definiertes Formular zur Vorlage, die dann zukünftig im Auswahl-Dialog für neue *Forms* auftaucht.

In diesem Fall berücksichtigt qmake die User-Interface-Datei byteconverterdialog.ui; mehrere Dateien gibt man durch Leerzeichen getrennt an oder hängt nach dem Muster FORMS += *datei.ui* weitere Zeilen an.

Beim Bauen des Projekts greift make nun auf den *User Interface Compiler* uic zurück, der .ui-Dateien in Header-Dateien konvertiert.[5] Dabei gibt es eine feste Namenskonvention: Heißt die mit dem Designer gespeicherte Klasse ByteConverterDialog (zuständig für den Klassennamen ist die Property objectName), so bekommt die resultierende Header-Datei den Namen ui_byteconverterdialog.h.

Wichtig ist dabei, dass mindestens eine andere im Projekt verankerte Datei dieses generierte Header-File per #include-Anweisung einbindet. Entsprechende Änderungen am Code muss man *vor* dem qmake-Lauf vornehmen. Anderenfalls „vergisst" make beim nächsten Durchlauf, den uic mit der passenden Interface-Beschreibungsdatei als Argument aufzurufen.

In der generierten Header-Datei fällt auf, dass sie lediglich eine Hilfsklasse mit zwei Methoden enthält: setupUi(), welche die GUI erzeugt, sowie retranslateUi(), die aufgerufen werden kann, wenn das Programm dem Benutzer das Wechseln der Sprache im laufenden Betrieb gestatten soll.

Beide Methoden erwarten als Argument einen Zeiger auf die Klasse, auf der sie die im Designer beschriebene GUI aufsetzen sollen. Denn auch wenn man im Designer bereits eine Vorlage ausgewählt hat, lässt sich an dieser Stelle frei wählen, für welche Widget-Klasse die Oberfläche gedacht ist. Einzig die MainWindow-Vorlage muss aufgrund ihrer speziellen API zusammen mit einem QMainWindow verwendet werden.[6]

Die vom Designer generierte Header-Datei ist in unserem Beispiel nun als Ui::Byte ConverterDialog oder Ui_ByteConverterDialog, allgemein als Ui::*Klassenname* bzw. Ui_*Klassenname* verfügbar, wobei der Klassenname dem objectName-Attribut des im Designer entworfenen Formulars entspricht.

Es gibt nun drei Arten, das entworfene Widget zu nutzen und funktionell weiterzuentwickeln. Welche davon am besten zum Einsatz kommt, hängt jeweils vom Kontext ab.

3.2.1 Designer-generierte Klassen als Hilfsklasse nutzen

Wenn es nur darum geht, eine per Designer erstellte Nutzeroberfläche einmalig anzuzeigen, ohne das entsprechende Objekt nach der Initialisierung noch einmal

---

[5] Hinweis für Qt 3-Umsteiger: uic generiert in Qt 4 nicht länger eine vollwertige QObject-basierte Klasse, sondern lediglich ein Gerüst, das sich auf ein Widget passenden Typs anwenden lässt.

[6] Das im Designer erzeugte Widget dient in diesem Fall als Zentral-Widget der QMainWindow-Instanz und wird mit setCentralWidget() platziert, statt wie sonst üblich mit Hilfe eines Layouts. Dazu kommt, dass der Designer Menü- und Werkzeugleisten ab Qt 4.1 gesondert behandelt, eine Funktionalität, die ebenfalls nur für QMainWindow-Instanzen zur Verfügung steht.

anzurühren, bietet es sich an, die generierte Klasse direkt zu instanzieren und mit setupUi() auf ein zuvor erstelltes Widget anzuwenden. Diese Methode appliziert die in der .ui-Datei beschriebenen GUI-Elemente darauf und verankert sie – sofern im Designer festgelegt – mit Layouts.

Wir demonstrieren dies anhand unseres per Designer generierten **ByteConverter**-**Dialog**:

```
// simple/main.cpp

#include <QtGui>

#include "ui_byteconverterdialog.h"

int main(int argc, char*argv[])
{
  QApplication app(argc, argv);
  QDialog dlg;
  Ui::ByteConverterDialog ui;
  ui.setupUi(&dlg);
  dlg.setAttribute(Qt::WA_QuitOnClose);
  dlg.show();
  return app.exec();
}
```

Da die Widgets des generierten Dialogs als öffentlich zugreifbare Member der UI-Klasse zur Verfügung stehen, kann man sie im weiteren Code-Verlauf bei Bedarf feintunen sowie Signal-Slot-Verbindungen setzen. Ob die Klasse **Ui::ByteConverter Dialog** nun in der **main()**-Funktion oder im Konstruktor einer von **QDialog** erbenden Klasse instanziert wird, ist für das Verfahren egal.

In unserem Beispiel macht dieser Ansatz jedoch in beiden Fällen Probleme: Zwar können wir die Schaltfläche *Beenden* mit dem **accept()**-Slot des Dialogs verbinden und wären auch in der Lage, die Slots **binChanged()**, **hexChanged()** und **binChanged()** mit dem **textChanged()**-Signal des jeweiligen **QTextEdit** zu verbinden. Allerdings könnten wir im Slot selber nicht mehr auf die Zeiger der Widgets zugreifen.

Deshalb begnügen wir uns damit, die von **uic** generierte Klasse mittels **setupUi()** auf eine Standardklasse anzuwenden. In anderen Situationen als der unseren kann dies vollkommen ausreichen, beispielsweise bei einfachen modalen Eingabedialogen, die man mit **exec()** aufruft. Der **exec**-Aufruf startet eine eigene Event-Loop und kehrt erst zurück, wenn **accept()**, **reject()** oder eine andere Methode den Dialog schließt. Da das Dialog-Objekt dabei nicht aufhört zu existieren, kann der nachfolgende Code gefahrlos die Werte der von **setupUi()** im Dialog platzierten Widgets abrufen, so dass man meist ohne **QDialog**-Subklasse auskommt.

Wichtig ist, dass man immer erst **setupUi()** aufruft, ehe man auf Mitgliedsvariablen der generierten Oberfläche (im Beispiel: auf Mitgliedsvariablen von **ui**) zugreift. Andernfalls hantiert das Programm mit uninitialisierten Zeigern und stürzt ab.

Zusätzlich verstößt der direkte Zugriff auf Klassen-Member gegen das Prinzip der Kapselung, das in objektorientierten Sprachen wie C++ einen hohen Stellenwert besitzt. Dieses Prinzip versucht, Abstraktion zu erzwingen, indem man Member-Variablen nur durch klasseneigene Methoden manipuliert.

Die Klasseninterna sind so von anderen Klassen „abgekapselt", und das interne Design der Klasse kann verändert werden, ohne dass der Rest des Programms, das diese Klasse verwendet, angepasst werden muss. Solange man die UI-Klasse nur als kurzfristige Setup-Klasse verwendet, ist ein Verstoß gegen das Kapselungsprinzip nicht ganz so tragisch.

3.2.2 Designer-generierte Widgets stets verfügbar halten

Um das eben aufgezeigte Manko zu beheben, bietet es sich an, die von uic generierte Klasse als Membervariable mitzuführen. Dafür leiten wir zunächst von der gewünschten Klasse ab, in unserem Fall von **QDialog**.

Die **main()**-Funktion stimmt mit der aus Kapitel 2 überein, denn ByteConverter-Dialog ist aus deren Sicht nun wieder eine „Black-Box".

Der entscheidende Unterschied ergibt sich bei der Deklaration der Klasse. Die von uic generierte Klasse deklarieren wir als privates Objekt. Dadurch ist der Zugriff auf die im Designer angeordneten Widgets innerhalb der von **QWidget** abgeleiteten Klasse **ByteConverterDialog** jederzeit möglich:

```
// member/byteconverterdialog.h

...
#include <QDialog>
#include "ui_byteconverterdialog.h"

class QLineEdit;

class ByteConverterDialog : public QDialog
{
    ...
private:
    Ui::ByteConverterDialog ui;
};
```

Der Konstruktor und alle Slots greifen nun über die Member-Variable ui auf die generierte Headerdatei zurück:

```
// member/byteconverterdialog.cpp

...
ByteConverterDialog::ByteConverterDialog(QWidget *parent)
```

```
      : QDialog(parent)
{
  ui.setupUi(this);

  connect(ui.decEdit, SIGNAL(textChanged(const QString&)),
         this, SLOT(decChanged(const QString&)));
  connect(ui.hexEdit, SIGNAL(textChanged(const QString&)),
         this, SLOT(hexChanged(const QString&)));
  connect(ui.binEdit, SIGNAL(textChanged(const QString&)),
         this, SLOT(binChanged(const QString&)));

}

void ByteConverterDialog::decChanged(const QString& newValue)
{
    bool ok;
    int num = newValue.toInt(&ok);
    if (ok) {
        ui.hexEdit->setText(QString::number(num, 16));
        ui.binEdit->setText(QString::number(num, 2));
    } else {
        ui.hexEdit->setText("");
        ui.binEdit->setText("");
    }
}
...
```

Auch hier gilt als oberster Grundsatz: **setupUi()** muss auf jeden Fall zuerst aufgerufen werden, bevor wir die UI-Klasse in irgendeiner Weise nutzen können. Der Nachteil dieser Methode besteht im Umweg über die Membervariable. Ihr Vorteil: Dieser Ansatz entschärft die Kapselungsproblematik, da ein Zugriff von außen keinesfalls möglich ist. Allerdings ist die Klasse selber immer noch nicht gekapselt. Ein weiterer Pluspunkt: Der Code macht deutlich, welche Widgets im Designer erstellt wurden. Der Ansatz eignet sich darüber hinaus vor allem für Widgets in Bibliotheken, die binärkompatibel bleiben müssen, da nur der Zeiger auf die Instanz der generierten Klasse das Klassenlayout verändert.[7]

3.2.3 Multiple Vererbung

Als Königsweg empfiehlt Trolltech multiple Vererbung. Dies funktioniert, ebenso wie die vorherige Lösung, jedoch nur, wenn man eine eigene Subklasse plant.

Dabei erbt das neue Widget nicht nur von **QWidget**, sondern auch von der durch **uic** generierten UI-Klasse. Als besonderer Clou kommt das Schlüsselwort **private** in der Vererbungsanweisung zum Einsatz. Es sorgt dafür, dass alle Methoden aus

---

[7] Nähere Hinweise zur Binärkompatibilität in C++ hat das KDE-Projekt unter http://developer. kde.org/documentation/other/binarycompatibility.html zusammengestellt.

der UI-Klasse in der neuen Klasse den Status privater Klassenvariablen bekommen, obwohl sie in ersterer selbst eigentlich öffentlich zugänglich sind:

```
// inherit/byteconverterdialog.h

...
class ByteConverterDialog : public QDialog,
                            private Ui::ByteConverterDialog
...
```

So löst diese Methode mehrere Probleme auf einen Schlag: Die von uic generierten Widget-Zeiger können wir wie gewöhnliche Mitgliedsvariablen ohne Umweg über ein Hilfsobjekt nutzen, und sie bleiben privat, somit bleibt die Kapselung nach außen hin gewahrt.

Für unser Beispiel bedeutet dies, dass sich der Konstruktor wie folgt ändert:

```
// inherit/byteconverterdialog.cpp

...
ByteConverterDialog::ByteConverterDialog(QWidget *parent)
 : QDialog(parent)
{
  setupUi(this);

  connect(decEdit, SIGNAL(textChanged(const QString&)),
          this, SLOT(decChanged(const QString&)));
  connect(hexEdit, SIGNAL(textChanged(const QString&)),
          this, SLOT(hexChanged(const QString&)));
  connect(binEdit, SIGNAL(textChanged(const QString&)),
          this, SLOT(binChanged(const QString&)));

}

void ByteConverterDialog::decChanged(const QString& newValue)
{
    bool ok;
    int num = newValue.toInt(&ok);
    if (ok) {
        hexEdit->setText(QString::number(num, 16));
        binEdit->setText(QString::number(num, 2));
    } else {
        hexEdit->setText("");
        binEdit->setText("");
    }
}

...
```

Einzig die setupUi()-Methode müssen wir wie gehabt an erster Stelle aufrufen, als Argument dient wieder ein Zeiger auf die aktuelle Klasse. Achtung: Bei diesem Ansatz spielt die Vererbungsreihenfolge eine Rolle: Zuerst muss die Klasse von **QDialog**, dann von der Designer-Klasse erben. Ist dies nicht der Fall, wirft der Compiler einen schwer verständlichen Fehler, der Programmierer schnell in die Verzweiflung treibt:

```
moc_byteconverterdialog.cpp:43: error: 'staticMetaObject' is not a
   member of type 'Ui::ByteConverterDialog'
moc_byteconverterdialog.cpp: In member function 'virtual void*
   ByteConverterDialog::qt_metacast(const char*)':
moc_byteconverterdialog.cpp:60: error: 'class Ui::ByteConverterDialog'
   has no member named 'qt_metacast'
moc_byteconverterdialog.cpp: In member function 'virtual int
   ByteConverterDialog::qt_metacall(QMetaObject::Call, int, void**)':
moc_byteconverterdialog.cpp:66: error: 'class Ui::ByteConverterDialog'
   has no member named 'qt_metacall'
make: *** [moc_byteconverterdialog.o] Fehler 1
```

Grund ist die Eigenheit des Meta-Object-Compilers, der nur in der ersten Elternklasse der Vererbungsliste prüft, ob diese von **QObject** erbt. Das bedeutet auch, dass es generell nicht möglich ist, von mehreren Klassen zu erben, die beide **QObject** als Basisklasse besitzen.

3.3   Automatische Signal-Slot-Verbindungen

Entwickler, die von Visual Basic oder Delphi kommend in die Qt/C++-Entwicklung einsteigen, finden das Signal-Slot-Konzept ungewöhnlich und vermissen die Event-Handler. Qt 4 erlaubt es ihnen, bei der gewohnten Semantik zu bleiben, und wandelt Slotdeklarationen der Form

```
void  on_objektname_signalname();
```

selbständig in **connect()**-Anweisungen um, die **uic** in **setupUi()** ablegt. Diese Namenskonvention erhöht nebenbei die Lesbarkeit des Quelltexts.

Dreh- und Angelpunkt dieser Funktionalität ist die statische Methode **QMetaObject ::connectSlotsByName()**: Sie erwartet ein **QObject**, das sie nach passend benannten Slots durchsucht und diese mit dem passenden Signal verbindet. Dazu nutzt sie die Informationen des Meta-Objekts, das der Meta-Object-Compiler **moc** erzeugt. Dieses Meta-Objekt erweitert alle von **QObject** erbenden Klassen in C++ um die Fähigkeit der *Introspektion*, die in Java auch als *Reflection* bekannt ist. Die Klasse kennt also zur Laufzeit ihre Methoden, Signale und Slots. connectSlotsByName() schaut dabei die Objektnamen der Objekte hinter den Zeigern, die auf die Widgets verweisen, an.

Trolltech empfiehlt die oben gezeigte Semantik nur bei mit dem Designer generierten Klassen, da hier der Objektname und der Name des von **uic** generierten

Zeigers auf das Widget übereinstimmen und weil die Methode **setupUi()** anschlie-ßend **connectSlotsByName()** aufruft. Wen das konsistente Namensschema jedoch besticht, muss allen relevanten Objekten per **setObjectName()** einen Namen zu-weisen, im Konstruktor oder von außerhalb **QMetaObject::connectSlotsByName()** aufrufen und diesem Aufruf einen Zeiger auf die aktuelle Klasse (**this**) übergeben.

Da das jedoch sehr fehleranfällig ist[8], sollte man dieses Verfahren außerhalb von Designer-generierten Widgets mit multipler Vererbung nicht anwenden.

Für diesen Fall modifizieren wir unser obiges Beispiel so, dass die Slot-Namen die Konventionen für die automatische Verbindung erfüllen. Gleichzeitig fallen die **connect()**-Aufrufe im Konstruktor weg, so dass nur die **setupUi()**-Anweisung ste-hen bleibt:

```
// autoconnect/byteconverterdialog.h

...
private slots:
    void on_decEdit_textChanged(const QString&);
    void on_hexEdit_textChanged(const QString&);
    void on_binEdit_textChanged(const QString&);
...


// autoconnect/byteconverterdialog.cpp

...

ByteConverterDialog::ByteConverterDialog(QWidget *parent)
 : QDialog(parent)
{
  setupUi(this);
}

void ByteConverterDialog::on_decEdit_textChanged(const QString& newValue)
{
    bool ok;
    int num = newValue.toInt(&ok);
    if (ok) {
        hexEdit->setText(QString::number(num, 16));
        binEdit->setText(QString::number(num, 2));
    } else {
        hexEdit->setText("");
        binEdit->setText("");
    }
}

...
```

---

[8] Bedenken Sie, dass nur der Objektname relevant ist und Qt bei diesem Verfahren zur Laufzeit nicht über fehlgeschlagene Verbindungen warnen kann.

3.4 Abgeleitete Klassen im Designer einfügen

Manchmal ist es notwendig, ein Qt-Standardwidget geringfügig zu modifizieren. In diesem Falle kann man den Designer nicht mehr nutzen, ohne das neue Widget dort als sogenanntes *Custom-Widget* zu registrieren, was mit einigem Aufwand verbunden ist.[9]

Um ein solches Widget dennoch im Designer zu verwenden, wählt man dessen Qt-Basiswidget im Designer aus und klickt es nach der Anpassung mit der rechten Maustaste an. Aus dem Kontextmenü wählt man nun den Eintrag **Promote to Custom Widget**. Im nachfolgenden Dialog (siehe Abbildung 3.12) gibt man den Namen der neuen Klasse sowie den ihrer Header-Datei an. Zwar zeigt der Designer weiterhin das ursprüngliche Qt-Widget an, das fertige Programm verwendet jedoch das modifizierte Widget; in der Implementierung erhält man also einen Zeiger auf ein Objekt vom Typ des abgeleiteten Widgets.

Abbildung 3.12:
Vererbte Klassen im
Designer zu nutzen
ist dank
Widget-Promotion
ganz einfach und
reicht oft völlig aus

Um eine solche Promotion wieder rückgängig zu machen, findet sich an gleicher Stelle im Kontextmenü der Eintrag **Demote to** *basisklasse*.

Für weiterführende Anpassungen, etwa grundlegende Änderungen am Layout-Verhalten oder das Hinzufügen von Eigenschaften, eignet sich dieses Verfahren jedoch nicht, da der Designer sie nicht berücksichtigt.

3.5 Der Ressourceneditor

Ab Qt 4.1 unterstützt der Designer das Anlegen und Verwalten der bereits auf Seite 52 besprochenen Ressourcen. Der dazu integrierte Editor (Abbildung 3.13) versteckt sich hinter dem Eintrag **Tools | Resource Editor**, falls er nicht ohnehin sichtbar ist. Dessen Navigation bedarf allerdings der Gewöhnung. So zeigt die Drop-Down-Box neben den Einträgen **New** und **Open** eine Liste bereits geöffneter Ressourcen-Dateien an. Eine Aktion zum Speichern fehlt, das erledigt der Editor implizit.

---

[9] Die Online-Dokumentation von Qt gibt Hinweise dazu.

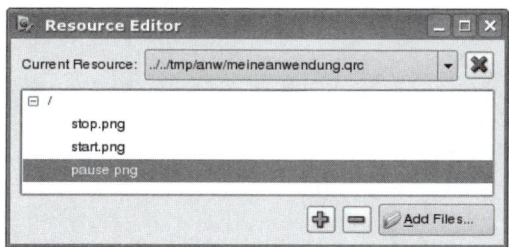

Abbildung 3.13:
Das
Ressourcenbeispiel
von Seite 52 im
Ressourceneditor des
Designers

Die Liste der im Designer aufgeführten Ressourcen ist zudem unabhängig von denen in der .pro-Datei. Deshalb ist es wichtig, dort darauf zu achten, dass man tatsächlich alle Ressourcen unter dem Schlüsselnamen **RESOURCES** einträgt. Mit einem anschließenden **qmake**-Aufruf werden die Ressourcen Teil des Projekts.

Um im Designer beispielsweise einem **QLabel** ein Bild aus einer Ressource zuzuweisen, sucht man zunächst im Property-Editor die Eigenschaft **pixmap** und klickt dort auf das Ordner-Symbol. Im anschließenden Dialog gelangt man über die Auswahl von **Specify a resource** zum Ressourceneditor, wo man eines der Bilder auswählt. Um die gewünschte Grafik in der aktuellen Widgetgröße anzuzeigen, muss die Eigenschaft **scaledContents** im Property-Editor auf **true** gesetzt sein, ansonsten bleibt es bei der ursprünglichen Größe des Bildes.

4

Eine GUI-Applikation mit Hauptfenster

In den nächsten Kapiteln entwickeln wir schrittweise eine Anwendung, die alle typischen Merkmale einer echten grafischen Applikation aufweist und zudem eine nützliche Aufgabe erfüllt: einen kleinen Text-Editor namens *CuteEdit*.

Dessen *Hauptfenster* entwerfen wir mit Hilfe des Designers, der es seit Qt 4.1 erlaubt, das grafische Grundgerüst der meisten Applikationen „per Mausklick" zu gestalten. Die Grundlage dafür bildet in Qt die Klasse QMainWindow.

4.1 Anatomie eines Hauptfensters

Die Klasse QMainWindow bildet die Basis eines Applikationsfensters: An diesem Hauptfenster lassen sich Menüleiste, Statusleiste, Werkzeugleisten und Dockfenster anbringen. Abbildung 4.1 zeigt die einzelnen Komponenten. Das *Zentral-Widget* dient dem Anwender als Arbeitsbereich.

Abbildung 4.1:
Anatomie eines
Hauptfensters

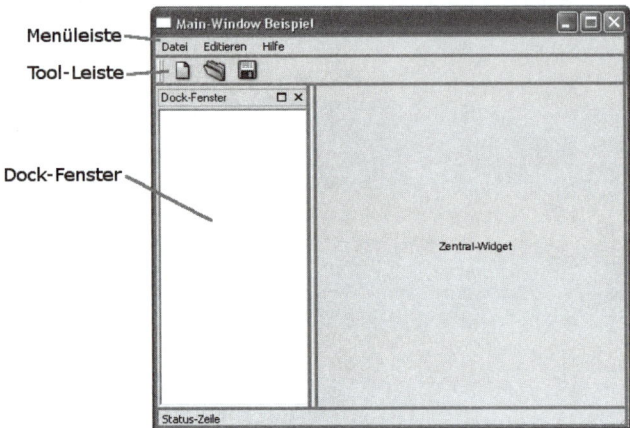

In der Tat besteht ein nacktes Hauptfenster, wie es Abbildung 4.2 zeigt, zunächst einmal lediglich aus dem Zentral-Widget und Rahmen plus Titelleiste.[1]

Um es auf den Bildschirm zu zaubern, bedarf es nicht mehr als eines einfachen Programms, das ein **QMainWindow**-Objekt instanziert und ein Label als Zentral-Widget setzt. Damit die Schrift zentriert dargestellt wird, nutzen wir das **<center>**-Tag: **QLabel** interpretiert nämlich einige HTML-Tags als Markup:

```
// mainwindow/main.cpp

#include <QMainWindow>
#include <QLabel>

int main(int argc, char *argv[])
{
    QApplication a(argc, argv);

    QMainWindow mainWindow;
    QLabel *label = new QLabel("<center>Zentral-Widget</center>");
    mainWindow.setCentralWidget(label);
    mainWindow.show();

    return a.exec();
}
```

Somit unterscheidet sich dieses Beispiel von dem in Kapitel 1.1 (Seite 23) vorgestellten vor allem darin, dass wir ein Label in einer **QMainWindow**-Instanz anzeigen. Das Ergebnis zeigt Abbildung 4.2.

---

[1] Unter X11 zeichnen einige wenige Fenstermanager keine Dekoration um Fenster.

Da das Label nicht länger das Top-Level-Widget ist, sollte es unbedingt mit **new** auf dem Heap angelegt werden. Andernfalls kann es passieren, dass es das Programm nach Ende der **main()**-Funktion zweifach löscht: Zuerst würde der Rechner das Label vom Stack entfernen und erst danach das Main-Window, das seinerseits selber das Label löschen möchte, das es zuvor durch **setCentralWidget()** als Kind adoptiert hat. Dies führt unter Umständen dazu, dass das Programm nach einem regulären Durchlauf crasht.

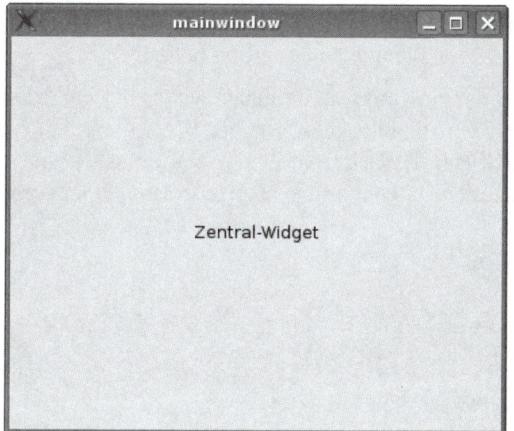

Abbildung 4.2:
Unser mainwindow-
Beispielprogramm –
ohne Menüleiste,
Statusleiste,
Werkzeugleiste und
Dockfenster

4.2 Von QMainWindow ableiten

Ernsthaftere Anwendungen erben daher zumeist von **QMainWindow**, was mehr Kontrolle verschafft. Im Gegensatz zum obigen Beispiel leiten wir deshalb eine eigene Klasse namens **MainWindow** von **QMainWindow** ab, auf deren Basis wir Cute-Edit aufbauen. Dabei werden wir noch andere Widgets kennenlernen, z. B. **QText-Edit**, ein flexibles Editor-Widget.

```
// cuteedit1/main.cpp

#include <QApplication>
#include "mainwindow.h"

int main(int argc, char *argv[])
{
    QApplication a(argc, argv);

    MainWindow mainWindow;
    mainWindow.show();
```

```
        return a.exec();
}
```

Die **main()**-Funktion ist fast identisch mit der unseres Hallo-Welt-Programms aus Abschnitt 1.1. Statt der **QMainWindow**-Klasse aus dem **mainwindow**-Beispiel von Seite 98 benutzen wir nun unsere eigene, von **QMainWindow** abzuleitende Klasse **MainWindow**. Die entsprechende Klassendefiniton befindet sich in der Header-Datei **mainwindow.h**.[2] Die **#include**-Direktive, die diese Header-Datei einbindet, benutzt Anführungszeichen anstelle von spitzen Klammern, da sich die Datei im gleichen Verzeichnis wie die Implementierung befindet.

Den Dateiinhalt von **mainwindow.h** umgeben wir wieder mit der **#ifdef**-Konstruktion der *Include-Guards*. Sollte diese Header-Datei mehrfach eingebunden werden, ist MAINWINDOW_H nach dem ersten Mal definiert, und der Präprozessor ignoriert den gesamten Dateiinhalt bei allen folgenden Einbindeversuchen:

```
// cuteedit1/mainwindow.h

#ifndef MAINWINDOW_H
#define MAINWINDOW_H

#include <QMainWindow>

class MainWindow : public QMainWindow
{
    Q_OBJECT

public:
    MainWindow();
};

#endif // MAINWINDOW_H
```

Da sich die Klasse **MainWindow** von **QMainWindow** ableitet, binden wir die Header-Datei **QMainWindow** ein. Damit die **QMainWindow**-Funktionen auch außerhalb der **MainWindow**-Klasse zugänglich bleiben, leiten wir mit der Zugriffskontrolle **public** ab.

Da auch unsere neue Klasse auf **QObject** als Basisklasse zurückgreift, dürfen wir das **Q_OBJECT**-Makro nicht vergessen. Andernfalls beschwert sich der Linker über nichtaufgelöste Symbole, was sich im Falle selbstdefinierter Signale in einer Fehlermeldung äußert. Im Falle einer Klasse **Tool**, die ein Signal namens **switchTool(Tool*)** definiert, sähe diese wie folgt aus:

---

[2] Für Header-Dateien, die wir selber erstellen, benutzen wir die in C/C++ übliche Dateinamenserweiterung .h, um den Dateityp deutlich zu machen. Bei allen Dateinamen verzichten wir auf Großbuchstaben.

```
tool.o: In function 'Tool::activateTool(bool)':
tool.cpp:(.text+0x5f): undefined reference to 'Tool::switchTool(Tool*)'
collect2: ld gab 1 als Ende-Status zurück
```

In der **MainWindow**-Klasse selbst definieren wir lediglich den Konstruktor. Deswegen ist die Quelltext-Datei **mainwindow.cpp** auch recht kurz:

```
// cuteedit1/mainwindow.cpp

#include "mainwindow.h"
#include <QLabel>

MainWindow::MainWindow()
{
    setWindowTitle(tr("CuteEdit"));
    resize(600, 400);

    QLabel* label = new QLabel(tr("Zentral-Widget"));
    setCentralWidget(label);
    label->setAlignment(Qt::AlignCenter);
}
```

Im Konstruktor rufen wir zunächst die **QWidget**-Funktion **setWindowTitle()** auf. Da die **MainWindow**-Klasse auf **QWidget** als Basisklasse zurückgreift, erbt sie diese Funktion, und wir können sie einfach benutzen, um den Text zu setzen, den die Titelleiste des Fensters anzeigt. Verzichtet man darauf, benutzt Qt den Programmnamen.

Den Text für die Titelleiste bearbeiten wir mit der **tr()**-Funktion, die die **MainWindow**-Klasse von **QObject** erbt. Wenn der Anwender dies will, übersetzt sie den Text zur Laufzeit in eine andere Sprache, falls nicht, gibt sie die Zeichenkette unverändert zurück.[3]

Die **resize()**-Funktion, die **MainWindow** von **QWidget** erbt, legt die Größe des Fensters fest. Die beiden Argumente geben die Breite und Höhe des Fensters in Pixeln an. Setzt man die Größe nicht explizit, so ermittelt sie Qt automatisch anhand des darzustellenden Inhalts. Das ist in unserem Fall aber zu klein, da wir das Fenster bald mit mehr Inhalt füllen werden.

Um im Main-Window etwas anzuzeigen, legen wir ein **QLabel**-Objekt mit dem Text **Zentral-Widget** an und machen es mit der **setCentralWidget()**-Funktion, die **MainWindow** von **QMainWindow** erbt, zum Zentrum der Applikation. Mit diesem Aufruf nimmt das **MainWindow**-Objekt das neue **QLabel** „an Kindes statt" an. Entsprechend müssen wir es mit **new** auf dem Heap anlegen, wo es die Speicherverwaltung von **QObject** am Ende löschen wird.

Der **setCentralWidget()**-Aufruf packt das **QLabel**-Objekt in ein Layout, so dass es den ganzen Platz im Fenster ausfüllt. Standardmäßig richtet die **QLabel**-Klasse den

---

[3] Siehe hierzu auch Seite 46 und Kapitel 14 ab Seite 377 für eine detaillierte Besprechung.

Text vertikal zentriert und horizontal am linken Rand aus. Um den Text in beiden Richtungen zu zentrieren, ändern wir die Ausrichtung mit **setAlignment()**. Als Argument verwendet die Funktion den Aufzählungs-(**enum-**)typ **Alignment**, der im Namensraum (*Namespace*) **Qt** definiert ist[4] – dem Wert **AlignCenter** stellen wir letzteren mit **Qt::** voran.

Damit **qmake** die vorhandenen Dateien zu einem Projekt zusammenführt, benutzen wir folgende **.pro**-Datei:

```
#cuteedit1/cuteedit1.pro

TEMPLATE = app
SOURCES  = main.cpp mainwindow.cpp
HEADERS  = mainwindow.h
FORMS    = mainwindow.ui
```

Neben den schon bekannten Variablen **TEMPLATE** und **SOURCES**, mit denen wir festlegen, dass wir eine Applikation kompilieren, bzw. die Quelltext-Dateien angeben, kommt die Variable **HEADERS** zum Einsatz. Sie spezifiziert die im Projekt zu verwendenden Header-Dateien: **qmake** durchsucht diese nach dem **Q_OBJECT**-Makro und erstellt passende Regeln für die **moc**-Aufrufe.

4.3   Hauptfenster mit dem Designer entwerfen

Seit Qt 4.1 ermöglicht es der Qt Designer dem Benutzer, neben den Dialogen auch Hauptfenster zu entwerfen. Dabei greifen grundsätzlich alle Beschreibungen aus Kapitel 3.

Genau wie dort erklärt, generiert der User Interface Compiler **uic** aus der vom Designer generierten **.ui**-Datei eine Klasse, deren **setupUi()**-Methode ein Hauptfenster gewissermaßen „dekoriert".

Nach dem Start des Designers wählen wir aus dem Vorlagen-Menü den Punkt **Main Window**. Bei der Gestaltung unseres Editorfensters können wir uns vom Design anderer Editoren leiten lassen: Den Platz des Zentral-Widgets nimmt ein Widget ein, das das Darstellen und Editieren von Text ermöglicht. Qt liefert zu diesem Zweck eine Klasse namens **QTextEdit** mit.

Entsprechend ziehen wir ein leeres **Text-Edit**-Element aus der Kategorie **Input Widget** in die Mitte unseres neuen Hauptfensters und klicken dann auf den gerasterten Fensterhintergrund.

Nun wählen wir aus dem Kontext-Menü oder aus dem **Form**-Menü eine Layoutstrategie aus. Welche genau, ist dabei völlig unerheblich. Der 9 Pixel breite Rand

---

[4]   Qt benutzt für sehr viele Aufzählungstypen den Namensraum Qt, um Konflikte mit anderen Symbolen zu vermeiden.

(*Margin*), der dabei entsteht und der in Dialogen Widgets den nötigen Abstand einräumt, ist im Hauptfenster jedoch fehl am Platze. Um ihn zu entfernen, wählen wir im Fenster **Object Inspector** den Eintrag **centralwidget** und verpassen dessen Layout einen **margin**-Wert von 0.

Für den Text-Editor selbst empfiehlt es sich, im Property-Editor eine Schriftart mit gleichmäßiger Fontbreite (also einen sogenannten *Monospaced Font*) zu verwenden. Dazu klappen wir den **font**-Eintrag im Property-Editor auf und wählen beispielsweise die Schriftart **Courier**. Zusätzlich stellen wir den **lineWrapMode** auf **NoWrap**, denn Zeilenumbrüche sind bei Editoren selten erwünscht. Falls doch, wäre eine Aktion denkbar, die die **lineWrapMode**-Eigenschaft umschaltet.

Zudem statten wir den Editor mit einer Menüleiste aus, über die sich Programmfunktionen steuern lassen. Um darüber hinaus einen schnellen Zugriff auf die wichtigsten Funktionen wie Laden und Speichern zu gewährleisten, fügen wir darunter zusätzlich eine Werkzeugleiste ein, die ein Symbol für jede dieser Aktionen enthält. Eine Statusleiste gibt Raum für permanente und kontextuelle Informationen, etwa die aktuelle Position des Cursors oder den Zweck des aktuellen Menüeintrags.

4.3.1 Menüleisten hinzufügen

Wenden wir uns zunächst der Menüleiste zu. Sie versehen wir mit den Standardeinträgen, die wir aus Standardanwendungen kennen: mit dem **Datei**-Menü, das sich um die zu bearbeitende Datei kümmert, dem **Bearbeiten**-Menü, das die Manipulation des Textes steuert, sowie einem **Hilfe**-Menü.

Dazu wählen wir in der bereits existierenden Menüleiste den Eintrag **Type here** und legen die drei Einträge an. Dabei achten wir darauf, vor jedem Eintrag ein „kaufmännisches Und" (&) zu notieren, damit die (Alt)-Taste in Kombination mit einem (D), (B) bzw. (H) das jeweilige Menü aufruft.

Das & weist die Menüleiste an, ein fensterweites Tastenkürzel (englisch: *Accelerator*) zu definieren, das zusammen mit der (Alt)-Taste den entsprechenden Menüpunkt anspringt. Der erste Buchstabe eines Menüeintrags bietet sich dafür an, doch da keine Doppelbelegungen auftreten dürfen, müssen ggf. auch andere, aus dem Eintrag möglichst gut ersichtliche Kürzel einspringen.

Solche Akzeleratoren erlauben es routinierten Benutzern, ihre Anwendung ohne Maus deutlich schneller als mit Maus zu bedienen, verbessern somit die Benutzerfreundlichkeit der Software und sollten deshalb eine Selbstverständlichkeit sein. Mit den Akzeleratoren am richtigen Platz sollte die Entwurfsansicht des Editors der in Abbildung 4.3 entsprechen.

Um die Unterpunkte der einzelnen Menüs zu definieren, wählen wir in der Menüleiste einen Eintrag nach dem anderen aus. Nun klappt ein Menü herunter, aus dem wir für jeden neu anzulegenden Menüeintrag **Type here...** anwählen und den Namen des Menüpunkts eintragen.

Beginnen wir im Datei-Menü, dem wir die Einträge **Neu**, **Öffnen...**, **Speichern**, **Speichern unter...** und **Beenden** zuweisen. Vor dem **Beenden**-Eintrag empfiehlt es sich, zusätzlich einen Trenner (Separator) einzufügen, um die destruktive Aktion von den anderen Einträgen visuell zu trennen.

Dass nur einige Einträge auf Auslassungszeichen (...) enden, hat übrigens System: Sie markieren Einträge, hinter denen sich ein Dialog verbirgt, der weitere Benutzerinteraktion erfordert.

Abbildung 4.3:
Unser Editor verfügt
nun bereits über ein
Eingabefenster und
eine Menüleiste

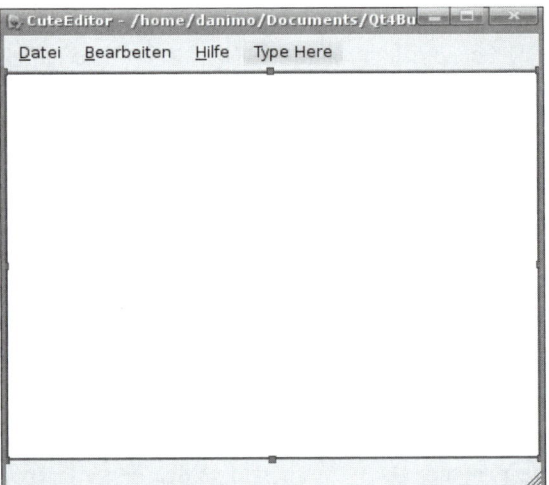

Im gleicher Weise statten wir das **Bearbeiten**-Menü mit den Einträgen **Rückgängig**, **Wiederholen** sowie – nach einem Trenner – **Ausschneiden**, **Kopieren** und **Einfügen** aus. Das **Hilfe**-Menü kommt mit dem Punkt **Info...** aus, um dessen Implementierung wir uns auf Seite 114 kümmern.

4.3.2 Aktionen in der Werkzeugleiste wiederverwerten

Will man die wichtigsten Einträge der Menüleiste in einer Werkzeugleiste für Mausbenutzer leicht zugänglich machen, stellt sich die Frage: Ist es möglich, die Einträge aus den Menüeinträgen wiederzuverwenden? Glücklicherweise ist dies der Fall, denn Qt kapselt Menü- und Werkzeugleisteneinträge in sogenannten *Aktionen*, für deren Beschreibung die Klasse QAction verantwortlich zeichnet.

Während wir die Einträge in den Menüs der Menüleiste erstellten, hat der Designer für jeden Eintrag eine eigene Aktion angelegt, die wir nun wiederverwenden. Eine Übersicht über alle existierenden Aktionen liefert der *Aktionseditor*. Falls er nicht wie in Abbildung 4.4 zu sehen ist, kann man ihn mit **Actions | Action Editor** sichtbar machen.

Abbildung 4.4:
Der Action Editor
listet alle verfügbaren
Aktionen, die sich im
Property-Editor wie
Widgets anpassen
lassen

Den darin aufgeführten Aktionen sind im Moment noch keine Icons zugeordnet, was sie in der Werkzeugleiste relativ nutzlos macht. Generell gibt es zwei Möglichkeiten, dieses Manko zu beheben. Dazu wählen wir die entsprechende Aktion im Aktionseditor aus. Nun erscheinen deren Eigenschaften im Property-Editor. Wir interessieren uns für die **Icon**-Eigenschaft und wählen dort das **Öffnen**-Symbol. Der Dialog lässt uns nun die Wahl, ob wir ein Symbol aus einer Ressource aussuchen (siehe dazu Seite 94) oder direkt eine Bilddatei aus dem Dateisystem auswählen.

Falls einer Aktion kein Symbol zugewiesen wurde, stellt die Werkzeugleiste den dazugehörigen Text dar. Für unser Beispiel kopieren wir die Symbole aus der Crystal-Icons-Serie, wie sie KDE 3 verwendet, und stellen sie mit Hilfe des Ressourcen-Editors im Designer zu einer Ressource zusammen. Für jede Aktion können wir nun ein passendes Symbol wählen. Die Ressourcendatei legen wir im gleichen Verzeichnis wie die **.ui**-Datei ab.

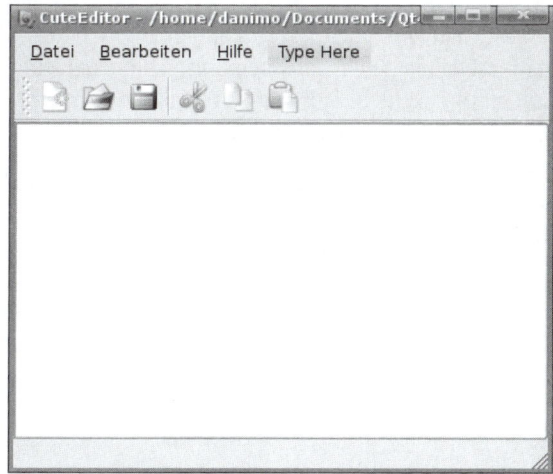

Abbildung 4.5:
Die Werkzeugleiste
bietet schnellen
Zugriff auf wichtige
Aktionen

Um eine neue Werkzeugleiste hinzuzufügen, bewegen wir den Mauszeiger auf die Statusleiste am unteren Fensterrand und wählen aus dem Kontextmenü **Add Tool Bar** aus. In die nun erscheinende Leiste ziehen wir die Aktionen **Neu**, **Öffnen** und **Speichern** aus dem Aktionseditor. Sie erscheinen jetzt auch als Einträge der Werkzeugleiste.

Auch das Rückgängigmachen und Wiederherstellen von Textänderungen ist eine in Editoren häufig genutzte Aktion. Will man sie wie in Abbildung 4.5 in die gleiche Werkzeugleiste aufnehmen, sollte man sie jedoch durch einen Trenner (Rechte Maustaste | **Insert Separator**) von den Einträgen im Dateimenü trennen.

Aktionen verfügen noch über weitere Eigenschaften, die der Property-Editor zu setzen erlaubt. Dazu gehört das applikationsweite Tastenkürzel (der sogenannte *Kurzbefehl* oder *Shortcut*). Im Gegensatz zu Akzeleratoren kombiniert man Kurzbefehle mit der (Strg)- (auf englischen Keyboards: (Ctrl)-)Taste. Verglichen mit diesen erreicht der Nutzer mit Shortcuts schneller sein Ziel.

Das wird am Beispiel der Aktion **Datei öffnen** deutlich: (Strg)+(O) ist schneller gedrückt als (Alt)+(F), gefolgt von (O). Mit Kurzbefehlen sollte man der Übersichtlichkeit halber nicht inflationär umgehen, aber gerade bei häufig genutzten Operationen wissen potentielle Nutzer diese Abkürzungen zu schätzen. Die Qt-Dokumentation stellt eine Übersicht mit den üblichen Shortcuts für englischsprachige Programme zur Verfügung.[5] Für deutsche Oberflächen gibt es derzeit keine entsprechende Liste.

Interessant ist, dass die Eingabe eines Kurzbefehls im Designer als String erfolgt. Dabei gibt es keine Syntaxprüfung, so dass man die Eingaben immer selbst überprüfen sollte: Das Format lautet **Ctrl+*taste***.

Dass Qt Tastenkürzel als Strings auffasst, liegt an der Internationalisierung: Der von Designer und User Interface Compiler generierte Code übergibt die Zeichenkette an die Lokalisierungsroutine **tr()**, so dass sich die Tastenkürzel lokalisieren lassen. Dies ist eine sinnvolle Angelegenheit, denn Abkürzungen, die sich kein Mensch merkt, bleiben ungenutzt. Hat das Tastenkürzel mnemonisch hingegen etwas mit der auszulösenden Aktion zu tun, werden sich viele Nutzer daran erinnern.

Eine weitere Eigenschaft der Klasse **QAction** ist der *Tooltipp* (toolTip). Tooltipps, die die Anwendung dem Anwender nach längerem Schweben des Mauszeigers über einem Menü- oder Werkzeugleisteneintrag als „gelbweiße Zettelchen" anzeigt, setzt man im Code übrigens mittels **setToolTip()**.

Den über die Eigenschaft **statusText** gesetzte Text zeigt die Statusleiste an, falls das aktuelle Fenster über eine solche verfügt. Schließlich erlaubt die Eigenschaft **whatsThis**, längere Hilfe-Texte zu einzelnen Teilwidgets einzublenden.

---

[5] http://doc.trolltech.com/4.1/accelerators.html

4.3.3 Hauptfenster-Entwurf und Quellcode vereinen

Die so generierte GUI gilt es nun, zu einem Programm zu ergänzen. Dabei können wir uns ein wenig Arbeit sparen und die Datei **main.cpp** aus dem Beispiel von Seite 99 übernehmen.

```cpp
// cuteedit2/main.cpp

#include <QApplication>
#include "mainwindow.h"

int main(int argc, char *argv[])
{
    QApplication a(argc, argv);

    MainWindow mainWindow;
    mainWindow.show();

    return a.exec();
}
```

In der Implementierung leiten wir ergänzend zur Klasse **QMainWindow** nun auch von der von **uic** generierten Helferklasse **Ui::MainWindow** ab, von der wir – wie bereits in Kapitel 3 beschrieben – nur privat erben, um die im Designer generierten Objekte als Membervariablen mit korrekter Sichtbarkeit zur Verfügung zu stellen:

```cpp
// cuteedit2/mainwindow.h

#ifndef MAINWINDOW_H
#define MAINWINDOW_H

#include <QMainWindow>
#include "ui_mainwindow.h"

class MainWindow : public QMainWindow,
                   private Ui::MainWindow
{
  Q_OBJECT
  public:
    MainWindow(QWidget *parent = 0);
    ~MainWindow();

  protected:
    void setupActions();
```

Den Rest der Deklaration besprechen wir auf Seite 109. Zunächst wenden wir uns aber der Implementierung des Konstruktors zu. Wichtig ist, dass wir die Eltern-klasse korrekt initialisieren. C++ garantiert zwar die automatische Initialisierung von **QMainWindow**, die Vererbungskette würde also nicht unterbrochen. Allerdings wird dabei das **parent**-Objekt nicht mehr weitergereicht, was zu Speicherlecks und Problemen beim Einsatz von Layouts führen kann. Details erläutert der Abschnitt 1.2.2 auf Seite 29.

Der Konstruktor selbst enthält als Erstes den **setupUi()**-Aufruf, der die Initialisierung aller Membervariablen aus **Ui::MainWindow** gewährleistet:

```
#include <QtGui>
#include "mainwindow.h"

MainWindow::MainWindow(QWidget *parent)
  : QMainWindow(parent)
{
  setupUi(this);
  setupActions();
}
```

Aktionen mit Funktionalität verknüpfen

Als nächstes verknüpfen wir einige Aktionen von Hand mit Slots und versehen sie mit Funktionalität. Diese Aufgabe lagern wir aus Gründen der Übersichtlichkeit in eine eigene Methode namens **setupActions()** aus.

Hier hauchen wir den Aktionen per Signal-Slot-Verbindung Leben ein. Wenn der Benutzer eine Aktion auslöst, etwa indem er einen Menüeintrag anklickt, sendet diese das Signal **triggered(bool)** aus. Der Parameter interessiert uns nicht, denn er ist nur für alternierbare („togglebare") oder gruppierte Aktionen relevant. Trotzdem müssen wir ihn mitführen, damit **connect()** das Signal findet:

```
// cuteedit2/mainwindow.cpp

void MainWindow::setupActions()
{
  connect(action_quit, SIGNAL(triggered(bool)),
          qApp, SLOT(quit()));
  connect(action_open, SIGNAL(triggered(bool)),
          this, SLOT(loadFile()));
  connect(action_save, SIGNAL(triggered(bool)),
          this, SLOT(saveFile()));
  connect(action_saveas, SIGNAL(triggered(bool)),
          this, SLOT(saveFileAs()));

  connect(textEdit, SIGNAL(copyAvailable(bool)),
          action_copy, SLOT(setEnabled(bool)));
  connect(textEdit, SIGNAL(undoAvailable(bool)),
          action_undo, SLOT(setEnabled(bool)));
  connect(textEdit, SIGNAL(redoAvailable(bool)),
          action_redo, SLOT(setEnabled(bool)));
```

```
connect(action_copy, SIGNAL(triggered(bool)),
        this, SLOT(copy()));
connect(action_undo, SIGNAL(triggered(bool)),
        this, SLOT(undo()));
connect(action_redo, SIGNAL(triggered(bool)),
        this, SLOT(redo()));

connect(action_about, SIGNAL(triggered(bool)),
        this, SLOT(about()));
}
```

Die **quit**-Aktion verknüpfen wir mit dem **quit()**-Signal des **QApplication**-Objekts, das von der gesamten Anwendung aus über den globalen Pointer **qApp** zugänglich ist. Damit verlässt die Anwendung die Event-Loop und beendet sich so.

Damit die weiteren Verbindungen funktionieren, müssen wir in **mainwindow.h** noch eine Reihe von Slots deklarieren, deren Inhalt wir auf den folgenden Seiten besprechen. Da wir sie nur in der Klasse verwenden, deklarieren wir sie als geschützte Methoden:

```
// cuteedit2/mainwindow.h (fortgesetzt)

...
  protected:
    bool mayDiscardDocument();
    void saveFile(const QString&);
  protected slots:
    void newFile();
    void loadFile();
    void saveFile();
    void saveFileAs();
    void undo();
    void redo();
    void copy();
    void about();
  private:
    QString mFilePath;
};
#endif // MAINWINDOW_H
```

Die Variable **mFilePath** gibt den Pfad zur aktuellen Datei an. Wurde ein Dokument bislang nicht gespeichert, so ist dieser String leer.

Dateien öffnen

Die erste Funktion, die CuteEdit beherrschen soll, ist das Laden einer Datei, in der Terminologie der Editoren meist als *Dokument* bezeichnet. Dazu benötigen wir zunächst einen Dateinamen, den wir über ein Objekt der Klasse **QFileDialog** abfragen.

In der Regel reicht es völlig aus, die statischen Methoden dieser Klasse zu verwenden, die lediglich einen Zeiger auf das Eltern-Widget sowie optional einen Fenster-Titel sowie einen Filter für verschiedene Dateitypen benötigen. Wir bedienen uns der statischen Methode **getOpenFileName()**, die uns genau einen Dateinamen als **QString** liefert. Eine genauere Beschreibung verschiedener Dialogtypen bietet Kapitel 6.

Um eine Datei zu öffnen, verwendet Qt die Klasse **QFile**, die den plattformunabhängigen Zugriff auf Dateien erlaubt. Sie ist Teil des Qt-Ein-/Ausgabekonzepts, das Kapitel 11 näher erläutert, und tritt an die Stelle des von C bekannten **FILE**-Zeigers.

Die Methode **open()** öffnet ähnlich wie die C-Funktion **fopen()** die Datei, hier im Nur-Lese-(*Read-Only-*)Modus:

```
// cuteedit2/mainwindow.cpp (fortgesetzt)

void MainWindow::loadFile()
{
  QString filename = QFileDialog::getOpenFileName(this);
  QFile file(filename);
  if (file.open(QIODevice::ReadOnly|QIODevice::Text)) {
    textEdit->setPlainText(QString::fromUtf8(file.readAll()));
    mFilePath = filename;
    statusBar()->showMessage(tr("Datei erfolgreich geladen."), 3000);
  }
}
```

Das Flag **QIODevice::Text** verwenden wir, damit der Editor mit den Unterschieden zwischen Unix und Windows in Bezug auf Textdateien klarkommt. Denn während Unix lediglich einen Zeilenvorschub (\n) zum Trennen der Zeilen verwendet, benötigt Windows zusätzlich das Steuerzeichen für einen Wagenrücklauf (\r\n). Da sich Qt-Klassen intern wann immer möglich an Unix-Konventionen orientieren und **QTextEdit** deswegen nur mit Zeilenvorschüben arbeitet, entfernt **QFile** dank **QIODevice::Text** auf Windows-Plattformen beim Öffnen alle Wagenrückläufe in der Textdatei.

Nun liest die Methode **readAll()** den kompletten Inhalt der Datei in ein **QByteArray**. Diesen könnten wir mittels **setPlainText()** direkt in das **textWidget** importieren, allerdings kennen wir die Kodierung der Dateien nicht. **QByteArray** enthält den Text in seiner 8-Bit-Kodierung, während **QString** 16 Bit breite Unicodezeichen verwendet. Unter Windows sind Textdateien üblicherweise im UTF-8-Format gespeichert. Dieses bildet die Unicode-Zeichen auf 8 Bit ab und ist dabei kompatibel zur ASCII-Kodierung. Unter Linux liegen Textdateien wahlweise als UTF-8 oder in Länder-spezifischen Kodierungen, etwa ISO Latin 1 (auch als ISO 8859-1 bekannt) vor.

CuteEdit geht der Einfachheit halber davon aus, dass die Dateien immer UTF-8-kodiert sind, und wandelt den Textinhalt daher per **QString::fromUtf8()** in einen **QString** um.[6]

Den Dateinamen merken wir uns für spätere Operationen, etwa um die Datei bei Gelegenheit wieder zu speichern.

Um das erfolgreiche Öffnen der ausgewählten Datei zu vermelden, benutzen wir die Statusleiste. Deren Methode **showMessage()** zeigt in diesem Beispiel den Text **Datei erfolgreich geladen.** drei Sekunden lang an und entfernt ihn dann wieder.

Dateien speichern

Nun soll CuteEdit die Funktion erhalten, die das Programm überhaupt erst brauchbar macht: das Speichern des aktuellen Dokuments:

```
// cuteedit2/mainwindow.cpp (fortgesetzt)

void MainWindow::saveFile()
{
  if(mFilePath.isEmpty())
    saveFileAs();
  else
    saveFile(mFilePath);
}

void MainWindow::saveFile(const QString &name)
{
  QFile file(name);
  if (file.open(QIODevice::WriteOnly|QIODevice::Text)) {
    file.write(textEdit->toPlainText().toUtf8());
    statusBar()->showMessage(tr("Datei erfolgreich gespeichert."), 3000);
  }
}

void MainWindow::saveFileAs()
{
  mFilePath = QFileDialog::getSaveFileName(this);
  if(mFilePath.isEmpty())
    return;
  saveFile(mFilePath);
}
```

---

[6] Bei einem echten Editor sollte das Programm den Benutzer zuvor nach der Kodierung seiner Datei fragen oder – besser noch – die Kodierung selbst herausfinden. Wertvolle Arbeit bei der Implementierung leistet dabei die Klasse **QTextCodec**, die mit der statischen Methode **availableCodecs()** auch eine Liste der verfügbaren Codecs zur Verfügung stellt.

Falls gerade keine Datei geöffnet und **mFilePath** damit leer ist, kommt die Methode **saveFileAs()** ins Spiel. Sie wird auch vom Menüpunkt **Datei | Speichern unter...** aufgerufen, dient aber in beiden Fällen dem gleichen Zweck: die Datei unter einem vom Benutzer spezifizierten Namen abzulegen.

Intern nutzt **saveFileAs()** die überladene und nicht als Slot deklarierte Methode **saveFile(const QString &name)**, die die eigentliche Arbeit übernimmt: Dazu greift sie auf die Methode **toPlainText()** der **QTextEdit**-Instanz zurück, die ihr einen **QString** liefert. Den resultierenden Text kodiert **toUtf8()** wieder als 8-Bit-Text. Zuvor öffnet sie die Datei wie schon **loadFile()** mit dem Flag **QIODevice::Text**, um die korrekte Konvertierung unter Windows zu gewährleisten. Diesmal jedoch öffnen wir die Datei zum Schreiben (**QIODevice::WriteOnly**). Danach gibt auch diese Methode den erfolgreichen Abschluss der Aktion über die Statusleiste bekannt.

Auch wenn er bereits eine Datei geladen hat, soll der Benutzer ein (weiteres) neues Dokument erstellen können. Da CuteEdit der Einfachheit halber nur jeweils eine geöffnete Datei verwaltet, haben wir ein Problem, wenn das erste Dokument modifiziert und noch nicht abgespeichert wurde.

Ob dies der Fall ist, weiß das Dokumenten-Objekt, das **QTextEdit** verwaltet:

```
// cuteedit2/mainwindow.cpp (fortgesetzt)

bool MainWindow::mayDiscardDocument()
{
  if (textEdit->document()->isModified()) {
    QString filename = mFilePath;
    if (filename.isEmpty()) filename = tr("Unbenannt");
    if (QMessageBox::question(this, tr("Dokument speichern"),
      tr("Sie möchten ein neues Dokument erstellen, aber die "
        "Änderungen im aktuellen Dokument '%1' sind nicht "
        "gespeichert. Was möchten Sie tun?"),
        tr("Dokument speichern"), tr("Änderungen verwerfen") ))
      saveFile();
    return true;
  }
  return false;
}

void MainWindow::newFile()
{
  if (!mayDiscardDocument()) return;
  textEdit->setPlainText("");
  mFilePath = "";
}
```

Ehe CuteEdit im Slot **newFile()** ein neues Dokument öffnet, soll es den Nutzer fragen, was er mit diesen Änderungen zu tun gedenkt. Da diese Funktion universeller nutzbar ist, lagern wie sie in die Methode **mayDiscardDocument()** aus, die einen Wahrheitswert zurückliefert.

Für die eigentliche Anfrage an den Anwender verwenden wir eine **QMessageBox**. Ähnlich wie **QDialogBox** verwendet man bei dieser Klasse hauptsächlich die statischen Methoden, die für die meisten Situationen passen und nur mit entsprechenden Argumenten versehen werden müssen. Obwohl hier ein Titel und der Meldungsinhalt genügen würden, ersetzt das Beispiel die Standard-Anworten **Ja** und **Nein** der besseren Benutzbarkeit wegen durch deskriptivere Antworten.

Messageboxen sollten dem Anwender klar vermitteln, welche Aktion sich hinter ihnen verbirgt – die Anzahl von Applikationen, deren Dialogbox-Texte zu Missverständnissen führen, ist leider sehr hoch. Indem Schaltflächen die Antworten direkt vorgeben, reduziert sich die Wahrscheinlichkeit, dass der Benutzer die falsche Aktion wählt.

Falls **mayDiscardDocument() true** zurückliefert, löschen wir den Text des aktuellen Dokuments und setzen den Dateipfad zurück, damit andere Funktionen nicht versehentlich auf die eben bearbeitete Datei zurückgreifen. Ein noch sauberer Weg wäre, per **textEdit->setDocument()** ein neues Dokument zu setzen. Da dabei jedoch alle Signal-Slot-Verbindungen zum Dokument verloren gehen, müsste man diese anschließend ebenfalls wiederherstellen. Zudem hat diese Methode den Seiteneffekt, dass der Undo-Buffer erhalten bleibt. Dies kann für Leute, die schneller klicken als lesen, von Vorteil sein, bringt jedoch eventuell auch Datenschutz-Probleme mit sich (etwa wenn mehrere Benutzer den gleichen Arbeitsplatz verwenden).

Die Undo/Redo-Funktion

Programme, die es dem User nicht erlauben, Aktionen rückgängig zu machen, sorgen für Frust. Das gilt insbesondere für Texteditoren. Da **QTextDocument** bereits einen Rücknahmestapel (*Undo Stack*) anbietet, können wir CuteEdit schnell und einfach mit einer Undo-Funktion ausstatten:

```
// cuteedit2/mainwindow.cpp (fortgesetzt)

void MainWindow::undo()
{
  textEdit->document()->undo();
}
```

Die Redo-Funktion ist gewissermaßen die Gegenoperation zu Undo. Sie stellt einen rückgängig gemachten Stand wieder her. Auch sie ist bereits implementiert, so dass wir sie nur noch als Slot zugänglich machen müssen.

```
// cuteedit2/mainwindow.cpp (fortgesetzt)

void MainWindow::redo()
{
  textEdit->document()->redo();
}
```

Auch die Copy-Methode, mit der der Anwender markierten Text in den Zwischenspeicher kopiert, stellt QTextEdit direkt zur Verfügung, so dass wir hier ebenfalls lediglich eine Wrapper-Methode brauchen:

```
// cuteedit2/mainwindow.cpp (fortgesetzt)

void MainWindow::copy()
{
  textEdit->copy();
}
```

Die Slots undo(), redo() und copy() rufen also einfach die passenden Methoden der Klassen QTextEdit bzw. QTextDocument auf. Bei leerem Rücknahmestapel sind die erstgenannten beiden Aktionen in den Menü- und Symbolleisten ausgegraut, da wir sie in setupActions() über Signale von QTextEdit deaktivieren, falls QTextEdit oder QTextDocument sie als nicht anwendbar betrachten. setupActions() haben wir auf Seite 108 besprochen.

Informationen zum Programm

Natürlich darf die obligatorische Info-Box in keinem Programm fehlen. QMessageBox (siehe Seite 164) stellt dazu eigens eine statische Methode namens about() zur Verfügung, die eine Überschrift und einen kurzen Text erwartet:

```
// cuteedit2/mainwindow.cpp (fortgesetzt)

void MainWindow::about()
{
  QMessageBox::about(this, tr("Über CuteEdit"),
             tr("CuteEdit 1.0\nEin Beispiel für ein Qt-Programm.\n"
                "(c) 2006 Daniel Molkentin, Open Source Press"));
}
```

Der erste Parameter ist ein Zeiger auf das Elternfenster, zu dem sich die Info-Box modal verhalten soll. Übergibt man hier 0, erzeugt Qt eine nicht-modale Box.

Projekt bauen

Um das Programm anzuzeigen, generieren wir zum Schluss die Projektdatei mit qmake -project und bauen das Programm mit qmake und make.

```
#cuteedit2/cuteedit2.pro

TEMPLATE  = app
SOURCES   = main.cpp mainwindow.cpp
HEADERS   = mainwindow.h
```

```
FORMS    = mainwindow.ui
RESOURCES = pics.qrc
```

4.4 Die Statusleiste ausreizen

Qt-Designer generierte Main-Windows verfügen bereits über eine Statusleiste. Sie dient sowohl dazu, kurzfristige Meldungen abzusondern, wie wir dies bereits in **saveFile()** (Seite 111) und **loadFile()** (Seite 110) getan haben, als auch um permanente Stadien einer Applikation anzuzeigen. So könnte CuteEdit dort eine Wortstatistik des aktuellen Dokumentes anzeigen. Dies werden wir ab Seite 118 genauer besprechen und implementieren.

Abbildung 4.6:
Der Size-Grip unten
rechts

Die Leiste stellt auch einen *Size-Grip* (in Abbildung 4.6 fett umrandet) für das Fenster bereit. Dabei handelt es sich um das geriffelte Dreieck am rechten unteren Rand des Fensters, das dessen Größe ändert. Selbst wenn man keine Statusmeldungen anzeigen will, sondern nur diesen „Größenveränderungsgriff" benötigt, empfiehlt es sich daher, die Statusleiste im Main-Window anzuzeigen. Bei Bedarf blendet **setSizeGripEnabled(false)** den Size-Grip aus.

Die Klasse, die für die Statusleiste verantwortlich zeichnet und auch über die eben erwähnte Methode verfügt, heißt **QStatusBar**. **QMainWindow::statusBar()** gibt einen Zeiger auf das vom Main-Window benutzte **QStatusBar**-Objekt zurück. Besitzt es noch keine Statusleiste, so erzeugt diese Funktion eines und fügt es zum Main-Window hinzu. Wenn wir bei einer nicht per Designer generierten **QMain-Window**-Instanz die Zeile

```
statusBar();
```

ergänzen, so erhält das Applikationsfenster eine Statusleiste, die nur den Size-Grip anzeigt. Umgekehrt lässt die Zeile

```
statusBar->hide();
```

eine ungewollte Statusleiste (hier: **statusBar**) wieder verschwinden.

Die Statusleiste präsentiert drei unterschiedliche Arten von Statusmeldungen:

Temporäre Meldungen
> benutzt man für Informationen, die nur kurzzeitig sichtbar sein sollen (Abbildung 4.7). Darunter fallen zum Beispiel die URL eines Links, über dem sich

die Maus im Webbrowser gerade befindet, oder die Fortschrittsangabe bei einem Download.

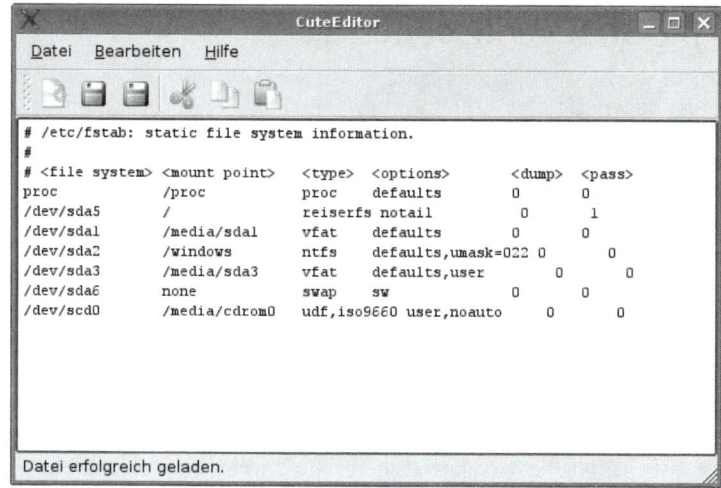

Normale Meldungen
> zeigt eine Applikation immer an, es sei denn, eine temporäre Meldung soll zum Zuge kommen. Diese überdeckt normale Meldungen, die man für allgemeine Statusinformationen, wie zum Beispiel die Koordinaten der Maus in einer CAD-Anwendung, benutzt.

Permanente Meldungen
> nehmen die Statusleiste immer in Beschlag und lassen sich auch von temporären Meldungen niemals verdecken. Man benutzt sie für Meldungen, die immer sichtbar sein sollen, zum Beispiel den Verbindungsstatus einer Netzwerkanwendung.

Temporäre und normale Meldung erscheinen links in der Statusleiste, permanente Meldungen rechts. Eine Statusleiste kann mehrere normale und permanente Meldungen gleichzeitig anzeigen; es ist aber nicht möglich, mehr als eine temporäre Meldung anzuzeigen: Die neue ersetzt immer die alte.

4.4.1 Temporäre Meldungen

Temporäre Meldungen aktivieren Sie mit dem Slot **QStatusBar::message()** und löschen sie mit **QStatusBar::clear()**. Den Meldungstext übergibt man **message()** als Argument in Form eines **QString**. In unserem Beispiel fügen wir im Konstruktor die Zeile

```
statusBar()->message(tr("Datei erfolgreich gespeichert."));
```

hinzu, um die temporäre Meldung in der Statusleiste anzuzeigen.[7] Sie bleibt so lange sichtbar, bis wir entweder eine neue Meldung mit **message()** setzen oder den aktuellen Text mit **clear()** löschen bzw. mit einem erneuten Aufruf von **message()** überschreiben.

Will man die temporäre Meldung nur für eine bestimmte Zeit anzeigen, gibt es eine zweite Version des **message()**-Slots. Er löscht die Meldung automatisch nach einer vorgegebenen Zeit. So zeigt der Aufruf

```
statusBar()->message(tr("Datei erfolgreich gespeichert"), 3000);
```

die Meldung in der Statusleiste für 3000 Millisekunden (also drei Sekunden) an. Danach übernehmen wieder die normalen Meldungen, sofern vorhanden.

4.4.2 Normale Meldungen

Normale Meldungen lassen sich leider nicht so einfach handhaben. Für sie muss man Widgets verwenden. Will man zum Beispiel einen einfachen Text als normale Meldung zeigen, so erzeugt man ein QLabel-Objekt und fügt dieses mit der Funktion **QStatusBar::addWidget()** der Statusleiste hinzu. Das ist etwas umständlicher, hat aber den Vorteil, dass man nicht auf Textmeldungen beschränkt ist. Man kann zum Beispiel auch Symbole verwenden oder eine Fortschrittsanzeige (*Progressbar*) für eine Operation, die länger dauert.

Ihrer Signatur **addWidget(QWidget* widget, int stretch=0)** entsprechend verlangt die Funktion zwei Argumente, darunter ein optionales: Als erstes übergibt man ihr einen Zeiger auf das hinzuzufügende Widget. Der **QStatusBar**-Destruktor löscht dieses automatisch; deswegen muss man es auf dem Heap mit **new** erzeugen.

Das zweite Argument muss man nicht angeben, wenn man mit den Default-Werten zufrieden ist. Es bestimmt, wie mehrere Widgets den Platz in der Statusleiste untereinander aufteilen. Der Wert 0 bedeutet, dass das Widget gerade soviel Platz wie nötig bekommt. Ein anderer Wert gibt das Verhältnis der Widgets untereinander an. Hat man zum Beispiel ein Widget mit einem **stretch**-Wert von 1 und ein zweites mit einem von 2, so teilen sie sich den gesamten Platz in der Statusleiste so, dass das zweite sich doppelt so breit machen darf wie das erste. Im Beispiel von Abbildung 4.8, deren vier Widgets **stretch**-Werte von 1, 2, 3 und 4 zugewiesen bekommen, erhält das erste Widget nur den Platz, den es benötigt. Den verbleibenden Platz belegen die anderen derart, dass das dritte doppelt so viel Platz wie das zweite bekommt usw.

---

[7] Um das Programm erfolgreich zu kompilieren, muss man zudem den **QStatusBar**-Header mit **#include <QStatusBar>** einbinden.

Faktor 1	Faktor 2	Faktor 3	Faktor 4	Faktor 5

4.4.3 Permanente Meldungen

Analog zu **addWidget()** existiert für permanente Meldungen die Funktion **addPermanentWidget()**. Über diese Methode eingefügte Widgets erscheinen ganz außen rechts; sie eignet sich z. B. für permanente Statusanzeigen. Permanente Meldungen werden garantiert nicht, auch nicht kurzzeitig, von Meldungen gestört, die man wie oben beschrieben per **message()** einblendet.

Um unsere **MainWindow**-Klasse so zu erweitern, dass der Editor in der Statusleiste eine Wortstatistik anzeigt, fügen wir zunächst ein Label in die Statusleiste ein. Da wir später wieder darauf zugreifen müssen, legen wir eine Membervariable namens **mStatLabel** in der Klassendefinition an:

```
// cuteedit2/mainwindow.h (ergänzt)

...

class QLabel;

class MainWindow : public QMainWindow,
                   private Ui::MainWindow
{
...
  private:
    QString mFilePath;
    QLabel *mStatLabel;
}
```

Die Klasse **QLabel** *deklarieren* wir mit der Zeile **class QLabel;** *vorwärts* – so müssen wir die **QLabel**-Header-Datei an dieser Stelle noch nicht einbinden. Dadurch benötigt der Parser weniger Zeit für **mainwindow.h** und für die Dateien, die diese Datei später inkludieren. Die Quelltext-Datei muss die **QLabel**-Header-Datei selbstverständlich einbinden, da der Compiler die Schnittstelle der Klasse sonst nicht kennt. Vorwärtsdeklarationen funktionieren zudem nur dann, wenn das Objekt ein Zeigertyp oder eine Referenz ist.[8]

Im Konstruktor fügen wir Code hinzu, der ein **QLabel**-Objekt erzeugt und dieses in der Statusleiste als permanente Meldung anzeigt; die Meldung soll nur soviel Platz wie nötig in Anspruch nehmen, damit wir noch Raum für temporäre Meldungen

---

[8] In diesem Fall kennt der Compiler die Größe des zu reservierenden Speichers, da ein Zeiger pro Plattform immer die gleiche Größe aufweist, etwa vier Byte auf IA32-Architekturen.

haben. Da ein Stretch von 0, der dies bewerkstelligt, der Standardwert ist, lassen
wir das zweite Argument von **addPermanentWidget()** hier ganz weg. Das QLabel-
Objekt legen wir auf dem Heap mit **new** an, da das QStatusBar-Objekt es sonst im
Destruktor löscht.[9]

```
// cuteedit2/mainwindow.cpp (fortgesetzt)

#include <QtGui>
#include "mainwindow.h"

MainWindow::MainWindow(QWidget *parent)
 : QMainWindow(parent)
{
  setupUi(this);
  setupActions();

  mStatLabel = new QLabel;
  statusBar()->addPermanentWidget(mStatLabel);
  connect(textEdit, SIGNAL(textChanged()), this, SLOT(updateStats()));
  updateStats();
}
```

Wie schon erwähnt, gibt **statusBar()** nicht nur einen Zeiger auf die Statusleiste
zurück, sondern erzeugt ihn auch, falls er bislang nicht existierte.

Um nun die Statistik jedesmal zu aktualisieren, sobald sich das bearbeitete Dokument verändert, horchen wir auf das **textChanged()**-Signal und verbinden es
mit dem noch zu erstellenden Slot **updateStats()**, der für die Aktualisierung des
Statistik-Labels verantwortlich zeichnet. So gewährleisten wir, dass Qt die Statistiken auch tatsächlich korrekt aktualisiert. Zum Schluss rufen wir den neuen Slot
manuell auf, damit das Label einen Anfangszustand erhält.

Nachdem wir **updateStats()** als Slot in der Klassen-Deklaration von **MainWindow**
eingetragen haben, müssen wir einen Weg finden, der uns die Statistiken liefert.
Der Text mit all seinen Eigenschaften – **QTextEdit** kann sogar mit einfachen HTML-
Konstrukten umgehen und erlaubt es dem Anwender, Texte gezielt zu formatieren
– ist in einer **QTextDocument**-Instanz abgelegt:

```
// cuteedit2/mainwindow.cpp (fortgesetzt)

void MainWindow::updateStats()
{
  QString text = textEdit->document()->toPlainText();
  int chars = text.length();
  text = text.simplified();
  int words = 0;
```

---

[9] Das **QStatusBar**-Objekt wiederum wird von seinem Eltern-Objekt, der **QMainWindow**-Instanz,
  gelöscht.

```
words = text.count(" ");
if (!text.isEmpty()) words++;
QString output = tr("Zeichen: %1, Wörter: %2").arg(chars).arg(words);
mStatLabel->setText(output);
}
```

Jedes **QTextEdit** besitzt genau ein Dokument, das in der Klasse **QTextDocument** gekapselt ist. Was auf den ersten Blick nur wie ein Implementierungsdetail erscheint, ist in Wahrheit ein recht mächtiges Werkzeug zur Darstellung und Manipulation von Text. Wir verwenden hier jedoch nur eine Methode, um an den aktuellen Text des Dokuments zu gelangen: Mit dem Aufruf **document()->toPlainText()** erzeugt **QTextDocument** einen **QString** aus seinem aktuell gespeicherten Text, der für unsere verhältnismäßig einfache Analyse vollkommen ausreicht.

Diese untersucht den String auf einzelne Wörter und Zeichen. Zum Zählen der Zeichen fragen wir seine Länge ab und nehmen dabei billigend in Kauf, dass auch Zeilenumbrüche als Leerzeichen gewertet werden. Wer dies nicht will, entfernt die Umbrüche zuvor mittels **text.replace('\n', "")** aus der Zeichenkette.

Auch bei der Ermittlung der Wortanzahl im Text verzichten wir auf einen komplexeren Parser, weshalb unsere Statistik verhältnismäßig einfach (und je nach Textlänge auch langsam) ist: Sie definiert ein Wort als eine durch Leerzeichen abgetrennte Zeichenkette. Somit ist die Anzahl der Wörter um eins größer als die Anzahl der Leerzeichen, die zwischen ihnen liegen. Damit überflüssige Leerzeichen nicht stören, verwenden wir die **QString**-Methode **simplified()**, die alle Whitespaces (also Leerzeichen, Zeilenumbrüche usw.) am Anfang und am Ende des Strings entfernt und Whitespaces zwischen einzelnen Wörtern zu genau einem Leerzeichen reduziert. Somit entspricht der String, den wir nun auf Leerzeichen untersuchen, genau unserer Wunschdefinition, und die Anzahl der Wörter ergibt sich aus der Anzahl der Leerzeichen plus eins. Da ein leerer Text jedoch kein Wort ist, dürfen wir nur dann um eins erhöhen, wenn **text** nicht leer ist.

Die Beschriftung des Labels konstruieren wir mit **tr("Zeichen: %1, Wörter: %2"). arg(chars).arg(words);** – die **tr()**-Funktion gibt den Text **Zeichen: %1, Wörter: %2** als **QString** zurück, gegebenenfalls übersetzt in eine andere Sprache. **QString** besitzt nämlich eine Funktion **arg()**, die nach den Zeichenketten **%1, %2, …, %9** sucht und unter den gefundenen diejenige mit der kleinsten Nummer durch das Funktionsargument ersetzt. In unserem Fall erhalten wir also das gewünschte Ergebnis, weil der jeweils in einen String umgewandelte Inhalt von **chars** und **words** die Platzhalter **%1** und **%2** ersetzt. Mit dieser Methode erstellt man Zeichenketten, die dynamischen Text enthalten. Sie hat den Vorteil, dass sich die Reihenfolge der Strings in Übersetzungen ändern darf, sofern dies sprachlich notwendig ist.

Schließlich setzen wir den Text des Labels mit der **QLabel**-Funktion **setText()**, so dass die Statusleiste **Zeichen: 0, Wörter: 0** anzeigt, sofern die Funktion für die Variablen **chars** und **words** den Wert 0 ermittelt. Unsere erweiterte Applikation sieht nun wie in Abbildung 4.9 aus.

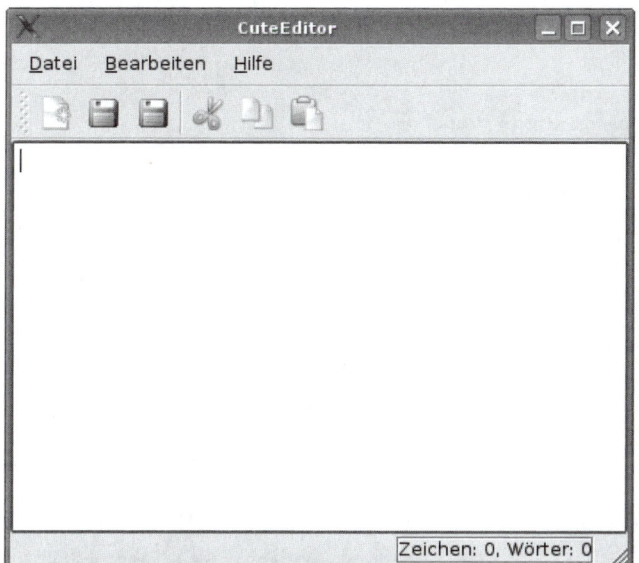

Abbildung 4.9:
Das Editorprogramm
CuteEdit, nun
erweitert um die
Statusleiste mit einer
permanenten
Meldung

Die Statusleiste zeigt Meldungen in einer Art, die die Arbeit des Benutzers nicht unterbricht – im Gegensatz zu Benachrichtigungsdialogen, die den Tastaturfokus erwerben und die der Anwender explizit schließen muss. Bei eher unwichtigen Meldungen sollte man sich daher überlegen, ob man dafür wirklich einen eigenen Dialog benötigt oder ob eine temporäre Meldung in der Statusleiste ausreicht (und ob die Meldung für den Nutzer überhaupt relevant genug ist, um angezeigt zu werden): Eine Anwendung, die zu „gesprächig" ist, geht recht schnell auf die Nerven.

4.5 Werkzeugleisten

Jede Werkzeugleiste besitzt ein sogenanntes *Handle*, mit dessen Hilfe sie sich verschieben lässt (siehe Abbildung 4.10). So kann ein Benutzer die Toolbars seiner Applikation umordnen und an andere Stellen des Fensters versetzen. Wer dies als Programmierer verhindern will, nutzt setMovable(false);.

Abbildung 4.10:
Eine typische
Werkzeugleiste mit
Handle (links)

Um die Werkzeugleiste an einer anderen Position als horizontal unterhalb der Menüleiste unterzubringen, etwa direkt am linken Fensterrand, müssen wir unser Beispiel leicht verändern: Die Methode **addToolBar()** existiert in einer zweiten Variante, die als erstes Argument eine Positionierungsangabe verlangt. Wir verändern den Aufruf also so:

```
QToolBar *mainToolBar = addToolBar(Qt::BottomToolBarArea,
                                   tr("Hauptleiste"));
```

Nun erscheint die Haupt-Werkzeugleiste am unteren Rand; Tabelle 4.1 gibt die möglichen Positionen an. Im Praxisfall ist dies aber höchstens für Werkzeugauswahlen im Stile von Photoshop oder GIMP sinnvoll, die man meist ohnehin als Dockfenster (siehe Seite 127) realisiert. Benutzer sind Gewohnheitstiere und suchen Werkzeugleisten im oberen Fensterabschnitt.

Tabelle 4.1:
Der Enumerator
ToolBarAreas

Wert	Position
Qt::LeftToolBarArea	vertikal, auf der linken Hauptfensterseite
Qt::RightToolBarArea	vertikal, auf der rechten Hauptfensterseite
Qt::TopToolBarArea	horizontal, möglichst weit oben, jedoch unterhalb der Menüleiste und oberhalb eventuell vorhandener Dockfenster
Qt::BottomToolBarArea	horizontal, möglichst weit unten, jedoch oberhalb der Statusleiste und unterhalb eventuell vorhandener Dockfenster
Qt::AllToolBarAreas	alle vorangegangenen Positionen; nicht zulässig für **addToolBar()**

Mittels **setAllowedAreas()** ist es zudem möglich, Werkzeugleisten nur an gewissen Stellen zu erlauben. Die Tabelle 4.1 liefert die dafür gültigen Werte, die sich mit einem logischen Oder verknüpfen lassen. Folgender Code beschränkt die Platzierung der Werkzeugleiste **mainToolBar** auf unterhalb der Menüleiste und oberhalb der Statusleiste:

```
mainToolBar->setAllowedAreas(Qt::TopToolBarArea |
                             Qt::BottomToolBarArea);
```

Da der Anwender die Werkzeugauswahlen entfernen kann, liegt es in der Pflicht des Programmierers, dafür zu sorgen, dass er jederzeit wieder an sie herankommt. Ein geeigneter Platz für die Toolbar-Zurückhol-Anweisung ist die Menüleiste, da der Benutzer diese in der Regel nicht verstecken kann. Die Methode **toggleViewAction()** liefert einen Zeiger auf eine **QAction** und sorgt dafür, dass die Werkzeugleiste wieder zum Vorschein kommt – oder verschwindet, wenn der Nutzer es will.

Der sichtbare Text der Aktion orientiert sich am **windowTitle** der Symbolleiste, weshalb dieser im Designer gesetzt sein sollte. Gefällt er nicht, kann man mit **QAction::setText()** einen eigenen Text für die Aktion definieren.

Menüeinträge, die das wahlweise An- und Ausschalten, also das *Toggeln* einer Option, erlauben, gehen auf *Toggle-Aktionen* zurück. Um die Werkzeugleiste unseres Beispielsprogramms verschwinden bzw. wieder auftauchen zu lassen, bauen wir eine solche Aktion in das – neu zu erstellende – Untermenü **Einstellungen | Werkzeugleisten** der Menüleiste ein. Zu diesem Zweck ergänzen wir folgenden Code am Ende der **setupActions()**-Funktion auf Seite 108:

```
QMenu *toolBarMenu = settingsMenu->addMenu(tr("&Werkzeugleisten"));

toolBarMenu->addAction(mainToolBar->toggleViewAction());
...
```

Damit der Code funktioniert, müssen wir im Designer zuvor ein zusätzliches Menü mit dem Titel **Einstellungen** einfügen, dem wir den Namen **settingsMenu** geben. Das Menü **Einstellungen** gehört dabei *vor* das **Hilfe**-Menü, da letzteres immer der letzte Eintrag in der Menüleiste sein sollte.

Als Resultat befindet sich nun im Untermenü **Werkzeugleisten** ein anwählbarer Eintrag. Alle sichtbaren Leisten haben ein Häkchen vorangestellt. Hier zeigt sich, warum Werkzeugleisten immer einen Namen haben sollten.

4.6 Wie funktionieren Aktionen?

Dort, wo wir die in der Klasse **QAction** gekapselten Aktionen bereits eingesetzt haben, erzeugt der Designer den entsprechenden Code. Trotzdem soll der Vollständigkeit halber nicht unerwähnt bleiben, wie Aktionen funkionieren und wie man sie „von Hand" benutzt. Wen diese Details nicht interessieren, kann auf Seite 127 weiterlesen.

Jedes **QAction**-Objekt kapselt Informationen über eine Benutzerschnittstellen-Aktion.[10] Alle wichtigen Eigenschaften stellt Tabelle 4.2 auf Seite 126 zusammen.

4.6.1 QAction manuell instanzieren

Natürlich müssen wir nicht jedes Mal den Designer verwenden, um **QAction**-Objekte zu erstellen. Das folgende Beispiel demonstriert, wie man im Konstruktor einer **QMainWindow**-Unterklasse selbst Aktionen anlegt.

---

[10] In Qt 3 waren Aktionen, ebenfalls unter dem Namen **QAction**, aktive Objekte, die abhängig vom Objekt, in das sie eingefügt wurden, die passende Darstellungsweise selber wählten. In Qt 4 hat Trolltech dieses Prinzip umgekehrt: Nun entscheiden die Widgets über die Darstellungsform der präsentierten Aktionen.

Zunächst instanzieren wir die Aktion mit einem Symbol und einem Namen und ordnen ihm das Hauptfenster als Elternobjekt zu. Die **QIcon()**-Klasse kapselt ein Symbol:

```
QAction *action_open;
action_open = new QAction(QIcon(":/pics/fileopen.png"),
                          tr("&Öffnen"), this);
action_open->setShortcut(tr("Ctrl+O"));
action_open->setStatusTip(tr("Öffnet eine bestehende Datei"));
```

Im Gegensatz zu **QPixmap** kann eine Aktion Bilder für verschiedene Zustände (normal, aktiv und ausgegraut) und Stadien (angewählt oder nicht angewählt) aufnehmen. Erhält die Klasse – wie hier – nur ein Bild, versucht sie, die Icons für die anderen Zustände und Stadien aus dem gegebenen Symbol zu berechnen.

Mittels **setShortcut()** setzen wir das entsprechende Tastenkürzel als String. Dies hat, zusammen mit der Übersetzungsfunktion **tr()**, den Vorteil, dass Übersetzer ein für die Aktion **Öffnen** *in der jeweiligen Sprache* passendes Tastenkürzel wählen können. **setStatusTip()** setzt den Text, der in der Statusleiste erscheint, wenn der Mauszeiger über der Aktion ruht.

Um Aktionen direkt in die Menüleiste zu integrieren, genügt folgender Code:

```
menuBar()->addAction(action_open);
```

menuBar() liefert als Methode von **QMainWindow** die Menüleiste des Hauptfensters zurück. Das eben gezeigte Verfahren ist jedoch eher ungewöhnlich. Normalerweise fügt man zuerst Menüs in die Menüleiste ein, um die Aktionen anschließend zu integrieren. Die das Menü repräsentierende **QMenu**-Instanz lässt sich über die *Factory-Methode* **addMenu()** generieren. In diese fügen wir die Öffnen-Aktion wie folgt ein:

```
QMenu *menu_Datei = menuBar()->addMenu(tr("&Datei"));
menu_Datei->addAction(action_open);
```

Bei Aktionen, die verschiedenen Widgets gleichzeitig als Informationsträger dienen, sollte man sich vor allem um die Vaterschaft im Objektmodell von Qt Gedanken machen. Das Main-Window wird als Vater aller anderen Widgets immer zuletzt gelöscht. Damit Qt Aktionsobjekte so spät wie möglich löscht, macht man sie daher am besten zu direkten Kindern des Hauptfensters.

Sollen Aktionen in mehreren Fenstern gleichzeitig zum Einsatz kommen, gibt es grundsätzlich zwei Alternativen: Entweder man dupliziert alle Aktionen für jedes Hauptfenster oder macht sie zu Kindern von **QApplication**. In diesem Fall kann man dem **QAction**-Konstruktor einfach **qApp** als **parent** übergeben.

4.6.2 Anwählbare Aktionen

Hinter einigen Aktionen verbirgt sich ein binärer Zustand. Ein typisches Beispiel dafür wäre etwa eine Zeilenumbruchfunktion in CuteEdit. Damit der Benutzer sieht, ob diese aktiv ist oder nicht, machen wir sie mit **setCheckable()** zu einer anwählbaren Aktion:

```
QAction *action_linebreak;
action_linebreak = new QAction(tr("&Zeilenumbruch"), this);
action_linebreak->setCheckable(true);
```

Ihren Status kann man mit **isChecked** abfragen. Obwohl eine anwählbare Aktion ihren Zustand bei jeder Anwahl automatisch umschaltet, kann man ihren Zustand alternativ auch mit **setChecked()** beeinflussen.

4.6.3 Gruppierte Aktionen

Mehrere anwählbare Aktionen lassen sich so gruppieren, dass der Nutzer stets nur eine von ihnen aktivieren darf. Diese Funktion ist vor allem aus Textverarbeitungen bekannt, wo man exklusiv zwischen den Textausrichtungen links, rechts und zentriert wählen kann. Sucht man eine dieser Aktionen aus, so werden die anderen automatisch deaktiviert.

Um dies mit Qt umzusetzen, müssen alle Zustände als **QAction**-Instanzen vorliegen. Wir erstellen zuvor ein **QActionGroup**-Objekt, das wir dem **QAction**-Konstruktor als Elternwidget übergeben. Dadurch fügt sich die Aktion automatisch in die Aktionsgruppe ein. Wenn wir jetzt noch jedes einzelnes Element in der Gruppe anwählbar machen, sind die Aktionen untereinander verschaltet:

```
QAction *act_alignleft;
QAction *act_alignright;
QAction *act_aligncenter;
QActionGroup *aligngroup = new QActionGroup(this);
act_alignleft = new QAction(tr("&Rechts ausrichten"), aligngroup);
act_alignright = new QAction(tr("&Links ausrichten"), aligngroup);
act_aligncenter = new QAction(tr("&Zentrieren"), aligngroup);
act_alignleft->setCheckable(true);
act_alignright->setCheckable(true);
act_aligncenter->setCheckable(true);
```

Da **QActionGroup** lediglich eine Verwaltungsklasse ist, müssen wir die Einzelaktionen manuell mit **addAction()** in das passende Menü oder die entsprechende Werkzeugleiste einfügen. Wählt der Benutzer nun eine der Aktionen an, emittiert die Klasse das Signal **triggered()** mit der ausgewählten Aktion als Argument. Somit kann ein passender Slot, etwa indem er den Zeiger der übergebenen **QAction**-Instanz mit den erstellten Aktionen vergleicht, entscheiden, wie er auf die entsprechende Aktion reagiert.

	Eigenschaft	Get-Methode	Set-Methode	Beschreibung
Tabelle 4.2: *Wichtige Eigenschaften von QAction*	text	text()	setText(const QString&)	Kurzbeschreibung der Aktion, die z. B. als Menütext Verwendung findet
	icon	icon()	setIcon(const QIcon&)	Icon, das die Aktion symbolisiert
	iconText	iconText()	iconText(const QString&)	Text, der unter ein Symbol in der Symbolleiste passt. Falls nicht gesetzt, wird **text()** verwendet.
	shortcut	shortcut()	setShortcut(const QKeySequence&)	Tastenkürzel
	statusTip	statusTip()	setStatusTip(const QString&)	Längerer Text, den die Statusleiste während des Überfahrens mit der Maus anzeigt
	whatsThis	whatsThis()	setWhatsThis(const QString&)	Ausführlicher Hilfetext, der im *What's-This*-Modus angezeigt wird[11]
	toolTip	toolTip()	setToolTip(const QString&)	Text, der freischwebend unterhalb des Widgets angezeigt wird, das die Aktion aufgenommen hat
	font	font()	setFont(const QFont&)	Legt die Schrifteigenschaften für Menüeinträge fest
	enabled	isEnabled()	setEnabled(bool)	Wenn **false**, wird die Aktion nicht angezeigt
	visible	isVisible()	setVisible(bool)	Wenn **false**, erscheint die Aktion ausgegraut und ist nicht anwählbar

[11] Im *What's-This*-Modus zeigt die Anwendung zu jedem angewähltem Eintrag einen Informationstext an, den man für jedes Widget und jede **QAction** mit setWhatsThis() definieren kann. Anwender erreichen den What's-This-Modus über (Umschalt)+(F1) oder über eine **QAction**, die der Aufruf QWhatsThis().createAction() erzeugt. Sie muss explizit ins Hilfe-Menü eingefügt werden.

Fortsetzung:

Eigenschaft	Get-Methode	Set-Methode	Beschreibung
checkable	isCheckable()	setCheckable(bool)	Aktion lässt sich im **true**-Fall an- und ausschalten (*toggeln*) (Beispiel: die Schriftfettung in einer Textverarbeitung)
checked	isChecked()	setChecked(bool)	Bestimmt, ob eine togglebare Aktion an (**true**) oder aus ist

4.7 Dockfenster

In einigen Fällen ist es sinnvoll, neben einfachen Aktionen auch komplexere Widgets so zusammenzufassen, dass der Benutzer sie entweder innerhalb des Hauptfensters oder losgelöst davon platzieren kann. Diese sogenannten *Dockfenster* kennt auch Qt 4: Die verantwortliche Klasse heißt hier **QDockWidget**.

Anwendern fallen sie vor allem in Entwicklungsumgebungen wie Microsoft Visual C++ oder dem Qt Designer[12] auf, die all ihre Werkzeuge innerhalb des Hauptfensters arrangieren. Wie in Abbildung 4.11 am Beispiel des Designers zu erkennen, kann der Benutzer sie analog zu Werkzeugleisten an Seitenbereichen des Fensters andocken oder freischwebend über dem Hauptfenster positionieren. Angedockt verfügt letzteres über einen *Splitter* (vgl. Kapitel 5.3 ab Seite 148), über den der Benutzer das Größenverhältnis von Dock- und Hauptfenster bei Bedarf nachjustiert. Zusätzlich verfügen Dockfenster (ähnlich wie Werkzeugleisten) über ein *Handle*, mit dem sie der Anwender an einen anderen Rand des Fensters verbannen oder, falls er sie aus dem Fenster hinauszieht, auch verselbständigen kann.

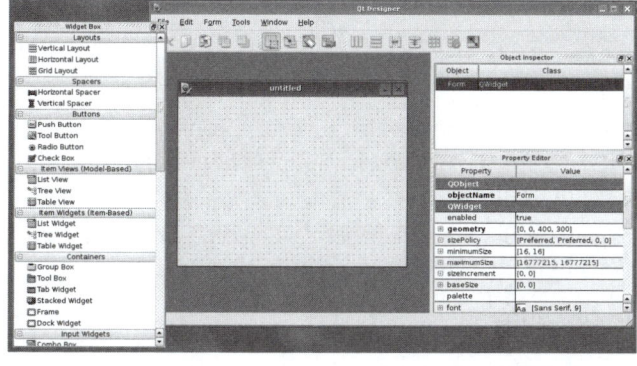

Abbildung 4.11: Der Designer mit freischwebender Widget-Box. Alle anderen Dockfenster hängen fest am rechten Rand

[12] Nur im Dockfenster-Modus, einstellbar über **Edit | User Interface Mode | Docked Window**.

Rechts des Handles liegen zwei miniaturisierte Schaltflächen. Die linke verselbständigt das Fenster, während es die rechte schließt, unabhängig davon, ob es gerade am Hauptfenster andockt oder nicht. Damit wird die **QDockWindow**-Instanz jedoch nicht gelöscht, sondern lediglich mittels **hide()** (ein Erbe von **QWidget**) versteckt. Um sie nun wieder anzuzeigen, stehen dem Programmierer zwei Wege offen: Zum einen kann er das Widget selber via **show()** jederzeit wieder sichtbar machen, zum anderen kann er wie auch schon bei Werkzeugleisten die Methode **toggle-ShowAction()** verwenden, die dann einen passenden Eintrag in Menüs oder Werkzeugleisten erzeugt.

Der Entwickler hat die Möglichkeit, eine Reihe von Freiheiten, die **QDockWidget** dem Benutzer bietet, einzuschränken. Diese Freiheiten sind im Enumerator **QDock-Widget::DockWidgetFeatures** beschrieben. Sie können entweder als Eigenschaft im Qt Designer bestimmt werden oder indem man der Methode **setFeatures()** eine Kombination von Enumerator-Elementen übergibt:

DockWidgetClosable
> bestimmt, ob ein Dockfenster geschlossen werden darf.

DockWidgetMovable
> legt fest, ob ein Dockfenster verschoben werden darf.

DockWidgetFloatable
> entscheidet, ob ein Dockfenster frei schweben darf.

Wer mehrere Freiheiten einschränken will, muss die Elemente des Operators als *Bit-flags* auffassen, die sich über ein logisches Oder miteinander kombinieren lassen. Dies funktioniert, weil Enumerator-Elementen in Qt immer einen Wert besitzen, der einer Zweierpotenz entspricht. Dies bezeichnet man auch als Bitflags.[13]

Um dem Benutzer das Schließen und Ablösen des Dockfensters vom Hauptfenster zu verbieten, genügt der Aufruf

```
dockWindow->setFeatures(QDockWidget::DockWidgetClosable|
                        QDockWidget::DockWidgetFloatable);
```

Um alle Freiheiten zu entziehen oder zu geben, bietet der Enumerator zusätzlich noch die Elemente **QDockWidget::NoDockWidgetFeatures** und **QDockWidget::AllDockWidgetFeatures**.

Enumeratoren, die als Bitflags verwendet werden, sind ein elementares Konzept in Qt und werden uns noch häufiger begegnen.

---

[13] Unix-Benutzer kennen dies von den Dateirechten im Dateisystem. Unixoide Betriebssysteme bilden die Rechte zum Lesen, Schreiben und Ausführen (**rwx**) über Zweierpotenzen auf einer einzigen Zahl ab. Eine Datei mit den Zugriffsrechten 5 ist lesbar (4) und ausführbar (1), jedoch nicht schreibbar (2).

4.7.1 Positionierung

Ein weiterer wichtiger Unterschied zwischen Werkzeugleiste und Dockfenster ist ihre Positionierung: Wie in Abbildung 4.12 zu sehen, gliedert **QMainWindow** seine Ränder in zwei Ringe auf, wobei sich Werkzeugleisten immer unmittelbar am Fensterrand wiederfinden, Dockfenster jedoch stets innerhalb.

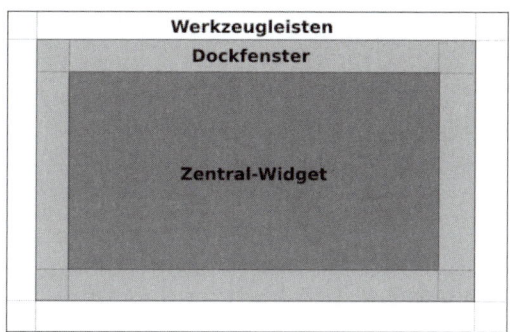

Abbildung 4.12:
Werkzeugleisten und
Dockfenster nimmt
das Hauptfenster in
zwei Ringen als
Dekorationen am
Rand auf

Dockfenster besitzen einen Titel und ein Kindwidget, ihr Inhalt lässt sich also beliebig gestalten. Mit **setWidget()** fügt man das speziell für das Dockfenster erstellte Widget ein. Die mittels **setWindowTitle()** gesetzte Überschrift erscheint als Titel des Dockfensters.

addDockWidget() schließlich integriert das Dock- ins Hauptfenster. Die Methode erwartet als ersten Parameter die Position des Toolfensters, denn anders als bei Werkzeugleisten gibt Qt für Dockwidgets keine Standard-Position vor. Welche man wählt, hängt stark vom jeweiligen Verwendungszweck ab, im Codebeispiel auf Seite 131 „kleben" wir das Fenster mit **Qt:LeftDockWidgetArea** am linken Hauptfensterrahmen an. Für die Ortsangabe ist der Enumerator **DockWidgetAreas** zuständig, den Tabelle 4.3 beschreibt.

Wert	Position
Qt::LeftDockWidgetArea	Vertikal, auf der linken Hauptfensterseite, jedoch rechts von eventuell vorhandenen Menüleisten
Qt::RightDockWidgetArea	Vertikal, auf der rechten Hauptfensterseite, jedoch links von eventuell vorhandenen Menüleisten
Qt::TopDockWidgetArea	Horizontal, möglichst weit oben, jedoch unterhalb der Menüleiste und eventuell vorhandener Symbolleisten

Tabelle 4.3:
Der Enumerator
DockWidgetAreas

Fortsetzung:

Wert	Position
Qt::BottomDockWidgetArea	Horizontal möglichst weit unten, jedoch oberhalb der Statusleiste und eventuell vorhandener Symbolleisten
Qt::AllDockWidgetAreas	Alle vorangegangenen Positionen; nicht zulässig für addDockWidget()

Als zweites Argument erwartet **addDockWidget()** einen Zeiger auf das einzufügende QDockWidget. Bei der Instanzierung des Dockfensters auf Seite 131 können wir auf die Angabe eines Vaters verzichten, weil **addDockWidget()** nicht nur das Fenster grafisch ins Hauptfenster integriert, sondern auch die Vaterschaft für das Dockfenster auf das Main-Window überträgt.

Da Dockfenster meist komplexere Widgets enthalten, empfiehlt sich in der Regel horizontales Docking, also die Positionierung an der linken oder rechten Seite des Fensters. Die obere und die untere Seite des Hauptfensters eignet sich nur selten zum Andocken. Die Gegenden, in denen sich ein Dockfenster aufhalten darf, fasst wieder der Aufzählungstyp **Qt::DockWidgetAreas** zusammen; welche davon tatsächlich erlaubt sind, bestimmt **setAllowedAreas()**. Als Argument fungieren Mitglieder der Enumeration, die per logischem Oder verknüpft werden. Um etwa das Andocken am oberen und unteren Fensterrand zu verbieten, ergänzen wir den Konstruktor im obigen Beispiel wie folgt:

```
dockWidget->setAllowedAreas( Qt::LeftDockWidgetArea |
                             Qt::RightDockWidgetArea );
```

Normalerweise darf der Benutzer die Dockfenster auch freischwebend (*floating*) über dem Fenster positionieren, statt sie anzudocken. Der Aufruf **setFloating(false)** unterbindet dies – das entsprechende Dockfenster haftet jetzt nur noch an den per **setAllowedAreas()** erlaubten Fensterseiten.

Wie bereits angedeutet, lassen sich Dockfenster auch schließen. Genau wie Menüleisten verfügen sie daher über eine Methode namens **toggleViewAction()**. Das Beispiel von Seite 123 funktioniert hier analog: In die Menüleiste eingefügt, kann der Benutzer das Dockfenster über den damit erzeugten Eintrag jederzeit wieder zum Vorschein bringen.

4.7.2   Dockfenster für einen Editor

Nachdem wir uns in voller Breite mit der Theorie der Dockfenster beschäftigt haben, wenden wir uns einem kleinen Beispiel zu. Unser Editor soll eine Liste von Vorlagen erhalten, die sich durch Klick an der aktuellen Cursorposition einfügen lassen.

Dazu erzeugen wir im Designer ein neues Dockfenster und unterwerfen es gemeinsam mit dem Text-Editor einem horizontalen Layout.[14] Im Property-Editor erlauben wir ihm das Andocken nur auf der rechten und linken Seite des MainWindow. Schließlich geben wir dem Objekt noch einen Namen: **TemplateDocker.**

Alternativ können wir das Dockfenster auch im Konstruktor des **MainWindow** erzeugen:

```
QDockWidget *templateDocker = new QDockWidget;
templateDocker->setAllowedAreas(Qt::LeftDockWidgetArea|
  Qt::RightDockWidgetArea);
templateDocker->setObjectName("TemplateDocker");
templateDocker->setWindowTitle(tr("Vorlagen"));
addDockWidget(Qt::LeftDockWidgetArea, templateDocker);

QListView *view = new QListView();
templateDocker->setWidget(view);

new TemplateHandler(view, textEdit, this);
```

Den Objektnamen benötigt das Main-Window zum Sichern der Fenstereigenschaften. Dieses Thema besprechen wir im Anschluss in Abschnitt 4.8. Fehlt die Angabe, beschwert sich Qt zur Laufzeit auf der Standardausgabe. Leider ist es nicht möglich, das **windowTitle**-Attribut von **QDockWidget** im Designer zu setzen, weshalb dies auf jeden Fall gesondert im Konstruktor geschehen muss. **windowTitle** beschriftet zum einen das Fenster und gibt zum anderen der Toggle-Action, die von **toggle-ViewAction()** erzeugt wird, einen Namen.

Im letzten Schritt hauchen wir dem Widget Leben ein, indem wir es mit einer Listenansicht befüllen. In ihr werden wir später die Vorlagen wiederfinden. Die nun instanzierte Klasse **TemplateHandler** zeichnet sowohl für das Befüllen der Liste als auch für das Einfügen von Vorlagen an der aktuellen Cursorposition im Editorfenster verantwortlich:

```
// cuteedit2/templatehandler.cpp

TemplateHandler::TemplateHandler(QListView *view, QTextEdit *textEdit,
  QObject *parent) : QObject( parent ), mTextEdit(textEdit)
{
  mModel = new QStringListModel(this);
  QStringList templates;
  templates << "<html>" << "</html>" <<  "<body>" << "</body>";
  mModel->setStringList( templates );
  view->setModel( mModel );
  connect( view, SIGNAL( clicked( const QModelIndex& ) ),
              SLOT( insertText( const QModelIndex& ) ) );
}
```

---

[14] Der Designer fasst Dockfenster im Entwurfsmodus als Widgets im Zentral-Widget auf.

In Qt 4 arbeiten Listenansichten auf Basis des in Kapitel 8 vorgestellten *Model/View*-Prinzips: Dabei ist das Modell für den Bezug der Daten zuständig, während die *View* die Daten anzeigt. Im Falle unserer Vorlagen genügt ein Modell, das die Daten direkt aus einer QStringList bezieht. Diese füttern wir zuvor mit einigen Vorlagen, in diesem Fall für die Markup-Sprache HTML.[15]

Die so entstandene Liste übergeben wir dem Modell per setStringList() und machen es selbst zum Bezugsmodel für unsere View, die Listenansicht. Damit ist die Listenansicht auch schon gefüllt, nun muss lediglich noch die ausgewählte Vorlage ins Editorfenster eingefügt werden. Dafür verbinden wir das clicked()-Signal der View und implementieren die Methode insertText() (die wir natürlich zuvor in der Klassendefinition als Slot deklarieren müssen):

```
// cuteedit2/templatehandler.cpp (fortgesetzt)

void TemplateHandler::insertText( const QModelIndex& index )
{
  QString text = mModel->data(index, Qt::DisplayRole).toString();
  QTextCursor cursor = mTextEdit->textCursor();
  cursor.insertText(text);
  mTextEdit->setTextCursor(cursor);
}
```

Der übergebene Modellindex repräsentiert die angewählte Zeile in unserem Modell. Aus ihm können wir mit Hilfe der Methode data() die Daten als QVariant gewinnen, den wir noch in einen QString verwandeln müssen. QVariant arbeitet ähnlich wie eine union in C++. Die Klasse kann darüber hinaus verschiedene Typen – und zwar sowohl Qt-spezifische Datentypen wie QString und QSize als auch C++-Typen wie int bzw. double – ineinander konvertieren. Das Model/View-Konzept von Qt kennt viele verschiedene *Rollen* für einen Modell-Index, beispielsweise können viele Views neben dem normalen Text (Qt::DisplayRole) auch ein Symbol (Qt::DecorationRole) anzeigen. Für uns ist im Moment jedoch einzig Qt::DisplayRole relevant.

Die Methode textCursor() des Textfensters repräsentiert die aktuelle Position des Schreibcursors.[16] Der Instanz übergeben wir den Text, den es an der Cursorposition einfügen soll. Nun müssen wir den Textcursor mittels setTextCursor wieder an die aktuelle Cursorposition einfügen, um den Cursor zu aktualisieren.[17]

Damit ist unser Dockfenster vollständig implementiert. Dank der Basisklasse QObjekt und der Tatsache, dass wir das Main-Window als Vaterobjekt übergeben, brauchen wir die Instanz von TemplateHandler nicht von Hand zu löschen. Das Resultat zeigt Abbildung 4.13.

---

[15] In einer ernsthaften Anwendung kompiliert man die Vorlagen natürlich nicht statisch ein, sondern lädt sie aus einer Datei.

[16] Die Klasse QTextCursor muss im Allgemeinen nicht den aktuell sichtbaren Cursor beschreiben, sondern kann Text an jeder beliebigen Stelle manipulieren.

[17] Dies wird nötig, weil QTextCursor nicht zeiger- sondern wertbasiert arbeitet und wir daher mit einer Kopie arbeiten, die bei der Zuweisung auf die Variable cursor entsteht.

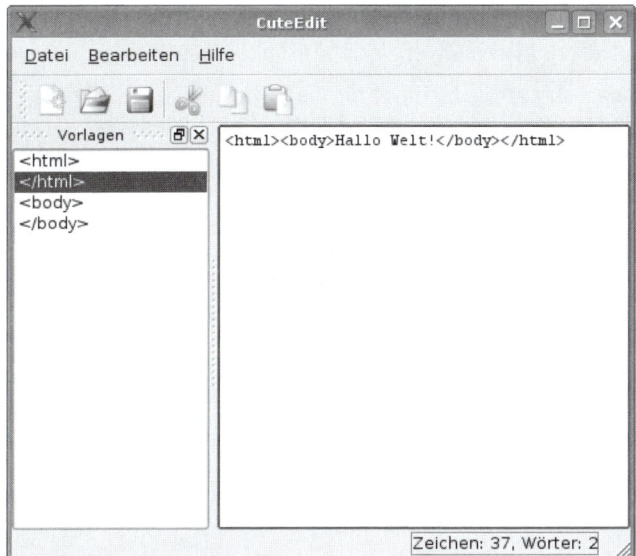

Abbildung 4.13:
Vorlagen-Dockfenster
im angedockten
Zustand: Ein Klick
fügt den Text in der
entsprechenden Zeile
ins Editorfenster ein

4.8 Einstellungen speichern

Zu guter Letzt soll unser Programm die vom Benutzer vorgenommenen Einstellungen auch über Programmneustarts hinweg behalten. Dazu haben sich auf den verschiedenen Betriebssystemen unterschiedliche Konventionen eingebürgert.

So lagern Anwendungsdaten plattformabhängig entweder in der Windows-Registry (im Benutzerbereich **HKEY_LOCAL_MACHINE\Software** bzw. im Systembereich **HKEY_CURRENT_USER\Software**), in einer XML-basierten .plist-Datei auf Mac OS X oder unterhalb von **/etc/xdg**[18] (systemweite Settings) bzw. ~/.config (benutzerdefinierte Einstellungen) unter Unix.

Qt kapselt den Zugriff auf diese Konfigurationsablagesysteme mit Hilfe der Klasse **QSettings**. Jedes Ablagesystem ist dabei ein *Backend*. QSettings-Objekte können entweder auf dem Heap oder auf dem Stack erzeugt werden. Da ihre Instanzierung sehr billig ist, empfiehlt es sich, sie bei Bedarf auf dem Stack anzulegen.

Dies ist auch deshalb kein Problem, weil **QSettings** die Zusicherung gibt, Daten zwischen verschiedenen Instanzen immer korrekt zu synchronisieren, falls zwei oder

---

[18] Der Verzeichnisname steht als Abkürzung für *X Desktop Group*, dem mittlerweile nicht mehr benutzten Oberbegriff für die Freedesktop.org-Entwickler. Siehe dazu auch http://www.redhat.com/archives/xdg-list/2003-March/msg00041.html.

mehr **QSettings**-Objekte mit der gleichen Datei arbeiten. Das Gleiche gilt für zwei Threads, die jeweils ein **QSettings**-Objekt mit Verweis auf ein und dieselbe Datei enthalten und sogar für zwei unterschiedliche Prozesse, falls beide **QSettings** verwenden. Qt setzt zu diesem Zweck intern Locking-Mechanismen ein.

Der **QSettings**-Konstruktor benötigt für die Instanzierung im Normalfall zwei Parameter, um den passenden Eintrag im Konfigurationsablagesystem zu erzeugen: den Namen der Organisation, für die der Programmierer tätig ist, sowie den Namen des Programms. Unter Windows würde

```
QSettings settings("OpenSourcePress", "CuteEdit");
```

etwa den Registry-Pfad

```
HKEY_CURRENT_USER\Software\OpenSourcePress\CuteEdit
```

referenzieren. Wenn ein Programmierer an vielen Stellen im Code solche **QSettings**-Instanzen erzeugt, wäre es wünschenswert, die Parameter nicht ständig übergeben zu müssen. Dies ist möglich, indem wir die Anwendung selbst mit Programm- und Organisationsangaben füttern, am besten direkt in der **main()**-Funktion:

```
QCoreApplication::setOrganizationName("OpenSourcePress");
QCoreApplication::setOrganizationDomain("OpenSourcePress.de");
QCoreApplication::setApplicationName("CuteEdit");
```

Von nun an greift **QSettings** auf diese Angaben zurück, so dass eine parameterlose Instanzierung genügt:

```
QSettings settings;
```

Erstaunlich ist die Existenz der Methode **setOrganizationDomain()**, kamen wir doch eben noch ohne sie aus. Sie begründet sich in der Art, wie Mac OS X Settings ablegt: Es versucht, die Organisationen nach einem umgekehrten Domain-Namensschema zu sortieren. Fehlt die Domainangabe, konstruiert **QSettings** eine künstliche aus dem Organisationsnamen. Ist **setOrganizationDomain()** korrekt angegeben, lauten die Dateinamen unter OS X wie folgt:

```
$HOME/Library/Preferences/de.OpenSourcePress.CuteEdit.plist
$HOME/Library/Preferences/de.OpenSourcePress.plist
/Library/Preferences/de.OpenSourcePress.CuteEdit.plist
/Library/Preferences/de.OpenSourcePress.plist
```

Die Angabe der Domain ist also nicht zwingend notwendig, sollte jedoch nicht fehlen, falls die Organisation über einen echten Domainnamen verfügt. Die ersten beiden Pfade geben den Benutzerbereich an, die beiden letzteren den Systembereich, eine Unterscheidung, die – wie oben beschrieben – alle drei Plattformen treffen.

Im Benutzerbereich (**QSettings::UserScope**) speichert eine Applikation alle Anwendungen, die nur den jeweiligen Benutzer betreffen, während sie im Systembereich (**QSettings::SystemScope**) Daten, die für alle Nutzer von Bedeutung sind, ablegt. Da das Schreiben im Systembereich in der Regel **root**- bzw. Administratorrechte erfordert, ist der folgende Konstruktor meist nur für Installationsprogramme interessant:[19]

```
QSettings settings(QSettings::SystemScope);
```

Er ignoriert den Benutzerbereich und liest und schreibt ausschließlich in den Systembereich. Gibt man stattdessen **QSettings::UserScope** an, verhält er sich wie der Standardkonstruktor. Bei diesem sucht **QSettings** eine Einstellung zunächst im Benutzerbereich. Wird das Objekt dort nicht fündig, sucht es den Systembereich danach ab.

Um nun die eigentlichen Daten zu schreiben, bietet **QSettings** den Aufruf **setValue()** an, der einen Schlüssel sowie den eigentlichen Wert erwartet. Der Wert selber ist vom Typ **QVariant**, den wir bereits kennengelernt haben. Der folgende Code legt zunächst einen Wert im systemspezifischen Konfigurationsbackend ab und liest ihn anschließend wieder aus:

```
// configtest/main.cpp

// Hersteller, Produkt
QSettings settings("OpenSourcePress", "ConfigTest");
QString hallo = "Hallo Welt";
// Ablegen des Wertes
settings.setValue("Greeting", hallo);
// Variable zurücksetzen
hallo = "";
// Wert wird wieder ausgelesen
hallo = settings.value("Greeting").toString();
qDebug() << hallo; // Gibt "Hallo Welt" aus
```

Die explizite Konvertierung in einen **QString** mittels **toString()** wird nötig, weil C++ nicht in der Lage ist, den von Qt zurückgegebenen **QVariant**-Wert korrekt zu konvertieren, denn **QString** hat keine Kenntnis von **QVariant**.

Nach Durchlauf erzeugt das Programm unter Unix eine Datei namens ~/.config/OpenSourcePress/ConfigTest.conf mit dem Inhalt

```
[General]
Greeting=Hallo Welt
```

[19] Gehen Sie *niemals* davon aus, dass ein Benutzer über Administratorrechte verfügt, auch wenn dies bei vielen Windows-Heim-Installationen gang und gäbe ist.

Da wir keine Gruppe angegeben haben, legt **QSettings** die Schlüssel unter der Standardgruppe **[General]** ab. Um eine spezielle Gruppe anzugeben, gibt es generell zwei Möglichkeiten. Zum einen können wir vor einem oder mehreren **setValue()**-Aufrufen die gewünschte Gruppe angeben, müssen diese Einstellung aber am Ende auch wieder aufheben, falls wir das Objekt für andere Zwecke weiterverwenden wollen:

```
settings.beginGroup("Meine Gruppe");
settings.setValue("Greeting", hallo);
settings.endGroup();
```

Die andere Möglichkeit besteht darin, die Gruppe einfach mit einem Schrägstrich getrennt dem Schlüssel voranzustellen:

```
settings.setValue("Meine Gruppe/Greeting", hallo);
```

In beiden Fällen sieht das Resultat so aus:

```
[Meine Gruppe]
Greeting=Hallo Welt
```

Unter Windows sind Gruppen Unterpfade des aktuellen Applikationspfades in der Registry, Mac OS X strukturiert sie durch XML-Tags.

4.8.1 Fallbeispiel CuteEdit

Um **QSettings** in CuteEdit zu benutzen, legen wir uns zunächst in **MainWindow** zwei neue Methoden zum Lesen und Schreiben der Einstellungen an: **readSettings()** und **writeSettings()**.

writeSettings() rufen wir im Destruktor auf. Dies generiert ein neues **QSettings**-Objekt und legt dort die Größe des aktuellen Fensters im Schlüssel **Size** der Gruppe **MainWindow** ab. Im nächsten Schritt speichern wir alle internen Einstellungen des **MainWindow**, also z. B. die Positionen der Werkzeugleisten und Dockfenster. Dazu stellt **QMainWindow** die Methode **saveState()** bereit, die diese Eigenschaften in ein **QByteArray** konvertiert:

```
// cuteedit2/mainwindow.cpp (fortgesetzt)

void MainWindow::writeSettings()
{
  QSettings settings;
  settings.setValue("MainWindow/Size", size());
  settings.setValue("MainWindow/Properties", saveState());
}
```

Das Gegenstück **readSettings()** rufen wir als letztes im Konstruktor der Klasse auf. Es liest die Einstellungen und wendet sie mit **restoreState()** auf das fertige Hauptfenster an. **restoreState()** stellt anhand des ausgelesenen **QByteArray** die internen Zustände des MainWindows wieder her. Zuvor wüssen wir den von **value()** zurückgegebenen **QVariant** jedoch in eine **QSize** bzw. in ein **QByteArray** konvertieren:

```
// cuteedit2/mainwindow.cpp (fortgesetzt)

void MainWindow::readSettings()
{
  QSettings settings;
  resize(settings.value("MainWindow/Size", sizeHint()).toSize());
  restoreState(settings.value("MainWindow/Properties").toByteArray());
}
```

Bemerkenswert ist auch der zweite Parameter **sizeHint()**, den wir an **value()** übergeben. Er dient als Standardwert, falls das Backend den Schlüssel nicht finden kann. Im konkreten Fall sorgt er für eine angemessene Anfangsgröße des Editorfensters.

5 Layouts

Auch wenn man es – so wie wir bisher im Buch – Qt überlässt, wie es die Widgets in einem Dialog oder Hauptfenster anordnet, stellt die Klassenbibliothek auch manuellem Layouting nichts in den Weg. In der Praxis wird es selten zum Einsatz kommen, doch dient ein genauerer Blick darauf dem Verständnis des Qt-Layout-Mechanismus, dem wir im Folgenden auf den Zahn fühlen.

5.1 Manuelles Layout

Bei der traditionellen Variante der GUI-Gestaltung „klebt" man jedes Widget „per Hand" an einem Punkt des übergeordneten Fensters bzw. Widgets (also des Widgets, das man für das betreffende GUI-Element als Vater-Objekt festgelegt hat) fest und gibt feste Werte für Höhe und Breite an. Zu diesem Zweck stellt die Klasse **QWidget** als Basisklasse für fast alle grafischen Elemente in Qt die Methode **setGeometry()** zur Verfügung. Sie erwartet vier Integer-Parameter: zunächst die Werte für die x- und die y-Position relativ zum Vater-Widget, gefolgt von Höhe und Breite. Zu diesem Zeitpunkt muss das Eltern-Widget noch nicht seine endgültige Größe aufweisen.

Als Beispiel betrachen wir ein von **QWidget** abgeleitetes Fenster (Abbildung 5.1):

```cpp
// manuell/window.cpp


#include <QtGui>
#include "window.h"

Window::Window(QWidget *parent) : QWidget(parent)
{
    setFixedSize(640, 480);

    QTextEdit *txt = new QTextEdit(this);
    txt->setGeometry(20, 20, 600, 400);

    QPushButton *btn = new QPushButton(tr("&Schließen"), this);
    btn->setGeometry(520, 440, 100, 20);
}
```

Abbildung 5.1:
Ein einfaches,
manuell gelayoutetes
Widget

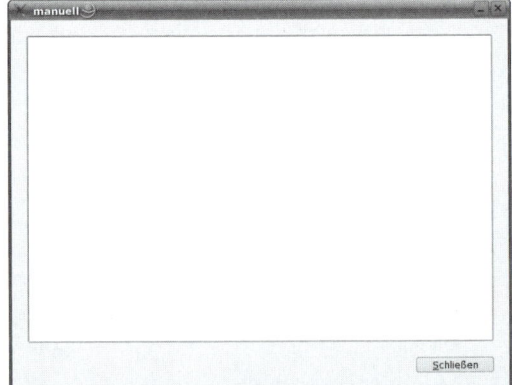

Die Methode **setFixedSize()** weist es an, eine feste, unveränderliche Größe anzunehmen. Danach positionieren wir ein Editor-Fenster (**QTextEdit**)[1] sowie eine Schaltfläche.

Schon beim **setGeometry()**-Aufruf fällt auf, dass die richtigen Werte sich nur sehr schwer richtig einschätzen lassen. Das passende Layout hinzubekommen gleicht einem ständigem Zyklus aus Werte einsetzen, kompilieren, testen und Werte korrigieren. Fatal auch, wenn der Dialog sich ändert: Will man beispielsweise ein neue

---

[1] Für alle, die Kapitel 4 (noch) nicht gelesen oder nur überflogen haben: Die Klasse **QTextEdit** stellt ein mehrzeiliges Eingabefeld für Text zur Verfügung, der sich über die API formatieren lässt. Es kann zusätzlich zu reinem Text auch strukturiertes HTML laden.

Schaltfläche einfügen, muss die Position aller darunter platzierten Elemente korrigiert werden.

Nun lässt sich argumentieren, dass dies in der Praxis alles kein Problem sei, da der Qt Designer die Platzierungsarbeit erheblich vereinfacht. Doch auch dieser vermag ohne automatisches Layouting gewisse Probleme nicht zu lösen.

Eines davon betrifft Widgets, denen es besser zu Gesicht stünde, wenn sie schrumpfen oder wachsen könnten: In einem starren Layout und ohne zusätzliche Hilfsmittel behalten sie – wie das Editorfenster im Beispiel – immer dieselbe Größe bei, obwohl es wünschenswert wäre, dass sie sich an die verfügbare Bildschirmgröße anpassten oder zumindest dem Benutzer die Option einräumten, ihre Abmessungen zu verändern.

Um die Größe eines Dialogs flexibel zu halten, könnten wir den **setFixedSize()**-Aufruf durch die **resize()**-Methode ersetzen, die ebenfalls zwei Integer- oder einen **QSize**-Parameter erwartet. Sie passt die Größe lediglich an, setzt diese aber nicht fest. Der Benutzer kann nun die Abmessungen des Dialogs mit der Maus verändern, allerdings behalten die enthaltenen Widgets dabei ihre Maße bei.

Alternativ könnte man die **QWidget**-Methode **resizeEvent()** reimplementieren: Qt löst sie immer dann aus, wenn sich die Größe des Widgets ändert. Verschöbe man die Widgets darin von Hand, wäre der Zweck zwar erreicht. Doch im Normalfall ist das viel zu komplex und erfordert ebenfalls eine händische Berechnung der Widget-Beziehungen.[2]

Zudem bleibt auch bei der Reimplementierung von **resizeEvent()** ein weiteres Problem bestehen: Bei lokalisierter Software verändern sich die Soll-Maße eines Widgets abhängig von der Sprache. Eine Schaltfläche, die im englischen **Close** heißt, fällt in der deutschen Übersetzung (**Schließen**) deutlich länger aus; der Text wird ohne besondere Vorkehrungsmaßnahmen abgeschnitten.

Letztlich doktert man so nur an Symptomen herum; um die Probleme tatsächlich zu beheben, geht am automatischen Layout kein Weg vorbei.

5.2 Automatisches Layout

Die **QLayout**-Klasse und von ihr abgeleitete spezialisierte Layouts helfen dem Entwickler, Widgets dynamisch zu platzieren. Damit das gelingt, besitzt jedes von **QWidget** abgeleitete grafische Element eine **sizeHint()**-Methode, welche zurückgibt, wieviel Platz das Widget im Normalzustand beanspruchen möchte. Analog dazu gibt es **minimumSizeHint()** – ein Widget darf auf keinen Fall kleiner werden als der von **minimumSizeHint()** zurückgegebenen Wert. Sowohl bei **sizeHint** als auch bei **mi-**

---

[2] In einigen Fällen ist dieses Verfahren jedoch sehr nützlich. So nutzen einige KDE-Programme resizeEvent(), um Status-Fenster über das aktuelle Layout hinweg an der unteren rechten Fensterecke einzublenden.

nimumSizeHint handelt es sich um eine Property, die sich mit der entsprechenden set-Methode ändern lässt.

Zudem besitzt jedes Widget eine *SizePolicy*, die der Entwickler per **setSizePolicy()** für die Horizontale und die Vertikale setzen kann. Welche Bewandtnis es damit hat, lässt sich am einfachsten am Beispiel erklären: Das **QTextEdit**-Objekt aus Abbildung 5.1 sollte nach Möglichkeit allen Raum im Fenster einnehmen, der nicht von andere Widgets benötigt wird, mithin die volle verfügbare Breite und Höhe ausnutzen. Da das nicht nur hier, sondern für Editorfenster generell zutrifft, legt die Standardeinstellung für diesen Widgettyp für beide Richtungen die SizePolicy **QSizePolicy::Expanding** (also „soll sich möglichst ausdehnen") fest.

Eine Schaltfläche hingegen sollte in der Vertikalen nur den Raum einnehmen, der im **sizeHint()** angegeben ist. Dafür sorgt **QSizePolicy::Preferred** (also „soll möglichst die Idealgröße einnehmen"). In der Breite expandieren **QPushButton**s soweit wie möglich, denn für diese Richtung legt Trolltech **QSizePolicy::Expanding** fest.

Abbildung 5.2:
Alle Layouts erben
von der Basisklasse
QLayout

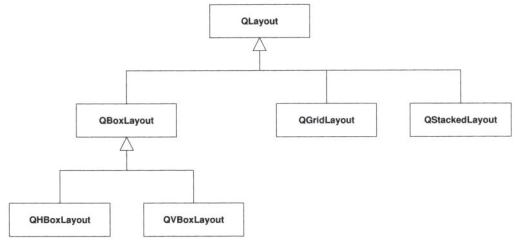

5.2.1   Horizontales und vertikales Layout

QLayout deckt als abstrakte Basisklasse jedoch nur die Grundfunktionen für das Layouting ab. Um konkrete Layouting-Strategien, wie etwa das bereits bekannte horizontale oder vertikale Layout, kümmern sich die in Abbildung 5.2 gezeigten Qt-Spezialklassen auf **QLayout**-Basis.

So ordnet die im Beispiel auf Seite 27 f. verwendete Klasse **QVBoxLayout** Widgets untereinander an. Dabei ist die Reihenfolge entscheidend, in der die Widgets mittels **addWidget()** ins Layout eingefügt werden.

Damit sieht das Beispiel von Seite 140 wie folgt aus:

```
// vertikal/window.cpp

#include <QtGui>
#include "window.h"

Window::Window(QWidget *parent) : QWidget(parent)
{
```

```
    resize(640, 480);

    QVBoxLayout *lay = new QVBoxLayout(this);

    QTextEdit *txt = new QTextEdit(this);
    lay->addWidget(txt);

    QPushButton *btn = new QPushButton(tr("&Schließen"), this);
    lay->addWidget(btn);
}
```

Die **resize()**-Anweisung ist nicht zwingend notwendig. Ohne sie addiert Qt die von **minimumSizeHint()** vorgeschlagenen Minimalgrößen des Editorfensters und der Schaltfläche zum vom Layout eingefügten *Spacing*, also dem Abstand zwischen zwei Widgets in einem Layout. Zusätzlich schlägt es einen Seitenrand für das Layout (*Margin*) drauf und legt die Fenstergröße auf die Summe fest.

Abbildung 5.3:
Das Widget mit einem
vertikalen Layout

Abbildung 5.3 zeigt recht deutlich die Schwachstellen des vertikalen Layouts: Die Schaltfläche verleibt sich die volle Breite ein und entspricht somit nicht unseren Vorstellungen.

Es gibt zwei Möglichkeiten, des Problems Herr zu werden. Im ersten Fall greifen wir auf Mittel zurück, die wir bislang kennen, und werfen einen Blick in die API-Dokumentation von **QBoxLayout**[3], der Klasse, von der **QVBoxLayout** erbt: Die **addWidget()**-Methode besitzt in Wahrheit noch zwei weitere Parameter, den Ausdehnungsfaktor **stretch** und **alignment**. Letzterer sorgt für die horizontale Ausrichtung eines Widgets. Nun ist möglich, den Button korrekt, dank **Qt::AlignRight** rechtsbündig, anzuordnen.

Ersetzen wir dazu einfach die letzten beiden Codezeilen unseres Beispiels durch die folgenden:

---

[3] etwa unter http://doc.trolltech.com/4.1/qboxlayout.html

```
QPushButton *btn = new QPushButton(tr("&Schließen"), this);
lay->addWidget(btn, 0, Qt::AlignRight);
```

Vor allem Leute, die sich mit den in Kapitel 5.2.2 beschriebenen Raster-Layouts schwer tun, sollten diese Methode probieren. Raster-Layouts bleiben trotz allem besonders bei komplexeren Layouts das bessere Mittel, bei denen man mit Box-Layouts schnell die Übersicht verliert.

Box-Layouts besitzen eine zusätzliche Eigenschaft, die wir bisher übergangen haben, den sogenannten Ausdehnungs-, Streck- oder *Stretch*-Faktor. Ist er ungleich 0, bestimmt er den Anteil des Widgets am Gesamtlayout in Richtung des jeweiligen Box-Layouts. Dies setzt natürlich voraus, dass das Widget an einer Ausbreitung in die jeweilige Richtung interessiert ist. Bei einer Schaltfläche beispielsweise ist eine vertikale Ausbreitung, die über die Höhe des Textes oder des Symbols auf der Fläche hinausgeht, natürlich nicht sinnvoll.

Sollte dies dennoch einmal vonnöten sein, hilft eine angepasste Größenrichtlinie, die *Size-Policy*, die man per **setSizePolicy()** verändern kann. Die Methode erwartet dabei zwei Parameter aus dem Enumerator **QSizePolicy::Policy** (siehe Tabelle 5.1), die jeweils die Größenrichtlinien für die horizontale und die vertikale Ausdehnung angeben.

Tabelle 5.1: *Der Enumerator* Policy	Wert	Bedeutung
	QSizePolicy::Fixed	Das Widget darf nie eine andere Größe als **sizeHint()** aufweisen.
	QSizePolicy::Minimum	**sizeHint()** ist die kleinste akzeptable Größe für das Widget. Das Widget darf jedoch beliebig vergrößert werden.
	QSizePolicy::Maximum	**sizeHint()** ist die größte akzeptable Größe für das Widget. Das Widget darf jedoch beliebig verkleinert werden.
	QSizePolicy::Preferred	**sizeHint()** ist die optimale Größe, doch darf das Widget sowohl größer als auch kleiner als dieser Wert sein (Standard für QWidget).
	QSizePolicy::Expanding	Wie **Preferred**, aber das Widget fordert eventuell verfügbaren Platz im Layout auf jeden Fall ein.
	QSizePolicy::MinimumExpanding	Wie **Minimum**, aber das Widget fordert eventuell verfügbaren Platz im Layout auf jeden Fall ein.
	QSizePolicy::Ignored	**sizeHint()** ignorieren. Das Widget erhält so viel Platz im Layout wie möglich.

Doch zurück zum Streckfaktor: Seine Ausdehnung illustriert das folgende Codebeispiel, das fünf ausdehnungswillige Text-Edits nebeneinander platziert, jedem aber einen anderen **stretch** zuweist:

```
// stretchfaktoren/main.cpp

#include <QtGui>

int main(int argc, char *argv[])
{
  QApplication a(argc, argv);

  QWidget w;
  QHBoxLayout lay(&w);
  QTextEdit *txtEdit = 0;
  for (int stretch = 1; stretch <= 5; stretch++) {
    txtEdit = new QTextEdit(&w);
    lay.addWidget(txtEdit, stretch);
  }

  w.show();

  return a.exec();
}
```

Wir wählen hierbei ein horizontales Layout und fügen dort dynamisch erzeugte Textfelder ein. Diese erhalten entsprechend des Schleifenzählstands einen Streckfaktor von 1 bis 5. Wie in Abbildung 5.4 zu sehen ist, nehmen die Widgets nun entsprechend ihres Faktors aufsteigend von links nach rechts mehr Platz ein. So erhält das zweite Textfeld doppelt soviel Platz wie das erste, das dritte dreimal soviel und so weiter.

Bemerkenswert ist das Verhalten der Text-Edits, sobald man die horizontale Fenstergröße reduziert: Alle Widgets werden zwar auch proportional kleiner, streben aber stets ihre kleinstmögliche Größe (**minimumSize()**) an, die trotz Streckfaktor immer gleich ist. Somit sind alle Textfelder in unserem Beispiel gleich groß, sobald das Fenster seine minimale Größe erreicht hat.

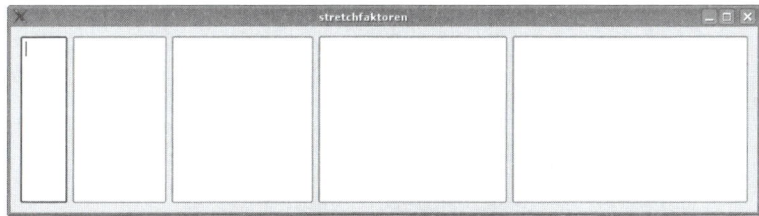

Abbildung 5.4:
Stretch-Faktoren
bieten einzelnen
Widgets mehr Platz.

Während horizontale Streckungen selten ein Problem sind, wünscht sich kaum ein Widget, vertikal gestreckt zu werden. Zieht der Benutzer den Dialog dennoch in die Länge, fügen Layouts hässliche Abstände zwischen alle GUI-Elemente. Auch dies kann man mit Hilfe von manuell bestimmten Abständen umgehen. Zum einen ist es möglich, an einer einzigen Stelle einen Streckfaktor im addWiget()-Aufruf festzulegen, um gewissermaßen eine Sollbruchstelle vorzugeben. Eine Alternative besteht darin, mittels addStretch() eine beliebig große Streckung am Ende des Layouts (also am unteren oder rechten Rand, je nach Layout-Typ) einzubauen.

5.2.2 Raster-Layout

Das beste Bild zum Beschreiben der Raster-Layouts in Qt ist wohl eine Tabelle, wie sie im Computerumfeld häufig vorkommt, etwa in HTML oder Tabellenkalkulationen. Im Gegensatz zu QBoxLayout-Derivaten benötigt die Raster-Layout-Klasse QGridLayout also auch Informationen darüber, in welche Spalte (*column*) und Zeile (*row*) das Layout ein Widget aufnehmen soll.

Wie Abbildung 5.2 auf Seite 142 zeigt, erbt QGridLayout direkt von QLayout, hat also andere Eigenschaften als QBoxLayout-basierte Layouts.

Dazu gehören insbesondere eine weitere addWidget()-Methode, die nun zusätzlich zum einzufügenden Widget mindestens zwei Angaben erwartet, nämlich Zeile und Spalte. Für Widgets, die mehr Raum als eine Zelle einnehmen sollen, existiert eine überladene Version der Methode, die insgesamt vier weitere Parameter erwartet: Die Koordinaten der Startzelle sowie die Anzahl von Zellen, über die sich das Widget erstreckt.

Zusätzlich erlauben es die Methoden setColumnStretch() und setRowStretch(), Streckfaktoren für einzelne Spalten oder Zeilen zu setzen. Der erste Parameter gibt die Zeile oder Spalte an, der zweite den passenden Stretch-Faktor.

Das folgende Beispiel setzt unseren Eingabedialog nun mittels eines Rasterlayouts um. Es legt das Textfeld per addWidget() auf die Koordinaten (0;0) fest und definiert eine Breite von zwei Spalten sowie einer Zeile.

Die Schaltfläche wird mit (1;1) auf der zweiten Zeile und in der zweiten Spalte platziert, denn auch hier beginnt die Zählung, wie in der Informatik üblich, bei Null. Die Streckung der ersten Spalte per addColumnStretch() sorgt abschließend dafür, dass die zweite Spalte, in der die Schaltfläche liegt, zusammengedrückt wird. Mit diesem Trick beschränkt das Layout die Schaltfläche auf die optimale Breite:

```
// raster/window.cpp

#include <QtGui>
#include "window.h"

Window::Window(QWidget *parent) : QWidget(parent)
{
    resize(640, 480);
```

```
QGridLayout *lay = new QGridLayout(this);

QTextEdit *txt = new QTextEdit(this);
lay->addWidget(txt, 0, 0, 1, 2);

QPushButton *btn = new QPushButton(tr("&Schließen"), this);
lay->addWidget(btn, 1, 1);
lay->setColumnStretch(0, 1);
}
```

5.2.3 Verschachtelte Layouts

Manchmal ist es sinnvoll, Layouts ineinander zu schachteln, etwa, wenn es gilt, ein neues Layout samt eingebundenen Widgets in ein bestehendes einzusetzen. Aus diesem Grund bieten **QLayout**-Klassen die Möglichkeit, mit **addLayout()** weitere Layouts aufzunehmen. Die Methode erwartet dieselben Parameter wie die **addWidget()**-Methode des gleichen Layout-Objekts.

Insbesondere bei komplexeren Layouts erweist sich die so geschaffene klare Hierarchie als nützlich, etwa dann, wenn es wie im folgenden Beispiel darum geht, mehrere Schaltflächen anzuordnen:

```
// verschachtelt/main.cpp

#include <QtGui>

int main(int argc, char* argv[])
{
  QApplication app(argc, argv);
  QWidget *w = new QWidget;
  QHBoxLayout *mainLayout = new QHBoxLayout(w);

  QTextEdit *txtEdit = new QTextEdit(w);
  mainLayout->addWidget(txtEdit);

  QVBoxLayout *buttonLayout = new QVBoxLayout;
  QPushButton *cancelBtn = new QPushButton(QObject::tr("&Cancel"), w);
  QPushButton *okBtn = new QPushButton(QObject::tr("&OK"), w);
  QPushButton *defaultBtn = new QPushButton(QObject::tr("&Default"), w);
  buttonLayout->addWidget(defaultBtn);
  buttonLayout->addWidget(cancelBtn);
  buttonLayout->addWidget(okBtn);
  buttonLayout->addStretch();

  mainLayout->addLayout(buttonLayout);
  w->show();
  return app.exec();
}
```

Indem man ihnen ein eigenes Layout (**buttonLayout**) zuweist, erscheinen sie dem übergeordneten Layout **mainLayout** gegenüber als eine Einheit. Nun kann man per addLayout() das **buttonLayout** in **mainLayout** einfügen.

Innerhalb von **buttonLayout** kommt wieder addStretch() zum Einsatz: Der damit geschaffene variable Leerraum zwingt die Schaltflächen nach oben und nimmt den verbleibenden Platz ein.

5.3 Splitter

Horizontale und vertikale Layouts sind zwar dynamisch, lassen sich jedoch nicht unmittelbar vom Benutzer verändern. Manchmal soll dieser jedoch die Platzaufteilung zwischen zwei oder mehreren Widgets interaktiv regulieren dürfen.

Diesem Begehr trägt die Klasse **QSplitter** Rechnung, die ebenso wie die gerichteten Layouts über eine **addWidget()**- (aber keine **addLayout()**-)Methode verfügt. Die damit eingefügten Teilwidgets trennt ein sogenanntes *Handle*, das sich mit der Maus greifen und verschieben lässt (Abbildung 5.5).

Abbildung 5.5:
Zwei Textfelder, via
Splitter verschoben

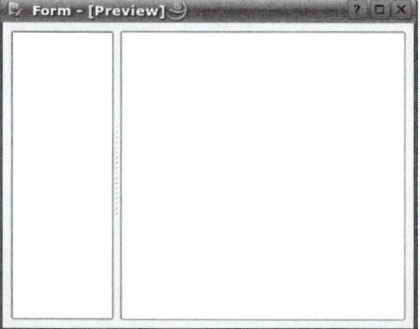

Im Gegensatz zur **QBoxLayout**-Klasse existieren zu **QSplitter** keine spezialisierten Klassen, die über den Einsatz als vertikales oder horizontales Layout entscheiden. Stattdessen bestimmt die **orientation**-Eigenschaft die Ausrichtung. Sie kann entweder im Konstruktor oder im Nachhinein gesetzt werden. Gibt man keine Orientierung an, erzeugt Qt horizontale Splitter.

5.3.1 Verhalten bei Größenänderung

Die Bewegungsfreiheit, die Splitter dem Benutzer zugestehen, ist durch die Layoutvorgaben der beteiligten Widgets beschränkt: Die kleinstmögliche Größe legt der **minimumSizeHint** bzw. (falls gesetzt) die **minimumSize**-Eigenschaft fest.

Will der Benutzer das Widget darüber hinaus schrumpfen, versteckt es der Splitter komplett. Man spricht von *collapsible* (also zusammenklappbaren) Widgets. Möchte man den Anwendern das „Verschwindenlassen" solcher Widgets verbieten, deaktiviert man dieses Verhalten mit **setCollapsible(0, false)**, wobei 0 für das erste Widget von links bzw. bei vertikalen Splittern für das oberste Widget im Splitter steht.

Die Methode **isCollapsible(int)** gibt Auskunft darüber, ob sich das Widget mit der Nummer **int** zusammenklappen lässt. Eine weitere Eigenschaft, die **maximumSize**-Property des jeweils gegenüberliegenden Widgets, sorgt dafür, dass sich der entsprechende Bereich über den Splitter nicht weiter verkleinern lässt, sobald das Nachbarwidget seine Maximalgröße erreicht hat.

Splitter können auf zwei Arten reagieren, wenn der Benutzer das Handle mit gedrückter Maustaste in eine Richtung zieht: Entweder sie zeigen eine graue Linie an der Stelle, wo das Handle hinkäme, wenn er die Maustaste losließe, oder sie bewegen das eigentliche Handle tatsächlich an den passenden Ort. Letzteres nennt man **Opaque Resizing** (opake, also „lichtundurchlässige" Größenveränderung).

Generell ist Opaque Resizing die bessere Wahl, da der Benutzer so unmittelbar merkt, wie sich seine Aktionen auswirken. Da diese Technik unter Umständen sehr oft ein **resizeEvent()** auslöst, kann es jedoch zu unschönen Artefakten kommen, wenn eines der vom Splitter kontrollierten Widgets sehr aufwändige Zeichenoperationen ausführt oder nicht optimal programmiert ist. In diesem Fall ist es oft besser, die opake Größenveränderung mit **setOpaqueResize(false)** zu deaktivieren.

5.3.2 Splitter-Positionen speichern und Widgetgrößen bestimmen

Um die Positionen der einzelnen Splitter über Programmsitzungen hinaus zu bewahren, stellt die **QSplitter**-API die Methoden **saveState()** und **restoreState()** zur Verfügung. Da **saveState()** alle Größen in einem **QByteArray** ablegt, eignet sich die Methode ideal, um die Größen eines Splitters über Programmsitzungen hinweg zu speichern. Dies geschieht mit Hilfe der bereits auf Seite 133 im Zusammenhang mit CuteEdit vorgestellten Klasse **QSettings**. Hätten wir die Vorlagen in CuteEdit nicht als Dockfenster realisiert, sondern mit einem Splitter vom Textfeld getrennt, könnten wir mit folgendem Code Werte eines Splitters als Schlüssel/Wert-Paar namens **SplitterSizes** in der Konfigurationsdatei abspeichern:

```
QSettings settings("OpenSourcePress", "CuteEdit");
settings.setValue("SplitterSizes", splitter->saveState());
```

Umgekehrt stellt folgender Codeschnipsel die Größe der Splitter beim Programmstart wieder her:

```
QSettings settings("OpenSourcePress", "CuteEdit");
splitter->restoreState(settings.value("SplitterSizes").toByteArray());
```

Für Situationen, in denen man, abhängig von der Ausrichtung des Splitters, die Breiten oder Höhen der einzelnen Widgets als einzelne Ganzzahlwerte benötigt, verfügt die QSplitter-API über die Methoden sizes() und setSizes(), die mit dem Listentyp QList<int> arbeiten. So kann man, etwa mit Hilfe des von Qt definierten foreach-Makros, die Größen auslesen:

```
foreach(int size, splitter->sizes())
  qDebug("Size: %i", size);
```

qDebug() ist eines der Debugging-Makros, die wie die C-Funktion printf() funktionieren und die im Argument angegebene Fehlermeldung ausgeben. Wir nutzen es hier, um schnell eine Ausgabe zu produzieren. Details zum Debugging mit Qt enthält der Anhang A.

Analog zum Auslesen der aktuellen Splittergrößen ist es möglich, diese zu verändern, indem man die neuen Werte mit setSizes() in Listenform übergibt:

```
QList<int> sizes;
sizes << 20 << 60 << 20;
splitter->setSizes(sizes);
```

In diesem Beispiel, das von einem Splitter mit drei Widgets ausgeht, sind diese nun 20, 60 sowie 20 Pixel breit (im Falle eines horizontalen Splitters) bzw. hoch (wenn der Splitter vertikal angeordnet ist).

5.3.3   Relative Größen definieren

Genau wie ein normales Layout bietet auch QSplitter die Möglichkeit, pro eingefügtem Widget einen Streckungsfaktor zu definieren. Anders als bei Layouts muss man diesen bei Splittern nachträglich mit der Methode setStretchFaktor() angeben. Da diese Funktion neben dem Stretch auch die Position des Widgets benötigt, gilt es zuerst, die Position des Widgets mit Hilfe der Methode indexOf() zu bestimmen. Sie gibt für ein gegebenes Widget oder ein Handle dessen korrekte Position zurück.

Das nachfolgende Beispiel, dokumentiert in Abbildung 5.6, leitet sich vom Streckfaktor-Beispiel auf Seite 145 ab, verwendet aber nun einen Splitter statt eines Layouts. Da Splitter ohne weitere Angaben horizontal ausgerichtet werden, entspricht das Ergebnis weitgehend einem QHBoxLayout – mit der Ausnahme, dass die Zwischenräume der Widgets nun Handles tragen, mit deren Hilfe man die Größe der Text-Edits bestimmen kann:

```
// stretchfaktorensplitter/main.cpp

#include <QtGui>

int main(int argc, char *argv[])
{
  QApplication a(argc, argv);

  QSplitter s;
  QTextEdit *txtEdit = 0;
  for (int stretch = 1; stretch <= 5; stretch++) {
    txtEdit = new QTextEdit(&s);
    s.addWidget(txtEdit);
    s.setStretchFactor(s.indexOf(txtEdit), stretch);
  }
  s.show();

  return a.exec();
}
```

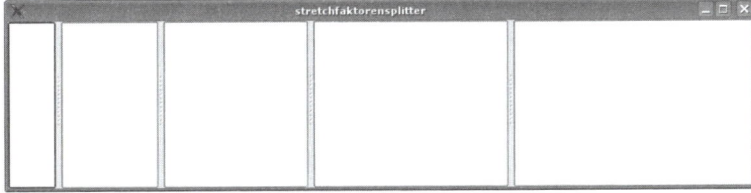

Abbildung 5.6:
Das Streckfaktor-
Beispiel aus
Abbildung 5.4
funktioniert auch mit
Splittern

Oft setzt man Splitter beispielsweise ein, um ein Hauptwidget von einer Seitenleiste zu trennen. Bei unterschiedlich großen Bildschirmen wird die durch den Einsatz von Stretch-Faktoren erzeugte relative Größe hier schnell zum Verhängnis: Ist der Platz auf dem Bildschirm zu gering, erscheint die Seitenleiste zu klein, während sie auf heute bei Laptops sehr populären Widescreen-Displays zu viel Platz einnimmt. In solchen Fällen ist es besser, eine feste initiale Größe mit **setSizes()** anzugeben und die vom Benutzer festgelegten Größen mit **saveState()** und **restoreState()** zu verwalten.

5.3.4   Handles anpassen

Das Splitter-Handle selbst ist in der Klasse **QSplitterHandle** implementiert. Doch manchmal genügt die Standardimplementierung nicht, beispielsweise dann, wenn ein Splitter bei einem Doppelklick zusammenklappen soll, ähnlich wie die Seitenleiste des Mozilla-Browser dies tut. Dann führt kein Weg an einer von **QSplitter-Handle** abgeleiteten Eigenimplementation vorbei. Diese nennen wir im Folgenden **ClickSplitterHandle**.

Da wir auf einen Doppelklick reagieren wollen, müssen wir neben dem Konstruktor auch die Methode mouseDoubleClickEvent() reimplementieren. Damit wir dieses Handle in einem Splitter benutzen können, zwingt uns das Design von QSplitter außerdem dazu, eine Subklasse des eigentlichen Splitters anzulegen. Eine Methode, die das Setzen einer QSplitterHandle-Instanz erlaubt, genügt nicht, da ein Splitter – wie bereits erläutert – beliebig viele Handles besitzen kann.

Da die Copy-Operatoren QWidget-basierter Widgets deaktiviert sind, greift die QSplitter-API zu einem Trick: Die Klasse besitzt eine geschützte Methode create-Handle(), die Subklassen überschreiben dürfen. Der einzige Zweck dieser *Factory-Methode* besteht darin, eine neue Instanz von QSplitterHandle oder einer Subklasse zu erzeugen. QSplitter greift dann beim Erzeugen neuer Handles auf diese Methode zurück.

Im folgenden Beispiel erzeugen wir daher neben der Subklasse von QSplitterHandle namens ClickSplitterHandle eine Klasse mit dem Namen ClickSplitter, die unmittelbar von QSplitter erbt und die lediglich die Methode createHandle() überschreibt:

```cpp
// clicksplitter/clicksplitter.h

#include <QSplitter>
#include <QSplitterHandle>

class ClickSplitterHandle : public QSplitterHandle
{
  Q_OBJECT
  public:
    ClickSplitterHandle(Qt::Orientation o, QSplitter *parent = 0);
    void mouseDoubleClickEvent(QMouseEvent *e);
  private:
    int lastUncollapsedSize;
};

class ClickSplitter : public QSplitter
{
  Q_OBJECT
  friend class ClickSplitterHandle;
  public:
    ClickSplitter(Qt::Orientation o, QSplitter *parent = 0)
      : QSplitter(o, parent) {}
    ClickSplitter(QSplitter *parent = 0)
      : QSplitter(parent) {}

  protected:
    QSplitterHandle * createHandle() {
      return new ClickSplitterHandle(orientation(), this);
    }
};
```

Die Implementierung konzentriert sich auf die Methode mouseDoubleClickEvent().
Im Konstruktor initialisieren wir lediglich die Klassenvariable lastUncollapsedSize,
die wir später in mouseDoubleClickEvent() benötigen, um uns zu merken, wie groß
das Widget vor dem Einklappen war:

```cpp
// clicksplitter/clicksplitter.cpp

#include "clicksplitter.h"
#include <QtGui>

ClickSplitterHandle::ClickSplitterHandle(Qt::Orientation o,
  QSplitter *parent) :QSplitterHandle(o, parent)
{
  lastUncollapsedSize = 0;
}

void ClickSplitterHandle::mouseDoubleClickEvent(QMouseEvent *e)
{
  QSplitter *s = splitter();
  Qt::Orientation o = s->orientation();
  int pos = s->indexOf(this);

  QWidget *w = s->widget(pos);

  if (lastUncollapsedSize == 0)
    if (o == Qt::Horizontal)
      lastUncollapsedSize = w->sizeHint().width();
    else
      lastUncollapsedSize = w->sizeHint().height();

  int currSize = s->sizes().value(pos-1);

  if (currSize == 0)
    moveSplitter(lastUncollapsedSize);
  else {
    lastUncollapsedSize = currSize;
    moveSplitter(0);
  }

}
```

In ClickSplitterHandle::mouseDoubleClickEvent() ermitteln wir zunächst die Ausrichtung des Splitters. Ebenso holen wir uns mit Hilfe der Methode QSplitter::
indexOf() die Position des Handles im Splitter. Dies ist gleichzeitig die Position des
rechts neben (bzw. direkt unter) dem Splitter liegenden Widgets.

Aus Symmetriegründen existiert in jedem Splitter ein nulltes Handle, das QSplitter
jedoch nie anzeigt. So ist gewährleistet, dass indexOf() immer eine sinnvolle Position liefert. Dabei unterscheidet die Funktion zwischen allgemeinen Widgets und

Splittern und ist in der Lage, die Nummer eines gegebenen Widgets oder Splitters zu ermitteln. So lässt sich der Splitter zu einem Widget bestimmen ...

```
...
QSplitter *splitter = new QSplitter;
splitter->addWidget(new QWidget);
QLabel *lbl = new QLabel;
splitter->addWidget(lbl);
splitter->handle(splitter->indexOf(lbl));
...
```

..., während wir in der Methode **mouseDoubleClickEvent()** auf Seite 153 das Widget zu einem Splitter heraussuchen.

Die **ClickSplitterHandle**-Klassenvariable **lastUncollapsedSize** merkt sich die letzte Größe des Widgets im unkollabierten Zustand. Ist diese aus irgendeinem Grund 0, orientiert sich die Implementierung am jeweiligen **sizeHint()**. Die aktuelle Position unseres Splitters hängt von der Größe des Widgets *vor* dem Splitter ab, weshalb der Code mit einem Zugriff auf **sizes()** die Größe des Widgets ermittelt, das den Platz bis zur Position **pos-1** einnimmt.

Ist das linke Widget im Moment kollabiert, stellen es die letzten Codezeilen auf Seite 153 mit Hilfe der Variablen **lastUncollapsedSize** wieder her. Anderenfalls „verschwindet" das Widget links des Handles, nicht ohne seine aktuelle Größe in **lastUncollapsedSize** zu vermerken.

5.3.5 Layout bei von rechts nach links geschriebenen Sprachen

Die Lesweise einiger Sprachen wie etwa Hebräisch unterscheidet sich in einem Punkt fundamental von westlichen Sprachen: Man liest beginnend vom rechten Rand nach links, was auch für Software gilt. Dort ist nicht der linke, sondern der rechte obere Bildschirmrand Augangspunkt des Auges beim Lesen. Entsprechend muss ein Toolkit in der Lage sein, das Layout horizontal zu invertieren. Der KDE-Browser Konqueror in Abbildung 5.7 meistert diese Aufgabe korrekt, denn Qt schafft es weitgehend ohne Zutun des Anwenders, einfach alle Layouts horizontal zu spiegeln, falls sich die konfigurierte Sprache von rechts nach links orientiert oder man dem Programm die Option **-reverse** übergibt. Das programminterne Äquivalent zu diesem Schalter ist der Aufruf **QApplication::setLayoutDirection(Qt ::RightToLeft)**. Die Programmoption ist dabei hauptsächlich zu Testzwecken nützlich.

Bei der Entwicklung eigener Layouts und Widgets muss man den Fall des invertierten Layouts jedoch immer selbst berücksichtigen. So funktioniert unser obiges Beispiel im Rechts-nach-links-Fall nicht mehr korrekt: Es kollabiert weiterhin das vom Splitter links gelegene Widget, obwohl das zusammenzufaltende Widget nun auf der rechten Seite liegt.

Abbildung 5.7:
Weil Sprachen wie
Hebräisch ein
horizontal
gespiegeltes Layout
erfordern, müssen
Entwickler von
Widgets und Layouts
diesen Fall
berücksichtigen und
testen

Zur Überprüfung solcher Sonderfälle besitzt **QApplication** die statischen Methoden **isLeftToRight()** bzw. **isRightToLeft()**, die Entwickler leicht zum Testen des aktuellen Layouts heranziehen können.

5.4 Stapellayouts

In übereinander gestapelten oder *Stacked Layouts* überlagern sich mehrere Widgets auf einer Fläche – im Gegensatz zu den anderen Layouts, die die Widgets auf einer Ebene anordnen. Zumeist kommt diese Technik bei der Implementierung von komplexen Konfigurationsdialogen zur Anwendung (siehe Abbildung 5.8 Seite 158).

Die Klasse, die diese Funktionalität in Qt implementiert, heißt **QStackedLayout**. Auch in diese Layoutform fügt man neue Widgets mit der Methode **addWidget()** ein. Die dabei zurückgegebene ID sollte man sich merken: Mit ihrer Hilfe lassen sich die Widgets später wieder identifizieren. Alternativ kann man den Zeiger auf das eingefügte Widget speichern.

Um an eines der eingefügten Widgets wieder heranzukommen, besitzt **QStacked-Layout** nämlich zwei Slots: **setCurrentIndex()** erwartet die Position des Widgets als Integer-Wert, während **setCurrentWidget()** einen Zeiger auf eine von **QWidget** abgeleitete Klasse akzeptiert.

5.4.1 Die Alternative: Stapelwidgets

Ein **QStackedLayout** benötigt wie alle Layouts ein Widget, das es verwalten soll. Dies muss in den meisten Fällen zusätzlich erzeugt und das Layout darauf etabliert werden. Um dies zu vereinfachen, besitzt Qt mit der Klasse **QStackedWidget** sogenannte *Stapelwidgets*, die über dieselbe API wie **QStackedLayout** verfügen und intern bereits selbst Widgets mit Stapellayout sind.

5.4.2 Einsatzbereiche für Stapellayouts und -widgets

Im Folgenden wollen wir eine einfache Variante eines solchen Konfigurationswidgets selbst entwerfen, das sich natürlich auch als Dialog implementieren lässt.[4]

Konfigurationsdialoge wie die in KDE bieten ein recht gutes Beispiel für den Einsatz eines **QStackedLayouts**: Ein gewöhnlicher KDE-Konfigurationsdialog besteht aus einer Listen- oder Symbolansicht sowie einem Stapellayout oder einem Stapelwidget. Abhängig davon, welchen Eintrag der Nutzer in der Liste auswählt, sorgt die Stapelklasse dafür, dass das passende Widget nach vorn kommt. Listen- und Symbolansichten in Qt basieren gewöhnlich auf dem sogenannten *Model-View-Konzept*, auf das Kapitel 8 gesondert eingeht. Für unsere Zwecke genügt eine vereinfachte Listenansicht, die Qt mit der Klasse **QListWidget** bereitstellt. Jeder Eintrag in der Liste ist in einer Instanz der leichtgewichtigen Klasse **QListWidgetItem** gekapselt. Sie enthält die Definitionen für den zum Eintrag gehörigen Text sowie für ein eventuelles Symbol. In unserem Konfigurationsdialog ordnen wir jedem Widget-Item eine Seite im Stapelwidget zu.

Das Herzstück unserer neuen Klasse, die wir direkt von **QWidget** ableiten, ist die Methode **addPage()**, die dem Stapelwidget neue Seiten hinzufügt. Zusätzlich benötigen wir eben dieses Stapelwidget und eine Listenansicht als Member-Variablen:

```
// configwidget/configwidget.h

#include <QWidget>

class QListWidget;
class QStackedWidget;

class ConfigWidget : public QWidget
{
  Q_OBJECT
  public:
    ConfigWidget(QWidget *parent = 0);

    void addPage(const QString& title, const QIcon& icon, QWidget *page);

  private:
    QStackedWidget *widgetStack;
    QListWidget    *contentsWidget;
};
```

---

[4] Wie Dialoge genau funktionieren, erläutert Kapitel 6.

Im Konstruktor ordnen wir die Listenansicht zunächst rechts vom Stapelwidget an und begrenzen deren Breite auf 180 Pixel, damit sie nicht zuviel Platz einnimmt.

Die Listenansicht betrachtet jedes Widget-Item als Zeile (*row*). Entsprechend teilt sie über das Signal **currentRowChanged(int)** mit, sobald der Benutzer ein anderes Item auswählt. Dazu passt, dass Stapellayouts und Stapelwidgets die Positionen ihrer Widgets als Integer speichern, wobei der Zahlenwert der Nummer des Widgets entspricht. Daher verfügen diese Klassen über den Slot **setCurrentIndex(int)**, der das Widget mit der als Argument angegebenen Nummer zum Vorschein bringt. Diesen Slot verbinden wir in der **connect()**-Anweisung in den letzten Zeilen des Konstruktors mit dem **currentRowChanged(int)**-Signal.

Damit die Zuordnung funktioniert, ist es nun nur noch wichtig, den Eintrag in der Listenansicht in dem Moment anzulegen, in dem das Stapelwidget das dazugehörige Widget aufnimmt. Da beide Indizes bei null beginnen und nur **addPage()** Änderungen an beiden Widgets durchführt, ist diese Zuordnung jedoch gesichert:

```
// configwidget/configwidget.cpp

#include <QtGui>
#include "configwidget.h"

ConfigWidget::ConfigWidget(QWidget *parent)
 : QWidget(parent)
{
  QHBoxLayout *lay = new QHBoxLayout(this);

  contentsWidget = new QListWidget;
  widgetStack = new QStackedWidget;

  lay->addWidget(contentsWidget);
  lay->addWidget(widgetStack);

  contentsWidget->setMaximumWidth(180);

  connect(contentsWidget, SIGNAL(currentRowChanged(int)),
          widgetStack, SLOT(setCurrentIndex(int)));

}

void ConfigWidget::addPage(const QString& title, const QIcon& icon,
                           QWidget *page)
{
  QListWidgetItem *item = new QListWidgetItem;
  item->setText(title);
  item->setIcon(icon);
  contentsWidget->addItem(item);
  widgetStack->addWidget(page);
}
```

Unter Nutzung dieser neuen API fügen wir im Folgenden lediglich ein paar einfache QLabels ein (aber natürlich sind Widgets in beliebiger Kombination und Größe möglich):

```
// configwidget/main.cpp

...

    ConfigWidget *w = new ConfigWidget;
    w->addPage("Erste Seite", icon,
            new QLabel("<center>Erste Seite</center>"));
    w->addPage("Zweite Seite", icon,
            new QLabel("<center>Zweite Seite</center>"));
    w->addPage("Dritte Seite", icon,
            new QLabel("<center>Dritte Seite</center>"));
...
```

Abbildung 5.8 zeigt das Ergebnis. Statt eines Stapelwidgets können wir in diesem Beispiel ebensogut ein Layout einsetzen. Dazu muss lediglich die Membervariable **widgetStack** den Typ QStackedLayout verwenden. Den Konstruktor ändern wir wie folgt:

```
...

contentsWidget = new QListWidget;
QWidget *widget = new QWidget;
widgetStack = new QStackedLayout(widget);

lay->addWidget(contentsWidget);
lay->addWidget(widget);
...
```

Alle API-Aufrufe in diesem Beispiel bleiben beim Wechsel auf ein Stapellayout analog erhalten.

Abbildung 5.8:
Für komplexere
Konfigurationsdialoge
unverzichtbar: Mit
dem Auswahlwidget
links bringt Qt das
passende Widget im
Stapelwidget oder
-layout nach oben

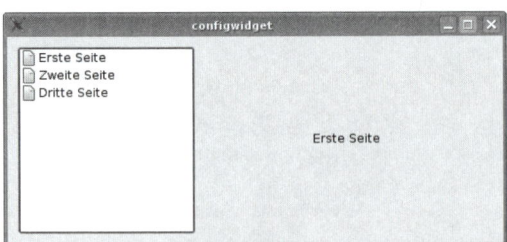

6

Dialoge

Dialoge und deren Basisklasse **QDialog**, die wir bereits in Kapitel 2 kurz angesprochen und verwendet haben, kommen in unterschiedlichen Zusammenhängen zum Einsatz: Gewöhnliche Konfigurationsdialoge sollen immer im Vordergrund bleiben, bis der Benutzer die Einstellungen vorgenommen hat. Etwas anderes ist das beispielsweise bei einem Suchdialog – nur weil der Nutzer diesen gerade geöffnet hat, möchte er sicherlich nicht daran gehindert werden, Änderungen am Dokument durchzuführen. Entsprechend befasst sich dieses Kapitel mit unterschiedlichen Dialogtypen und wie man sie mit Qt umsetzt.

6.1   Modale Dialoge

Bleibt ein Dialog so lange im Vordergrund, bis der Nutzer ihn schließt, ist es üblich, den Rest der Applikation zu blockieren, denn normalerweise soll der Benutzer erst weiterarbeiten, wenn er den Dialog abgearbeitet und geschlossen hat. Man spricht hier von einem *modalen Dialog*.

Dieser Dialogtyp eignet sich speziell für Konfigurationsdialoge: Sperren diese die Applikation *nicht*, bedeutet das oft erhöhten Programmieraufwand, vor allem wenn im Dialog erfragte Einstellungen Einfluss auf andere Teile der GUI nehmen. In diesem Fall entstehen für den Benutzer nicht nachvollziehbare Phänomene, die sich mit Hilfe der Modalität elegant umschiffen lassen.

Ein modaler Dialog stellt ein neues *Toplevel-Widget* dar. In Qt bedeutet dies, dass der Entwickler QDialog-Instanzen explizit sichtbar machen muss. Während dies für Widgets allgemein nur dann gilt, wenn sie kein Elternfenster besitzen, sind Dialoge nach der Instanzierung grundsätzlich unsichtbar. Bei modalen Dialoge ändert dies für gewöhnlich die Methode exec(), die eine neue Event-Loop erzeugt und den Dialog gleichzeitig anzeigt. Die Namensähnlichkeit zu QApplication::exec(), der Funktion, die die Haupt-Event-Loop für das Programm startet, ist also nicht zufällig.

Das folgende Codefragment zeigt die Vorgehensweise beim Instanzieren eines modalen Dialogs am Beispiel der QDialog-Unterklasse QFileDialog, die wir in Abschnitt 6.5.3 genauer kennenlernen werden: Zunächst instanzieren wir einen Dialog und lassen ihn mit exec() in eine eigene Event-Loop eintreten:

```
QFileDialog dialog;
int status = dialog.exec(); // Eigene Event-Loop
// Nach Beendigung des Dialogs geht es hier weiter
```

Erst wenn exec() „zur Applikation zurückkehrt", z. B. weil der Benutzer das Dialogfenster schließt, gelangt der Benutzer in die Event-Loop der Anwendung zurück. Dieses Verhalten sorgt intern zusammen mit dem Flag Qt::WA_ShowModal für die Modalität des Dialogs. Es bedeutet zudem, dass via exec() gestartete modale Dialoge einen Erfolgswert zurückgeben können, ähnlich wie die main()-Funktion einen Statuscode an das Betriebssystem zurückgibt.

Welcher das ist, bestimmt ein Slot: Mit accept() und reject() bietet QDialog zwei vordefinierte Slots an, die gewöhnlich per Druck auf die OK- bzw. Cancel[1]-Schaltflächen, letzterer auch bei Benutzung der (Esc)-Taste, ausgelöst werden. Gleichzeitig schließen sie den Dialog, ohne aber die Instanz zu löschen. Mit dem Rückgabewert versorgt, kann die Methode, die den Dialog aufgerufen hat, ganz bequem die Bearbeitungslogik übernehmen.

Implementiert eine Subklasse von QDialog die Verarbeitung ihrer GUI-Elemente intern oder ist der Rückgabewert, wie etwa im Zahlenkonverter-Beispiel aus Kapitel 2, nicht relevant, darf der Programmierer den Rückgabewert natürlich ignorieren.

---

[1] Auf Deutsch meist mit **Abbrechen** übersetzt.

6.2 Nichtmodale Dialoge

Nicht immer ist es möglich oder sinnvoll, modale Dialoge zu verwenden. Ein klassisches Beispiel sind Dialoge zum Suchen in Dokumenten. Der Benutzer muss hier immer in der Lage sein, neben dem Dialog auch mit der Dokumentenansicht zu interagieren, die entweder im Main-Window oder einem anderen Widget untergebracht ist.

In diesem Fall lässt sich ein Dialog mit Hilfe der **show()**-Methode anzeigen. Wie die gleichnamige Funktion „normaler" Widgets kehrt dieser Aufruf sofort wieder zurück. Die Kommunikation mit dem Dialog erfolgt hier nicht über Rückgabewerte, sondern über Signale und Slots. Dieses Verhalten kennen wir bereits aus dem **ByteConverterDialog**-Beispiel, das wir im Abschnitt 2 besprochen haben.

```
int main(int argc, char *argv[])
{
  ByteConverterDialog bc;
  bc.setAttribute(Qt::WA_QuitOnClose);
  bc.show();
  return a.exec()
}
```

Da der **show()**-Aufruf sofort zurückkehrt, muss man Dialoge außerhalb der Main-Methode auf dem Heap anlegen. In diesem Falle können wir auch auf den Aufruf **setAttribute()** verzichten, der lediglich dazu dient, die Haupt-Event-Loop zu beenden, sobald der Dialog zurückkehrt.

6.2.1 Mögliche Usability-Probleme

An dieser Stelle ist, vor allem in Anbetracht des eben genannten Beispiels des Suchdialogs, eine Warnung angebracht: Nichtmodale Dialoge, die zusammen mit dem Hauptfenster genutzt werden, stellen für den Benutzer häufig ein – im Wortsinn – undurchdringliches Hindernis dar. Das kommt daher, dass Dialoge über dem passenden Hauptfenster platziert werden, damit der Benutzer sie dem Programm zuordnen kann. Leider lässt es sich dabei fast nicht vermeiden, dass der Dialog relevante Informationen des im Main-Window dargestellten Dokuments etc. verdeckt.

In der Praxis existieren zwei verschiedene Ansätze, um des Problems Herr zu werden: Die Anwendung kann zum einen sicherstellen, dass sich der relevante Teil des Dokuments und der nichtmodale (Such-)Dialog nie überlappen, indem sie den Dialog notfalls verschiebt.[2] KDE-Anwendungen bedienen sich, zumindest unter KDE 3, größtenteils dieser Möglichkeit.

---

[2] **QWidget::mapToGlobal()** und **QWidget::mapFromGlobal()** sind hierbei zum Übersetzen von Koordinaten zwischen Widgets von großer Hilfe.

Zum anderen ist es denkbar, ganz auf einen Dialog zu verzichten und ein zusätzliches Suchwidget im Hauptfenster anzuzeigen, wie es etwa beim Firefox-Browser gängige Praxis ist. Dabei besteht jedoch die Gefahr, dass der Benutzer in Erwartung eines Dialogs das Eingabe-Widget übersieht.

6.3   Semimodale Dialoge

Eine eigene Kategorie stellen die sogenannten *semimodalen* Dialoge dar. Der Begriff[3] rührt von der Tatsache her, dass sie wie nichtmodale Dialoge per **show()** angezeigt werden. Das Programm läuft also weiter. Kommen sie zum Einsatz, soll der Nutzer trotzdem nicht unbehelligt weiterarbeiten, sondern sich in jedem Fall dem Dialog zuwenden. Um entsprechend modales Verhalten zu erzwingen, ruft man zuvor **setModal(true)**[4] auf.

6.4   Überfrachtete Dialoge vermeiden

Ein benutzerfreundlicher Dialog erschlägt seine Anwender nicht mit Optionen. Viel sinnvoller ist es, vernünftige Defaulteinstellungen zu setzen und dem Nutzer nur die Einstellungsmöglichkeiten zu präsentieren, bei denen er tatsächlich mitentscheiden muss. Nur wenn er explizit mehr Optionen verlangt, bekommt er diese auch vorgelegt. Diese Usability-Anforderung lässt sich über die **QDialog**-API-Erweiterungen (*Extensions*) erfüllen.

Diese leisten zum Beispiel im KDE-**Run**-Dialog gute Dienste. Er erlaubt es dem Benutzer, URLs oder Programmnamen einzutippen, und versucht, diese auszuführen bzw. das richtige Programm zu starten (Abbildung 6.1).

Abbildung 6.1:
Einsatzbeispiel für
Erweiterungen: Der
Run-Dialog von KDE
wirkt gewöhnlich
aufgeräumt

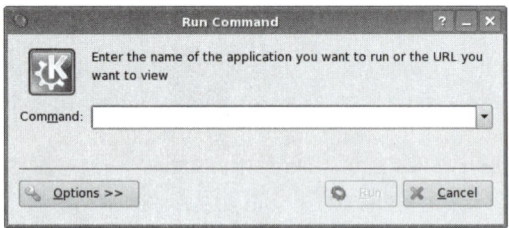

Speziell erfahrene Anwender haben dabei manchmal Extrawünsche wie Echtzeitpriorität, eine andere Priorität oder das Ausführen als Nutzer mit beschränkten

---

[3]   Auch wenn die Qt-Dokumentation diese Art von Dialogen ebenfalls als *Modale Dialoge* bezeichnet, hält der Autor die Unterscheidung weiterhin für angebracht.
[4]   Ein Wrapper um den Aufruf **setAttribute(Qt::WA_ShowModal, true)**, der sich auch auf jedes andere Toplevel-Widget anwenden lässt.

Rechten. Da diese Optionen eher selten benötigt werden, lagert der Dialog sie aus und blendet sie nur bei Bedarf über den **Options**-Knopf aus Abbildung 6.1 ein. Abbildung 6.2 zeigt das Ergebnis.

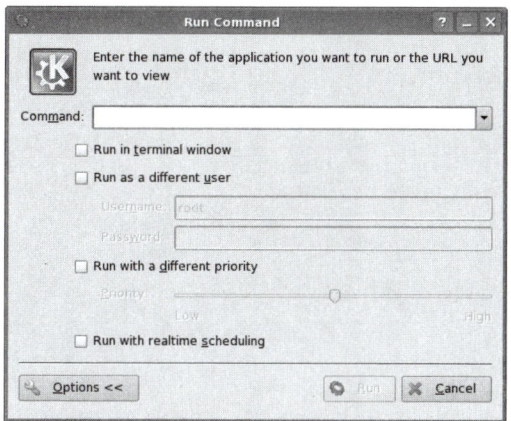

Abbildung 6.2:
Dank Erweiterung bietet er versierten Benutzern aber trotzdem vielfältige Einstellungsmöglichkeiten

Folgendes Codebeispiel veranschaulicht den Sachverhalt:

```cpp
// extensions/main.cpp

#include <QtGui>

int main(int argc, char* argv[])
{
  QApplication app(argc, argv);
  QDialog dlg;
  QPushButton *btn = new QPushButton(QObject::tr("Ein-/Ausklappen"),
                            &dlg);
  btn->setCheckable(true);
  QLabel *ext = new QLabel(QObject::tr("Erweiterung"));
  dlg.setExtension(ext);
  QObject::connect(btn, SIGNAL(toggled(bool)),
             &dlg, SLOT(showExtension(bool)));

  dlg.exec();
  return app.exec();
}
```

Ein Button mit der Aufschrift **Ein-/Ausklappen** erlaubt es dem Nutzer, ein Label mit der Aufschrift **Erweiterung** auszuklappen (Abbildung 6.3). Die Erweiterung selber ist in Qt 4 ein **QWidget**, welches wir via **QDialog::setExtension()** an den Dialog übergeben. Soll sie statt zur Seite nach unten ausklappen, hilft **QDialog::setOrientation(Qt::Vertical)**; im Beispielcode oben fügen wir also folgende Zeile ein:

```
dlg.setOrientation(Qt::Vertical);
```

Damit die Schaltfläche die Erweiterung ein- und ausblendet, machen wir sie per setCheckable(true) zu einem Schalter und verbinden ihr toggled()-Signal mit dem showExtension()-Slot von QDialog.

Abbildung 6.3:
Beispielprogramm
von Seite 163 ohne
und mit horizontal
ausgeklappter
Extension

6.5 Vorgefertigte Dialoge in Qt

Viele Dialoge sind universell genug, dass sie eine vorgefertigte Klasse rechtfertigen. Dazu zählt etwa der in QFileDialog implementierte Datei-öffnen-Dialog, den wir bereits in Kapitel 4 kennengelernt haben.

Qt 4 hat darüber hinaus noch weitere solcher vorgefertigten Dialoge zu bieten, die im Folgenden vorgestellt werden.

6.5.1 Nachrichtendialoge

Sehr häufig muss ein Programm Informationen an den Benutzer weiterleiten. Wenn dieser die Mitteilung unbedingt wahrnehmen oder auf ihrer Basis eine Entscheidung treffen muss, reicht eine Nachricht in der Statusleiste nicht aus.

Als Alternative böte es sich an, eine eigene Klasse von QDialog abzuleiten, die die Nachricht in einem Label anzeigt und zudem ein oder mehrere Schaltflächen mit Aktionen anbietet. Glücklicherweise ist dies nicht nötig, da Qt hierfür die Klasse QMessageBox anbietet. Diese besteht neben dem anzuzeigenden Text und dem obligatorischen Fenstertitel (auch *Caption* genannt), den die Property windowTitle setzt, aus bis zu drei Schaltflächen. Optional lässt sich ein Symbol festlegen, das der Nachrichtendialog neben der Textmeldung anzeigt. Der Text im Dialog kann – wie in allen Qt-Dialogen – mittels HTML-Tags formatiert werden. Der folgende Code, den Abbildung 6.4 visualisiert, demonstriert dies:

```
// messageboxmanually/main.cpp

...
QString text = QObject::tr("<qt>Die Methode, mit der Sie "
        "Nachrichtendialoge anzeigen, ist <b>viel</b> zu "
        "kompliziert. Verwenden Sie sie <i>nur in Ausnahmefällen</i>! "
        "Wollen Sie wirklich weitermachen?</qt>");
QMessageBox msg(QObject::tr("Vorsicht Lehrbeispiel"), text,
        QMessageBox::Warning, QMessageBox::Yes|QMessageBox::Default,
        QMessageBox::No|QMessageBox::Escape, QMessageBox::NoButton);

if (msg.exec() == QMessageBox::Yes)
{
  qDebug() << "Weiter gehts!";
}
...
```

Kompliziert wirkt der Messagebox-Aufruf lediglich aufgrund der vielen Argumente. Nach Angabe der Dialogüberschrift sowie der anzuzeigenden Nachricht können wir eines von insgesamt vier vorgegebenen Symbolen auswählen:

QMessageBox::Question
>   ist für Nachrichtendialoge gedacht, die Fragen stellen,

QMessageBox::Information
>   hebt allgemeine Informationen hervor,

QMessageBox::Warning
>   sollte bei potentiell gefährlichen Aktionen zum Einsatz kommen und

QMessageBox::Critical
>   ist das Mittel der Wahl, um schwerwiegende Fehler hervorzuheben. Schließlich ist es mittels

QMessageBox::NoIcon
>   möglich, gar kein Symbol anzuzeigen.

Wie das angezeigte Icon letztlich aussieht, gibt der aktuell ausgewählte Style vor. Wem die vordefinierten Symbole überhaupt nicht zusagen, kann überdies mit der Methode **setPixmapIcon()** eine beliebige **QPixmap** als Symbol für den Nachrichtendialog definieren.

Als viertes bis sechstes Argument lassen sich drei verschiedene Schaltflächen in Leserichtung angeben. Die dort möglichen Werte listet Tabelle 6.1. Eine spezielle Bedeutung kommt dabei dem Wert **QMessageBox::NoButton** zu: Wie im Beispiel legt er fest, dass der entsprechende Knopf nicht erwünscht ist und deshalb nicht dargestellt wird.

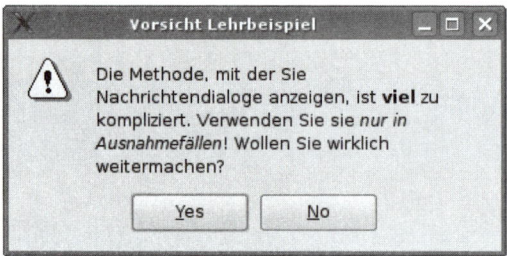

Da der Nachrichtendialog im **exec()**-Aufruf in eine eigene Ereignisschleife eintritt und darin für die Dauer der Anzeige verbleibt, reicht es vollkommen aus, das Objekt auf dem Stack zu instanzieren. Dies ist auch der Grund, weshalb wir hier kein Elternwidget angeben. Um den Dialog modal zu machen, ist dies im Normalfall trotzdem notwendig. Der Parent-Parameter folgt im **QMessageBox**-Konstruktor auf die letzten Schaltflächenangabe.

Welche Schaltfläche der Benutzer letztendlich auswählt, gibt der Rückgabewert von **exec()** an, der sich wie im Beispiel in einer **if**- oder **select**-Anfrage mit den Werten aus Tabelle 6.1 vergleichen lässt.

Durch Oder-Verknüpfung mit QMessageBox::Default und QMessageBox::Escape legen wir darüber hinaus die Aktionen fest, die beim Drücken der (Enter)- bzw. (Esc)-Taste aktiv werden.

Wert	Schaltflächentext
QMessageBox::Ok	Ok
QMessageBox::Cancel	Cancel (Abbrechen)
QMessageBox::Yes	Yes (Ja)
QMessageBox::No	No (Nein)
QMessageBox::Abort	Abort (Abbrechen)
QMessageBox::Retry	Retry (Wiederholen)
QMessageBox::Ignore	Ignore (Ignorieren)
QMessageBox::YesAll	Yes, all (Ja, alle)
QMessageBox::NoAll	No, all (Nein, alle)
QMessageBox::NoButton	–

Unbefriedigend am hier beschriebenen Ansatz ist allerdings, dass die Dialoge schnell inkonsistent werden, wenn in verschiedenen Codeabschnitten für den gleichen Ereignistyp verschieden aussehende Nachrichtenboxen generiert werden.

Um nicht zu sehr auf die Disziplin der Entwickler zu bauen, besitzt **QMessagebox** eine Reihe statischer Methoden, die fertige Nachrichtendialoge für unterschiedliche Zwecke darstellen. Erst wenn diese den Ansprüchen nicht mehr genügen, sollte man eine Info-Box nach eigenem Gusto zusammenstellen.

Die statischen Methoden stellen wir im Folgenden sortiert nach der Wichtigkeit der von ihnen vermittelten Nachricht vor.

Fragen stellen

Der Fragedialog **QMessageBox::question()** (Abbildung 6.5) ist einer der meistbenötigten Nachrichtendialoge. Er erwartet neben einem Elternwidget eine Überschrift, einen kurzen, deskriptiven Text sowie die Beschriftung für seine Schaltflächen. Microsofts Styleguide zufolge sollte die Überschrift auf den Namen der Applikation lauten. Diesen gibt **qApp->applicationName()** zurück. Andere Styleguides schlagen eine Kombination aus Programmnamen und Kurzbeschreibung des aktuellen Vorgangs vor, etwa **Datei überschreiben? –** *anwendung*.

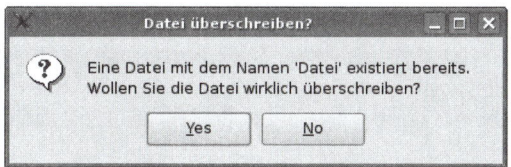

Abbildung 6.5:
QMessageBox::question()
ringt dem Benutzer
Entscheidungen ab

Im nachfolgenden Beispiel weisen wir den Schaltflächen – wie für Fragedialoge üblich – die Beschriftungen **Yes** und **No** zu, wobei wir den Ja-Knopf zum Standard machen und den Nein-Button auf (Esc) reagieren lassen. Da wir keine dritte Schaltfläche benötigen, lassen wir diese mittels **QMessageBox::NoButton** außen vor.

Der von **QMessageBox::question()** zurückgegebene Statuscode entspricht dem Wert der vom Nutzer gewählten Schaltfläche. Um zu prüfen, ob der Benutzer die Frage mit Ja beantwortet hat, vergleichen wir den Rückgabewert mit **QMessageBox::Yes**:

```
bool checkOverwrite(const QString &filename)
{
    int status = QMessageBox::question( this,
                    tr("Datei überschreiben?"),
                    tr("Eine Datei mit dem Namen '%1' existiert bereits.\n"
                       "Wollen Sie die Datei wirklich überschreiben?")
                       .arg(filename),
                    QMessageBox::Yes|QMessageBox::Default,
                    QMessageBox::No|QMessageBox::Escape,
                    QMessageBox::NoButton);
```

```
    if (status != QMessageBox::Yes)
        return false;
    return true;
}
```

Ja-Nein-Fragen haben allerdings einen erheblichen Nachteil: Der Benutzer muss den Text komplett durchgelesen und verstanden haben. Gerade bei etwas komplexeren Sachverhalten kommt es vor, dass Benutzer die gestellte Frage falsch verstehen und sich für die falsche Antwort entscheiden.

Dies vermeidet man weitgehend, indem man zwei wichtigen Grundsätzen folgt: Zum einen sollte eine Frage niemals invers formuliert sein. Wörter, die die Satzbedeutung umkehren, werden in der Regel überlesen: Fragen wie „Sind Sie sicher, dass sie die Datei *nicht* überschreiben wollen?" versteht man mit hoher Wahrscheinlichkeit falsch. Auch wenn inverse Fragen vom Programmfluss her besser zum Code passen, gilt es, sie der besseren Benutzbarkeit wegen unbedingt zu vermeiden.

Außerdem können Benutzer ihre Entscheidung sicherer treffen, wenn sie auf den Schaltflächen statt Ja und Nein oder OK und Abbrechen einen deskriptiven Text lesen, der die im Beschreibungstext gegebenen Möglichkeiten nochmals hervorhebt.

Dieses Paradigma unterstützt **QMessageBox** programmatisch: Trolltech hat die statische Methode **question()** zu diesem Zweck überladen. Die zweite Variante gleicht der eben beschriebenen nur bei den ersten drei Parametern, danach beginnen bereits die Unterschiede.

Statt dreier Enumeratorwerte übergibt man nun die Strings, die auf den Schaltflächen erscheinen. Wird ein Knopf nicht benötigt, signalisiert man dies durch einen leeren String, wie im folgenden Beispiel beim sechsten Parameter geschehen. Danach gilt es wieder, nacheinander die Schaltflächen festzulegen, die „gedrückt werden", wenn der Anwender die (Enter)- oder die (Esc)-Taste betätigt. Die Nummerierung der Buttons entspricht ihrer Position (im Code wie im Lesefluss aus Anwendersicht), wobei 0 die erste und 2 die dritte Schaltfläche meint. Der Knopf mit der Aufschrift **Anderen Namen wählen** (Abbildung 6.6) wird so zur Standardschaltfläche – eine zusätzliche Möglichkeit, um versehentlichem Datenverlust vorzubeugen:

```
bool checkOverwrite(const QString &filename)
{
    int status = QMessageBox::question( this,
        tr("Datei überschreiben?"),
        tr("<qt>Eine Datei mit dem Namen <i>%1</i> existiert bereits. "
            "Möchten Sie die Datei überschreiben oder den "
            "Vorgang abbrechen und einen neuen Namen "
            "wählen?</qt>")
            .arg(filename),
        tr("Datei &überschreiben"), tr("&Anderen Namen wählen"),
        QString(), 1, 1);
    if (status == 1)
```

```
        return false;
    return true;
}
```

Eine weitere Änderung betrifft die Textformatierung. In <qt>-Tags eingeschlossen, verarbeitet **QMessageBox** den Text nun als HTML und bricht ihn automatisch um. Dass innerhalb dieser Tags einfache HTML-Formatierungen möglich sind, nutzen wir aus, um den Dateinamen kursiv zu stellen.

Der Rückgabewert dieser **QMessageBox::question()**-Variante orientiert sich an der Position der ausgewählten Schaltfläche – im Gegensatz zur ersten Variante, die den Enumeratorwert der gewählten Schaltfläche zurückgibt. Dieser essentielle semantische Unterschied kann zu fehlerhaftem Code führen: Da sich auch Enumeratoren als Integerwert verwenden lassen, beschwert sich der Compiler *nicht*, falls man den Status mit der Rückgabesemantik der jeweils anderen Variante überprüft.

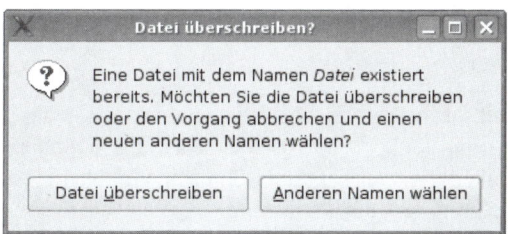

Abbildung 6.6:
QMessageBox::question() *mit individuellen Antworten auf den Schaltflächen*

Informationen vermitteln

Für Dinge, die das Programm dem Nutzer während eines problemlos ablaufenden Arbeitsvorgangs mitteilen soll, eignen sich Informationsdialoge, die die statische Methode **QMessageBox::information()** zur Verfügung stellt (Abbildung 6.7). Genau wie **QMessageBox::question()** ist auch sie zweifach überladen und funktioniert ansonsten vollkommen identisch. Sie zeigt lediglich ein anderes Symbol an: ein Ausrufezeichen statt eines Fragezeichens. Einige Styleguides schlagen sogar vor, normale Mitteilungsdialoge statt des Fragedialogs einzusetzen. Wenn Qt es schon erlaubt, einfach zwischen Fragen und Informationen zu differenzieren, empfiehlt es sich jedoch, dies auch zu tun.

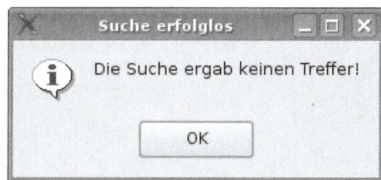

Abbildung 6.7:
QMessageBox::infor-
mation() *dient eher selten als Ersatz für den Fragedialog*

Nicht nutzen sollte man hingegen die Möglichkeit, Informationsdialoge mit mehr als einer Schaltfläche (OK) auszustatten. Benötigt man eine zweite zum Abbrechen, ist **QMessageBox::question()** meist doch die bessere Wahl.

Um einen Benutzer über den Erfolg eines Suchvorgangs zu informieren, nutzt man beispielsweise eine Informationsbox wie in Abbildung 6.7:

```
QMessageBox::information( this,
        tr("Suche erfolglos"),
        tr("Die Suche ergab keinen Treffer!"),
        QMessageBox::Ok|QMessageBox::Default,
        QMessageBox::NoButton, QMessageBox::NoButton);
```

Mit **OK** als einziger Antwortmöglichkeit erübrigt sich in diesem Fall die Abfrage des Rückgabewertes.

Warnungen ausgeben

Warnungen kapselt Qt in Warndialoge, repräsentiert durch die statische Methode **QMessageBox::warning()**. Sie funktioniert ebenfalls analog zu **QMessageBox:: question()**, sollte allerdings nur bei ungewöhnlichen Problemen, die den normalen Programmablauf stören, zum Einsatz kommen.

Abbildung 6.8: Fehler, die den Programmablauf stören, gibt QMessageBox:: warning() aus

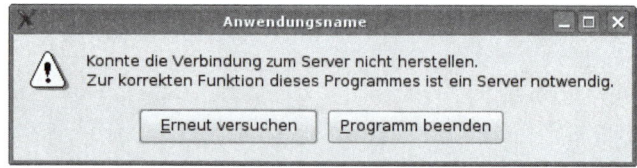

Im Beispiel aus Abbildung 6.8 benötigt ein Programm unbedingt eine Serververbindung, ohne die es nicht starten kann. Der Warndialog lässt dem Benutzer die Wahl, das Problem zu beheben, also etwa die Verfügbarkeit des Netzwerks sicherzustellen, und es erneut zu versuchen oder das Programm zu beenden:

```
int result = QMessageBox::warning(this, tr("Anwendungsname"),
    tr("Konnte die Verbindung zum Server nicht "
        "herstellen.\nZur korrekten Funktion dieses "
        "Programmes ist ein Server notwendig."),
    tr("&Erneut versuchen"), tr("&Programm beenden"), QString(), 0, 1);

if (result == 1)
        qApp->quit();
else
        retryConnect();
```

Von den drei verfügbaren Schaltflächen beschriften wir zwei und lassen die dritte leer. Wie schon im QMessageBox::question()-Beispiel wird so die dritte Schaltfläche nicht angezeigt. Die letzten beiden Parameter verknüpfen (Enter) mit der ersten (0) und (Esc) mit der zweiten Schaltfläche (1). Wählt der Nutzer die zweite Schaltfläche an, so enthält die Variable **result** den Schaltflächencode 1, und die Anwendung beendet sich. Andernfalls versucht das Programm via **retryConnect()** erneut, die Verbindung zum Server herzustellen.

Kritische Nachrichten überbringen

Bei Fehlern, die der Benutzer selbst nicht oder nur schwer beheben kann, öffnet das Programm einen Spezialdialog für kritische Meldungen. Auch er kommt in den zwei von den bisher besprochenen Dialogen bereits bekannten Varianten vor. Meistens setzt man ihn wie folgt ein (Abbildung 6.9):

```
QMessageBox::critical(this, qApp->applicationName(),
         tr( "Ein schwerer Fehler ist aufgetreten. "
             "Falls dieses Problem fortbesteht,\n"
             "kontaktieren Sie uns bitte unter "
             "Tel: +50 050 50 50."),
         QMessageBox::Ok, QMessageBox::NoButton,
           QMessageBox::NoButton);
```

Hier prüfen wir wie schon beim Nachrichtendialog keinen Rückgabewert, da es nur eine Schaltfläche gibt. Im wirklichen Leben sollte der Dialog mehr Informationen über die Art des kritischen Fehlers enthalten. Es empfiehlt sich, kritische Meldungen nicht inflationär zu gebrauchen, sie sollten die absolute Ausnahme darstellen.

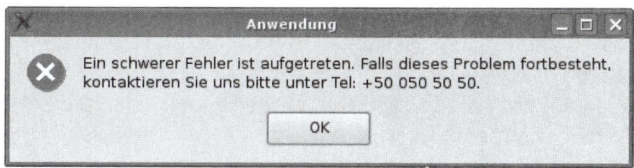

Abbildung 6.9:
Nur wenn nichts
mehr geht, ist es Zeit
für QMessage-
Box::critical()

Auskunft über die Applikation selbst geben

Der Hilfe-Bereich einer Applikation enthält gewöhnlich einen kleinen Dialog, der Auskunft über die verwendete Anwendung gibt. In Abschnitt 4.3.3 auf Seite 114 haben wir einen solchen bereits im Einsatz erlebt, ohne näher darauf einzugehen.

Wie die anderen hier aufgeführten statischen Methoden erwartet auch **QMessageBox::about()** zunächst ein Elternwidget sowie einen Fenstertitel. Den dritten

Parameter bildet ein Freitext, der auch HTML-formatiert sein darf. Wenn per **QApplication::setWindowIcon()** ein Symbol für die Anwendung definiert wurde, wird es neben dem Freitext als Symbol angezeigt. Der Dialog verfügt nur über eine Schaltfläche und hat keinen Rückgabewert.

Wer zudem noch anzeigen möchte, dass er seine Anwendung mit dem Qt-Toolkit geschrieben hat, kann zusätzlich einen Menüeintrag in sein Programm aufnehmen, der **QMessageBox::aboutQt()** aufruft. Dieser Mitteilungsdialog liefert Informationen über Qt.

6.5.2 Einmalig sichtbare Fehlermeldungen

Neben **QMessageBox::showMessage()** und **QMessageBox** gibt es mit der Klasse **QErrorMessage** eine dritte Möglichkeit, den Benutzer mit Informationen zu versorgen.

Im Gegensatz zu **QMessageBox** benötigt sie eine Instanz, sie bietet keine statischen Methoden. Dies liegt vor allem daran, dass sie Nachrichten anzeigt, wenn ein Slot namens **showMessage()** aufgerufen wird, entweder direkt oder über die Verbindung mit einem Signal.

Zwei weitere Features machen diese Klasse sehr nützlich: Stehen, wie im folgenden Beispiel, zwei Nachrichten an, so zeigt **QErrorMessage** die zweite erst an, sobald der Benutzer die erste weggeklickt hat:

```
QErrorMessage *msg = new QErrorMessage(this);
msg->showMessage(tr("Diese Fehlermeldung erscheint nur dann erneut, "
                    "wenn Sie die Checkbox nicht deaktivieren."));
msg->showMessage(tr("Wenn Sie diese Nachricht sehen, dann haben Sie"
                    "die vorherige Nachricht weggeklickt."));
```

Wie sich dieser Code auswirkt, zeigen die Abbildungen 6.10 und 6.11. Jede dieser Dialogboxen enthält eine „Diese Nachricht nochmals zeigen"-Checkbox. Wählt der Benutzer sie an, unterdrückt Qt die Fehlermeldung, wenn sich die entsprechende Situation künftig erneut ergibt.

Abbildung 6.10: Queuing bei QErrorMessage: Erst wenn die erste Fehlermeldung bestätigt wurde...

Abbildung 6.11:
... kommt die zweite
zum Vorschein

6.5.3 Dateiauswahldialoge

Häufig geht es in den Dialogen einer Applikation um Dateien oder Verzeichnisse, etwa wenn das Programm eine Datei öffnen oder der Nutzer ein Verzeichnis auswählen soll. Aus diesem Grund liefern fast alle Plattformen eigene Implementierungen entsprechender Auswahldialoge mit. Jede hat ihre Eigenheiten, an die sich die Anwender schnell gewöhnen.

Qt steckt als plattformunabhängiges Toolkit daher in einem Zwiespalt: Auf der einen Seite soll der Benutzer möglichst den systemeigenen Dialog verwenden können, auf der anderen Seite sind diese Dialoge nicht um eigene Widgets erweiterbar.

Die Klasse QFileDialog, die den Datei- und Verzeichnisselektor implementiert, ist daher in zwei Teile aufgespalten: Instanziert man die Klasse über den Konstruktor, so zeigt Qt einen eigenen Dialog an. Verwendet man hingegen die vorgefertigten statischen Methoden, die die meisten Bedürfnisse von Applikationsentwicklern erfüllen, so versucht Qt, den Dateidialog des Betriebssystems zu verwenden.[5]

Wer explizit Wert darauf legt, *keine* nativen Systemdialoge zu verwenden, teilt den statischen Methoden dies über das Flag QFileDialog::DontUseNativeDialog mit. In diesem Fall verwendet Qt an der entsprechenden Stelle seinen eigenen Dialog. Dieses und andere Flags dokumentiert Tabelle 6.2.

---

[5] Eine Ausnahme stellt die X11-Plattform dar. Zur Zeit arbeitet das Portland-Projekt (http://port land.freedesktop.org/) an einer Lösung, mit der Applikationen die Dateidialoge der aktuell laufenden Desktopumgebung (GNOME oder KDE) verwenden können.

Wert	Wirkung
QFileDialog::ShowDirsOnly	Zeige nur Verzeichnisse an!
QFileDialog::DontResolveSymlinks	Löse symbolische Verweise *nicht* auf, sondern sieh sie als reguläre Dateien oder Verzeichnisse an!
QFileDialog::DontConfirmOverwrite	Frag nicht nach, ob eine existierende Datei überschrieben werden soll!
QFileDialog::DontUseSheet	Lass den Datei-öffnen-Dialog auf Mac OS X nicht als Sheet erscheinen! Funktioniert nur, wenn **DontUseNativeDialog** *nicht* gesetzt ist.
QFileDialog::DontUseNativeDialog	Verwende immer den Qt-eigenen Dialog!

Einzelne Dateien auswählen

In einem ersten Beispiel, das Abbildung 6.12 veranschaulicht, wollen wir den Benutzer ein Bild auswählen lassen. Dazu verwenden wir die statische Methode getOpenFileName():

```
QString file = QFileDialog::getOpenFileName(
                this,
                tr("Wählen Sie eine Datei aus"),
                "/home",
                tr("Bilder (*.png *.xpm *.jpg)"));
```

Der Methodenaufruf gibt im Erfolgsfall einen Dateinamen zurück, andernfalls einen Null-String (überprüfbar mit !file.isNull()). Als erstes Argument erwartet die Methode ein Elternwidget. Wenn wir hier 0 übergeben, so ist der Dialog nicht modal. Danach folgen die Dialogüberschrift und das Startverzeichnis.

Die Klasse **QDir** stellt für die wichtigsten Verzeichnisse statische Methoden zur Verfügung, die an dieser Stelle statt eines fest einkompilierten Pfades eingesetzt werden können:

QDir::currentPath()
   gibt das aktuelle Verzeichnis der Applikation zurück.

QDir::homePath()
   gibt unter Windows den Inhalt der Umgebungsvariablen **HOME** zurück. Existiert diese nicht, versucht es die Umgebungsvariable **USERPROFILE** auszuwerten. Schlägt auch dies fehl, bildet Qt das Verzeichnis aus **HOMEDRIVE**

und **HOMEPATH**. Falls auch diese Variablen nicht gesetzt sind, ruft die Methode **rootPath()** auf. Unter Unix-Systemen, also auch unter OS X, verwendet die Methode die Umgebungsvariable **HOME**. Ist diese nicht gesetzt, kommt **rootPath()** zum Einsatz.

QDir::rootPath()

gibt unter Windows Laufwerk **C:**, unter Unix das Basisverzeichnis **/** zurück.

QDir::tempPath()

ist unter Unix **/tmp**, während es sich unter Windows nach den Umgebungsvariablen **TEMP** und **TMP** richtet.

Als drittes Argument erwartet **getOpenFileName()** einen Dateifilter. Er lässt nur Dateien mit bestimmten Endungen zu. Dabei muss man sich an folgende Syntax halten:

```
"dateitypbezeichner(*.ex1 *.ex2 *.ex3)"
```

Der Dateitypbezeichner ist frei wählbar, er erklärt dem Benutzer, um welche Dateien es sich handelt. Die Dateiendungen in Klammern agieren als eigentlicher Filter für die Dateien. Folgender Filter findet etwa alle Dateien, die auf **.png**, **.xpm** oder **.jpg** enden:

```
"Bilder (*.png *.xpm *.jpg)"
```

Jeder Filter sollte lokalisierbar, also mit **tr()** umschlossen sein. So kommen auch Leser in anderen Sprachen in den Genuss einer landessprachlichen Dateitypenbeschreibung.

Soll der Nutzer selbst bestimmen, welcher Filter zum Einsatz kommt, hängt man die Alternativen an den ersten Filter getrennt durch zwei Semikola an.

```
"Bilder (*.png *.xpm *.jpg);;Text-Dateien (*.txt)"
```

Im Öffnen-Dialog erscheint dann ein passender Dropdown-Dialog.

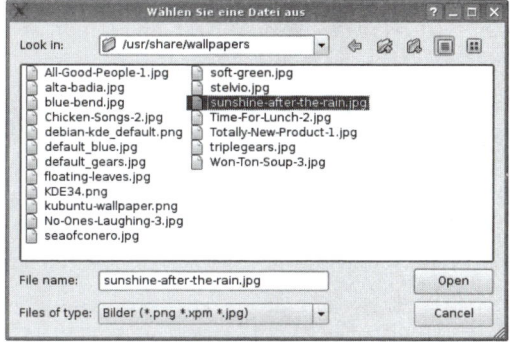

Abbildung 6.12:

Die statischen Methoden von QFileDialog erlauben die Verwendung von Standarddialogen mit eigenen Filtern

Wie in Abbildung 6.12 können wir nun genau die Dateien auswählen, die als Endung entweder eine der drei Grafikdateiendungen oder die Endung .txt aufweisen.

Mehrere Dateien gleichzeitig auswählen

Den Fall, dass der Benutzer mehrere Dateien gleichzeitig auswählen soll, deckt die statische Methode **getOpenFileNames()** ab. Im Gegensatz zu ihrer kleinen Schwester **getOpenFileName()** liefert sie eine **QStringList** zurück, die Argumente sind jedoch identisch. Jeder Eintrag in der zurückgegebenen Liste entspricht einer ausgewählten Datei.

Auch für diese Methode bedient sich **QFileDialog** unter Windows und OS X der nativen Dialoge der jeweiligen Betriebssysteme. Das folgende Beispiel gibt alle ausgewählten Dateien samt Pfad aus:

```
QStringList fileList = QFileDialog::getOpenFileNames(
                this,
                tr("Wählen Sie eine Datei aus"),
                "/home",
                tr("Bilder (*.png *.xpm *.jpg)"));

foreach(QString file, fileList)
    qDebug() << file;
```

Existierende Verzeichnisse auswählen

Einige Programme benötigen einen Basispfad für ihre Operationen. Dabei muss die Anwendung ausschließen, dass der Benutzer eine Datei angibt. Ein Foto-Programm etwa kann seine Galerie nicht unterhalb einer Datei anlegen.

Um sicherzugehen, dass der Benutzer nur Verzeichnisse zu Gesicht bekommt, kann man die Dateidialoge durch die Methode **getExistingDirectory()** aufrufen. Diese erwartet keine Filter und zeigt nur Verzeichnisse an. Weiterhin prüft sie, ob ein angegebenes Verzeichnis auch wirklich existiert.

Das folgende Beispiel fragt einen Ordner ab, unter dem das Programm künftig alle Fotos ablegen soll. Als Basisverzeichnis verwenden wir hier das Home-Verzeichnis des aktuellen Benutzers:

```
QString directory = QFileDialog::getExistingDirectory(
                this,
                tr("Bitte Ordner für die Fotogalerie angeben."),
                QDir::homePath());
```

Dateinamen wählen

Wenn ein Benutzer eine Datei speichern soll, so existiert diese Datei in der Regel noch nicht. getOpenFileName() prüft jedoch, ob es die angegebene Datei gibt, und ist deshalb nicht zum Speichern von Dateien zu gebrauchen. Deshalb benötigen wir eine neue statische Methode, die den Anforderungen der Speichersemantik genügt. In Qt heißt sie getSaveFileName() und entspricht in ihren Argumenten und in ihrem Rückgabewert getOpenFileName().

Folgendes Beispiel fordert den Benutzer auf, eine Datei zum Speichern auszusuchen. Falls er den Namen einer bereits existierenden Datei auswählt, fragt das Programm dank des **DontConfirmOverwrite**-Flags nicht nach. Dies ist z. B. dann sinnvoll, wenn das Programm dem Sachverhalt außerhalb des Dialogs nachgehen will.

```
QString file = QFileDialog::getSaveFileName(
                this,
                tr("Datei speichern unter..."),
                QDir::homePath(),
                tr("Bilder (*.png *.xpm *.jpg)"),
                QFileDialog::DontConfirmOverwrite );
```

6.5.4 Eingabedialoge

Für einfache Abfragen bietet Qt verschiedene vorgefertigte Eingabedialoge an, die aus einem geeigneten Eingabe-Widget und zwei Schaltflächen (**OK** und **Abbrechen**) bestehen. Die zuständige Klasse **QInputDialog** verfügt ausschließlich über vorgefertigte statische Methoden, die wir nun näher betrachten.

Häufig kommt man in die Verlegenheit, den Benutzer um die Eingabe eines Wertes zu bitten. Qt unterscheidet hier zwischen Ganzzahlwerten und Fließkommazahlen, die es in doppelter Genauigkeit liefert.

Ganzzahlige Eingabewerte entgegennehmen

Das nachfolgende Beispiel (Abbildung 6.13) zeigt den Einsatz von **getInteger()**:

```
bool ok;
int alter = QInputDialog::getInteger (this, tr("Alter angeben"),
            tr("Bitte geben Sie Ihr Geburtsjahr an"), 1982,
            1850, QDate::currentDate().year(), 1, &ok);
if (ok)
{
  ...
}
```

Abbildung 6.13:
QInputDialog::getIn-
teger() *mit*
voreingestelltem
Standardwert

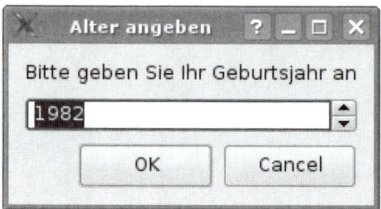

Dessen erste zwei Argumente sind – wie von anderen Dialogen gewohnt – das Elternwidget und die Überschrift. Danach erwartet **getInteger()** einen erläuternden Text, den es über dem Eingabewidget anzeigt. Als nächstes folgt ein Standardwert, darauf die Ober- und die Untergrenze des erlaubten Eingaberaumes. Nach oben hin begrenzt das Beispiel die Eingabemöglichkeit auf das aktuelle Jahr, um unsinnige Eingaben zu vermeiden.

Wir greifen dazu auf **QDate**, eine Klasse zur Verarbeitung von Datumsangaben, zurück. Die statische Methode **currentDate()** liefert der Systemzeit entsprechend das aktuelle Datum, **year()** wiederum extrahiert daraus das Jahr und gibt es als Integerwert zurück.

Statt wie hier eine statische untere Grenze (**1850**) einzubauen, kann man diese auch dynamischer gestalten (etwa mit **QDate::currentDate().year() - 200**).

Im vorletzten Parameter fragt **getInteger()** nach der Zahl, um die sich der Integerwert erhöht oder verringert, wenn der Nutzer auf eine der beiden Schaltflächen zum In- bzw. Dekrementieren rechts neben dem Eingabefeld (eine sogenannte *Spin-Box*) klickt.

Da der Rückgabewert keinen Aufschluss darüber gibt, ob der Benutzer den Dialog abgebrochen oder eine reguläre Eingabe getätigt hat, erwartet die Methode als letzten Parameter einen Zeiger auf einen booleschen Wert. Bricht der Benutzer den Dialog ab, so setzt **getInteger()** die Variable auf **false**, andernfalls auf **true**.

Fließkommazahlen als Eingabewerte entgegennehmen

Analog zu **getInteger()** kann man mit **getDouble()** auch reelle Zahlen abfragen. Im nächsten Beispiel erwartet der Dialog den Preis eines gegebenen Produkts. Auch er verlangt den Zeiger auf das Elternwidget, die Dialogüberschrift und die Beschreibung der erwarteten Eingabe als erste drei Parameter. Danach folgen der Standard-, der Minimal- und der Maximalwert.

Beim vorletzten Parameter unterscheiden sich **getInteger()** und **getDouble()** jedoch: Die Fließkommavariante erwartet hier die Anzahl der Nachkommastellen (siehe Abbildung 6.14). Für den Preis verwenden wir zwei.

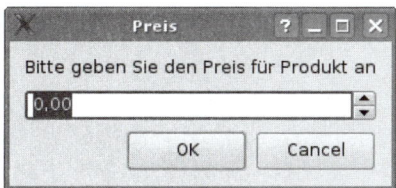

Abbildung 6.14:
QInputDialog::
getDouble() *arbeitet
hier nur mit zwei
Nachkommastellen*

Ob der Dialog abgebrochen wurde, erfährt man wieder über eine Hilfsvariable, deren Adresse man als letzten Parameter übergibt:

```
double getPreis(const QString& produkt, bool *ok)
{
return QInputDialog::getDouble(this, tr("Preis"),
            tr("Bitte geben Sie den Preis für %1 an").arg(produkt),
            0, 0, 2147483647, 2, &ok);
}
```

Der Wert **2147483647** ist dabei die maximale Zahl, die ein Integer darstellen kann.

Zeichenketten einlesen

Am häufigsten lässt man den Nutzer mit **QInputDialog()** eine Zeichenkette aus mehreren vorgegebenen, kurzen Strings auswählen. Dazu nutzt man die statische Methode **getItem()** (Abbildung 6.15): Sie erwartet eine **QStringList** und stellt deren Inhalt in einem Dropdown-Widget dar.

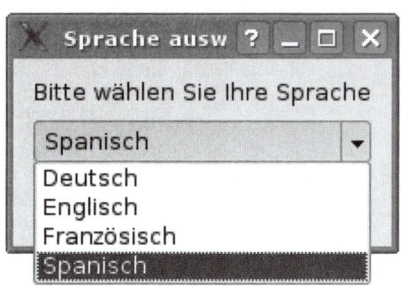

Abbildung 6.15:
QInputDialog::
getItem() *gibt den
ausgewählten String
zurück*

Wieder gibt man mit den ersten drei Parametern den Zeiger auf das Elternwidget, Überschrift und Nutzerabfrage an. Darauf folgt die Liste der anzuzeigenden Zeichenketten. Als nächstes folgt der Index des Listenelements, den das Dropdown-Widget zu Beginn anzeigt. Der vorletzte Parameter bestimmt, ob der Benutzer eigene Eingaben machen kann. In diesem Fall muss der Rückgabewert nicht unbedingt einem der vorgegebenen Einträge entsprechen. Der letzte Parameter kontrolliert wie gehabt, ob der Benutzer den Dialog mit **OK** oder **Abbrechen** beendet hat:

```
QStringList sprachen;
bool ok;
sprachen << "Deutsch" << "Englisch" << "Französisch" << "Spanisch";
QString sprache = QInputDialog::getItem(this, tr("Sprache auswählen"),
            tr("Bitte wählen Sie Ihre Sprache"), sprachen,
            0, false, &ok);

if (ok) {
    ...
}
```

Freitexte einlesen

Frei verfasste Texte liest man über die **QInputDialog**-Methode **getText()** ein. Das folgende Beispiel stellt den wohl häufigsten Verwendungszweck vor: die Eingabe eines Passworts.

Auf die Angaben zu Elternwidget, Überschrift und Text folgt hier die Darstellungsform, die aus dem **EchoMode**-Enumerator des Eingabewidgets **QLineEdit** stammt: **QLineEdit::NormalMode** stellt den Text wie eingegeben dar. **QLineEdit::NoEcho** gibt gar nichts aus, so dass für einen Zuschauer nicht ersichtlich ist, wieviele Zeichen **getText()** entgegennimmt. Das hier verwendete **QInputDialog::Password** gibt für jedes eingegebene Zeichen einen Platzhalter, in der Regel Sternchen oder kreisrunde Symbole, aus (Abbildung 6.16).

Abbildung 6.16:
QInputDialog::
getText() im
Passwort-Modus

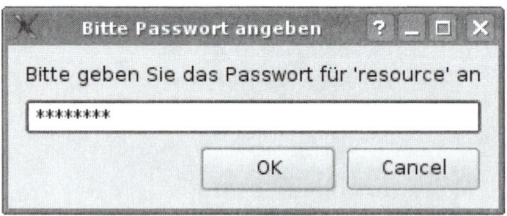

Da man für Passwörter gewöhnlich keine Standardwerte setzt, übergeben wir als vorletzten Parameter ein leeres **QString**-Objekt:

```
QString getPassword(const QString& resource)
{
QString passwd = QInputDialog::getText(this, tr("Bitte Passwort
                                        angeben"),
        tr("Bitte geben Sie das Passwort für '%1' an.").arg(resource),
        QLineEdit::Password, QString(), 0);
}
```

Unser letzter Parameter ist in diesem Beispiel eine 0 statt eines Zeigers auf eine bool-Variable, denn im Falle des Passworts genügt es, mit QString::isEmpty() zu prüfen, ob etwas eingegeben wurde. Da die letzten beiden Werte den Standardwerten entsprechen, kann man den Methodenaufruf in diesem Fall wie folgt verkürzen:

```
QString getPassword(const QString& resource)
{
QString QInputDialog::getText(this, tr("Bitte Passwort angeben"),
        tr("Bitte geben Sie das Passwort für '%1' an.").arg(resource),
        QLineEdit::Password);
}
```

6.5.5 Fontauswahldialog

Für die Beschreibung einer Schriftart ist in Qt die Klasse QFont zuständig. Jedes Widget verfügt über eine font()-Methode, die die akuelle Schrift als QFont-Objekt zurückliefert, und eine setFont()-Methode, die eine neue Schriftart setzt. QApplication kennt diese Methoden ebenfalls. Sie verändert bzw. verrät die Standardschriftart für neue Widgets.

Wenn es darum geht, Schriftarten durch den Benutzer auswählen zu lassen, kann man zu QFontDialog greifen (Abbildung 6.17).

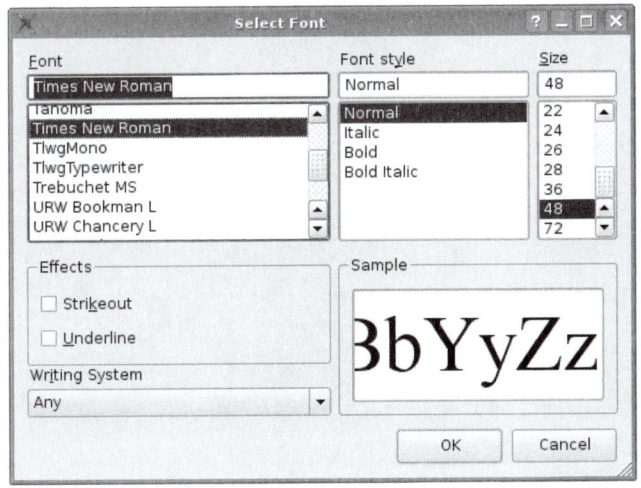

Abbildung 6.17:
QFontDialog::getFont()
zeigt einen
Standardfont an

Er verfügt über die statische Methode getFont(), die neben einem Zeiger auf das Elternwiget auch einen booleschen Wert annimmt, der true ist, wenn der Benutzer einen Font ausgewählt hat:

```
bool ok;
QFont font = QFontDialog::getFont(&ok, this);
```

Wer eine Schriftart vorgeben will, die von der Standardschriftart abweicht, kann folgenden Aufruf verwenden:

```
bool ok;
QFont initial("Times New Roman", 48);
QFont font = QFontDialog::getFont(&ok, initial, this);
```

Hier wählen wir den Font **Times New Roman**. Gibt es diese Schrift auf dem System nicht, versucht Qt eine Annäherung, indem es per Heuristik eine ähnliche Schrift wählt. Der zweite Parameter legt die Schriftgröße auf 48 Punkt fest.

6.5.6 Farbauswahl- und Druckdialog

Neben den bisher erwähnten Dialogen stellt Qt auch einen Farbauswahl- und einen Druckdialog zur Verfügung. Da ihre Verwendung erst nach einer ausführlicheren Einführung ins Farb- und Paintingsystem von Qt sinnvoll ist, stellt Kapitel 10 diese Dialoge auf den Seiten 273 und 301 vor.

Events, Drag&Drop und Zwischenablage

Seit Abschnitt 1.1 wissen wir, dass jedes interaktive Qt-Programm eine Ereignisschleife oder *Event-Loop* besitzt, denn GUI-basierte Programme sind von Ereignissen wie etwa Mausbewegungen beeinflusst, arbeiten also ereignisgesteuert.

7.1 Event-Loop und Event-Handler

Die Event-Loop hat zweierlei Aufgaben: Sie verwaltet Ereignisse, die sie vom verwendeten Fenstersystem erhält, etwa Anfragen zum Neuzeichnen eines Fensterbereichs. Dazu wandelt sie diese in Qt-eigene Ereignisse (*Events*) um. Events sind in Klassen gekapselt, die auf der Basisklasse QEvent beruhen.

Gleichzeitig generiert Qt auch eigene Events. Ein Beispiel dafür ist das QTimerEvent, das nach Ablauf einer vom Programmierer bestimmten Zeit ausgelöst wird. Auch solche Events basieren auf QEvent und werden von der Event-Loop verarbeitet.

Jedes QEvent hat einen Typ. Unterklassen von QEvent können darüber hinaus beliebig viele Informationen mitbringen, etwa – wie QMouseEvent – Meldungen über gedrückte Tasten und die Position des Mauszeigers.

Qt übergibt Events via QCoreApplication::postEvents() gezielt an bestimmte Objekte. Bedingung dafür ist, dass sie von QObject erben. Die Methode erwartet das Objekt als ersten Parameter, gefolgt von einem QEvent.

Kann das Event nicht sofort ausgeliefert werden, wird es in eine Warteschlage eingereiht und wartet auf seine Zustellung. Blockiert ein Programmteil die Event-Loop, so erscheint es dem Benutzer daher, als hätte sich das Programm „aufgehängt".

Um es auszuliefern, übergibt die Event-Loop das Event an die event()-Methode des Zielobjekts. Ihre Aufgabe ist es, die eingehenden Events entsprechend den Bedürfnissen der Klasse entweder zu behandeln oder zu ignorieren. Daher bezeichnet man diese Methode auch als *Event-Handler*.

Die Standardimplementierung von event() ruft für die wichtigsten Event-Handler eigene Methoden auf, die bereits die passende QEvent-Subklasse als Parameter verwenden. Diesen Fall werden wir nun betrachten.

7.2 Events behandeln

Dazu implementieren wir ein Widget, das im Wechsel von zehn Sekunden erst die Zeit im lokalen Darstellungsformat und danach das aktuelle Datum, ebenfalls im jeweiligen Format, ausgibt (Abbildung 7.1 auf Seite 187). Die Anzeige soll sich dabei jede Sekunde aktualisieren.

7.2.1 Spezialisierte Event-Handler verwenden

Die Uhr implementieren wir in einer Klasse namens ClockWidget, die wir von QLCDNumber, einer von Qt bereitgestellten Imitation einer LCD-Anzeige, ableiten:

```
// clockwidget/clockwidget.h

#ifndef CLOCKWIDGET_H
#define CLOCKWIDGET_H

#include <QLCDNumber>

class QTimerEvent;

class ClockWidget : public QLCDNumber
{
  Q_OBJECT
  public:
```

```
    ClockWidget(QWidget *parent = 0);

  protected:
    void timerEvent(QTimerEvent *e);

  private:
    int updateTimer, switchTimer;
    bool showClock;
};

#endif // CLOCKWIDGET_H
```

Neben dem Konstruktor interessiert uns vor allem der spezialisierte Event-Handler
timerEvent(), der die Uhrzeit aktualisieren wird. In den Variablen updateTimer und
switchTimer speichern wir Zahlen, die einen Timer eindeutig identifizieren. Der Status showClock entscheidet, ob gerade die Uhrzeit (showClock=true) oder das Datum (showClock=false) auf dem Widget erscheint.

Die Implementierung in clockwidget.cpp sorgt zunächst für die richtige Darstellungsform: Gewöhnlich zeigt QLCDNumber einen Rahmen um die Digitalanzei-
ge an. Diese Eigenschaft, die sie von QFrame geerbt hat, deaktivieren wir durch
den Frame-Style QFrame::NoFrame. Zusätzlich gewöhnen wir es dem Widget per
setSegmentStyle() ab, das LCD-Element mit Schatten und Umrandung zu zeichnen, indem wir QLCDNumber::Flat übergeben:

```
// clockwidget/clockwidget.cpp

#include <QtGui>
#include "clockwidget.h"

ClockWidget::ClockWidget(QWidget *parent)
  : QLCDNumber(parent), showClock(true)
{
  setFrameShape(QFrame::NoFrame);
  setSegmentStyle(QLCDNumber::Flat);

  updateTimer = startTimer(1000);
  switchTimer = startTimer(10000);

  QTimerEvent *e = new QTimerEvent(updateTimer);
  QCoreApplication::postEvent(this, e);
}
```

Nun brauchen wir zwei Timer. Jedes QObject ist in der Lage, eine Reihe solcher
Zeitgeber mit der Methode startTimer() zu starten. Als Argument erwartet sie die
Anzahl der Millisekunden, die vergehen müssen, bevor sie ein QTimerEvent auslöst,
das an das aktuelle Widget adressiert ist. QTimerEvent enthält zusätzlich eine Iden-
tifikationsnummer, die startTimer() zurückgibt. Damit können wir die beiden Timer
später im timerEvent() auseinanderhalten.

Damit wir nicht erst eine Sekunde warten müssen, bis zum ersten Mal eine Zeit auf dem Display erscheint, versenden wir manuell ein Timer-Event mit der ID des **up-dateTimer** über die **postEvent()**-Methode von **QCoreApplication**. Wie auch später bei den von den Timern selbst generierten Events geben wir als Ziel das aktuelle Widget, also **this**, an.

In der **timerEvent()**-Methode prüfen wir zunächst, ob der Zeiger auf das Event tatsächlich gültig ist – sicher ist sicher. Der **switchTimer** schaltet lediglich die **showClock**-Variable um, während die eigentliche Arbeit im zweiten Block wartet, den der **updateTimer** durchläuft:

```cpp
// clockwidget/clockwidget.cpp (fortgesetzt)

void ClockWidget::timerEvent(QTimerEvent *e)
{
  if (!e) return;

  if (e->timerId() == switchTimer)
    showClock = !showClock;

  if (e->timerId() == updateTimer) {
    if (showClock) {
      QTime time = QTime::currentTime();
      QString str = time.toString(Qt::LocalDate);
      setNumDigits(str.length());
      display(str);
    } else {
      QDate date = QDate::currentDate();
      QString str = date.toString(Qt::LocalDate)
      setNumDigits(str.length());
      display(str);
    }
  }
}
```

Zunächst ermitteln wir dort die aktuelle Zeit. Für die Handhabung von Zeit ist in Qt die Klasse **QTime** zuständig. Deren statische Methode **currentTime()** liefert die aktuelle Systemzeit in einem **QTime**-Objekt. Diese Zeit verwandelt **toString()** in einen **QString**. **Qt::LocalDate** weist die Methode an, die Ländereinstellungen[1] des Benutzers zu berücksichtigen. Schließlich müssen wir der Anzeige mitteilen, wieviele LCD-Ziffernstellen wir benötigen. Dies leiten wir aus der Stringlänge ab und zeigen den String per **display()** an.

---

[1] Unter Linux und Unix als auch *Locales* bekannt.

Abbildung 7.1:
Unser ClockWidget
zeigt im Wechsel Zeit
(oben) und Datum
(unten) an

QLCDNumber kann nicht alle alphanumerischen Zeichen darstellen, kommt jedoch mit allen für Datum und Uhrzeit relevanten Zeichen (0–9, Schrägstrich, Doppelpunkt und Punkt) klar. setNumDigits() ändert übrigens nicht die Größe des Widgets, der Text wird nur mit zunehmender Ziffernanzahl immer kleiner.

Falls showClock auf false steht, das Widget also das Datum anzeigen soll, verfahren wir mit der Klasse QDate, die in Qt für die Verwaltung von Datumsangaben zuständig ist, äquivalent, denn ihre API entspricht nahezu der von QTime.

Damit können wir unser Widget mit folgendem Testprogramm ausprobieren (Abbildung 7.1 zeigt das Ergebnis in Form zweier im Abstand von zehn Sekunden aufgenommener Screenshots):

```cpp
// clockwidget/main.cpp

#include <QtGui>
#include "clockwidget.h"

int main(int argc, char* argv[])
{
  QApplication app(argc, argv);

  ClockWidget w;
  w.show();

  return app.exec();
}
```

7.2.2   Den allgemeinen Event-Handler verwenden

Statt das Timer-Event spezifisch zu behandeln, können wir auch den Event-Handler event() benutzen. Da er alle Arten von Events empfängt, müssen wir hier zunächst den Event-Typ prüfen, denn wir interessieren uns nur für Timer-Events.

Um an die **timerId()**-Methode zu gelangen, wird ein Cast auf **QTimerEvent** notwendig:

```
bool ClockWidget::event(QEvent *e)
{
  if (!e) return;

  if (e->type() == QEvent::Timer)
  QTimerEvent *te = static_cast<QTimerEvent*>(e);
  if (te->timerId() == switchTimer) {
    showClock = !showClock;
    return true;
  }

  if (te->timerId() == updateTimer) {
    // Behandung des Timer-Events wie eben
    ...
    return true;
  }
  return QObject::event(e);
}
```

Jetzt können wir mit der Variablen **te** weiterarbeiten, als ob wir uns in der Methode **timerEvent()** (siehe Seite 186) befänden. Als weitere Besonderheit gibt **event()** im Gegensatz zu spezialisierten Event-Handlern einen booleschen Rückgabewert zurück. Er verrät, ob ein Event behandelt wurde oder nicht.

Wenn wir **event()** überschreiben, dürfen wir nicht vergessen, alle Events, die wir *nicht* behandeln, an die **event()**-Methode der Oberklasse weiterzuleiten. Anderenfalls würde **QObject::event()** niemals aufgerufen, und das Event-Handling unserer Klasse wäre nachhaltig gestört.

Daher gilt: Wo immer es spezialisierte Event-Handler gibt, sollte man sie nutzen, nicht zuletzt, weil sie immer den korrekten Event-Typen liefern und schon mit einem Blick auf die Klassendeklaration erkennbar wird, welche Events die Klasse überschreibt.

7.3 Eventfilter nutzen

Neben den Event-Handlern, mit denen **QObject**-basierte Klassen auf ihre eigenen Events reagieren, besitzen all diese Klassen sogenannte *Eventfilter*. Damit kann ein Objekt A die Events eines Objekts B empfangen und verarbeiten. Danach entscheidet es, ob es die Events an B weiterleiten oder sie filtern möchte.

Ehe man Events filtern kann, muss der Eventfilter installiert werden: Dazu rufen wir im Konstruktor von A, das B überwachen soll, **installEventFilter()** auf:

```
b->installEventFilter(this);
```

Nun tritt B all seine Events zunächst an A ab und überlässt A die Entscheidung, ob es das Event filtert oder an B durchlässt. Dazu dient die Methode **eventFilter()** mit folgender Signatur:

```
bool QObject::eventFilter(QObject *watched, QEvent *e);
```

Diese muss A reimplementieren. Der Parameter **watched** erlaubt die Unterscheidung mehrerer überwachter Objekte, **e** ist das zu filternde Event.

Der Rückgabewert gibt dem Eventsystem von Qt einen Hinweis, wie es mit dem Event weiter verfahren soll. Gibt man **false** zurück, wird es weitergeleitet, während **true** eine Filterung bewirkt. Somit kommt das Event nicht bei dem Objekt an, für das es ursprünglich vom Sender gedacht war.

Klassen mit Eventfilter können auf diese Art das Verhalten **QObject**-basierter Objekte verändern. Dies ist vor allem dann von Vorteil, wenn man Widgets nicht wegen Kleinigkeiten mit modifiziertem Event-Handler reimplementieren möchte.

Ein klassisches Beispiel für den Einsatz von Event-Handlern ist ihr Gebrauch in Chat-Dialogen, bei denen man **QTextEdit** verwendet. Dort sollen, entgegen der Standardimplementierung der Klasse, die Tasten (Return) und (Enter) keine neue Zeile beginnen, sondern das Geschriebene absenden.[2] Die Deklaration in **chatwindow.h** sieht wie folgt aus:

```
// chatwindow/chatwindow.h

#ifndef CHATWINDOW_H
#define CHATWINDOW_H

#include <QWidget>

class QTextBrowser;
class QTextEdit;
class QEvent;

class ChatWindow : public QWidget
{
  Q_OBJECT
  public:
    ChatWindow(QWidget *parent = 0);
    bool eventFilter(QObject *watched, QEvent *e);
    void submitChatText();

  private:
    QTextBrowser *conversationView;
    QTextEdit *chatEdit;
};
#endif // CHATWINDOW_H
```

[2] Obwohl (Return) und (Enter) im allgemeinen Sprachgebrauch synonym verwendet werden, handelt es sich strenggenommen um zwei verschiedene Tasten, was sich im Code niederschlägt.

Die Methode **submitChatText()** ist für das Versenden des Textes zuständig. In diesem Beispiel besteht ihre einzige Aufgabe darin, den geschriebenen Text aus der **QTextEdit**-Instanz **chatEdit** in die Unterhaltungsansicht **conversationView** einzufügen. Wir speichern die Widgetzeiger daher als Membervariablen ab.

In der Implementierung **chatwindow.cpp** implementieren wir zunächst den Konstruktor: Wir legen zuerst einen vertikalen Splitter mit einem **QVBoxLayout** ins Widget. In den Splitter hinein kommt zuoberst die Unterhaltungsansicht, gefolgt vom eigentlichen Eingabewidget **chatEdit**:

```
// chatwindow/chatwindow.cpp

#include <QtGui>
#include "chatwindow.h"

ChatWindow::ChatWindow(QWidget *parent)
  : QWidget(parent)
{
  QVBoxLayout *lay = new QVBoxLayout(this);
  QSplitter *splitter = new QSplitter(Qt::Vertical, this);
  lay->addWidget(splitter);
  conversationView = new QTextBrowser;
  chatEdit = new QTextEdit;
  splitter->addWidget(conversationView);
  splitter->addWidget(chatEdit);
  chatEdit->installEventFilter(this);
  setWindowTitle(tr("Chatfenster"));
  setTabOrder(chatEdit, conversationView);
};
```

Nun installieren wir den Eventfilter im Eingabewidget. Dessen Ziel ist **ChatWindow** selbst: Wir müssen keine spezialisierte Unterklasse zu **QTextEdit** schreiben.

Schließlich setzen wir den Fenstertitel und legen mit **setTabOrder()** die Reihenfolge fest, in der die Widgets innerhalb von **ChatWindow** den Fokus erhalten, wenn der Benutzer die ⬚Tab⬚-Taste drückt. Der Aufruf bewirkt hier, dass **chatEdit** den Fokus vor **conversationView** erlangt, so dass der Benutzer nach dem Programmstart sofort lostippen kann. Gleichzeitig erhält **chatEdit** den Fokus, sobald die **show()**-Methode einer **ChatWindow**-Instanz aufgerufen wird.

Bisher haben wir in Kapitel 3.1.5 ab Seite 84 nur kennengelernt, wie man die Tabulatorreihenfolge mit Hilfe des Qt-Designers festlegt. Wer den von **uic** generierten C++-Code liest, stellt fest, dass der Designer die festgelegte Tab-Reihenfolge ebenfalls in eine Reihe von **setTabOrder()**-Aufrufen umwandelt.

Widmen wir uns nun dem Kernstück des Beispiels, der **eventFilter()**-Methode:

```
// chatwindow/chatwindow.cpp (fortgesetzt)

bool ChatWindow::eventFilter(QObject *watched, QEvent* e)
```

```
{
  if (watched == chatEdit && e->type() == QEvent::KeyPress) {
    QKeyEvent *ke = static_cast<QKeyEvent*>(e);
    if (ke->key() == Qt::Key_Enter ||
        ke->key() == Qt::Key_Return) {
      submitChatText();
      return true;
    }
  }
  return QWidget::eventFilter(watched, e);
}
```

Mit einem Zeigervergleich überprüfen wir zunächst, ob der Filter überhaupt gerade **chatEdit** behandelt und ob es sich um einen Tastendruck (**QEvent::KeyPress**) handelt. Nachdem wir dies sichergestellt haben, casten wir das Event **e** mit einem **static_cast** in seinen ursprünglichen Event-Typ **QKeyEvent**.

Dies ist nötig, um an die **key()**-Methode heranzukommen, mit der wir nun prüfen, ob es sich bei dem gedrückten Key um die Tasten (Enter) oder (Return) handelt. Ist dies der Fall, rufen wir **submitChatText()** auf und fordern Qt mit **return true** auf, das Event zu filtern, es also nicht weiterzureichen. In allen anderen Fällen reichen wir den Aufruf an die Oberklasse weiter, da sich einige Qt-Klassen ebenfalls auf Event-Filter verlassen.

Die Methode **submitChatText()**, die in einem wirklichen Chat-Client auch für die Weiterleitung des Textes zuständig wäre, hängt in unserem Beispiel nur den getippten Text an die Unterhaltungsansicht an und leert das Textfenster:

```
// chatwindow/chatwindow.cpp (fortgesetzt)

void ChatWindow::submitChatText()
{
    // Text als neuen Absatz anfügen
    conversationView->append(chatEdit->toPlainText());
    // Chatfenster leeren
    chatEdit->setPlainText("");
}
```

Auch diese Klasse prüfen wir wieder mit einem kurzen Testprogramm auf seine Funktionsfähigkeit, indem wir, nachdem wir **ChatWindow** instanzieren und anzeigen, eine Event-Loop via **QApplication::exec()** starten:

```
// chatwindow/main.cpp

#include <QtGui>
#include "chatwindow.h"

int main(int argc, char* argv[])
{
```

```
    QApplication app(argc, argv);
    ChatWindow win;
    win.show();
    return app.exec();
}
```

7.4   Drag&Drop

Auch die Drag&Drop-Funktionalität, also die Fähigkeit, Informationen zwischen zwei Widgets innerhalb des Programms oder zwischen zwei Applikationen per Maus zu transferieren, ist in Qt über Events geregelt (Abbildung 7.2 auf Seite 194). Jedes Event verfügt in **QWidget**-basierten Klassen über einen eigenen Event-Handler.

7.4.1   MIME-Typen

Dabei stellt sich zunächst die Frage, wie die Informationen kodiert werden, damit man sie überhaupt per Drag&Drop zwischen zwei Widgets transferieren kann. Die Antwort gibt die Klasse **QMimeData**: Sie dient als Container für Daten, wobei deren Art im MIME-Typ festgelegt wird.[3] Ein PNG-Bild hat beispielsweise den MIME-Typ **image/png**, ein normaler ASCII-Text **text/plain**.

Es ist auch möglich, eigene MIME-Typen zu verwenden, die nur die eigene Anwendung versteht. Deren Namen legt man nach dem Schema **application/x-***hersteller.* *inhaltsbezeichner* fest (Seite 240 gibt ein Beispiel).

Im nachfolgenden Beispiel verpacken wir ein Bild und „versenden" es per Drag. Dazu schreiben wir ein **QLabel**-basiertes Widget, das den Pfad zu einem Bild erwartet, dieses anzeigt und es erlaubt, dieses per Drag&Drop in andere Anwendungen einzufügen.

Die folgende Hilfsfunktion namens **prepareImageDrag()** verpackt das Bild in einem **QMimeData**-Objekt:

```
QMimeData* prepareImageDrag(const QString& path)
{
  QFile file(path);
  if (!file.open()) return;
  QByteArray image = file.readAll();
  QMimeData *mimeData = new QMimeData;
  mimeData->setData("image/png", pngImage);
  return mimeData;
}
```

---

[3] MIME steht für *Multipurpose Internet Mail Extensions* und ist in den RFCs 2045, 2046 und 2047 beschrieben.

Glücklicherweise bringt **QMimeData** für die wichtigsten Datentypen bereits eigene Kodiermethoden mit, so etwa für Farben, HTML, unformatierten Text und URLs. Daher genügt in der Praxis folgende Routine, um ein Bild zu kodieren:

```
QMimeData* prepareImageDrag(const QString& path)
{
  QImage bild(path);
  QMimeData *mimeData = new QMimeData;
  mimeData->setImageData(bild);
  return mimeData;
}
```

Qt stellt das Bild über **setImageData()** sogar in verschiedenen Formaten zur Verfügung. **QMimeData** kann in einem Objekt mehrere MIME-Typen samt Daten speichern. Qt bietet beim Draggen alle unterstützten Bildformate an, bevorzugt dabei aber PNG, da dieses die beste Qualität aufweist. Das Programm, das den Drop empfängt, geht dann die Liste der MIME-Typen durch und wählt die Daten des ersten MIME-Typen, mit dem es umgehen kann.

Diese Eigenschaft nutzen wir aus, um den Pfad des Bilds mit anzugeben: Wir verpacken ihn in einem **QUrl**-Objekt, das ihn in eine RFC-konforme URL umwandelt, und fügen zusätzlich die normalisierte Pfadangabe als Text ein:

```
// draglabel/draglabel.cpp

#include <QtGui>

QMimeData* prepareImageDrag( const QString& path )
{
  QImage bild( path );
  QMimeData *mimeData = new QMimeData;
  mimeData->setImageData( bild );
  QList<QUrl> urls;
  QUrl imageUrl( path );
  urls.append( imageUrl );
  mimeData->setUrls( urls );
  mimeData->setText( imageUrl.path() );
  return mimeData;
}
```

Wir verwenden die Variable **path** hier mit Absicht nicht direkt: Bekommen wir einen relativen Pfad übergeben, kann das bei Drag&Drop zwischen Applikationen mit verschiedenen Arbeitsverzeichnissen zum Problem werden. **QUrl** jedoch löst relative Pfade auf.

Ein Programm, das einen Drag mit diesen MIME-Daten erhält, stößt nun zunächst auf die Bilddaten. Kann es keine Bilder verwalten, überprüft es als nächstes, ob es mit URLs umgehen kann, was beispielsweise bei einem Dateimanager oder einem

Webbrowser der Fall ist. Schlagen alle Versuche fehl, kann das Programm immer noch auf den Pfad in Textform zugreifen, so dass selbst ein Editor als Drop-Target in Frage kommt. Diese flexible Variante verwenden wir in unserem Beispiel.

Abbildung 7.2:
Für jeden
Drag&Drop-Schritt in
Qt ist ein spezieller
Event-Handler
zuständig

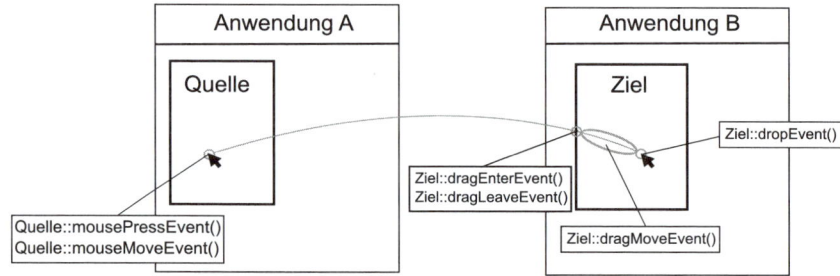

7.4.2 Die Drag-Seite

Doch wie kommen die MIME-Daten von einem Widget in einem Teil unseres Programms in einen anderen – oder gar in eine ganz andere Applikation? Um das zu klären, zeigt Abbildung 7.2 den Ablauf einer typischen Drag&Drop-Operation.

Wann ein Drag beginnt, bestimmt das Quellwidget. Ist das Widget nicht anklickbar, was beispielsweise bei Labels der Fall ist, so genügt es, **mousePressEvent()** zu überschreiben und bei einem Klick auf ein Widget einen Drag auszulösen:

```
// draglabel/draglabel.cpp (fortgesetzt)

void DragLabel::mousePressEvent(QMouseEvent *event)
{
  if (event->button() == Qt::LeftButton) {
    QMimeData* data = prepareImageDrag(picPath);
    QDrag *drag = new QDrag(this);
    drag->setMimeData(data);
    if (pixmap())
      drag->setPixmap(pixmap()->
        scaled(100,100, Qt::KeepAspectRatio));
    drag->start();
  }
}
```

Erst überprüfen wir, ob der Benutzer den linken Mausbutton gedrückt hält. Dann bereiten wir das **QMimeData**-Objekt mit der Hilfsfunktion **prepareImageDrag()** (Seite 193) vor. Den Pfad erhalten wir aus der Membervariablen **picPath**. Der Konstruktor holt sich mit Hilfe der **QLabel::setPixmap()**-Methode das Bild, das das Label anzeigt, aus dem gegebenen Pfad:

```
// draglabel/draglabel.cpp (fortgesetzt)

#include "draglabel.h"

DragLabel::DragLabel(const QString& path, QWidget *parent)
  : QLabel(parent), picPath(path)
{
  setPixmap(QPixmap(path));
}
```

Um den eigentlichen Drag zu starten, genügt es im **mousePressEvent()**, ein neues **QDrag**-Objekt zu instanzieren und es mittels **setMimeData()** mit den MIME-Daten auszustatten.

Zusätzlich weisen wir dem Drag das Bild aus dem Label zu, auf das wir mit **pixmap()** einen Zeiger erhalten. Die grafische Oberfläche verknüpft es mit dem Mauszeiger, um so den Inhalt des Drag-Objekts zu visualisieren. Drags müssen also kein Bild gesetzt haben, aber aus Usability-Sicht empfiehlt es sich, da der Benutzer dann sieht, womit er jongliert. Wir müssen jedoch Sorge tragen, dass das Bild in der Vorschaugröße bleibt. Dazu geben wie eine mit **scaled()** herunterskalierte Version an. **KeepAspectRatio** weist die Methode an, die Seitenverhältnisse beizubehalten, dabei jedoch auf keiner Seite die maximale Größe von 100 Pixeln zu überschreiten.

drag->start() beginnt die eigentliche Drag-Aktion. Im Schema aus Abbildung 7.2 entspricht die Quelle unserem **DragLabel**.

Um das Widget zu testen, schreiben wir ein kleines Programm, das als Argument den Pfad einer für Qt lesbaren Bilddatei verlangt. Ist dieser vorhanden, übergeben wir ihn **DragLabel** beim Instanzieren:

```
// draglabel/main.cpp

#include <QtGui>
#include "draglabel.h"

int main( int argc, char* argv[] )
{
  QApplication app( argc, argv );

  if (argc < 2) return 1;

  DragLabel w(argv[1]);
  w.setWindowTitle(QObject::tr("Zieh mich!"));
  w.show();

  return app.exec();
}
```

Das Programm sieht dann etwa aus wie in Abbildung 7.3. Das Bild können wir in verschiedene Programme ziehen, etwa in Gimp oder Paint, und sehen, was passiert.

Abbildung 7.3:
Das DragLabel *mit*
dem Qt-4-Logo

7.4.3 Die Drop-Seite

Um den in Abbildung 7.2 auf Seite 194 skizzierten Drag&Drop-Vorgang vollständig nachzuvollziehen, entwerfen wir nun das Gegenstück zum vorherigen Programm, das wir **DropLabel** nennen.

Jedes Widget, das Drops annehmen soll, muss diese Fähigkeit zunächst im Konstruktor per **setAcceptDrops(true)** aktivieren:

```cpp
// droplabel/droplabel.cpp

#include <QtGui>
#include "droplabel.h"

DropLabel::DropLabel(QWidget *parent)
  : QLabel(parent)
{
  setAcceptDrops(true);
}
```

Auftretende Events

Das erste Event, das das Widget behandeln muss, tritt ein, sobald sich der Mauszeiger ins Widget bewegt. Entsprechend müssen wir im **dragEnterEvent()**-Handler prüfen, ob unser Widget die im Drag-Objekt enthaltenen MIME-Typen überhaupt bearbeiten kann. Zu diesem Zweck greifen wir über die **mimeData()**-Methode auf das **QMimeData**-Objekt zu:

```cpp
// droplabel/droplabel.cpp (fortgesetzt)


void DropLabel::dragEnterEvent(QDragEnterEvent *event)
```

```
{
  if (event && event->mimeData()) {
    const QMimeData* md = event->mimeData();
    if (md->hasImage() || md->hasUrls() || md->hasText())
      event->acceptProposedAction();
  }
}
```

Wir kontrollieren dessen Inhalt und akzeptieren die Drop-Aktion via **acceptProposedAction()**, sobald wir entweder ein Bild, eine Menge von URLs oder einen Text vorfinden. Anderenfalls zeigt der Mauszeiger ein Kreuz an und signalisiert dem Benutzer so, dass das Widget den Drop nicht akzeptieren wird. Wer will, kann hier auch genauere Kontrollen durchführen, sollte sich aber bewusst sein, dass zu aufwändiges Prüfen an dieser Stelle ggf. dazu führt, dass das Widget nicht rechtzeitig über den Mauscursor signalisieren kann, dass es den Drag annimmt.

Wer innerhalb des Widgets zusätzlich Kontrollen durchführen möchte, etwa um Drops nur in speziellen Bereichen zu erlauben, implementiert **dragMoveEvent()**. Die Funktion erhält einen Zeiger auf ein **QDragMoveEvent**, mit dem sich beispielsweise über **pos()** die aktuelle Position im Widget überprüfen lässt. Auch diese Methode muss **acceptProposedAction()** auf dem Event aufrufen, wenn das Widget an einer bestimmten Stelle einen Drop akzeptieren soll. Generell ist es aber nicht nötig, dieses Event zu überschreiben.

Der Vollständigkeit halber soll auch **dragLeaveEvent()** nicht unerwähnt bleiben. Dieser Event-Handler wird im Normalfall nicht gebraucht, kann aber in speziellen Fällen genutzt werden, um Änderungen, die **dragEnterEvent()** oder **dragMoveEvent()** am aktuellen Widget durchgeführt haben, wieder rückgängig zu machen.

Der dropEvent()-Handler

Das Herzstück einer Drop-Operation ist der **dropEvent()**-Handler; hier dekodieren wir das **mimeData()**-Objekt. Danach ist der Drag&Drop-Vorgang abgeschlossen:

```
// droplabel/droplabel.cpp (fortgesetzt)

void DropLabel::dropEvent(QDropEvent *event)
{
  QPixmap pix;
  if(event && event->mimeData()) {
    const QMimeData *data = event->mimeData();
    if (data->hasImage())
      pix = data->imageData().value<QPixmap>();
    else if(data->hasUrls())
      foreach(QUrl url, data->urls()) {
        QFileInfo info(url.toLocalFile());
```

```
          if(info.exists() && info.isFile())
            pix = QPixmap(url.toLocalFile());
          if (pixmap() && !pixmap()->isNull())
            break;
        }
        else if(data->hasText()) {
          QUrl url(data->text());
          QFileInfo info(url.toLocalFile());
          if(info.exists() && info.isFile())
            pix = QPixmap(url.toLocalFile());
        }
      }
      if (!pix.isNull()) {
        setPixmap(pix);
        resize(pix.size());
      }
    }
```

Dass das **QMimeData**-Objekt **const**, also schreibgeschützt ist, bedeutet, dass wir nicht für die Freigabe seines Speichers zuständig sind.

Liegt das Bild als Datenstrom in der **QMimeData**-Instanz vor (**hasImage()**), konvertieren wir diesen in eine Pixmap. Da **imageData()** einen **QVariant** zurückgibt und **QPixmap** ein Bestandteil des QtGui-Moduls ist, von dem das in QtCore „lebende" **QVariant** keine Kenntnis hat, helfen wir uns mit der **QVariant**-Template-Methode **value<*typ*>()**, der wir **QPixmap** als Typ übergeben.

Wenn die MIME-Daten stattdessen URLs bereithalten, wandeln wir sie mit **toLocal-File()** zunächst in lokale Dateipfade um. Ist der Pfad nicht lokal, gibt die Methode einen leeren String zurück.

Mittels **QFileInfo** prüfen wir den Pfad jetzt auf seine Existenz und auch darauf, ob es sich tatsächlich um eine Dateiangabe handelt. Ist dies der Fall, versuchen wir, die Datei als Bilddatei auszulesen. Schlägt dies fehl, wird **pix** zum Null-Objekt, muss also auf **isNull()** mit **true** antworten. Sobald wir eine gültige URL gefunden haben, überspringen wir die anderen URLs mit **break**.

Es kommt manchmal vor, dass **QMimeData** mehrere URLs für das gleiche Objekt enthält. So referenziert die Desktopumgebung KDE Dateien auf externen Datenträgern zuerst mit einer **media:/**-URL, liefert aber zusätzlich für Nicht-KDE-Programme den passenden traditionellen Unix-Pfad.

Weil sich auch in unformatiertem Text Dateiangaben befinden können, versuchen wir, den Text-Teil der MIME-Daten als URL zu interpretieren und daraus eine Pixmap zu gewinnen.

Verlief einer unserer Extrahierungsversuche erfolgreich, wird das mit Daten gefüllte **pix** zur neuen Label-Pixmap, und wir passen das Label der Pixmap-Größe an.

Auch dieses Beispiel stellen wir mit einem kleinen Testprogramm auf die Probe. Statt eines **DragLabel**s instanzieren wir hier ein **DropLabel** und blähen es zu einer initialen Größe von 100x100 Pixeln auf, so dass ausreichend Platz zum Fallenlassen von Objekten bereitsteht:

```cpp
// droplabel/main.cpp

#include <QtGui>
#include "droplabel.h"

int main( int argc, char* argv[] )
{
  QApplication app( argc, argv );

  DropLabel w;
  w.setWindowTitle(QObject::tr("Fallen lassen!"));
  w.resize(100,100);
  w.show();

  return app.exec();
}
```

Ziehen wir das Bild aus dem **DragLabel**-Beispiel von Seite 195 auf das **DropLabel**-Fenster, akzeptiert das Widget den Drop. Lässt man die Taste los, zeigt das **Drop-Widget**, wie in Abbildung 7.4 zu sehen, die Grafik an. Drops von Dateimanagern aus verarbeitet das Programm dank seiner Fähigkeit, URLs zu interpretieren, ebenfalls.

Abbildung 7.4:
Das DropLabel,
nachdem es den Drop
mit dem Qt-4-Logo
empfangen hat

7.5 Die Zwischenablage

Für den Umgang mit der Zwischenablage des Systems, im englischen *Clipboard* genannt, ist in Qt die **QClipboard**-Klasse zuständig. Sie hat zwar nichts mit Events zu tun, teilt aber das Konzept der MIME-Daten mit dem Qt-Drag&Drop-System.

Dabei braucht man das Objekt nicht einmal instanzieren, denn **QApplication** stellt bereits eine Instanz zur Verfügung. Mit ihr lässt sich beispielsweise der Inhalt des Clipboards auslesen oder neuer Text darin unterbringen:

```
QClipboard *clipboard = QApplication::clipboard();
qDebug() << clipboard->text();
clipboard->setText(newText);
```

Das Clipboard kann aber auch komplexere Daten speichern und ist in der Lage, mehrere Daten abhängig vom MIME-Typ zu speichern. Entsprechend übertragen die Methoden **mimeData()** und **setMimeData()** die MIME-Daten aus vorhandenen **QMimeData**-Objekten in die Zwischenablage und umgekehrt.

Um zu demonstrieren, wie nahe sich Zwischenablage und das Drag&Drop-System stehen, schreiben wir eine kleine Testanwendung namens **drag2clip**. Ihr Herzstück ist eine Klasse namens **D2cLabel**, die Daten, die sie per Drop erhalten hat, in die Zwischenablage kopiert. Umgekehrt enthält jeder Drag den Inhalt der Zwischenablage.

Die Klasse umfasst neben dem Konstruktor und den drei für Drag&Drop notwendigen Event-Handlern **mousePressEvent()**, **dragEnterEvent()** und **dropEvent()** die Methode **cloneMimeData()**. Diese erstellt eine identische Kopie eines schreibgeschützten **QMimeData**-Objekts, wie wir es von **QClipboard** oder **QDropEvent** erhalten:

```
// drag2clip/d2clabel.h

#ifndef D2CWIDGET_H
#define D2CWIDGET_H

#include <QLabel>
class QMimeData;

class D2cLabel : public QLabel
{
  Q_OBJECT
  public:
    D2cLabel(QWidget *parent = 0);

    void mousePressEvent(QMouseEvent *event);
    void dragEnterEvent(QDragEnterEvent *event);
    void dropEvent(QDropEvent *event);

  protected:
    QMimeData* cloneMimeData(const QMimeData *data);
};

#endif // D2CWIDGET_H
```

Im Konstruktor versehen wir das Label mit einer Beschriftung und erlauben Drops darauf. Dank **setWordWrap(true)** umbricht das Label den Text, sobald er länger wird als das Widget breit ist. Indem wir den Text mit **<center>**-Tags umschließen, erreichen wir, dass er zentriert erscheint:

```
// drag2clip/d2clabel.cpp

#include <QtGui>
#include "d2clabel.h"

D2cLabel::D2cLabel(QWidget *parent)
  : QLabel(parent)
{
  setWordWrap(true);
  setText(tr("<center>Ziehen Sie den aktuellen Text aus der "
             "Zwischenablage hier weg oder füllen Sie das Clipboard, "
             "indem Sie neuen Text per Drag\&Drop hier ablegen!"
             "</center"));
  setAcceptDrops(true);
}
```

Im **mousePressEvent()** holen wir die MIME-Daten der Zwischenablage und prüfen den Zeiger dorthin auf Gültigkeit. Ist alles in Ordnung, erzeugen wir ein **QDrag**-Objekt und transferieren die MIME-Daten dort hinein:

```
// drag2clip/d2clabel.cpp (fortgesetzt)

void D2cLabel::mousePressEvent(QMouseEvent *event)
{
  if (event->button() == Qt::LeftButton) {
    const QMimeData *mimeData = QApplication::clipboard()->mimeData();
    if (!mimeData) return;
    QDrag *drag = new QDrag(this);
    drag->setMimeData(cloneMimeData(
                          QApplication::clipboard()->mimeData()));
    drag->start();
  }
}
```

An dieser Stelle benötigen wir **cloneMimeData()**, denn wir haben keine Informationen über die MIME-Typen aus der Zwischenablage und ihre Lebensdauer, die auch die Gültigkeit des **mimeData()**-Zeigers von **QApplication::clipboard()** beeinflusst. Die geklonte **QMimeData**-Instanz hingegen können wir ruhigen Gewissens an das **QDrag**-Objekt übergeben und den Drag-Vorgang mit **start()** initiieren.

Nun kommt der Drop-Gegenpart an die Reihe: **dragEnterEvent()** akzeptiert alles, schließlich wollen wir alle Daten in die Zwischenablage lassen:

```
// drag2clip/d2clabel.cpp (fortgesetzt)

void D2cLabel::dragEnterEvent(QDragEnterEvent *event)
{
  event->acceptProposedAction();
}
```

dropEvent() geht genau den entgegengesetzten Weg von **mousePressEvent()** und klont, nach vorheriger Gültigkeitsüberprüfung der Zeiger, die MIME-Daten aus dem **QDropEvent**, um sie an die **QClipboard**-Instanz weiterzureichen:

```
// drag2clip/d2clabel.cpp (fortgesetzt)

void D2cLabel::dropEvent(QDropEvent *event)
{
  if(event && event->mimeData()) {
    QApplication::clipboard()->setMimeData(cloneMimeData
                                 (event->mimeData()));
  }
}
```

Abbildung 7.5:
Drag2Clip vermittelt
zwischen
Drag&Drop-System
und Zwischenablage

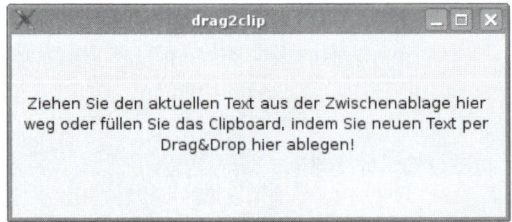

cloneMimeData() schließlich bedient sich der **formats()**-Methode, die alle MIME-Typen als Stringliste enthält. Diese Liste verwenden wir, um die Daten eines Eintrags samt MIME-Typ mit der Methode **data()** auszulesen. Diese kopieren wir mit Hilfe von **setData()** in ein neues **QMimeData**-Objekt. Auf diese Weise erhalten wir eine inhaltlich exakte Kopie:

```
// drag2clip/d2clabel.cpp (fortgesetzt)


QMimeData* D2cLabel::cloneMimeData(const QMimeData *data)
{
  if (!data)
    return 0;

  QMimeData *newData = new QMimeData;
  foreach(QString format, data->formats())
    newData->setData(format, data->data(format));

 return newData;
}
```

Die Testapplikation, mit der wir die Funktionsfähigkeit nachweisen wollen, instanziert das **D2cLabel** und setzt es, wie schon zuvor beim **DropLabel**, auf eine Größe von 400x150 Pixeln, damit genügend Fläche als „Drop-Space" zur Verfügung steht:

```
// drag2clip/main.cpp

#include <QtGui>
#include "d2clabel.h"

int main( int argc, char* argv[] )
{
  QApplication app( argc, argv );

  D2cLabel w;
  w.resize(400, 150);
  w.setWindowTitle(QObject::tr("Drag2Clip"));
  w.show();

  return app.exec();
}
```

Das visuelle Ergebnis unserer Bemühungen zeigt Abbildung 7.5. Interessant wird die
Applikation aber nur dann, wenn man Daten auf das Widget zieht und anschließend
aus der Zwischenablage herausholt oder etwas in die Zwischenablage kopiert, um
es per Drag&Drop aus dem Widget woanders einzufügen.

Datenvisualierung mit Interview

In GUI-Anwendungen präsentiert man Daten oft in Listen- und Tabellenansichten, die auch verschachtelt sein können. Dabei verfolgen Programmierer häufig einen sehr einfachen Ansatz: Sie fügen Werte in Listen ein. Tragen sie dabei nur Zeichenketten ein, lassen sich die Einträge hinterher nicht mehr eindeutig identifizieren, vor allem dann nicht, wenn Dopplungen erlaubt sind oder der Benutzer die Listen manipulieren darf. Qt 4 unterstützt daher keine rein String-basierten Listenansichten.

Als zweite Visualisierungsmöglichkeit bietet sich ein Verfahren an, bei dem alle Einträge eigene Objekte in einer Liste sind. Auf Seite 156 haben wir uns bereits mit solchen *Item-basierten* Listen auseinandergesetzt, die jeden Eintrag als Element in einer Liste kapseln. Diese leichtgewichtigen *Items* lassen sich dahingehend erweitern, dass sie Referenzen auf dahinterliegende Daten enthalten oder diese Daten direkt im Objekt speichern.

Doch obwohl dieses Konzept durch seine Einfachheit besticht, ist es nicht immer optimal. Warum sollte man beispielsweise Ergebnisse von SQL-Abfragen in Items packen und somit die Daten der Originalabfrage duplizieren? Dazu kommt, dass auf diese Art und Weise Vorteile von SQL wie z. B. sequentielle Abfragen verlorengehen: Der Benutzer muss warten, bis alle Daten vorliegen, oder der Programmierer muss erheblichen Mehraufwand treiben, um die Daten von der Quelle auf eine Item-basierte Ansicht abzubilden.

Qt 4 besitzt daher ein sogenanntes *Model-View-Konzept* namens *Interview*. Es ist viel flexibler als die Item-basierte Programmierung, jedoch komplexer, so dass auch Profis eine Weile benötigen, bis sie das Konzept vollständig verstehen. Wir beschäftigen uns daher zunächst mit den grundlegenden Konzepten und betrachten danach einige einfache Beispiele für Model-View-Programmierung näher. Ab Seite 219 entwickeln wir eigene Modelle und befassen uns auf Seite 248 kurz mit Item-basierten Ansichten.

8.1 Grundlegende Konzepte

Der Model-View-Architektur liegt der Gedanke zu Grunde, die Daten von ihrer Darstellung zu trennen. So lassen sich die Daten in einer Vielzahl von Formen darstellen, etwa als Listen oder Tabellen. Da die Datenquelle im Idealfall nichts über die Ansicht (*View*) und die Ansicht nichts über die Quelle weiß, benötigt man ein Zwischenelement, das sogenannte Modell (*Model*). Abbildung 8.1 verdeutlicht diesen Zusammenhang.

Abbildung 8.1: In Interview beziehen die Ansichten Daten über ein Modell aus einer beliebigen Datenquelle. Bei schreibfähigen Modellen fließen Änderungen zurück in die Quelle

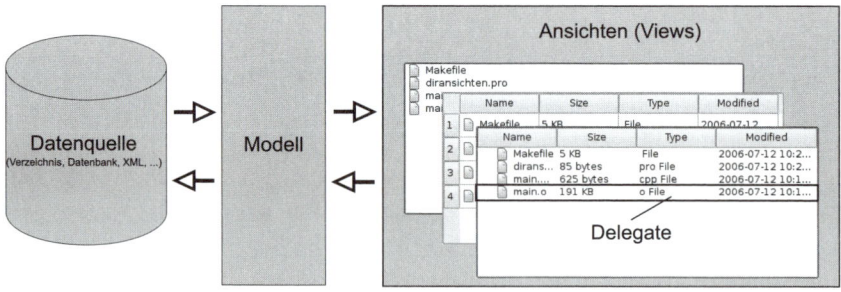

Damit Modell und Ansichten sich verstehen, kennt das Modell Grundeigenschaften der Ansichten: Jeder Eintrag belegt dort eine Zeile und eine Spalte und hat gegebenenfalls einen Elternindex. Letzterer ist nur bei verschachtelten Listen von Bedeutung, nicht aber bei Listen und Tabellen. Diese grundlegenden Eigenschaften beschreibt Interview mit der Klasse **QModelIndex**.

Mit Hilfe von **QModelIndex** kann ein Modell die Daten, auf die es sich bezieht, zuordnen, und somit eine View mit Daten versorgen. Die Ansicht fordert diese Daten entsprechend ihren Eigenschaften an.

Damit sie diese korrekt auf dem Bildschirm darstellen kann, „schlüpft" sie beim Abfragen der Daten über einen bestimmten QModelIndex in sogenannte Rollen (*Roles*). In der DisplayRole erwartet sie den anzuzeigenden Text, in der DecorationRole ein optionales Icon, in der FontRole die Schriftart für den Text und in der ToolTipRole den Text für den Tooltipp. Insgesamt gibt es mehr als ein Dutzend vordefinierter Rollen.

Die data()-Methode eines Modells, zuständig für die Auslieferung der Daten, muss also auf jede Rolle, deren Typ ihr zusammen mit dem Modell-Index übergeben wird, passend reagieren. Sie kann die Daten dazu als QVariant zurückgeben. Stehen für eine gegebene Rolle und einen Modell-Index keine Daten zur Verfügung, signalisert data() dies durch Rückgabe eines leeren QVariant-Objektes. Dieses Verfahren ermöglicht es der Ansicht auch, in den verschiedenen Rollen für einen QModelIndex jeweils andere Werte auszugeben. Abbildung 8.2 illustriert den Einsatz von Rollen am Beispiel einer Listenansicht.

Wem die vordefinierten Rollen nicht genügen, kann eigene festlegen und im Modell verfügbar machen, die View wird sie jedoch nicht auswerten. Trotzdem muss man nicht gleich die gesamte View erben, um die einzelnen Einträge in einer Ansicht besser auszustaffieren. Denn für das Zeichnen von Listen- oder Tabelleneinträgen ist ein sogenannter *Delegate* zuständig. Abbildung 8.1 deutet dies bereits an.

Für die meisten Fälle genügt der von Qt bereitgestellte Delegate, der in der Klasse QItemDelegate implementiert ist. Er stellt auch eine Editorfunktion für einzelne Einträge bereit. Dazu muss das Modell jedoch das Zurückschreiben unterstützen, was nicht unbedingt der Fall ist, da viele Modelle nur Informationen zur Verfügung stellen und keinen Schreibzugriff bieten.

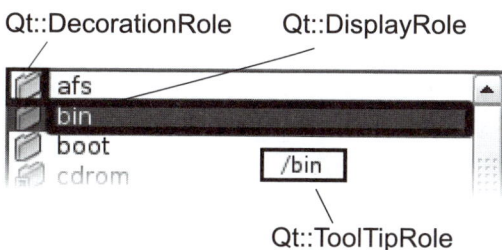

Abbildung 8.2: Welchen Platz Einträge in einer Ansicht einnehmen, ist durch Rollen definiert

8.1.1 Die Ansichtsklassen

Zur Datenvisualisierung selbst stellt Interview im Wesentlichen drei vorgefertigte Klassen zur Verfügung, die wir in Abbildung 8.5 auf Seite 210 im Einsatz bewundern können:

QListView stellt eindimensionale Listen dar (Abbildung 8.5 links oben) und verfügt darüber hinaus über einen Icon-Modus, in dem alle Einträge als Symbole neben- und untereinander angeordnet sind (Abbildung 8.5 rechts oben).

QTreeView stellt Listen in Baumform dar (Abbildung 8.5 links unten), ist also mächtiger als QListView. Zudem kann diese Klasse mehrere Spalten darstellen, wozu QListView nicht in der Lage ist.

QTableView stellt Daten in einer Tabelle dar (Abbildung 8.5 rechts unten). Oben und an der Seite befinden sich jeweils Zeilen- und Spaltenköpfe, die sich individuell anpassen lassen.

Außerdem stellt **QHeaderView** Kopfzeilen für **QTreeView** sowie Kopfspalten und -zeilen für **QTableView** zur Verfügung. Diese Klasse wird nicht als eigenständige Ansicht benutzt, sie kann aber an die eigenen Bedürfnisse angepasst und dann in QTreeView- und QTableView-Instanzen genutzt werden.

Diese Ansichten erben von **QAbstractItemView**, der Basisklasse aller Ansichten in Interview. Wer die Vererbungsstruktur in Abbildung 8.3 genauer verfolgt, stellt fest, dass als deren Basisklasse wiederum nicht unmittelbar **QWidget** dient.

Vielmehr basieren die View-Klassen auf **QAbstractScrollArea**, einem Widget mit eingebettetem Widget. Letzteres (der *Viewport*) kann dabei ein Vielfaches größer sein als das Widget, das ihn umschließt. Ist das der Fall, zeigt das Rahmenwidget je nach Bedarf vertikale oder horizontale Laufbalken an. So kommt es, das eine View viel mehr Platz für die Daten zur Verfügung stellen kann, als sie tatsächlich selber durch das für sie zuständige Layout zugewiesen bekam. Dann allerdings muss der Benutzer per Laufbalken navigieren.

Abbildung 8.3:
Alle View-Klassen
leiten von
QAbstractItemView *ab*

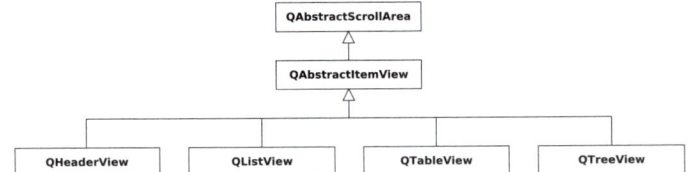

8.1.2 Die Modellklassen

Auch alle Modelle, die Qt mitbringt, erben von einer gemeinsamen, aber abstrakten Basisklasse namens **QAbstractItemModel**. Abstrakt bedeutet hier, dass sich die Klasse nicht direkt instanzieren lässt, weil sie unimplementierte Methoden enthält. Erst von einer an einen spezifischen Fall angepassten Unterklasse kann der Programmierer Objekte erstellen. Wie in Abbildung 8.4 zu sehen, ist jedes Modell auch ein **QObject** und profitiert damit von der automatischen Speicherverwaltung.

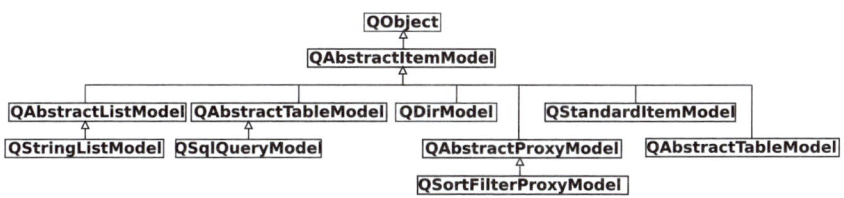

Abbildung 8.4:
Vererbungshierarchie
der Modelle in
Interview

QAbstractItemModel ist nicht die einzige abstrakte Klasse im Vererbungsmodell. Verfolgt man die Vererbungsstrukturen genauer, erkennt man zwei weitere Klassen namens QAbstractListModel und QAbstractTableModel, deren API auf den Einsatz mit Listen- bzw. Tabellenansichten spezialisiert ist. Sie lassen sich ebenfalls nicht selbst als Objekte benutzen.

Obwohl man sie aus Kompatiblitätsgründen in Tabellen, verschachtelten Listen und eindimensionalen Listen verwenden kann, schrumpft der praktische Nutzen von Klassen, die auf QAbstractListModel und QAbstractTableModel basieren, wenn man sie nicht in den gleichnamigen Views (also QListView bzw. QTableView) einsetzt. So reduziert QAbstractListModel die Anzahl der nutzbaren Spalten auf eine einzige – was in einer Tabellenansicht wenig Sinn ergibt.

Mit QStringListModel verfügt Interview zudem über eine konkrete Implementierung von QAbstractListModel, ein editierbares Modell, dessen Datenquelle eine Stringliste ist. Verändert der Benutzer eine Zeichenkette in der Ansicht, passt das Modell den dazugehörigen Eintrag in der Stringliste an.

QStandardItemModel ermöglicht es, Daten direkt im Modell abzulegen. Obwohl dies dem Grundgedanken des Modells, der reinen Vermittlung zwischen Datenquelle und Views, widerspricht, erweist es sich in einigen Anwendungsfällen mit wenig Daten als sehr praktisch. Für große Anwendungen ist QStandardItemModel jedoch meist zu unflexibel.

QAbstractProxyModel ersetzt in Qt 4.1 die Klasse QProxyModel, die dazu gedacht war, Daten aus einem Modell zu entnehmen, zu manipulieren und sie in einem neuen Modell zurückzugeben. So sollten sich beispielsweise Daten filtern lassen. Die Klasse erwies sich jedoch als zu unflexibel und wurde daher abgelöst. Trolltech rät von ihrem Einsatz in neuen Projekten ab. QAbstractProxyModel erkauft sich seine Mächtigkeit durch Abstraktion, weshalb man ihre Funktionalität nicht direkt, sondern erst in Subklassen nutzen kann.

Damit der Aufwand bei der Verwendung der neuen Klasse nicht größer ist als beim direkt verwendbaren QProxyModel, bietet Trolltech die Unterklasse QSortFilter-ProxyModel an, mit dem man die häufigsten Aufgaben eines Proxymodells, nämlich Filtern und Sortieren, ohne den Umweg über die Vererbung erledigen kann.

Schließlich liefert Interview mit **QDirModel** ein Modell mit, das bei Bedarf eine Verzeichnishierarchie auf alle drei Ansichten projiziert.

8.2 Darstellen von Verzeichnishierarchien

Mit **QDirModel** und den drei vorgefertigten Views wollen wir erste praktische Erfahrungen mit Interview sammeln und ein kleines Programm erstellen, das das Home-Verzeichnis in vier verschiedenen Ansichten anzeigt (Abbildung 8.5). Im Quellcode instanzieren wir neben dem obligatorischen **QApplication**-Objekt ein **QDirModel**. Zu beachten ist hier wieder, dass wir das Modell nur ausnahmsweise nicht auf dem Heap, sondern auf dem Stack ablegen, weil sich unser gesamter Code in der **main()**-Methode befindet.

Im nächsten Schritt erstellen wir ein Widget mit einem Tabellenlayout, in das wir zwei Listenansichten oben und eine Baumansicht sowie eine Tabellenansicht unten einfügen. Die zweite Listenansicht stellen wir dabei auf den Symbolmodus um. Als Modell dient uns jeweils eine **QDirModel**-Instanz, die wir als Zeiger übergeben.

Bevor wir mit den Ansichten arbeiten können, haben wir ein Henne-Ei-Problem zu lösen: Die Views müssen wissen, welchen Pfad sie initial anzeigen sollen. Das können sie aber strenggenommen gar nicht, denn sie arbeiten selber nur auf dem Verzeichnis-Modell.

Aus diesem Grund hält **QDirModel** eine überladene Version der **index()**-Methode bereit. Gewöhnlich erwartet diese Funktion ein Tripel aus Spalte, Zeile und Elternindex als Argument, eine Repräsentation, mit der wir hier nichts anfangen können. Die überladene Version akzeptiert hingegen eine als **QString** kodierte Pfadangabe.

Abbildung 8.5:
Vier Ansichten, ein
Modell als Quelle:
Hier stellt das von Qt
vorgegebene
QDirModel den Inhalt
des aktuellen
Verzeichnisses dar

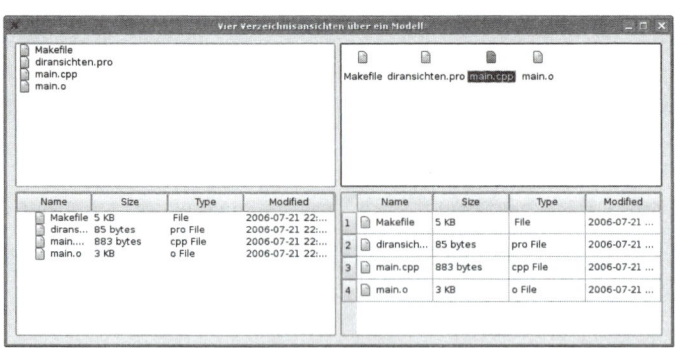

Dort geben wir das Stammverzeichnis an, unterhalb dessen die Views operieren sollen. Da alle Views voneinander unabhängig auf das Modell zugreifen, müssen wir auch den Index für jede View einzeln setzen. Anschließend bleibt uns nur noch, das Widget anzuzeigen und die Event-Loop zu starten:

```cpp
// diransichten/main.cpp

#include <QtGui>

int main(int argc, char* argv[])
{
  QApplication app(argc, argv);

  QDirModel dirModel;
  QWidget w;
  w.setWindowTitle(QObject::tr("Vier "
      "Verzeichnisansichten über ein Modell"));
  QGridLayout *lay = new QGridLayout(&w);

  QListView  *lv = new QListView;
  lay->addWidget(lv, 0, 0);
  lv->setModel(&dirModel);

  QListView  *lvi = new QListView;
  lay->addWidget(lvi, 0, 1);
  lvi->setViewMode(QListView::IconMode);
  lvi->setModel(&dirModel);

  QTreeView *trv = new QTreeView;
  lay->addWidget(trv, 1, 0);
  trv->setModel(&dirModel);

  QTableView *tav = new QTableView;
  tav->setModel(&dirModel);
  lay->addWidget(tav, 1, 1);

  QModelIndex cwdIndex = dirModel.index(QDir::currentPath());
  lv->setRootIndex(cwdIndex);
  lvi->setRootIndex(cwdIndex);
  trv->setRootIndex(cwdIndex);
  tav->setRootIndex(cwdIndex);

  w.show();

  return app.exec();
}
```

8.2.1   View-Klassen im Designer benutzen

QDirModel hat leider eine wesentliche Einschränkung: Die Ansichten reagieren
nicht auf Mausklicks, denn diese Funktionalität müssen wir selber einbauen. Zudem
lässt sich in allen Views gewöhnlich nur ein Element anwählen. Wer die Auswahl
mehrerer Items zulassen will, ist ebenfalls selbst gefordert. Dieses Manko beheben

wir, indem wir einen eigenen Dateidialog entwerfen, wie er in Abbildung 8.6 zu sehen ist. Als netten Nebeneffekt lernen wir, wie man die View-Klassen im Designer benutzt.

Abbildung 8.6:
Der Dateidialog im
Symbol-Modus

Unser Dateiauswahldialog basiert auf dem Designer-Template **Dialog with Buttons Bottom** und besteht aus einer **Combo Box** mit den verfügbaren Laufwerken, einer Schaltfläche (**Tool Button**) rechts daneben und einem Stapelwidget (**Stacked Widget**).[1] Die zwei kleinen Dreiecke in dessen rechter oberer Ecke erlauben es, uns auch im Designer durch den Stapel zu bewegen. Als erstes Widget legen wir eine Listenansicht (**List View**) auf den Stack.

Abbildung 8.7:
Schnell
zusammengeklickt:
Combobox,
Schaltfläche und
Stapelwidget mit
Listenansicht

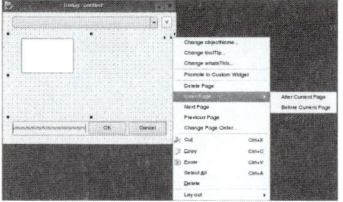

Der im Kontextmenü befindliche Eintrag **Insert page**[2] (Abbildung 8.7) macht es möglich, bei Bedarf neue Seiten einzufügen, in denen weitere Widgets Platz finden. Auf diesem Weg erweitern wir den Stapel um eine weitere Listen- und eine Baumansicht (**Tree View**).

Mit der Schaltfläche, deren Objektnamen wir im Property-Editor auf **switchButton** setzen und deren **text**-Eigenschaft wir in **V** ändern (wer mag, wählt stattdessen ein passendes Symbol in der **icon**-Eigenschaft), wollen wir später zwischen den verschiedenen Ansichten hin- und herschalten. Die Combobox legen wir mit einem Toolbutton in einen **Frame**. Dazu müssen wir zuerst den Frame platzieren und dann Combobox und Toolbutton hineinlegen. Verfärbt sich der Frame vor dem Fallenlassen, so akzeptiert er die Widgets als Kinder. Wir richten beide über das

---

[1] Abbildung 8.8 zeigt alle benötigten Widget auf einen Blick.
[2] Das Kontextmenü des Stapelwidgets öffnet sich nur, wenn man die rechte Maustaste direkt über den beiden kleinen Dreiecken betätigt.

„Lay out"-Menü im Kontextmenü horizontal aus. Außerdem benennen wir den OK-Knopf um: Nach einem Rechtsklick und der anschließenden Auswahl von **Change text...** können wir den neuen Text **Öffnen** oder **Open** eintragen.

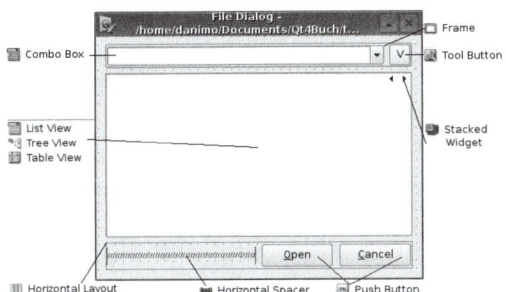

Abbildung 8.8:
Der Dialog in der
Entwurfsansicht mit
den benötigten
Werkzeugen aus der
Toolbox

Zum Abschluss binden wir über ein Layout das Label, das Stapelwidget und das Buttonlayout mit einem horizontalen Layout zusammen (Eintrag **Lay out** im Kontextmenü). Damit die Views in ihrem Stapelwidget nicht zuviel Platz einbüßen, wählen wir im Objektinspektor die drei **page**-Objekte unterhalb des Stapelwidgets an und setzen den Wert für **margin** im Property-Editor im **Layout**-Abschnitt des Stapelwidgets auf **0**. Schließlich weisen wir einer der beiden Listenansichten den Objektnamen **iconView** zu und ändern deren **viewMode**-Property auf **iconMode**. Sie soll den Verzeichnisinhalt wie in Abbildung 8.6 darstellen, während die andere Listenansicht jede Datei als eigene Zeile anzeigt.

In diesem Grundgerüst gilt es, multiple Auswahlen zu erlauben. Das geht über die Eigenschaft **selectionMode**. Sie stellen wir in allen drei Ansichten auf **Extended-Selection** um, damit der Benutzer mehrere Einträge gleichzeitig auswählen kann.

Den Dialog selber nennen wir **FileDialog**, indem wir die **objectName**-Property entsprechend setzen. Danach speichern wir die Datei als **filedialog.ui** in einem eigenen Verzeichnis namens **filedialog** ab.

8.2.2 Die Funktionalität des Dateiauswahldialogs implementieren

Bei der Deklaration der Klasse in **filedialog.h** binden wir nach den üblichen Include-Guards jene Klassendefinition ein, die **uic** aus der UI-Datei erzeugen soll. Die Vorwärtsdeklarationen verhindern, dass wir die entsprechenden Header-Dateien bereits an dieser Stelle brauchen:

```
// filedialog/filedialog.h

#ifndef FILEDIALOG_H
#define FILEDIALOG_H
```

```
#include "ui_filedialog.h"

class QModelIndex;
class QDirModel;
class QItemSelectionModel;

class FileDialog: public QDialog, private Ui::FileDialog {
  Q_OBJECT
  public:
    FileDialog(QWidget *parent = 0);
...
  private:
    QItemSelectionModel *selModel;
    QDirModel *dirModel;
};

#endif // FILEDIALOG_H
```

Neben **QDirModel** benötigen wir nun ein sogenanntes Auswahlmodell (*Selection Model*), das die Auswahlen für die ihm zugewiesenen Views verwaltet und abgleicht. Entsprechend erstellen wir im Konstruktor, nachdem wir **setupUi()** aufgerufen haben, um die Designer-generierten Widgets zu initialisieren, außer dem Verzeichnismodell auch ein **QItemSelectionModel**. Ihm weisen wir im ersten Argument das Verzeichnismodell zu, denn um die Einträge zu verwalten, muss das Auswahlmodell die Datenquelle kennen.

Nun weisen wir allen Views dasselbe Modell per **setModel()** und dasselbe Auswahlmodell per **setSelectionModel()** zu. Damit sind die Auswahlen auf allen drei Views gleichgeschaltet: Wählt man in einer View einige Dateien aus, erscheinen diese automatisch auch in den beiden anderen Views als markiert:

```
// filedialog/filedialog.cpp

#include <QtGui>
#include "filedialog.h"

FileDialog::FileDialog(QWidget *parent)
  : QDialog(parent)
{
  setupUi(this);

  dirModel = new QDirModel;
  selModel = new QItemSelectionModel(dirModel);

  listView->setModel(dirModel);
  treeView->setModel(dirModel);
  iconView->setModel(dirModel);

  listView->setSelectionModel(selModel);
```

```
treeView->setSelectionModel(selModel);
iconView->setSelectionModel(selModel);

QModelIndex cwdIndex =
    dirModel->index(QDir::rootPath());

listView->setRootIndex(cwdIndex);
treeView->setRootIndex(cwdIndex);
iconView->setRootIndex(cwdIndex);
```

Allerdings benötigen die Views noch einen Einstiegspunkt für das Modell, den wir mittels **setRootIndex()** setzen. Da Views als Argument einen **QModelIndex** erwarten, wir uns aber der Dateisystemsemantik bedienen, nutzen wir die von **QDirModel** überladene **index()**-Methode als „Übersetzer": Sie akzeptiert einen Pfad, sucht den passenden Index im Modell und gibt ihn zurück.

Danach füllen wir die im Designer generierte Combobox mit den Basisverzeichnissen (Windows) bzw. dem Root-Directory unter Linux. Da **QDir::rootPath()** unter Windows das Laufwerk C: umfasst, stellt sich die Frage: Wie kommen wir an eine Liste aller verfügbaren Laufwerke? Zur Antwort empfiehlt sich ein Exkurs zur Funktionsweise von Modellen im Allgemeinen und von **QDirModel** im Besonderen.

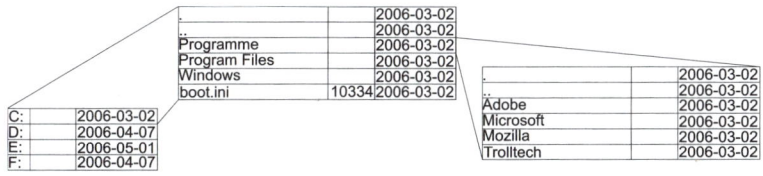

Abbildung 8.9:
Aufbau eines Modells
am Beispiel von
QDirModel

Ein Modell besitzt grundsätzlich zwei Dimensionen: Im Falle von **QDirModel** entspricht jede Zeile einem Dateieintrag, während die Spalten je eine Dateieigenschaft (Name, Größe, Erstellungsdatum) enthalten. Verweist ein Eintrag zudem auf einen gültigen **QModelIndex**, öffnet sich dieser wiederum als Verzeichnis. Wie in Abbildung 8.9 zu sehen, bildet dieser so gewissermaßen eine dritte Dimension. Während die Listen- und Tabellenansicht diese nicht darstellen können, präsentieren Baumansichten Einträge mit gültigem **QModelIndex** als Unterbaum. Das erklärt den Code, der als nächstes im Konstruktor des Dateidialogs steht:

```
// filedialog/filedialog.cpp (fortgesetzt)

for (int r = 0; r < dirModel->rowCount(QModelIndex()); ++r) {
  QModelIndex index = dirModel->index(r, 0, QModelIndex());
  if (index.isValid())
    comboBox->addItem(dirModel->fileIcon(index),
      dirModel->filePath(index));
}
```

Ein ungültiger (weil leerer) **QModelIndex** bedeutet dem Modell, die unterste Ebene im Dateisystem als Start-Index zu wählen. In unserem Fall enthält sie unter Windows alle Laufwerke, unter Linux lediglich die Verzeichnisbaumwurzel. Die Anzahl der Laufwerkseinträge stellen wir per **rowCount()** fest, um mit diesem Wissen durch alle Einträge zu iterieren, wobei wir die nullte Spalte auswählen, da **QModelIndex** uns auf diesen Positionen die gewünschte Information liefert. Der Sicherheit halber prüfen wir, ob der Index tatsächlich gültig ist, und fügen in diesem Fall das entsprechende Laufwerk in die Box ein.

Um mit den Modellen arbeiten zu können, benötigen wir einige Slots, die wir nachträglich im Header deklarieren: **switchToDir()** soll auf Klicks reagieren und die anderen Listenansichten so aktualisieren, dass auch sie das angewählte Verzeichnis anzeigen. **syncActive()** gleicht den *aktiven*, also farbig unterlegten Eintrag in allen drei Views ab und klappt in der Baumansicht den passenden Zweig aus, während **switchView()** auf den Umschaltknopf reagiert und die im Stapelwidget übereinandergelegten Ansichten durchrotiert:

```
// filedialog/filedialog.h (ergänzt)
...
  protected slots:
    void switchToDir(const QModelIndex& index);
    void syncActive(const QModelIndex& index);
    void switchView();
...
```

Nun gilt es, diese neuen Slots im Konstruktor jeweils mit dem **activated()**-Signal aller drei Views zu verbinden. **switchToDir()** und **syncActive()** benötigen als Argument den **QModelIndex**, der das neue Verzeichnis referenziert. Schließlich weisen wir Qt an, bei einem Klick auf den im Designer definierten **switchButton** den **switchView()**-Slot aufzurufen:

```
// filedialog/filedialog.cpp (fortgesetzt)

  connect(listView, SIGNAL(activated(const QModelIndex&)),
          SLOT(switchToDir(const QModelIndex&)));
  connect(treeView, SIGNAL(activated(const QModelIndex&)),
          SLOT(switchToDir(const QModelIndex&)));
  connect(iconView, SIGNAL(activated(const QModelIndex&)),
          SLOT(switchToDir(const QModelIndex&)));

  connect(listView, SIGNAL(clicked(const QModelIndex&)),
          SLOT(syncActive(const QModelIndex&)));
  connect(treeView, SIGNAL(clicked(const QModelIndex&)),
          SLOT(syncActive(const QModelIndex&)));
  connect(iconView, SIGNAL(clicked(const QModelIndex&)),
          SLOT(syncActive(const QModelIndex&)));

  connect(switchButton, SIGNAL(clicked()), SLOT(switchView()));
}
```

Damit ist der Konstruktor fertig, und wir wenden uns der Implementierung der Slots zu: In **switchToDir()** kontrollieren wir zunächst, ob es sich beim übergebenen Index tatsächlich um ein Verzeichnis handelt. Die entsprechende Methode bringt **QDir-Model** selbst mit. Ist dies der Fall, setzen wir den Start-Index im Modell auf das neue Verzeichnis. Wichtig dabei: Die Baumansicht brauchen wir nicht umschalten, denn sie soll immer den kompletten Laufwerksinhalt anzeigen. Da sie dasselbe Selection-Modell nutzt wie die anderen Ansichten, zeigt sie automatisch die ausgewählten Einträge an:

```
// filedialog/filedialog.cpp (fortgesetzt)

void FileDialog::switchToDir(const QModelIndex& index)
{
  if (dirModel->isDir(index)) {
    listView->setRootIndex(index);
    iconView->setRootIndex(index);
  }
}
```

Mit **syncActive()** gleichen wir den aktiven Eintrag in allen drei Ansichten ab. Der passende API-Aufruf in **QAbstractItemView** lautet **setCurrentIndex()**:

```
// filedialog/filedialog.cpp (fortgesetzt)

void FileDialog::syncActive(const QModelIndex& index)
{
  listView->setCurrentIndex(index);
  treeView->setCurrentIndex(index);
  iconView->setCurrentIndex(index);
}
```

Der Slot zum Durchschalten der Ansichten ist ein wahrer Einzeiler: Er fragt den Index des aktuellen Widgets ab und erhöht ihn um eins. Um sicherzugehen, dass der Index nicht größer wird als die Anzahl der Ansichten (in diesem Fall würden wir wieder in der ersten – beziehungsweise nullten – Ansicht landen), fügen wir eine Modulo-Operation ein:

```
// filedialog/filedialog.cpp (fortgesetzt)

void FileDialog::switchView()
{
  stackedWidget->setCurrentIndex(
    (stackedWidget->currentIndex()+1)%stackedWidget->count());
}
```

Zum Schluss stellen wir dem Benutzer die ausgewählten Dateien zur Verfügung. Dazu deklarieren wir eine Methode namens **selectedFiles()**. Nach Beenden des Dialogs durch Klick auf **Open** (das entsprechende Signal hat der Designer bereits mit dem Slot **accept()** verknüpft), kann man die gewählten Dateinamen (samt Pfad) als **QStringListe** über diese **FileDialog**-Methode auslesen:

```
// filedialog/filedialog.cpp (fortgesetzt)

QStringList FileDialog::selectedFiles()
{
  QStringList fileNames;
  QModelIndexList indexes = selModel->selectedIndexes();
  foreach( QModelIndex index, indexes )
    fileNames.append( dirModel->filePath(index) );
  return fileNames;
}
```

Welche das sind, verrät das Selection-Modell: **selectedIndexes()** gibt die ausgewählten **QModelIndex**-Einträge aus der **QDirModel**-Instanz zurück. Mit der vom Modell bereitgestellten Methode **filePath()** gewinnen wir daraus die Dateipfade.

8.3 Das Stringlisten-Modell

Einfache, Text-basierte Listen präsentiert man in Interview über das Stringlisten-Modell (**QStringListModel**). Es operiert auf einer Stringliste, die es in einer Spalte darstellt. Jeder Eintrag in der Liste entspricht somit einer Zeile im Modell.

Das folgende Beispiel legt einen Einkaufszettel in einer Stringliste ab und übergibt sie dem Modell. Sobald wir der Listenansicht das Stringlisten-Modell zugewiesen haben, zeigt sie die Listeneinträge:

```
// stringlistenmodell/main.cpp

#include <QtGui>

int main(int argc, char* argv[])
{
  QApplication app(argc, argv);
  QStringListModel model;
  QStringList einkaufen;
  einkaufen << "Butter" << "Milch"
       << "Kirschen" << "Bananen";
  model.setStringList(einkaufen);
  QListView view;
  view.setModel(&model);
  view.show();
  return app.exec();
}
```

Das Modell hat auch Schreibzugriff: Verändert der Benutzer einen Eintrag in der Ansicht (etwa indem er einen Eintrag anklickt und im daraufhin erscheinenden

Editor etwas eingibt), schreibt das Modell die Änderungen in die Stringliste zurück, die sich mit der Methode **stringListe()** jederzeit neu auslesen lässt.

8.4 Eigene Modelle implementieren

Wie Modelle aufgebaut sind, versteht man am besten, indem man ein eigenes Modell erstellt. Zunächst soll es nur Daten aus einer Quelle lesen und in einer Ansicht darstellen. Später machen wir es beschreibbar, so dass der Benutzer die Daten in der Ansicht ändern kann.

8.4.1 Ein Adressbuchmodell

Unser Beispielmodell soll ein Adressbuch aus einer CSV-Datei lesen. Solche Dateien sind wie folgt aufgebaut:

```
"'titel (spalte 1)"', "'titel (spalte 2)"', ...,"'titel (spalte n)"'
"'wert"', "'wert"', ..., "'wert"'
"'wert"', "'wert"', ..., "'wert"'
"'wert"', "'wert"', ..., "'wert"'
```

Stellen wir uns diese Daten in einer Tabelle vor, so verrät die erste Zeile die Spaltenüberschriften, alle nachfolgenden Zeilen enthalten die Einträge in den jeweiligen Zeilen. Da am Ende eine zweidimensionale Tabelle stehen soll, nutzen wir **QAbstractTableModel** als Basisklasse, denn sie implementiert im Gegensatz zu **QAbstractItemModel** die **index()**-Methode bereits passend für eine Liste mit mehreren Spalten.

Der Konstruktor unseres Modells, gespeichert in **addressbookmodel.cpp**, erhält das Adressbuch als **QString**. Damit wir überhaupt damit arbeiten können, spalten wir es an den Zeilenenden auf. Die resultierenden Strings speichern wir als Stringliste. Intern soll unser Modell das Adressbuch allerdings als **QList<QStringList>** namens **addressBook** enthalten, wobei jeder Datensatz in der **QList** einer Adresse entspricht. Daher spaltet die Helferfunktion **splitCSVLine()** jede Zeile in einen Datensatz auf und entfernt die Anführungszeichen, so dass wir pro Datensatz eine Stringliste bekommen. Diese Stringlisten können wir nun wiederum in eine Liste verpacken und erhalten so unsere gewünschte Datenstruktur:

```
// addressbook/addressbookmodel.cpp

#include <QtGui>
#include "addressbookmodel.h"

QStringList splitCSVLine(const QString& line)
{
```

```
     int inItem = false;
     QStringList items;
     QString item;

     for (int pos = 0; pos < line.length(); pos++)
     {
       QChar c = line.at(pos);
       if ( c == '\"') {
         if (inItem) {
           items.append(item);
           item = "";
         }
         inItem = !inItem;
       }
       else
         if (inItem) {
           item += c;
         }
     }
     return items;
}

AddressbookModel::AddressbookModel(const QString& addresses,
 QObject *parent): QAbstractTableModel(parent)
{
  QStringList records = addresses.split('\n');
  QStringList line;
  foreach(QString record, records)
     addressBook.append(splitCSVLine(record));
}
```

Wir wissen, dass unser Modell **n-1** Datensätze (Zeilen) verwaltet, da die erste Zeile der CSV-Datei die Spaltenbezeichner enthält. Außerdem schließen CSV-Dateien mit einer ungenutzten Leerzeile ab. Damit ist die Anzahl der Datenzeilen (*rows*) genau um zwei geringer als die Zeilenanzahl in der CSV-Datei.

Da wir das über die **parent**-Variable übergebene Elternobjekt nicht benötigen – schließlich handelt es sich hier um ein rein zweidimensionales Modell ohne Kinder – unterdrücken wir mit dem **Q_UNUSED**-Makro irritierende Compilerwarnungen und dokumentieren außerdem, dass wir die Variable ausdrücklich nicht verwenden wollen:

```
// addressbook/addressbookmodel.cpp (fortgesetzt)

int AddressbookModel::rowCount(const QModelIndex &parent ) const
{
  Q_UNUSED(parent);
  return addressBook.count() - 2;
}
```

Um die Anzahl der Spalten (*columns*) zu ermitteln, orientieren wir uns an der ersten Zeile der CSV-Datei. Die count()-Methode ermittelt die Anzahl der Strings in der Stringliste, die die erste Zeile (at(0)) speichert:

```cpp
// addressbook/addressbookmodel.cpp (fortgesetzt)

int AddressbookModel::columnCount(const QModelIndex &parent ) const
{
    Q_UNUSED(parent);
    return addressBook.at(0).count();
}
```

Die Beschriftung der Zeilen und Spalten lesen Views über die Methode **header-Data()** ein. Dabei geben sie an, für welche *Section* die Überschrift bestimmt ist. Der Begriff umfasst sowohl Zeilen als auch Spalten – ob es sich um eine Zeilen- oder eine Spaltenüberschrift handelt, entscheidet die **orientation**. Dieser Wert vom Enumerationstyp **Qt::Orientation** kann die Werte **Qt::Vertical** oder **Qt::Horizontal** annehmen.

Was die Rollen angeht, interessiert uns im Beispiel nur die **DisplayRole**, also der anzuzeigende Text. Alles andere reichen wir an die Implementierung der Oberklasse durch. Denn die tut mehr als nur leere **QVariant**s zurückzugeben: Reimplementierten wir **headerData()** nicht, nummerierte sie die Reihen und Spalten durch.

Damit wir das Modell später mit einer **QTableView** verwenden können, die auch Zeilenbeschreibungen abfragt, rufen wir vor allem für den Fall, dass die **orientation** *nicht* horizontal ist, die Oberklasse auf. Als Standardbeschriftung links neben den Datensätzen dient dann also die Datensatznummer. Bei horizontaler Orientierung verwenden wir die Einträge aus dem ersten Datensatz in der Liste, der bekanntlich die Spaltennamen enthält:

```cpp
// addressbook/addressbookmodel.cpp (fortgesetzt)

QVariant AddressbookModel::headerData(int section,
                      Qt::Orientation orientation, int role) const
{
  if (orientation == Qt::Horizontal) {
    if (role == Qt::DisplayRole) {
      return addressBook.at(0).at(section);
    }
  }
  return QAbstractTableModel::headerData(section, orientation, role);
}
```

Schließlich liefern wir die eigentlichen Daten mit der Methode **data()** aus, die einen **QModelIndex** mit der Position, die die View anfragt, sowie deren Rolle übergeben bekommt:

```
// addressbook/addressbookmodel.cpp (fortgesetzt)

QVariant AddressbookModel::data(const QModelIndex &index,
                                            int role) const
{
  if (!index.isValid()) return QVariant();
  QStringList addressRecord = addressBook.at(index.row()+1);
  if (role == Qt::DisplayRole || role == Qt::EditRole) {
    return addressRecord.at(index.column());
  }
  if (role == Qt::ToolTipRole) {
    QString tip, key, value;
    tip = "<table>";
    int maxLines = addressRecord.count();
    for (int i = 0; i < maxLines; i++) {
        key = headerData(i, Qt::Horizontal, Qt::DisplayRole)
                                            .toString();
        value = addressRecord.at(i);
        if (!value.isEmpty())
            tip += QString("<tr><td><b>%1</b>: %2</td></tr>")
                                            .arg(key, value);
    }
    tip += "</table>";
    return tip;
  }
  return QVariant();
}
```

Zunächst prüfen wir den übergebenen Index auf Gültigkeit – eine gute Angewohnheit, die bei der Interview-Programmierung bösen Abstürzen vorbeugt, denn ungültige Indizes kommen immer wieder vor.

Danach holen wir den Datensatz aus der Liste. Dabei greifen wir einen Datensatz weiter als die akuelle Zeile – schließlich liegen in der ersten Zeile die Spaltenüberschriften.

Einen Adressdatensatz selbst liefern wir aus, wenn die View nach Daten in der **DisplayRole** fragt. Um ihn zu extrahieren, gehen wir fast genauso vor wie beim Auslesen der Überschriften, nur dass wir ihn über die **row()**-Angabe des Index lokalisieren.

Da das Modell editierbar sein soll, müssen wir auch dann Daten zurückliefern, wenn die View Daten in der **EditRole** anfragt: Da im Editor später der gleiche Text wie in der **DisplayRole** auftauchen soll, behandeln wir **EditRole**- und **Qt::DisplayRole**-Anfragen in einem Rutsch.

Um das Beispiel ein wenig interessanter zu gestalten, implementieren wir an dieser Stelle noch die **ToolTipRole**: Verweilt man eine Zeit lang über einem Eintrag, zeigt die Ansicht für den entsprechenden Datensatz einen gelben Kasten an – vorausgesetzt, es gibt Daten in dieser Rolle. Unser Ziel ist nun, wie in Abbildung 8.10 alle nicht leeren Einträge in der Tabelle als Tooltipp anzuzeigen.

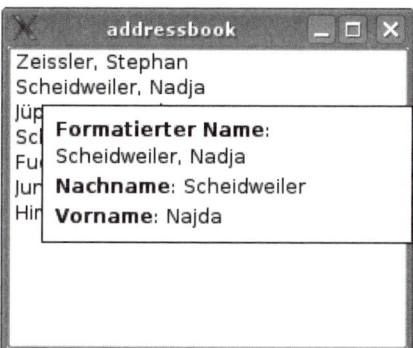

Da wir in Tooltipptexten mit HTML arbeiten, bauen wir die Tabellenstruktur mit dem <table>-Tag auf. Jeder Eintrag besteht aus einer Zeile mit zwei Zellen, von denen eine den Namen des Feldes und die andere den passenden Wert ausgibt. Beide zeigen wir nur dann an, wenn der Wert nicht leer ist. Den Schlüssel gewinnen wir durch den Aufruf der eben implementierten **headerData()**-Methode, den Wert, indem wir den aktuellen Datensatz auslesen. Beide Inhalte formatieren wir und hängen sie an den String an, den wir zuvor mit dem Table-Tag begonnen haben. Zum Schluss beenden wir die Tabelle mit </table> und geben den so konstruierten String zurück.

Um dieses unser Modell zu testen, schreiben wir eine Testroutine. Sie liest die Datei ein und übergibt sie dem Modell. Dieses fügen wir nacheinander in eine Listen-, eine Tabellen- und eine Baumansicht ein. Das Ergebnis zeigt Abbildung 8.11.

```
// addressbook/main.cpp

#include <QtGui>
#include "addressbookmodel.h"

int main( int argc, char* argv[] )
{
  QApplication app( argc, argv );

  // Datei im lokalen Ordner öffnen
  QFile file("addressbook.csv");
  if ( !file.open(QIODevice::ReadOnly|QIODevice::Text) )
        return 1;

  // Inhalt in String einlesen
  QString addresses = QString::fromUtf8(file.readAll());
  AddressbookModel model(addresses);

  QListView listView;
```

```
listView.setModel(&model);
listView.setModelColumn(0);
listView.show();

QTreeView treeView;
treeView.setModel(&model);
treeView.show();

QTableView tableView;
tableView.setModel(&model);
tableView.show();

return app.exec();
}
```

Mit der **setModelColumn()**-Anweisung lässt sich die von der Listenansicht anzuzeigende Spalte aus dem Modell auswählen. **setModelColumn(2)** würde so statt des formatierten Namens alle Vornamen anzeigen.

Fällt das Ergebnis mit einem selbstgeschriebenen Modell nicht wie gewünscht aus, prüfe man zunächst, ob die überschriebenen Methoden **const**-deklariert sind. Da sie lediglich Auskunft über das Modell erteilen sollen, gibt Interview ihnen keinen Schreibzugriff auf die Klasse. Fehlt das Schlüsselwort, funktioniert die Vererbung nicht, weil der Vererbungsmechanismus von C++ **const**- und nicht-**const**-Versionen einer Methode unterscheidet.

Abbildung 8.11:
Diese drei Ansichten
nutzen unser
Adressbuchmodell

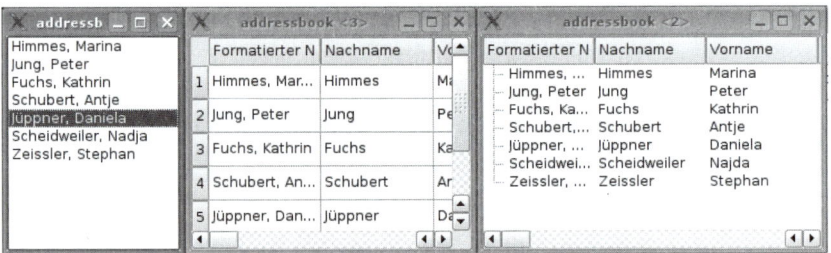

8.4.2 Eigene Modelle beschreibbar machen

Mit dem Herausgeben von Daten in der **EditRole** ist es nicht getan, wenn man Daten über ein Modell ändern lassen will. Dazu müssen wir die Methoden **flags()** und **setData()** überschreiben.

Erstere gibt für jeden Index dessen spezifische Eigenschaften, *Flags* genannt, zurück (siehe Tabelle 8.1). Views rufen sie auf, um zulässige Operationen für einen Index zu überprüfen.

Wert	Wirkung
Qt::ItemIsSelectable	Das Element lässt sich auswählen.
Qt::ItemIsEditable	Das Element lässt sich verändern.
Qt::ItemIsDragEnabled	Das Element kann als Ausgangspunkt für Drag& Drop-Operationen dienen.
Qt::ItemIsDropEnabled	Das Element kann als Ziel für Drag&Drop-Operationen dienen.
Qt::ItemIsUserCheckable	Das Element besitzt einen Anwahlstatus mit zwei Zuständen (angewählt, abgewählt). Setzt Implementierung von Qt::checkStateRole im Modell voraus.
Qt::ItemIsEnabled	Das Element reagiert auf Benutzeranforderungen.
Qt::ItemIsTristate	Das Element besitzt einen Anwahlstatus mit drei Zuständen (angewählt, abgewählt, teilweise angewählt). In hierarchischen Modellen sinnvoll, wo einige Kind-Einträge an- und andere abgewählt sind. Setzt Implementierung von Qt::checkStateRole im Modell voraus.

Tabelle 8.1:
ItemFlags für Modelle

Auf die Dienste dieser Methode werden wir ab Seite 238 zurückgreifen, wenn wir unser Modell mit Drag&Drop-Fähigkeiten für die Daten ausstatten. Hier müssen wir zunächst alle Zellen als editierbar ausweisen:

```
// addressbook/addressbookmodel.cpp (fortgesetzt)

Qt::ItemFlags AddressbookModel::flags(const QModelIndex &index) const
{
    if (!index.isValid())
        return 0;

    return QAbstractItemModel::flags(index) | Qt::ItemIsEditable;
}
```

Nun kann der Benutzer jede Position editieren. Dazu verwenden die Views genauso wie zur Anzeige standardmäßig einen QItemDelegate. Hat er seine Arbeit getan, ruft er die Methode setData() auf, um die neuen Daten im Modell abzulegen. Sobald diese die Daten erfolgreich im Modell gespeichert hat, gibt sie **true** zurück.

setData() ist das Gegenstück zu data(): Beide Funktionen müssen zusammenspielen. Da die Standardimplementierung von setData() nichts weiter tut als **false** zurückzugeben, müssen wir sie wie folgt reimplementieren:

```
// addressbook/addressbookmodel.cpp (fortgesetzt)

bool AddressbookModel::setData(const QModelIndex & index,
                               const QVariant& value, int role)
{
  if (index.isValid() && (role == Qt::EditRole ||
                          role == Qt::DisplayRole)) {
    // zum Zeilenindex 1 addieren, um Header-Daten zu überspringen:
    addressBook[index.row()+1][index.column()] = value.toString();
    emit dataChanged(index, index);
    return true;
  }
  return false;
}
```

Zunächst prüfen wir wie immer, ob der Index gültig ist. Außerdem stellen wir diesmal sicher, dass wir uns in der Bearbeitungs- oder in der Displayrolle befinden. Unterscheiden müssen wir diese beiden Rollen hier nicht, denn in beiden Fällen geht es um den gleichen String. Andere Modelle könnten an dieser Stelle differenzieren, zum Beispiel zwischen einer Pixmap als **DisplayRole** und ihrem Pfad als **EditRole** unterscheiden.

Treffen die Bedingungen zu, setzen wir den neuen, über **value** übergebenen Wert an die passende Stelle. Ausnahmsweise verwenden wir statt **at()** den Indexoperator [], um eine normalerweise wünschenswerte **at()**-Eigenschaft zu umgehen: Die Methode liefert nur eine **const**-Referenz auf den String, der Indexoperator hingegen eine einfache Referenz.[3]

Nach erfolgreicher Datenänderung ist es wichtig, das **dataChanged()**-Signal zu emittieren, damit die mit dem Modell verknüpften Views die Daten aktualisieren. Es verlangt als Parameter zwei Indizes, deren Row- und Column-Eigenschaften ein Rechteck aufspannen sollen. Da sich hier meist nur ein Wert zur Zeit verändert, übergeben wir zweimal den Index, an dessen Stelle wir tatsächlich Daten korrigiert haben. Am Ende signalisieren wir den erfolgreichen Abschluss des Vorgangs mit **return true**. In allen anderen Fällen, in denen wir nichts gespeichert haben, geben wir folgerichtig **false** zurück.

Zeilen hinzufügen und entfernen

Damit das Modell rundum flexibel ist, implementieren wir das Hinzufügen und Entfernen von Zeilen. Dazu überschreiben wir die Methoden **insertRows()** und **removeRows()**. Äquivalent existieren **removeColumns()** und **addColumns()** zum Entfernen bzw. Hinzufügen von Spalten; diese brauchen wir hier jedoch nicht. Als Parameter übergeben wir die Zeile, unterhalb der wir Leerzeilen einfügen wollen, sowie deren Anzahl. Das **parent**-Argument können wir wieder getrost ignorieren.

---

[3] Zu dieser Thematik siehe auch Seite 402 im Anhang.

Zunächst gilt es, einen leeren Datensatz anzulegen. Dazu füllen wir eine Stringliste mit so vielen Leerstrings, wie es Spalten im Modell gibt. Dann teilen wir dem Modell per **beginInsertRows()** mit, dass wir Spalten einfügen wollen. Falls wir dies nicht tun, können bestehende Auswahlen in diesem Modell durcheinander geraten. Nun fügen wir – wieder mit einem Versatz von 1 wegen der Header – die leeren Datensätze ein und beenden den Einfügemodus. Anschließend signalisieren wir mit der Rückgabe von **true** das erfolgreiche Einfügen der Daten:

```
// addressbook/addressbookmodel.cpp (fortgesetzt)

bool AddressbookModel::insertRows(int row, int count,
                              const QModelIndex & parent)
{
  Q_UNUSED(parent);
  QStringList emptyRecord;
  for (int i=0; i<columnCount(QModelIndex()); i++)
    emptyRecord.append(QString());
  beginInsertRows(QModelIndex(), row, row+count-1);
  for (int i=0; i<count; i++)
    addressBook.insert(row+1, emptyRecord);
  endInsertRows();

  return true;
}
```

Analog implementieren wir **removeRows()**, hier jedoch mit einem Sicherheitscheck: Gibt es mehr zu entfernende Zeilen als Datensätze im Adressbuch, geben wir **false** zurück – anderenfalls riskierten wir einen Absturz. Auch das Entfernen von Zeilen müssen wir anmelden und das Ende der Aktion signalisieren. War alles erfolgreich, geben wir zur Bestätigung **true** an den Aufrufer zurück:

```
// addressbook/addressbookmodel.cpp (fortgesetzt)


bool AddressbookModel::removeRows(int row, int count,
                              const QModelIndex& parent)
{
  Q_UNUSED(parent);
  if (row-count-1 > addressBook.count()-1) return false;
  beginRemoveRows(QModelIndex(), row, row+count-1);
  for(int i=0; i<count; i++)
    addressBook.removeAt(row+1);
  endRemoveRows();
  return true;
}
```

Damit kann ein Programm, das auf das Modell zugreift, Datensätze löschen, indem es **removeRows()** aufruft, oder welche hinzufügen, indem es mit **insertRows()** leere

Datensätze einfügt und sie per **setData()** füllt – die Methode ist nicht allein den Delegates vorbehalten.

Den Inhalt des Modells ausgeben

Um unser Modell abzurunden, bauen wir zum Schluss unserer Tour durch die Welt der beschreibbaren Modelle eine Methode namens **toString()** ein, die den Inhalt des Modells wieder in CSV-Form bringt und als String ausgibt.

Dazu gehen wir alle Datensätze durch und fassen die in einem Datensatz enthaltene Stringliste mit der **QStringList**-Methode **join** zu einer Zeile zusammen, wobei wir die Einzelstrings voneinander mit "," abtrennen. Am Ende schließen wir jede Zeile mit einem Zeilenumbruch ab. So entsteht automatisch auch die gewünschte Leerzeile am Ende der CSV-Datei:

```
// addressbook/addressbookmodel.cpp (fortgesetzt)

QString AddressbookModel::toString() const
{
    QString ab;
    foreach (QStringList record, addressBook) {
      ab += "\"";
      record.join("\",\"");
      ab += "\"\n";
    }
    return ab;
}
```

Um den aktuellen Stand des Modells zu speichern, muss man nun lediglich den Rückgabewert aus **toString()** sichern.

8.5 Daten mit Proxymodellen sortieren und filtern

Unserem Modell fehlt bislang die Fähigkeit, seine Einträge in einer Ansicht sortiert zurückzugeben. Das liegt daran, dass es in diesem Modell für keine der Spalten ein Sortierkriterium gibt. Außerdem ist es so gut wie unmöglich, aus dem Modell spezielle Einträge herauszufiltern.

Um diese Mängel zu beheben, stellt Interview seit der Qt-Version 4.1 die Klasse **QSortFilterProxyModel** zur Verfügung, nachdem sich der Vorgänger **QProxyModel** als zu unhandlich erwies. Sie basiert auf der Basisklasse **QAbstractProxyModel**, die sogenannte *Proxymodelle* repräsentiert. Sie stehen zwischen einem Modell und einer Ansicht, beziehen ihre Daten aus dem Modell und geben sie der Ansicht in modifizierter Form zurück (vgl. Abbildung 8.14 auf Seite 235). Das Proxymodell wird also zum Quellmodell für die Ansicht. Ab Seite 234 betrachten wir die Funktionsweise von Proxymodellen genauer und implementieren ein eigenes. Für den Moment beschränken wir uns auf das, was **QSortFilterProxyModel** kann: Filtern und Sortieren.

Beim Filtern gibt das Modell die Modell-Indizes jener Zeilen durch, in denen der Text in einer Spalte mit dem Suchfilter übereinstimmt. Beim Sortieren richtet sich die Reihenfolge nach den Werten in jeweils einer Spalte, wobei man generell nach allen Spalten ab- und aufsteigend sortieren kann.

Beide Fähigkeiten von **QSortFilterProxyModel** demonstrieren wir an einem kleinen Beispiel, der **FilteringView**. Sie besteht aus einer Baumansicht; darüber befindet sich ein Line-Edit, das einen Filterbegriff entgegennimmt. Daneben platzieren wir eine Combobox, die alle Spaltennamen enthält. Abbildung 8.12 zeigt, wie man mit ihrer Hilfe die Spalte auswählt, die als Suchspalte fungieren soll.

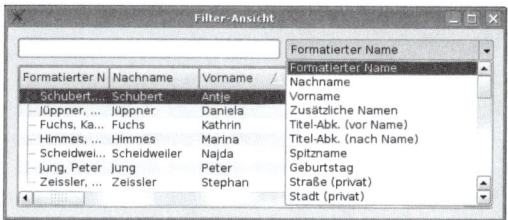

Abbildung 8.12:
QSortFilterProxyModel
hilft beim Sortieren
und Filtern von
Modellen

8.5.1 Anpassungen an der Benutzerschnittstelle

Das Sortieren erleichtern

Da unsere View eine **QSortFilterProxyModel**-Instanz verwenden wird, die bereits sortieren kann, müssen wir nur die Ansicht entsprechend anpassen. Die hierfür nötige Arbeit leistet der Konstruktor der Klasse:

```cpp
// addressbook/filteringview.cpp

#include <QtGui>
#include "filteringview.h"

FilteringView::FilteringView(QAbstractItemModel *model, QWidget *parent)
  : QWidget(parent)
{
  setWindowTitle(tr("Filter-Ansicht"));
  proxyModel = new QSortFilterProxyModel(this);
  proxyModel->setSourceModel(model);

  QVBoxLayout *lay = new QVBoxLayout(this);
```

```
QHBoxLayout *hlay = new QHBoxLayout;
QLineEdit *edit = new QLineEdit;
QComboBox *comboBox = new QComboBox;

int modelIndex = model->columnCount(QModelIndex());
for(int i=0; i < modelIndex; i++)
  comboBox->addItem(model->headerData(i, Qt::Horizontal,
                                Qt::DisplayRole).toString());


hlay->addWidget(edit);
hlay->addWidget(comboBox);

QTreeView *view = new QTreeView;
view->setModel(proxyModel);
view->setAlternatingRowColors(true);

// Header anwählbar machen
view->header()->setClickable(true);
// Sort Indicator festlegen
view->header()->setSortIndicator(0, Qt::AscendingOrder);
// Sort Indicator anzeigen
view->header()->setSortIndicatorShown(true);
// Initial sortieren
view->sortByColumn(0);

lay->addLayout(hlay);
lay->addWidget(view);

connect(edit, SIGNAL(textChanged(const QString&)),
    proxyModel, SLOT(setFilterWildcard(const QString&)));

connect(comboBox, SIGNAL(activated(int)),
            SLOT(setFilterKeyColumn(int)));
}
```

Zunächst legen wir ein Proxymodell an und speichern es in einer Membervariable namens **proxyModel**. Danach erstellen wir je ein vertikales und ein horizontales Layout, in die wir später die Widgets einfassen: Den Line-Edit und die Combobox gruppieren wir in einer Zeile mit dem horizontalen Layout. Mit Hilfe des vertikalen Layouts platzieren wir dieses oberhalb der View, der wir das Proxymodell als Quelle übergeben.

Um zu verhindern, dass der Nutzer beim Lesen in der Zeile verrutscht, färbt **QTree-View** jede zweite Zeile mit einer zweiten Hintergrundfarbe ein. Dieses Feature aktivieren wir mit **setAlternatingRowColors(true)**.

Das Widget, das die Spaltenüberschriften (auch *Header* genannt) enthält, lässt sich bei Baumansichten über **header()** abrufen. Damit es auf Klicks reagiert, setzen wir **setClickable(true)**. Zudem versehen wir es mit einem Sortierungsanzeiger (*Sorting Indicator*). Dabei handelt es sich üblicherweise um ein Dreieck, das schematisch darstellt, ob die Daten ab- oder aufsteigend sortiert angezeigt werden. Hier sortieren wir die Spalte 0 aufsteigend (Qt::AscendingOrder) und zeigen den Indikator per setSortIndicatorShown(true) an. Um zu gewährleisten, dass die Liste schon sortiert ist, bevor der Benutzer das erste Mal auf den Header klickt, ordnen wir die Datensätze mit sortByColumn(0) nach der ersten Spalte vor.

Ansicht auf bestimmte Datensätze beschränken

Damit der Nutzer die Ansicht auf bestimmte Datensätze beschränken kann, fehlen noch zwei connect()-Anweisungen: Die erste benachrichtigt das Proxymodell, sobald sich der Text im Line-Edit verändert. Das Proxymodell nutzt diesen Text dann als neuen Filter.

Beim Verknüpfen des textChanged()-Signals haben wir die Wahl zwischen drei Slots des Proxymodells: setFilterFixedString() gibt nur Zeilen zurück, deren Suchspalte den angegebenen String als Teilstring enthält, während setFilterWildcard() auch * als Platzhalter akzeptiert. Mit dem Suchbegriff Hal*lt präsentierte das Modell also auch einen Datensatz mit einem „Hallo Welt"-Element in der Suchspalte. setFilterRegExp() schließlich akzeptiert reguläre Ausdrücke in Stringform. Das Beispiel verwendet setFilterWildcard().

Die letzte Signal-Slot-Verbindung wählt das Feld aus, in dem das Proxymodell sucht. Dazu besitzt es die Methode setFilterKeyColumn(), die als Argument die Suchspalte erwartet. Da sie leider nicht als Slot ausgeführt ist, müssen wir in der View einen eigenen Slot implementieren, die die Funktion aufruft:

```
// addressbook/filteringview.cpp (fortgesetzt)

void FilteringView::setFilterKeyColumn(int col) {
  proxyModel->setFilterKeyColumn(col);
}
```

Der Slot ist auch der Grund, weshalb wir proxyModel als Mitgliedsvariable angelegt haben: Wir benötigen außerhalb des Konstruktors Zugriff auf das Proxymodell.

8.6 Einträge durch Checkboxen anwählbar machen

Soll der Benutzer aus einer Liste eine Auswahl treffen, stellt Interview den entsprechenden Einträgen über den standardmäßig verwendeten QItemDelegate ein ankreuzbares Kästchen, eine *Checkbox*, voran. Diese Eigenschaft nutzen wir in einer neuen Subklasse unseres Adressbuch-Modells, dem CheckableAddressbookModel.

Um anwählbare Einträge zu implementieren, müssen wir in der neuen Klasse neben dem Konstruktur nur drei Methoden reimplementieren: In flags() teilen wir der

View mit, dass bestimmte Einträge angewählt werden können. Damit der Delegate die Checkbox zeichnet, müssen wir uns in **data()** und **setData()** mit einer bislang ungenannten Rolle beschäftigen: der **CheckStateRole**.

```
// addressbook/checkableaddressbookmodel.h

class CheckableAddressbookModel : public AddressbookModel
{
  Q_OBJECT
  public:
    CheckableAddressbookModel(const QString& addresses,
                              QObject *parent = 0);
    virtual QVariant data ( const QModelIndex & index,
                            int role = Qt::DisplayRole ) const;
    virtual bool setData(const QModelIndex & index,
                         const QVariant & value, int role = Qt::EditRole);
    virtual Qt::ItemFlags flags(const QModelIndex &index) const;
  private:
    QList<bool> checkedStates;
};
```

Im Konstruktor übergeben wir neben dem Elternwidget auch den kompletten Datensatz als String (**addresses**) an die Oberklasse. Nun müssen wir herausfinden, wieviele Datensätze der übergebene String enthält. Mit diesem Wert ausgestattet, führen wir in der **checkedStates**-Liste Buch über den Anwahlstatus der jeweiligen Zeile.

Die Anzahl der Datensätze finden wir anhand der Zeilenumbrüche heraus. Anwählbar sollen nur diejenigen sein, die auch Adressdaten enthalten – die erste Zeile mit den Überschriften also nicht:

```
// addressbook/checkableaddressbookmodel.cpp

CheckableAddressbookModel::CheckableAddressbookModel(
                    const QString& addresses, QObject *parent)
 : AddressbookModel(addresses, parent)
{
  // Anders als im AddressbookModel zählen wir zum Index nicht jeweils 1
  // hinzu, da die Überschriften nicht anwählbar sind:
  int rows = addresses.count('\n');
  for ( int i = 0; i < rows; i++) {
    checkedStates.append(false);
  }
}
```

In der Reimplementierung von **flags()** fangen wir zunächst wieder ungültige Indizes ab. Damit nicht vor jedem einzelnen Spalteneintrag ein Auswahlkästchen steht, machen wir nur die Einträge der ersten Spalte stellvertretend für die ganze Zeile anwählbar. Deshalb prüfen wir den Index und erlauben den zusätzlichen

Zustand nur in der Spalte 0. Wichtig ist dabei, die Basisimplementierung **Address-bookModel::flags(index)** zu Rate zu ziehen, denn sie sorgt unter anderem für die Editierfähigkeit. Soweit wir uns in der ersten Spalte befinden, verknüpfen wir sie mittels bitweisem logischen Oder mit **Qt::ItemIsUserCheckable**. Diese Operation kombiniert die Flags miteinander:

```
// addressbook/checkableaddressbookmodel.cpp (fortgesetzt)

Qt::ItemFlags CheckableAddressbookModel::flags
                          (const QModelIndex &index) const {
    if (!index.isValid())
       return 0;

    if (index.column() == 0)
      return AddressbookModel::flags(index) | Qt::ItemIsUserCheckable;
    else
      return AddressbookModel::flags(index);
}
```

Als nächstes implementieren wir **data()**. Wenn sich der Aufrufer in der ersten Spalte aufhält und die **checkStateRole** anfragt, schlagen wir den Zustand für die aktuelle Zeile (**index.row()**) in der **checkedStates**-Liste nach. Bei angewählter Checkbox ist das entsprechende Element **true**, anderenfalls **false**. In allen anderen Fällen holen wir uns den Rückgabewert aus der Oberklasse:

```
// addressbook/checkableaddressbookmodel.cpp (fortgesetzt)

QVariant CheckableAddressbookModel::data(
                     const QModelIndex &index, int role) const
{
  if (!index.isValid()) return QVariant();

  if (role == Qt::CheckStateRole && index.column() == 0) {
    if (checkedStates[index.row()] == true)
      return Qt::Checked;
    else
      return Qt::Unchecked;
  }
  return AddressbookModel::data(index,role);
```

Nun zeichnet **QItemDelegate** zwar eine Checkbox für jede Zeile, ihren Zustand kann der Benutzer jedoch noch nicht ändern. Dies gelingt erst, wenn **setData()** entsprechend implementiert wurde:

```
// addressbook/checkableaddressbookmodel.cpp (fortgesetzt)

bool CheckableAddressbookModel::setData(const QModelIndex & index,
                            const QVariant& value, int role)
```

```
{
  if (!index.isValid()) return false;

  if (role == Qt::CheckStateRole && index.column() == 0) {
    checkedStates[index.row()] = !checkedStates[index.row()];
    emit dataChanged(index, index);
    return true;
  }

  return AddressbookModel::setData(index, value, role);
}
```

Auch hier prüfen wir wieder, ob die Rolle stimmt und ob wir uns in der ersten Spalte befinden. Stimmt alles, negieren wir den Status des Listenelements an der entsprechenden Position. Damit die Ansicht den veränderten Wert auch anzeigt, lösen wir nach getaner Arbeit für den Index das **dataChanged()**-Signal aus, wie wir es bereits in der Oberklasse getan haben. Alle anderen Aufrufe reichen wir, wie schon bei den anderen beiden Methoden, an die Oberklasse durch.

Um das so fertiggestellte Modell auszuprobieren, verändern wir die **main()**-Methode so, dass sie es statt der Oberklasse **AddressbookModel** instanziert, und passen die Include-Anweisung entsprechend an. Das Ergebnis ist in Abbildung 8.13 zu sehen.

Abbildung 8.13:
CheckableAddress-
bookModel fügt je
eine Checkbox pro
Zeile hinzu

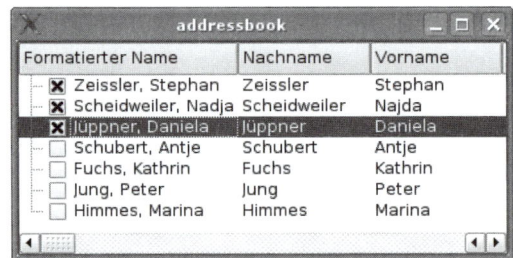

8.7 Eigene Proxymodelle entwerfen

Eine Klasse, die von **QAbstractProxyModel** erbt, haben wir mit **QSortFilterProxyModel** bereits kennengelernt. Doch Proxymodelle können die Ursprungsmodelle auch völlig anders darstellen. Um dies zu demonstrieren, schreiben wir ein eigenes Proxymodell, das Spalten und Reihen des Ursprungsmodells ähnlich wie bei einer Matrix in der Mathematik vertauscht (transponiert).

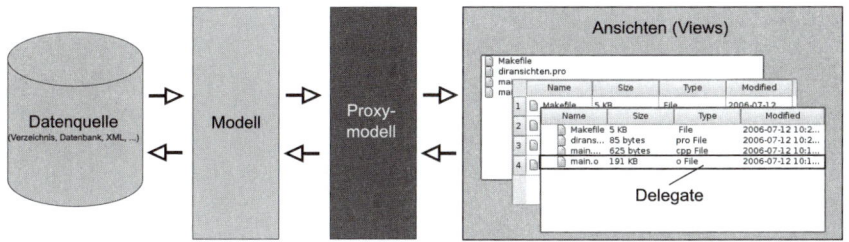

Abbildung 8.14:
Proxymodelle liegen
zwischen dem
Ursprungsmodell und
der Ansicht

Zunächst beginnen wir mit dem Konstruktor: Da wir keine eigenen Datenstrukturen nutzen, bleibt er leer und initialisiert lediglich die Oberklasse:

```
// addressbook/transposeproxymodel.cpp

TransposeProxyModel::TransposeProxyModel(QObject *parent)
  : QAbstractProxyModel(parent)
{
}
```

Nun folgen die beiden Methoden, die definieren, wie man die Daten aus dem Quellmodell dem Proxymodell zuordnet: **mapFromSource()** wandelt einen Index aus dem Quellmodell in einen Index des Proxymodells um, während **mapToSource()** einen Index aus dem Proxymodell als Index für das Quellmodell aufbereitet. In der **mapFromSource()**-Implementierung holen wir uns den Index mit Hilfe der gleichnamigen Methode, übergeben aber **column()** als Zeilen- und **row()** als Spaltenzahl. **mapToSource()** funktioniert genauso, ruft jedoch die **index()**-Methode des Quellmodells auf, für den Fall, dass dessen Index manipuliert wurde:

```
// addressbook/transposeproxymodel.cpp (fortgesetzt)

QModelIndex TransposeProxyModel::mapFromSource(
                          const QModelIndex& sourceIndex) const
{
  return index(sourceIndex.column(), sourceIndex.row());
}

QModelIndex TransposeProxyModel::mapToSource(
                          const QModelIndex& proxyIndex) const
{
  return sourceModel()->index(proxyIndex.column(), proxyIndex.row());
}
```

Damit sind wir aber noch nicht fertig, denn **QAbstractProxyModel** erbt unmittelbar von **QAbstractItemModel**. Somit müssen wir dessen Methoden ebenfalls alle implementieren. So zum Beispiel **index()**. Da wir ein normales, zweidimensionales Modell planen, verwenden wir die Funktion **createIndex()**, um den Index zu generieren. Hier dürfen Spalten und Zeilen nicht noch einmal vertauscht werden, da sonst der Tauscheffekt wieder aufgehoben würde:

```
// addressbook/transposeproxymodel.cpp (fortgesetzt)

QModelIndex TransposeProxyModel::index(int row, int column,
                        const QModelIndex& parent) const
{
  Q_UNUSED(parent);
  return createIndex(row, column);
}
```

Die **parent()**-Methode müssen wir ebenfalls implementieren. Da unser Proxymodell jedoch nur zweidimensionale Modelle und damit keine Eltern-Relationen unterstützt, geben wir hier einen ungültigen Index zurück:

```
// addressbook/transposeproxymodel.cpp (fortgesetzt)

QModelIndex TransposeProxyModel::parent(
                        const QModelIndex& index) const
{
  Q_UNUSED(index);
  return QModelIndex();
}
```

Als Nächstes reimplementieren wir **rowCount()** und **columnCount()**. An diesen macht die View fest, welche Indizes sie abfragt. Also müssen wir für unsere Zwecke die jeweils andere Methode aus dem Quellmodell aufrufen:

```
// addressbook/transposeproxymodel.cpp (fortgesetzt)

int TransposeProxyModel::rowCount(const QModelIndex& parent) const
{
  return sourceModel()->columnCount(parent);
}

int TransposeProxyModel::columnCount(const QModelIndex& parent) const
{
  return sourceModel()->rowCount(parent);
}
```

Schließlich muss **data()** die korrekten Daten ausliefern. Diese holen wir ebenfalls direkt aus dem Quellmodell. Wichtig ist hier allerdings, den Index mit den zuvor erstellten Zuordnungsmethoden korrekt umzusetzen. Da der übergebene Index aus dem Proxymodell stammt, benutzen wir **mapToSource()**:

```
// addressbook/transposeproxymodel.cpp (fortgesetzt)

QVariant TransposeProxyModel::data(const QModelIndex& index,
                                    int role) const
{
  if (!index.isValid()) return QVariant();
  return sourceModel()->data(mapToSource(index), role);
}
```

Auch wenn es nicht erforderlich ist (die Methode **headerData()** ist nicht rein virtuell), empfiehlt es sich, zum Schluss auch die Spalten- und die Zeilenüberschriften zu vertauschen. Dazu übergeben wir einfach den jeweils anderen Wert des **Orientation**-Enumerators:

```
// addressbook/transposeproxymodel.cpp (fortgesetzt)

QVariant TransposeProxyModel::headerData(int section,
                    Qt::Orientation orientation, int role) const
{
  if (orientation == Qt::Horizontal)
    return sourceModel()->headerData(section, Qt::Vertical, role);
  else
    return sourceModel()->headerData(section, Qt::Horizontal, role);
}
```

Dieses Modell können wir als Proxymodell beispielsweise zwischen eine Tabellenansicht und unser Adressbuchmodell hängen. Dazu modifizieren wir die **main()**-Methode aus dem ursprünglichen Adressbuch-Beispiel von Seite 223, indem wir die nachfolgend abgedruckte Deklarationsdatei **transposeproxymodel.h** einbinden:

```
// addressbook/transposeproxymodel.h

#ifndef TRANSPOSEPROXYMODEL_H
#define TRANSPOSEPROXYMODEL_H

#include <QAbstractProxyModel>

class TransposeProxyModel : public QAbstractProxyModel {
Q_OBJECT
  public:
    TransposeProxyModel(QObject *parent = 0);

    virtual QModelIndex       mapFromSource(
                    const QModelIndex& sourceIndex) const;
    virtual QModelIndex mapToSource(
                    const QModelIndex& proxyIndex) const;

    virtual QModelIndex index(int, int,
```

```
                      const QModelIndex& parent = QModelIndex()) const;
        virtual QModelIndex parent(const QModelIndex& index) const;
        virtual int rowCount(const QModelIndex& parent) const;
        virtual int columnCount(const QModelIndex& parent) const;
        virtual QVariant data(const QModelIndex& index,
                              int role = Qt::DisplayRole) const;

        virtual QVariant headerData(int section,
                           Qt::Orientation orientation,
                           int role = Qt::DisplayRole) const;
};
#endif // TRANSPOSEPROXYMODEL_H
```

Abbildung 8.15:
Unser Proxymodell
transponiert das
Ursprungsmodell

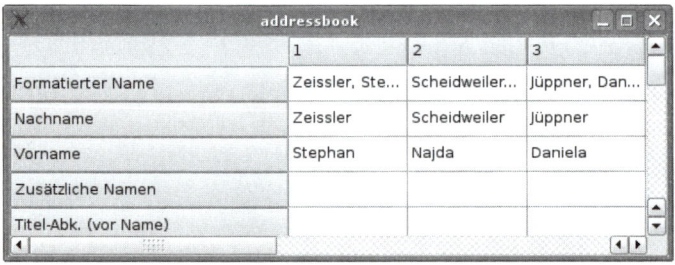

Danach instanzieren wir den Proxy, übergeben ihm per **setSourceModel()** einen Zeiger auf das Ursprungsmodell und binden das Proxymodell selber als Quellmodell für die Ansicht ein. Abbildung 8.15 zeigt das Resultat.

8.8   Drag&Drop in Modellen implementieren

Unser Modell ist bislang noch nicht in der Lage, einzelne Zeilen per Drag&Drop zu verschieben oder zu kopieren. In Abschnitt 7.4 haben wir kennengelernt, wie sich Drag&Drop für beliebige Widgets realisieren lässt. Auch Interview bietet die Möglichkeit, Elemente aus Views als Drag-Objekte zu verwenden. Anders als in den vorhergehenden Beispielen ist es hier *nicht* nötig, eine der Viewklassen durch Vererbung anzupassen. Es genügt, das Modell zu modifizieren.

Um dies zu demonstrieren, verwenden wir eine Unterklasse der bereits implementierten Klasse **AddressbookModel** namens **DndAddressbookModel**.[4] Um ihr Drag& Drop-Fähigkeiten einzuhauchen, müssen wir nur die folgenden Methoden überschreiben:

---

[4] Natürlich könnten wir auch von **CheckableAddressbookModel** ableiten und die Funktionalität ergänzen, doch das würde komplexer und eignet sich daher schlechter für didaktische Zwecke.

```
// addressbook/dndaddressbookmodel.h

#ifndef DNDADDRESSBOOKMODEL_H
#define DNDADDRESSBOOKMODEL_H

#include "addressbookmodel.h"

class DndAddressbookModel : public AddressbookModel
{
  public:
    DndAddressbookModel(const QString& addresses, QObject *parent = 0);
    virtual Qt::ItemFlags flags(const QModelIndex &index) const;
    QStringList mimeTypes() const;
    QMimeData *mimeData( const QModelIndexList &indexes ) const;
    bool dropMimeData( const QMimeData *data, Qt::DropAction action,
                       int row, int column, const QModelIndex &parent );

};
#endif //ADDRESSBOOKMODEL_H
```

Fasst der Nutzer ein beliebiges Element aus einer Zeile in unserer Beispielimplementierung mit der Maus an, kopiert er immer die komplette Zeile, damit der Datensatz vollständig bleibt. Diese Bedingung macht das **DndAddressbookModel** nutzlos für Tabellenansichten. Mit etwas mehr Aufwand ist es zwar möglich, nur einzelne Elemente zu kopieren, worauf wir hier aber aus Gründen der Übersichtlichkeit verzichten.

Im Konstruktor tun wir nicht mehr, als die Argumente an die Oberklasse weiterzureichen. Aufrufe wie **setDropEnabled()** sind hier nicht notwendig:

```
// addressbook/dndaddressbookmodel.cpp

#include <QtGui>
#include "dndaddressbookmodel.h"

DndAddressbookModel::DndAddressbookModel(const QString& addresses,
                                         QObject *parent)
  : AddressbookModel(addresses, parent)
{
}

Qt::ItemFlags DndAddressbookModel::flags(const QModelIndex &index) const
{
  Qt::ItemFlags defaultFlags = AddressbookModel::flags( index );

  if (index.isValid())
    return Qt::ItemIsDragEnabled | Qt::ItemIsDropEnabled | defaultFlags;
  else
    return Qt::ItemIsDropEnabled | defaultFlags;
}
```

Dass wir Drops zulassen, müssen wir pro Modell-Index in der Methode **flags()** signalisieren. Während wir Drags nur aus gültigen Modell-Indizes zulassen, ist Dropping auch auf ungültigen möglich: Lässt der Benutzer einen Drag hinter dem letzten Eintrag einer Liste los, so ist diese Position als Modell-Index ungültig, obwohl sie als Einfüge-Position zulässig ist.

Im nächsten Schritt legen wir fest, mit welchen MIME-Typen unser Modell umgehen kann. Hierbei verwenden wir ein eigenes Format namens **application/x-osp.text.csv**, das uns auf der nächsten Seite Arbeit beim Kopieren der Einträge zwischen zwei Model-View-Instanzen ersparen wird:

```
// addressbook/dndaddressbookmodel.cpp (fortgesetzt)

QStringList DndAddressbookModel::mimeTypes() const
{
  QStringList types;
  types << "application/x-osp.text.csv";
  return types;
}
```

Die Methode **mimeData()** kommt ins Spiel, wenn der Benutzer eine Auswahl aus der Ansicht wegzieht und somit einen Drag initiiert. Wir erhalten eine Liste mit den betroffenen Modell-Indizes. Die Methode soll sie in ein **QMimeData**-Objekt verpacken, die Instanzierung eines **QDrag**-Objektes übernimmt Interview:

```
// addressbook/dndaddressbookmodel.cpp (fortgesetzt)

QMimeData *DndAddressbookModel::mimeData(
                      const QModelIndexList &indexes) const
{
  QMimeData *mimeData = new QMimeData();

  QList<int> rows;
  foreach (QModelIndex index, indexes)
    if (index.isValid())
      if (!rows.contains(index.row()))
        rows += index.row();

  QByteArray encodedData;
  QDataStream stream(&encodedData, QIODevice::WriteOnly);

  foreach(int row, rows)
      stream << addressBook.at(row+1);

  mimeData->setData("application/x-osp.text.csv", encodedData);
  return mimeData;
}
```

Da uns nur komplette Zeilen interessieren, extrahieren wir aus den übergebenen Modell-Indizes die jeweiligen Zeilennummern und speichern sie in einer Liste.

Im zweiten Schritt müssen wir eine geeignete Möglichkeit finden, um unsere Datensätze in einem **QByteArray** unterzubringen. Dabei hilft uns die Klasse **QDataStream**, die wir in Kapitel 11 ab Seite 317 näher kennenlernen werden. Sie kann alle primitiven Datentypen in Qt über den <<-Operator serialisieren, so auch **QStringList**-Objekte. Das Bytearray **encodedData** wirkt dabei als Ausgabemedium, denn obwohl **QDataStream** für die Ausgabe in Dateien und auf echten Ausgabegeräten gedacht ist, kann die Klasse dank eines überladenen Konstruktors auch auf **QByteArray**-Objekte schreiben oder von ihnen lesen. Der Dateisemantik entsprechend zeigt der zweite Parameter **QIODevice::WriteOnly** an, dass die **QDataStream**-Instanz **stream** auf das Bytearray nur schreiben darf.

Nun gehen wir durch die eben angelegte **rows**-Liste und greifen auf den entsprechenden Eintrag der **addressBook**-Struktur zurück. Um an die tatsächliche Position zu kommen, müssen wir dabei wieder je einen Eintrag weiter greifen.

Jeden so gefundenen Eintrag lesen wir zum einen über **QDataStream** ins Bytearray **encodedData** ein. Das fertige Bytearray geben wir dem **mimeData**-Objekt mit. Dass der Inhalt nach der Transformation durch **QDataStream** nicht mehr reiner ASCII-Text sein muss, ist neben der Unterscheidbarkeit beim Drop-Vorgang ein weiterer Grund, warum wir als MIME-Typen nicht **text/plain** verwenden können.

Die andere Seite des Drag&Drop-Vorgangs behandelt die Methode **dropMimeData()**. Sie erhält neben den MIME-Daten auch die Art des Drops: Sollen sie kopiert (**CopyAction**), verschoben (**MoveAction**), verlinkt (**LinkAction**) oder ignoriert (**IgnoreAction**) werden? Des Weiteren erhalten wir die Zeile (**row**) sowie die Spalte **column**, in der der Benutzer die Maus losgelassen und so den Drop ausgelöst hat. Über **parent** erfahren wir, ob das aktuelle Item ein Kind eines anderen Items ist. Da dies bei unserem kinderlosen Modell nicht der Fall sein kann, ignorieren wir **parent** ebenso wie **column**, da wir nur ganze Reihen einfügen. Die Methode gibt **true** zurück, falls der Drop-Vorgang gelingt, anderenfalls **false**:

```
// addressbook/dndaddressbookmodel.cpp (fortgesetzt)

bool DndAddressbookModel::dropMimeData(const QMimeData *data,
                        Qt::DropAction action, int row,
                        int column, const QModelIndex &parent)
{

  Q_UNUSED(column);
  Q_UNUSED(parent);

  if (action == Qt::IgnoreAction)
    return true;

  if (!data->hasFormat("application/x-osp.text.csv"))
    return false;

  // workaround für Bug in Qt 4.1.2
  if (row == -1)
```

```
    row = rowCount();

  QByteArray encodedData = data->data("application/x-osp.text.csv");
  QDataStream stream(&encodedData, QIODevice::ReadOnly);
  QList<QStringList> lines;
  while (!stream.atEnd())
    stream >> lines;


  int rows = lines.count();
  insertRows(row, rows, QModelIndex());
  foreach(QStringList line, lines) {
    addressBook.replace(row+1, line);
    row++;
  }
  return true;
}
```

Wir reagieren auf alle Aktionen, fangen jedoch sicherheitshalber **IgnoreAction** ab. Diese Aktion sollten wir eigentlich nicht empfangen. Fall dies jedoch trotzdem geschieht, melden wir den erfolgreichen Abschluss der Drop-Operation – schließlich haben wir den Drop erfolgreich ignoriert. Außerdem müssen wir sicherstellen, dass unser Drag den MIME-Typ **application/x-osp.text.csv** enthält, anderenfalls brechen wir mit **false** ab, denn die Drop-Aktion war nicht erfolgreich.

In einigen Qt-Versionen, darunter **4.1.2**, tritt das Problem auf, dass **row** den Wert -1 zurückgibt, wenn das Drop-Ziel unterhalb des letzten Eintrags in einer Listen- oder Baumansicht liegt. Deswegen fangen wir diesen Fall sicherheitshalber ab und geben die Anzahl der Spalten im Modell zurück, damit die neuen Datensätze wie vorgesehen hinter der letzten Zeile eingefügt werden.

Nun lesen wir das **QByteArray** für unseren MIME-Typen aus. Es handelt sich hier um die Daten, die wir in **mimeData()** aus den unterschiedlichen Stringlisten-Einträgen zusammengefasst haben. Diesen Vorgang drehen wir nun um, indem wir aus **encodedData**, diesmal als nur leseberechtigt markiert, Stringliste für Stringliste die Liste **lines** auslesen. Spätestens durch ihre Benennung macht die Methode **atEnd()** klar, dass wir das Bytearray durch **QDataStream** wie eine Datei behandelt haben.

Nun können wir mit **count** die Anzahl der neu einzufügenden Zeilen berechnen, die wir mit **insertRows()** ins Modell einbauen. **row** liefert uns dabei den Offset. Zum Schluss ersetzen wir die durch **insertRows()** entstandenen leeren Stringlisten durch den eigentlichen Inhalt. Damit ist die Drag-Operation abgeschlossen, was wir dem Aufrufer der Methode mit **return true** melden.

Zum Testen unseres modifizierten Modells ersetzen wir in der **main()**-Methode des Adressprogramms auf Seite 223 **AddressbookModel** durch **DndAddressbookModel** und starten zwei Instanzen der Anwendung. Zwischen ihnen, aber auch innerhalb einer View, ist nun Drag&Drop möglich.

8.9 Eigene Delegates

Bislang haben wir es hingenommen, dass die Views ihre Einträge selber darstellen. Jetzt lüften wir das Geheimnis der *Delegates*, die für die Darstellung der einzelnen Elemente und die Bereitstellung eines Editors für beschreibbare Modelle zuständig sind. Jedes Modell besitzt genau einen Delegate.

Alle Delegates erben, wie Abbildung 8.16 zu entnehmen ist, von **QAbstractItemDelegate**. Standardmäßig verwenden alle Ansichten die unmittelbar davon ableitende Klasse **QItemDelegate**, die einen Standardeditor bereitstellt und die Zeichenlogik für die Einträge enthält. Die darüber hinausgehende SQL-spezifische Klasse namens **QSqlRelationalDelegate** lernen wir in Kapitel 9 kennen.

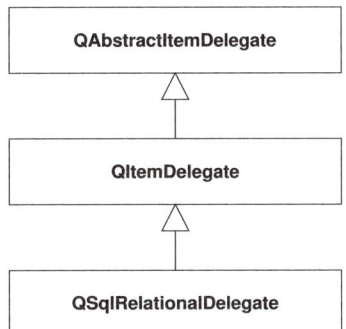

Abbildung 8.16: Vererbungsschema der Delegates in Interview

Im Folgenden werden wir einen Delegate schreiben, der nicht nur einen Editor wie **QItemDelegate** bietet, sondern auch Autovervollständigung und eine Übersicht über alle vorhandenen Einträge bietet. Als Datenquelle dient die aktuelle Spalte. Im Falle unseres Adressbuchmodells spart dieser Delegate dem Anwender beispielsweise bei häufig vorkommenden Vor- und Nachnamen eine Menge Tipparbeit, sofern der Name schon mindestens einmal aufgetaucht ist.

Zunächst betrachten wir den Konstruktor: Ihm obliegt einzig die Initalisierung der Oberklasse, denn wir benötigen für dieses Modell keine Membervariablen, die wir initialisieren müssten:

```
// addressbook/completiondelegate.cpp

#include <QtGui>
#include "completiondelegate.h"

CompletionDelegate::CompletionDelegate(QObject *parent)
  : QItemDelegate(parent)
{
}
```

Die View ruft die Methode **createEditor()** auf, wenn der Benutzer an einer beliebigen Indexposition erstmals einen Editor anfragt, etwa durch Doppelklick oder Drücken von (F2):

```
// addressbook/completiondelegate.cpp (fortgesetzt)

QWidget *CompletionDelegate::createEditor(QWidget* parent,
                    const QStyleOptionViewItem& option,
                    const QModelIndex& index ) const
{
  const QAbstractItemModel *model = index.model();
  if (!model)
    return QItemModel::createEditor(parent, option, index);

  QComboBox *box = new QComboBox(parent);
  box->setEditable(true);
  box->setAutoCompletion(true);
  box->setModel(const_cast<QAbstractItemModel*>(model));
  box->setModelColumn(index.column());
  box->installEventFilter(const_cast<CompletionDelegate*>(this));
  return box;
}
```

Als Bearbeitungswidget zeigen wir eine Combobox an, die wie ein Line-Edit bearbeitet werden darf, außerdem soll sie automatische Vervollständigung beherrschen. Den übergebenen **parent**-Parameter verwenden wir als Vater für den Konstruktor, wodurch später die View, und nicht der Delegate, das Widget verwaltet.

Um die Combobox mit Daten zu füllen genügt es, ihr das aktuelle Modell zu übergeben, denn **QComboBox** kann, obwohl es keine offizielle View-Klasse ist, mit den **QAbstractItemModel**-basierten Modellen als Quelle umgehen. Genau wie schon bei **QListView** müssen wir auch hier via **setModelColumn()** die Spalte aus dem Modell angeben, um die sich die Auswahlbox kümmern soll.

Der **const_cast** wird nötig, weil wir uns in einer **const**-Methode befinden und unser Modell-Zeiger ein **const**-Zeiger ist. Das bedeutet, dass wir jegliche Schreiboperation auf das Modell verhindern müssen. Zusätzlich müssen wir dafür sorgen, dass bestimmte Tasten wie (Enter) oder (Esc) den Editor schließen und dem Delegate signalisieren, dass er die Daten ins Modell zurückschreiben soll.

Dies erledigt der Eventfilter, den wir auf der Combobox installieren. Er leitet alle Tastenanschläge auf den Delegate um. Nun müssten wir die **eventFilter()**-Methode überschreiben, um die Tastenanschläge abzufangen. Praktischerweise verfügt **QComboBox** jedoch in der privaten (also intern versteckten) Klasse **QComboBoxPrivateContainer**[5] über einen solchen Eventfilter, der allerdings nicht dokumentiert ist.

---

[5] Siehe qcombobox_p.h/qcombobox.cpp im Qt-Quellcode.

Das bedeutet, dass der Filter theoretisch in jedem neuen Qt-Release verschwinden darf. Wer dahingehend auf Nummer sicher gehen will, sollte daher basierend auf der Implementierung dieser Qt-Klasse seinen eigenen Eventfilter schreiben.

Nun steht der Editor zur Verfügung, doch möglicherweise will der Benutzer diesen später an der gleichen Indexposition noch einmal verwenden. Um ihn bei jeder Benutzung mit aktuellen Daten zu versorgen, existiert die Methode **setEditorData()**. Als Editor-Widget dient unsere Combobox, weshalb wir das Objekt per **qobject_cast** konvertieren:

```
// addressbook/completiondelegate.cpp (fortgesetzt)

void CompletionDelegate::setEditorData(QWidget* editor,
                            const QModelIndex & index ) const
{
  QComboBox* box = qobject_cast<QComboBox*>(editor);
  const QAbstractItemModel *model = index.model();

  if (!box || !model)
    QItemDelegate::setEditorData(editor, index);
  box->setCurrentIndex(model.row());
}
```

qobject_cast funktioniert wie ein **dynamic_cast**, benötigt aber keinen RTTI-Support[6], den man vor allem auf Embedded-Plattformen aus Platzgründen gern deaktiviert. Zudem funktioniert er über die Grenzen dynamischer Bibliotheken hinweg – hier muss **dynamic_cast** gewöhnlich passen. Einziger Wermutstropfen: Man kann ihn nur bei **QObject**-basierten Klassen benutzen.

Genau wie ein **dynamic_cast** liefert auch **qobject_cast** einen Null-Zeiger, falls die Konvertierung fehlschlägt. Auch wenn dies nicht vorkommen dürfte, fangen wir dieses Szenario ab und bemühen lieber die Basisimplementierung. Klappt alles wie vorgesehen, übergeben wir die Zeilenkoordinate unserer aktuellen Position im Modell an die Combobox. Sie verwendet diese Angabe an der Stelle als Standardtext.

Bestätigt der Benutzer die Eingabe, sorgt der Eventfilter durch einen Aufruf von **commitData()** dafür, dass der Delegate die Methode **setModelData()** aufruft. Sie zeichnet dafür verantwortlich, den ausgewählten Text ins Modell zurückzuschreiben. Danach schließt er mit **closeEditor()** das Widget.

Unsere letzte Aufgabe besteht nun also darin, **setModelData()** zu implementieren. Nach ein paar Sicherheitschecks setzen wir dazu einfach den aktuellen Inhalt der Combobox als neuen Wert für den aktuellen Modell-Index. Wer auf Nummer sicher gehen will, sollte dies sowohl für die **DisplayRole** als auch für die **EditRole** tun:

---

[6] RTTI steht für *Runtime Type Information*. Sie ermöglicht es unter C++, den Typ einer Methode zu bestimmen. Da RTTI-Unterstützung die Größe der entstehenden Objektdatei stark aufbläht und moc die entsprechenden Informationen zur Kompilierzeit ohnehin gewinnt, kann man in Qt-Programmen auf RTTI-Support verzichten.

```
// addressbook/completiondelegate.cpp (fortgesetzt)

void CompletionDelegate::setModelData(QWidget *editor,
                                      QAbstractItemModel *model,
                                      const QModelIndex &index) const
{
  if (!index.isValid())
    return;

  QComboBox* box = qobject_cast<QComboBox*>(editor);
  if (!box)
    return QItemDelegate::setModelData(editor, model, index);

  model->setData(index, box->currentText(), Qt::DisplayRole);
  model->setData(index, box->currentText(), Qt::EditRole);
}
```

Diesen unseren eigenen Delegate können wir nun mittels **setItemDelegate()** in beliebige Views einfügen – natürlich auch in unser Adressbuch. Wie das aussieht, zeigt Abbildung 8.17.

Abbildung 8.17:
Unser
CompletionDelegate
vervollständigt die
Eingabe auf Basis
anderer Einträge in
der gleichen Spalte
des Quellmodells

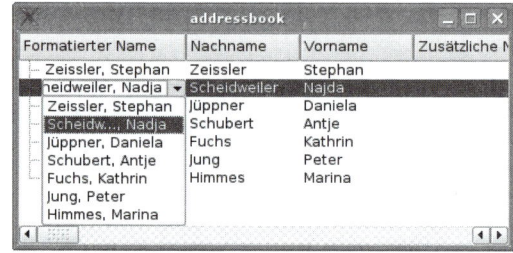

8.10 Ohne eigene Datenquelle: Das Standard-Modell

Für viele Zwecke erscheint die Erstellung eines eigenen Modells übertrieben und umständlich. Wenn es z. B. um die Darstellung einiger weniger Zahlen geht, die sich nicht oder kaum ändern, ist **QStandardItemModel** die richtige Wahl. Diese Klasse hat den Vorteil, dass sie in den meisten Fällen ohne Vererbung auskommt, wir können sie also direkt einsetzen.

Für ein kleines Beispiel bemühen wir noch einmal unser Adressbuchmodell, das wir nun mit Hilfe von **QStandardItemModel** implementieren. Um zu zeigen, dass das Modell ohne Vererbung auskommt, erledigen wir alle Aufgaben in der **main()**-Funktion.

Zunächst benötigen wir wieder die Hilfsfunktion **splitCSVLine()** von Seite 219, die eine Zeile aus der CSV-Datei in eine Stringliste umwandelt:

```
// stdmodeladdressbook/main.cpp

#include <QtGui>

QStringList splitCSVLine(const QString& line)
{
  ...
}
```

Auch der erste Teil der **main()**-Funktion sieht aus wie gehabt: Wir öffnen die Datei, lesen den kompletten Inhalt in einen String, spalten ihn an den Zeilenenden auf und legen das Ergebnis in einer Stringliste ab. Dieser entnehmen wir mit **takeAt()** die erste Zeile – im Gegensatz zu **removeAt()** gibt **takeAt()** den entfernten String direkt zurück:

```
// stdmodeladdressbook/main.cpp (fortgesetzt)

int main(int argc, char* argv[])
{
  QApplication app(argc, argv);

  // Datei öffnen
  QFile file("addressbook.csv");
  if ( !file.open(QIODevice::ReadOnly|QIODevice::Text) )
          return 1;
  // Adressen auslesen und zeilenweise in Stringliste einlesen
  QString addresses = QString::fromUtf8(file.readAll());
  QStringList records = addresses.split('\n');

  // Erste Zeile (Überschriften) entnehmen und aufspalten
  QString header = records.takeAt(0);
  QStringList headers = splitCSVLine(header);

  // Modell anlegen mit Zeilen und Spalten als Argumente
  QStandardItemModel model(records.count(), headers.count());

  // Überschriften einfügen
  for (int col=0;col<headers.count(); col++) {
     model.setHeaderData(col, Qt::Horizontal, headers.at(col));
  }

  // Inhalte einfügen
  for (int recNo=0;recNo<records.count(); recNo++) {
     QStringList cells = splitCSVLine(records.at(recNo));
     for (int col=0;col<cells.count(); col++) {
        QModelIndex index = model.index(recNo, col, QModelIndex());
        model.setData(index, cells.at(col));
```

```
    }
}

// Modell anlegen, Modell setzen und anzeigen
QTreeView treeView;
treeView.setWindowTitle(QObject::tr("Addressbook
                    via QStandardItemModel"));
treeView.setModel(&model);
treeView.show();

return app.exec();
}
```

Nachdem wir die Überschriften mit splitCSVLine() aufgespaltet haben, wird es Zeit, QStandardItemModel mit der Zeilen- und der Spaltenanzahl als Argumente zu instanzieren. An dieser Stelle haben wir genügend Daten gesammelt, um die maximale Zeilen- und Spaltenanzahl zu kennen, stehen aber noch vor dem Einfügen der Daten ins Modell. Dies ist unser nächster Schritt.

Zunächst finden die Überschriften per setHeaderData() Eingang ins Modell, gefolgt von den eigentlichen Daten. Für jedes Element des Modells müssen wir einen eigenen Modell-Index erstellen. Weil wir sowohl die aktuelle Zeile als auch die aktuelle Spalte kennen, ist dies kein Problem. Einziger Nachteil: Wir müssen auf den Einsatz der bequemeren foreach()-Schleifen verzichten.

Im Endspurt instanzieren wir eine Baumansicht, setzen das Modell und zeigen die Ansicht an. Zuletzt starten wir die Event-Loop.

Dieses Beispiel zeigt, dass Interview über QStandardItemModel auch ohne zeitaufwändige Reimplementierung von Modellen benutzbar ist. Allerdings speichert man dabei alle Daten im Modell. Für den Benutzer ist das Ergebnis identisch. Dennoch hat das Verfahren Nachteile: Bei reimplementierten Modellen können wir komplexere Datenstrukturen im Hintergrund verwenden, hier müssen wir mit duplizierten, nur über QModelIndex ansprechbaren Daten im Modell leben.

Schreibbare Modelle werden somit sehr komplex, so dass man in diesem Fall immer zu reimplementierten Modellen greifen sollte. Erscheint dies immer noch zu aufwändig, sollte man einen Blick auf die elementbasieren Ansichten werfen.

8.11 Elementbasierte Ansichten ohne Modellzugriff

Qt-3-Programmierer sind daran gewöhnt, dass jedes Element in einer Ansicht ein eigenes Objekt darstellt. Obwohl dieses Konzept in Qt 4 als nicht mehr zeitgemäß gilt, gibt es in manchen Bereichen noch immer Anwendung dafür, zumeist dient es aber als Portierungshilfe für Qt-3-basierte Anwendungen, die erst in einem späteren Schritt auf Model-View-Programmierung umgestellt werden. Trolltech hat deswegen für jede der Interview-Ansichten eine elementbasierte Klasse entwickelt, die ohne externes Modell auskommt. Um sie von den normalen Ansichten zu unterscheiden, nennen wir sie von nun an *Ansichtswidgets*. Wir besprechen sie hier nur kurz, denn für die meisten Zwecke ist ein Standardmodell genausogut geeignet.

Intern basieren Ansichtswidgets auf den jeweiligen View-Klassen, bieten jedoch eine erweiterte API. Weil sie somit komplett autonom sind und keine weiteren Klassen benötigen, heißen sie Widgets.

Aus der Listenansicht **QListView** wird so **QListWidget**, das Gegenstück zur Baumansicht **QTreeView** ist **QTreeWidget**, und die Tabellenansicht **QTableView** nennt sich in der selbständigen Version **QTableWidget**.

8.11.1 Items

Jeder Eintrag in diesen Ansichtswidgets ist eine Instanz eines *Elements* oder *Items*. Für jedes der drei Widgets gibt es eigene Item-Klassen, die keine gemeinsame Oberklasse haben. Das bedeutet auch, dass sich die Daten in einem Ansichtswidget jeweils nicht ohne Weiteres in den anderen beiden Widgettypen verwenden lassen.

Um die Item-Klassen leichtgewichtig zu halten, erben sie nicht von **QObject** und sind daher, falls sie nicht von einem Ansichtswidget verwaltet werden, nicht Teil der automatischen Qt-Speicherverwaltung.

Die Item-Klassen sind jeweils nach ihrem zugehörigen Ansichtswidget benannt: **QListWidgetItem** dient als Eintrag in einer Listenansicht, **QTreeWidgetItem** repräsentiert einen Eintrag in einer Baumansicht, und **QTableWidgetItem** ist für die Darstellung von Einträgen in einer Tabelle zuständig.

Jedes Item hat gewisse Eigenschaften, die man über seine API gezielt verändern kann. Diese lassen sich mit den Rollen vergleichen, zwischen denen wir in der data()-Methode von **QAbstractItemModel** unterschieden haben (siehe Tabelle 8.2). Die setFont()-Methode erlaubt es, eine andere Schriftart zu verwenden, entspricht also der **Qt::FontRole**, während setToolTip() der **Qt::ToolTipRole** entspricht. Die Items sind grundsätzlich zeigerbasiert, müssen also immer auf dem Heap angelegt werden.

Wert	Wirkung (Typischer Inhalt)	
Qt::DisplayRole	Die darzustellenden Hauptdaten (meist Text)	*Tabelle 8.2: Rollen in Modellen*
Qt::DecorationRole	Zusätzliche Verzierung (meist Icons)	
Qt::EditRole	Daten in einer für einen Editor passenden Form (z. B. den Dateipfad, falls die **DisplayRole** eine Grafik ist)	
Qt::ToolTipRole	Daten, die ein Tooltipp anzeigen soll (Text, HTML)	

Fortsetzung:

Wert	Wirkung (Typischer Inhalt)
Qt::StatusTipRole	Daten, die in der Statuszeile angezeigt werden sollen (Text)
Qt::WhatsThisRole	Daten, die das Widget im „What's This?"-Modus zurückgeben soll (Text, HTML)
Qt::SizeHintRole	Größenhinweis für das Element, wird an die Ansichten weitergeleitet (QSizeHint)
Qt::FontRole	Schriftart zum Rendern der DisplayRole
Qt::TextAlignmentRole	Ausrichtung des Textes der DisplayRole
Qt::BackgroundColorRole	Hintergrundfarbe (QColor)
Qt::TextColorRole	Farbe für den DisplayRole-Text (QColor)
Qt::CheckStateRole	bestimmt, ob ein Element ganz, teilweise oder gar nicht angewählt ist; gültig sind die Werte aus dem Enumerator Qt::CheckState: Qt::Unchecked, Qt::PartiallyChecked[7] oder Qt::Checked.
Qt::Accessible	Text, den Screenreader oder andere Barrierefreiheitswerkzeuge ausgeben, etwa als textuelle Beschreibung der aktuellen Eintragsdekoration, die Blinde nicht erfassen können (Text)
Qt::UserRole	Offset für eigene Rollen, die eventuell bei der Entwicklung eigener Delegates benötigt werden

8.11.2 Die Listenansicht

Nachfolgend fügen wir einige Namen in ein Listenwidget ein. Das Ansichtswidget legen wir dabei wie gehabt an, erzeugen die Einträge aber über **QListWidgetItem**. Indem wir diesem das Ansichtswidget als zweites Argument übergeben, übernimmt jenes die Verwaltung des Items und fügt es ein. Aus diesem Grund müssen wir den von **new** zurückgegebenen Zeiger nicht abfangen:

```cpp
// listwidgetexample/main.cpp

#include <QtGui>

int main(int argc, char* argv[])
{
  QApplication app(argc, argv);
  QListWidget listWidget;
  new QListWidgetItem(QObject::tr("Antje"), &listWidget);
```

---

[7] In einer Baumansicht ist Qt::PartiallyChecked sinnvoll für Items mit Kindern, von denen nur einige selber angewählt sind, also den Status Qt::CheckState haben.

```
new QListWidgetItem(QObject::tr("Barbara"), &listWidget);
new QListWidgetItem(QObject::tr("Daniel"), &listWidget);
listWidget.show();
return app.exec();
}
```

Um ein **QListWidgetItem** zu instanzieren, gibt es zwei Wege: Man kann entweder den Item-Konstruktor aufrufen, der einen String oder ein Icon, gefolgt von einem String als Parameter, erwartet. Als dritten Parameter kann man optional ein passendes Ansichtswidget übergeben, in das sich das Item einfügt. Das Beispiel verwendet einen alternativen Konstruktor, der ohne die Angabe eines Symbols auskommt.

Der direktere Weg führt über die Methode **addItem()**, über die jedes Ansichtswidget verfügt. Sie erwartet einen String, erzeugt das Item automatisch und fügt es ein.

8.11.3 Die Baumansicht

Wünscht man sich eine Baumstruktur als Ansichtswidget, kommt als Basisklasse **QTreeWidget** zum Einsatz, bei der die Spaltenanzahl von Anfang an feststeht. Diese geben wir mit **setColumnCount()** an. Danach definieren wir die Überschriften mit **setHeaderLabels()**.

Das erste Item fügen wir nun wie gehabt ins Widget ein, speichern aber den Zeiger. So können wir drei Kindeinträge mit der **addChild()**-Methode des Items hinzufügen:

```
// treewidgetexample/main.cpp

#include <QtGui>

int main(int argc, char* argv[])
{
  QApplication app(argc, argv);
  QTreeWidget treeWidget;
  treeWidget.setColumnCount(1);
  QStringList headerLabels;
  headerLabels << "Namen";
  treeWidget.setHeaderLabels(headerLabels);
  QTreeWidgetItem *parent =
    new QTreeWidgetItem(&treeWidget,
                        QStringList(QObject::tr("Otto+Margit")));
  parent->addChild(new QTreeWidgetItem
                      (QStringList(QObject::tr("Daniel"))));
  parent->addChild(new QTreeWidgetItem
                      (QStringList(QObject::tr("Moritz"))));
  parent->addChild(new QTreeWidgetItem
                      (QStringList(QObject::tr("Philipp"))));
  treeWidget.expandItem(parent);
```

```
treeWidget.show();
return app.exec();
}
```

Bevor wir das Widget anzeigen, expandieren wir noch das Elternitem **Otto+Margit**, indem wir den Slot **expandItem()** aufrufen. Anderenfalls müsste dies der Benutzer mit dem **+**-Symbol vor dem Item tun. Nun sieht die Ansicht aus wie in Abbildung 8.18.

Abbildung 8.18:
Eine einfache
Baumansicht ist mit
QTreeWidget schnell
realisiert

Da Baumansichten mehr als eine Spalte haben können, erwarten die meisten **set**-Methoden von **QTreeWidgetItem** die Spalte als erstes Argument. Folgende Anweisung füllt die zweite Spalte eines Items namens **item** mit (neuem) Text:

```
item->setText(1, tr("Text"));
```

Analog fügt **setIcon()** ein Symbol ein und legt **setFont()** die Schriftart des Textes fest. Eine Ausnahme macht **setFlags()**, mit dem sich die in Tabelle 8.1 auf Seite 225 aufgeführten Eigenschaften setzen lassen. Sie beziehen sich nämlich auf die gesamte Zeile. So ist es nicht möglich, einzelne Spalten mit Checkboxen zu versehen: **setFlags(Qt::ItemIsUserCheckable)** setzt das Kästchen in die erste Spalte.

8.11.4 Die Tabellenansicht

Das dritte und letzte vorgefertigte Ansichtswidget, **QTableWidget**, basiert auf **QTableView** und verwendet **QTableWidgetItem** als Item-Klasse. Die Dimension der Tabelle lässt sich bequem im Konstruktor angeben. Items fügt man hier grundsätzlich über die Methode **setItem()** ein, die als Argumente eine Spalten- und eine Zeilennummer sowie das eigentliche Item erwartet.

Das folgende Beispiel erstellt eine Tabelle mit 3x3 Feldern, wobei jedes Feld das Produkt aus Spalte und Zeile seiner Koordinaten enthält:

```
// tablewidgetexample/main.cpp
```

```
#include <QtGui>

int main(int argc, char* argv[])
{
  QApplication app(argc, argv);
  QTableWidget tableWidget(3,3);
  for (int row=0;row<tableWidget.rowCount(); row++)
    for (int col=0;col<tableWidget.columnCount(); col++)
      tableWidget.setItem(row, col,
          new QTableWidgetItem(QString::number(row*col)));
  tableWidget.show();
  return app.exec();
}
```

8.11.5 Items klonen

Oftmals wünscht man sich Items, die bis zu einem gewissen Punkt identisch sind:
die gleiche Schriftart, die gleichen Symbole, nur der Text soll jeweils anders lauten.
In diesem Fall ist die Methode **clone()** sehr nützlich, die alle Item-Klassen mitbringen. Sie ermöglicht es, ein Item zusammenzustellen und neue Items fortan von
diesem Prototypen zu klonen. Es genügt dann, den Klonen einen eigenen Text zu
verpassen und sie ins Ansichtswidget einzufügen:

```
// listwidgetexample2/main.cpp

#include <QtGui>

int main(int argc, char* argv[])
{
  QApplication app(argc, argv);
  QListWidget listWidget;

  // Prototypen aufsetzen
  QListWidgetItem *proto = new QListWidgetItem;
  proto->setFont(QFont("Times"));
  proto->setTextColor(Qt::blue);
  proto->setBackgroundColor(Qt::yellow);


  // Objekt klonen, anpassen und an
  // erster Stelle einfügen
  QListWidgetItem *name = proto->clone();
  name->setText("Antje");
  listWidget.insertItem(0, name);

  // dito
  name = proto->clone();
  name->setText("Daniel");
  listWidget.insertItem(0, name);
```

```
// proto selber verwenden
name = proto;
name->setText("Barbara");
listWidget.insertItem(0, name);

// Liste sortieren
listWidget.sortItems();

listWidget.show();
return app.exec();
}
```

Die Methode **sortItems()** sortiert die bereits eingefügten Items absteigend, so dass die Namen alphabetisch geordnet untereinander im Listenwidget auftauchen.

Das QtSql-Modul

Ohne relationale Datenbank im Rücken sind viele Applikationen kaum mehr vorstellbar. Qt bietet daher mit dem QtSql-Modul eine Reihe von Klassen an, die mit verschiedenen relationalen Datenbankmanagementsystemen (DBMS) zusammenarbeiten. Tabellen und Abfragen lassen sich auch als Modell für Interview nutzen.

9.1 Aufbau des QtSql-Moduls

Beim QtSql-Modul handelt es sich um eine eigenständige Bibliothek, die bei Bedarf zusätzliche Plugins nachlädt. Anders als QtCore und QtGui bindet **qmake -project** sie nicht standardmäßig in die generierten Projekte ein. Um die Bibliothek zu nutzen, ist daher folgender Eintrag in der **.pro**-Datei erforderlich:

```
QT += sql
```

Um mit den Klassen des Moduls zu arbeiten, stellt Qt auch für dieses Paket ein Meta-Include zur Verfügung, das alle Klassendefinitionen aus dem Modul enthält. Das Kommando zum Einbinden in eine Quelldatei lautet:

```
#include <QtSql>
```

Die Klassen des Moduls gehören zu einer von drei Schichten: Die *Treiber-Schicht* implementiert die Schnittstelle zwischen den Treibern für verschiedene Datenbanken (siehe Tabelle 9.1) und der *API-Schicht*. Diese bietet Anwendungsentwicklern Zugriff auf die Datenbanken und erlaubt typische SQL-Operationen, etwa Tabellen einzusehen und zu verändern oder Daten abzufragen.

Um Ergebnisse von Abfragen in Interview-Ansichten einzufügen, stellt die *Benutzerschnittstellenschicht* Modelle zur Verfügung, denen SQL-Tabellen oder -Anfragen zu Grunde liegen. Abbildung 9.1 gibt eine Übersicht über die Schichten und die dazugehörigen Klassen.

Abbildung 9.1:
Der Aufbau des
QtSql-Moduls

| Benutzerschnittstellenschicht |
| QSqlQueryModel, QSqlTableModel, QSqlRelationalTableModel |
| SQL-API-Schicht |
| QSqlDatabase, QSqlQuery, QSqlError, QSqlField, QSqlIndex, QSqlRecord |
| Treiberschicht |
| QSqlDriver, QSqlDriverCreator<T*>, QSqlDriverCreatorBase, QSqlDriverPlugin, QSqlResult |

9.2 Den passenden Treiber wählen

Da die Lizenz der Client-API mancher Datenbanksysteme nicht GPL-kompatibel ist, fehlen einige Treiber (in Tabelle 9.1 mit [*] markiert) in der Open-Source-Edition.

Tabelle 9.1:
Treiber für QtSql

Treibername	Datenbanksystem
QDB2	IBM DB2 (Version 7.1 und neuer)[*]
QIBASE	Borland InterBase
QMYSQL	MySQL
QOCI	Oracle Call Interface Treiber (Versionen 8, 9, and 10)[*]

Fortsetzung:

Treibername	Datenbanksystem
QODBC	Open Database Connectivity (ODBC), verwendet von Microsoft SQL Server und anderen ODBC-fähigen Datenbanken
QPSQL	PostgreSQL (Version 7.3 und neuer)
QSQLITE2	SQLite (Version 2)
QSQLITE	SQLite (Version 3)
QTDS	Sybase Adaptive Server[*)]

Stammt die Qt-Version aus Paketen eines Linux-Distributors, müssen gegebenenfalls Pakete nachinstalliert werden. Ubuntu lagert die SQL-Bibliothek in das Paket **libqt4-sql** aus, OpenSUSE erfordert zusätzlich zur Installation von **qt-sql** ein DBMS-spezifisches Datenbankpaket, für MySQL etwa **qt-sql-mysql**.

Wer Qt aus den Quellen baut, sollte sich die Ausgabe von **./configure --help** anschauen:

```
...
-Istring .......... Add an explicit include path.
...
-qt-sql-<driver> ...... Enable a SQL <driver> in the Qt Library, by
                       default none are turned on.
-plugin-sql-<driver> .. Enable SQL <driver> as a plugin to be linked
                       to at run time.
-no-sql-<driver> ...... Disable SQL <driver> entirely.

                       Possible values for <driver>:
                       [ db2 ibase mysql oci odbc psql sqlite
                         sqlite2 tds ]

                       Auto-Detected on this system:
                       [ sqlite ]
...
```

Qt baut per Default die Treibermodule als *Plugins* für alle automatisch gefundenen Systeme – hier für SQLite. Möchte man eines davon explizit nicht kompilieren, kommt der **-no-sql-***driver*-Schalter zum Einsatz, im Falle von SQLite also zum Beispiel **-no-sql-sqlite**. Qt bringt übrigens eine eigene SQLite-Version mit. Wer stattdessen ein auf dem System installiertes SQLite verwenden möchte, muss den Schalter **-system-sqlite** mit angeben.

Findet **./configure** ein installiertes Datenbanksystem trotz installierter Entwicklungspakete nicht, gibt man mit dem Schalter **-I** das Include-Verzeichnis des Datenbanksystems mit, etwa **-I/usr/include/mysql** im Falle von MySQL. Ob ein Treiber separat als Plugin gebaut (**-plugin-sql-***driver*) oder fest in die Bibliothek einkompiliert wird (**-qt-sql-***driver*), bleibt jedem selber überlassen. Plugins sind flexibler, einkompilierte Treiber einfacher zu handhaben, wenn die Qt-Bibliothek mit dem Programm mitgeliefert werden soll.

9.3 Verbindung aufnehmen

Die Klasse **QSqlDatabase** kontrolliert den Kontakt mit dem Server, ihre statische Methode **addDatabase()** liefert eine **QSqlDatabase**-Instanz:

```
QSqlDatabase db = QSqlDatabase::addDatabase("QPSQL");
```

Als Argument erwartet sie mindestens den Namen des Datenbanktreibers in Stringform, also etwa **"QPSQL"** für den Postgres-Treiber. Eine in dieser Form erstellte Datenbank-Instanz dient als Standardverbindung. Wenn das Programm zu mehr als einer Datenbank Kontakt aufnehmen muss, benötigt die Methode zusätzlich einen Verbindungsnamen:

```
QSqlDatabase webdb =
        QSqlDatabase::addDatabase("QMYSQL", "WebServerDB");
QSqlDatabase personaldb =
        QSqlDatabase::addDatabase("QOCI", "PersonalDB");
QSqlDatabase embeddeddb =
        QSqlDatabase::addDatabase("QSQLITE", "EmbeddedDB");
```

Fehlte dieser im obigen Beispiel, verwiesen alle drei **QSqlDatabase**-Instanzen auf die SQLite-Datenbank, denn jeder **addDatabase()**-Aufruf ohne zusätzlichen Parameter modifiziert die Standardverbindung.

Im folgenden Beispiel reicht uns die Verbindung zu einem einzigen MySQL-Server: Mit einem **QSqlDatabase**-Objekt mit passendem Treiber zur Hand stellen wir eine Verbindung zur Datenbank her. Dazu geben wir den Servernamen, den Namen der Datenbank, den Benutzernamen und das Passwort an:

```
// sqlexample/main.cpp

#include <QtGui>
#include <QtSql>
#include <QDebug>

int main(int argc, char* argv[])
{
  QApplication app(argc, argv);

  QSqlDatabase db = QSqlDatabase::addDatabase("QMYSQL");
  db.setHostName("datenbankserver.example.com");
  db.setDatabaseName("firma");
  db.setUserName("user");
```

```
db.setPassword("pass");

if (!db.open()) {
    qDebug() << db.lastError();
    return 1;
}
```

Die open()-Methode stellt mit diesen Zugangsdaten die Verbindung zur Datenbank her. Ob der Verbindungsaufbau erfolgreich war, verrät sie durch ihren booleschen Rückgabewert. Im Fehlerfalle erfahren wir mit lastError() den Grund für das Scheitern des Verbindungsaufbaus. Die Methode liefert ein Objekt vom Typ QSqlError, das qDebug() auslesen kann. Will man den Fehler anderweitig verwerten, hilft die QSqlError-Klassenmethode text().

9.4 Anfragen stellen

In unseren folgenden Beispielen arbeiten wir mit zwei Tabellen: Die **mitarbeiter**-Tabelle hält Informationen zu den Mitarbeitern einer Firma bereit (Tabelle 9.2), während **abteilungen** (9.3) die verschiedenen Organisationseinheiten im Unternehmen betrachtet.

id	nachname	vorname	abteilung
1	Werner	Max	1
2	Lehmann	Daniel	2
3	Roetzel	David	1
4	Scherfgen	David	2
5	Scheidweiler	Najda	2
6	Jüppner	Daniela	4
7	Hasse	Peter	4
8	Siebigteroth	Jennifer	3

Tabelle 9.2:
Die Tabelle
mitarbeiter *aus der*
Beispieldatenbank

id	name
1	Geschäftsführung
2	Entwicklung
3	Marketing
4	Buchhaltung

Tabelle 9.3:
Tabelle abteilungen
aus der Beispiel-
datenbank

Für Anfragen an die Datenbank verwenden wir die Klasse **QSqlQuery**. Bekommt eine Klasse im Konstruktor ein SQL-Kommando als String übergeben, führt das instanzierte Objekt die Anfrage sofort aus. Die im Query-Objekt gelagerte Abfrage lässt sich (etwa nach einer Änderung) später erneut mit **exec()** starten. Hat man mehrere Verbindungen geöffnet, akzeptiert die Klasse eine **QSqlDatabase**-Instanz als zweiten Parameter.

War die Anfrage erfolgreich, gilt sie als aktiv, was sich mittels **isActive()** überprüfen lässt. Hat die **QSqlQuery** beispielsweise durch eine **SELECT**-Anfrage Datensätze gesammelt, kann man in ihnen navigieren: **first()** springt zum ersten Datensatz, **last()** zum letzten, **next()** zum jeweils nächsten und **previous()** zum vorhergehenden Datensatz. Mit **seek()** geht man durch Angabe eines ganzzahligen Indexes gezielt zu einem Datensatz. Die Anzahl der im Objekt enthaltenen Datensätze verrät **size()**.

Die **record()**-Methode gibt ein **QSqlRecord**-Objekt zurück. Sie enthält Informationen zur Antwort auf eine **SELECT**-Anfrage. Auf diesem Wege bringen wir z. B. per **indexOf()** die Nummer einer Spalte aus dem Abfrageergebnis in Erfahrung. Diese nutzen wir, um den Wert in der entsprechenden Spalte mit **QSqlQuery::value()** auszulesen. Welche Zeile dabei ausgewählt ist, hängt von der Position ab, die wir im Beispiel mit **next()** verändern und mit **at()** in Erfahrung bringen:

```
// sqlexample/main.cpp (fortgesetzt)


QSqlQuery query("SELECT vorname, nachname FROM mitarbeiter");
QSqlRecord record = query.record();
while (query.next()) {
  QString  vorname =
    query.value(record.indexOf("vorname")).toString();
  QString  nachname =
    query.value(record.indexOf("nachname")).toString();
  qDebug() << query.at() << ":" << nachname << "," << vorname;
}
```

Bei Anfragen, welche Daten verändern (beispielsweise **UPDATE** oder **DELETE**), gibt **numRowsAffected()** die Anzahl der betroffenen Datensätze zurück:

```
// sqlexample/main.cpp (fortgesetzt)

query.exec("DELETE FROM mitarbeiter WHERE nachname = 'Hasse'");
qDebug() << query.numRowsAffected(); // "1"
```

Etwas komplizierter wird es bei **INSERT**-Anweisungen. Da man damit Werte aus programmeigenen Datenstrukturen in die Datenbank schreibt, lässt sich die entsprechende SQL-Anweisung nur aufwändig als String formulieren und direkt ausführen: Deshalb geht man hier einen anderen Weg: Wir speichern die mit Platzhaltern ausgestattete Anfrage mit **prepare()** im Query-Objekt:

```
// sqlexample/main.cpp (fortgesetzt)

  query.prepare("INSERT INTO mitarbeiter (nachname, vorname, abteilung)"
                "VALUES(:nachname, :vorname, :abteilung)");
  query.bindValue(":nachname", "Hasse");
  query.bindValue(":vorname", "Peter");
  query.bindValue(":abteilung", 3);
  query.exec();
```

Die aus der Oracle-Welt stammenden *benannten Platzhalter* im VALUES-Teil des SQL-Kommandos beginnen jeweils mit einem Doppelpunkt. Mit dem Kommando bindValue() ersetzen wir sie durch die konkreten Werte.

Auch mit den aus ODBC bekannten *unbenannten Parametern* kann QSqlQuery umgehen. Jeder bindValue()-Aufruf ersetzt der Reihe nach eines der Fragezeichen:

```
// sqlexample/main.cpp (fortgesetzt)

  query.prepare("INSERT INTO mitarbeiter (nachname, vorname, abteilung)"
                "VALUES(?, ?, ?)");
  query.bindValue("Schwan");
  query.bindValue("Waldemar");
  query.bindValue(3);
  query.exec();
```

Möchte man die Werte nicht der Reihenfolge nach ersetzen, nutzt man folgende überladene Variante:

```
  query.bindValue(3, 3);
  query.bindValue(1, "Schwan");
  query.bindValue(2, "Waldemar");
```

Hier gibt der erste Parameter die zu ersetzende Position, also das zu ersetzende Fragezeichen, im prepare()-String an.

Auch bei gespeicherten Prozeduren (*Stored Procedures*) spielt bindValue() eine zentrale Rolle, denn deren Parameter können sowohl als IN als auch als OUT deklariert sein. OUT deklarierte Parameter fungieren als Rückgabewert.

Um an diesen Rückgabewert zu kommen, müssen wir die bindValue()-Methode anpassen: Der übergebene Wert spielt hier keine Rolle, er wird später durch den OUT-Wert überschrieben. Wichtig ist die Angabe QSql::Out, die QSqlQuery bedeutet, den Wert zu überschreiben. Nachdem wir exec() ausgeführt haben, liegt der Wert an der entsprechenden Position. Diese erfragen wir mit boundValue():

```
// sqlexample/main.cpp (fortgesetzt)

  query.prepare("CALL zaehlePersonal(?)");
  query.bindValue(0, 0, QSql::Out);
```

```
query.exec();
qDebug() << query.boundValue(0).toInt()
```

Leider funktioniert dieser Ansatz aufgrund von API-Limitierungen bei MySQL 5 nicht korrekt. Um dort an die OUT-Werte zu kommen, müssen wir manuell zwei Anfragen absetzen: Zunächst führen wir die gespeicherte Prozedur mit CALL aus und lesen dann den ausgegebenen Wert mittels SELECT ein. Um uns auf den Wert zu beziehen, verwenden wir jeweils einen Platzhalter mit @ als MySQL-spezifisches Präfix, um den Rückgabewert der gespeicherten Prozedur als Datensatz auszulesen:

```
// sqlexample/main.cpp (fortgesetzt)

query.exec("CALL zaehlePersonal (@outwert)");
query.exec("SELECT @outwert");
query.next();
qDebug() << query.value(0);
return 0;
}
```

9.5 Transaktionen

Bei weitem nicht alle Datenbanksysteme unterstützen Transaktionen, die mehrere SQL-Operationen zu einer atomaren Operation zusammenfassen. Um den Code portabel zu halten, befragt man den Treiber daher mit hasFeature() unter anderem zu seiner Transaktionsfähigkeit:

```
if (db.driver()->hasFeature(QSqlDriver::Transactions)) ... ;
```

Unterstützt er Transaktionen, kann man sie mit der QSqlDatabase-Methode transaction() einleiten. Sind alle Operationen abgeschlossen, schließt man die Transaktion mit commit() ab. Trat ein Fehler auf, macht rollback() alle Operationen der aktuellen Transaktion ungeschehen.

9.6 Eingebettete Datenbanken

Qts SQLite-Treiber ermöglicht es, Daten auch ohne externen Datenbankserver in einer relationalen Datenbank zu speichern und diese dann abzufragen – natürlich mit Einschränkungen, aber die Ansprüche an Embedded-Datenbanken sind gewöhnlich nicht die gleichen wie an unternehmensweite Datenbankserver. So kann SQLite nicht mit gespeicherten Prozeduren umgehen und skaliert nicht so gut wie ihre großen Brüder. Dennoch eignet es sich gut für Anwendungen, die einen relationalen Datenspeicher brauchen. Ein Paradebeispiel ist der KDE-Musikspieler Amarok, der die Metadaten zu den Musikstücken in einer SQLite-Datenbank ablegt.

Um eine Verbindung zu einer SQLite-Datenbank zu öffnen, ist nur die Angabe eines Datenbanknamens erforderlich. Der SQLite-Treiber erwartet hier einen Dateinamen:

```
QSqlDatabase db = QSqlDatabase::addDatabase("QSQLITE");
db.setDatabaseName("firma.db");
```

Soll die Datenbank nur während des Programmlaufs im Speicher liegen, generiert man durch Einschließen des Datenbanknamens in Doppelpunkte eine temporäre Datenbank. Diese wird – wie die Datenbank **resultate** im folgenden Beispiel – nicht auf der Platte gespeichert:

```
QSqlDatabase db = QSqlDatabase::addDatabase("QSQLITE");
db.setDatabaseName(":resultate:");
```

Mit dieser Datenbank kann man wie gewohnt arbeiten, einzig die Änderungen gehen später verloren. Eine temporäre Datenbank kann eigene Datenstrukturen sparen, wenn die Daten ohnehin relationaler Natur sind.

9.7 SQL-Modell-Klassen mit Interview verwenden

Um den Inhalt von Datenbanken darzustellen, eignen sich zumeist Tabellen, in einigen Fällen auch Listenansichten. Aus diesem Grund besitzt das QtSql-Modul eine Reihe von Modellen für Interview (siehe Kapitel 8 ab Seite 205).

9.7.1 SQL-Tabellen ohne Fremdschlüssel in Tabellen- und Baumansichten darstellen

QSqlTableModel erlaubt es, komplette Tabellen direkt in einer Tabellen- oder Baumansicht darzustellen. Die Spaltenüberschriften entsprechen den Feldnamen (Attributen, Spalten) der SQL-Tabelle. In unserer Personendatenbank aus Tabelle 9.2 auf Seite 259 sind dies **id**, **vorname**, **nachname** und **abteilung**. Jede Zeile entspricht einem Datensatz. Zur besseren Vorstellung betrachten wir folgendes Beispiel, das von einer geöffneten Standardverbindung ausgeht:

```
// sqlmvd/main.cpp

...
  QTableView tableView;
  QSqlTableModel tableModel;
  tableModel.setTable("mitarbeiter");
  tableModel.select();
  tableModel.removeColumn(0);
  tableView.setModel(&tableModel);
```

```
tableView.setWindowTitle("Tabelle 'mitarbeiter'");
tableView.show();
```

Zunächst erstellen wir eine Tabellenansicht, danach das Modell. Ihm weisen wir eine Tabelle aus der aktuellen Datenbank zu und beauftragen es mit **select()**, die Daten zu holen. Anschließend entfernen wir die Spalte **id** mit **removeColumn()** aus der Ansicht (Abbildung 9.2). Diese Methode stammt aus **QAbstractItemModel**, dem Urobjekt aller Modelle. Schließlich übergeben wir das Modell an die Tabellenansicht, geben der Tabelle einen Titel und zeigen sie an.

Abbildung 9.2: QTableModel ist in Interview für SQL-Tabellen zuständig

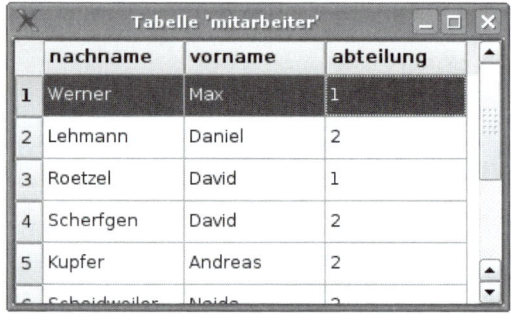

9.7.2 Fremdschlüssel-Relationen auflösen

QSqlRelationalTableModel erweitert diesen Ansatz: Objekte dieser Klasse lösen zusätzlich Fremdschlüssel-Relationen auf. Damit können wir die nichtssagende Zahl im Feld **abteilung** durch den Namen der Abteilung ersetzen, indem wir die Tabelle **abteilungen** (vgl. Tabelle 9.3 auf Seite 259) heranziehen.

Abbildung 9.3: QSqlRelationalTableModel löst das Fremdschlüssel-Feld id mit Hilfe einer zweiten Tabelle auf

Zur Beschreibung dieser Relation dient die Methode **setRelation()**: Sie erwartet die Nummer der Spalte, die die Fremdschlüssel enthält, als erstes Argument. In unserem Beispiel soll an die Stelle des Fremdschlüssels, also der **id** aus der Tabelle **abteilungen**, das Feld **name** treten.

Diese Information kapselt die Hilfsklasse **QSqlRelation**, die wir als zweites Argument an **setRelation()** übergeben. Nun können wir die Abfrage per **select()** starten und das Modell wie schon im vorherigen Beispiel an die Ansicht übergeben:

```
// sqlmvd/main.cpp (fortgesetzt)

  QTableView tableRelationalView;
  QSqlRelationalTableModel tableRelationalModel;
  tableRelationalModel.setTable("mitarbeiter");
  QSqlRelation rel("abteilungen", "id", "name");
  tableRelationalModel.setRelation(3, rel);
  tableRelationalModel.select();
  tableRelationalView.setModel(&tableRelationalModel);
  tableRelationalView.setItemDelegate(
             new QSqlRelationalDelegate(&tableRelationalView));
  tableRelationalView.setWindowTitle(
             "Tabelle mit aufgelösten Relationen");
  tableRelationalView.show();
```

Nun folgt jedoch eine Besonderheit, die nur in Zusammenhang mit **QRelationalTableModel** funktioniert: Ein spezieller Delegate namens **QSqlRelationalDelegate** erlaubt es dem Anwender beim Editieren von Spalten, auf die eine Relation definiert ist, den Wert aus einer Liste auszuwählen (Abbildung 9.3). Diese stellt er selbständig aus der verwendeten **QSqlRelation** zusammen: Im Beispiel bezieht er seine Vorschläge aus der **name**-Spalte, der in die Tabelle zurückgeschriebene Wert stammt hingegen aus der Spalte **id**.

9.7.3 Abfrageergebnisse darstellen

Um die Ergebnisse insbesondere komplexer **SELECT**-Abfragen darzustellen, die sich nicht einfach mit einem Filter auf einem **QSqlTableModel** modellieren lassen, greift man auf das **QSqlQueryModel** zurück. Das folgende Beispiel wertet aus, wieviele Mitarbeiter jede der Abteilungen im Unternehmen hat. Außerdem sollen die Spalten, wie in Abbildung 9.4 zu sehen, aussagekräftige Namen tragen.

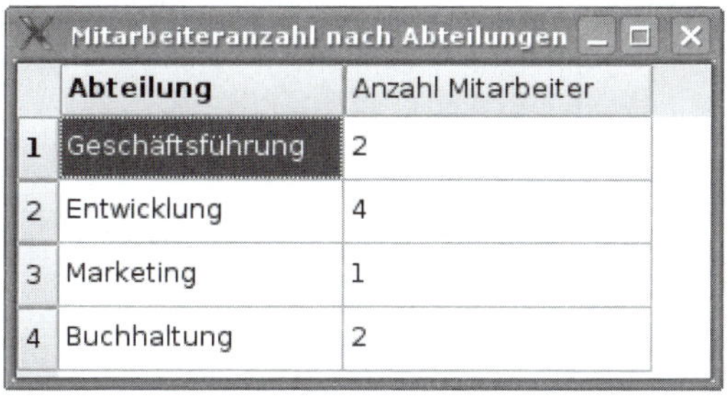

Abbildung 9.4:
QSqlQueryModel
dient als Interview-
Datenquelle für
Abfragen aller Art

Nach der Instanzierung des Modells übergeben wir die Anfrage als String an **set-Query()**. Alternativ käme auch ein **QSqlQuery**-Objekt in Frage.

Da bei komplexeren Anfragen Fehler auftreten können, sollten wir spätestens hier eine Fehlerüberprüfung einführen. **lastError()** gibt den letzten vom SQL-Server gemeldeten Fehler in einem **QSqlError**-Objekt zurück. Ist dieses gültig, ist ein Fehler aufgetreten, den wir mit **qDebug()** ausgeben:

```
// sqlmvd/main.cpp (fortgesetzt)

  QTableView queryView;
  QSqlQueryModel queryModel;
  queryModel.setQuery("SELECT abteilungen.name, "
        "COALESCE(COUNT(mitarbeiter.nachname),0) "
        "FROM abteilungen LEFT JOIN mitarbeiter "
        "ON mitarbeiter.abteilung = abteilungen.id "
        "GROUP BY mitarbeiter.abteilung");

  if (queryModel.lastError().isValid())
    qDebug() << queryModel.lastError();

  queryModel.setHeaderData(0, Qt::Horizontal,
                        QObject::tr("Abteilung"));
  queryModel.setHeaderData(1, Qt::Horizontal,
                        QObject::tr("Anzahl Mitarbeiter"));
  queryView.setModel(&queryModel);
  queryView.setWindowTitle("Mitarbeiteranzahl nach Abteilungen");
  queryView.show();
```

Zu benutzerfreundlichen Spaltenüberschriften kommen wir, indem wir mit **setHeaderData()** die beiden ersten Spaltenüberschriften ersetzen.[1] Anschließend übergeben wir das Modell an die Ansicht und zeigen sie, wie gehabt mit einer angepassten Überschrift, an.

9.7.4 Editierstrategien

All diese Tabellenmodelle sind beschreibbar. Doch zu welchem Zeitpunkt das Modell die Daten in die Datenbank zurückschreibt, haben wir noch nicht näher betrachtet.

QSqlTableModel und **QSqlRelationalTableModel** kennen drei *Editierstrategien*, die man den Modellen mittels **setEditStrategy()** zuweist:

SqlTableModel::OnRowChange
    ist der Standard in allen Modellen. Wenn diese Strategie aktiv ist, sendet das

---

[1]   Natürlich lässt sich dies auch mit der SQL-Anweisung AS bewerkstelligen, allerdings muss man dann per tr() dafür sorgen, dass die Anfrage internationalisierbar ist, sonst lassen sich die Spaltenüberschriften nicht in andere Sprachen übertragen.

Modell ein UPDATE für den Datensatz, sobald der Benutzer einen anderen Datensatz, also eine andere Zeile in der Ansicht, anwählt.

SqlTableModel::OnFieldChange

überträgt jede Änderung unmittelbar, nachdem der Benutzer ein Datum in einem Feld geändert hat, in die Datenbank.

SqlTableModel::OnManualSubmit

speichert alle Änderungen im Modell zwischen, bis entweder der Slot submitAll(), der alle Änderungen an die Datenbank übermittelt, oder der Slot revertAll() ausgelöst wird. Letzterer verwirft alle gecachten Daten und stellt den Status aus der Datenbank wieder her (siehe dazu jedoch auch Kapitel 9.7.5 auf Seite 268).

Letzteres Szenario stellen wir nach, indem wir das Beispiel von Seite 263 so abändern, dass es zusätzlich zwei Schaltflächen erhält, die in einem Layout unter der Tabellenansicht angeordnet sind. Die anderen Befehle übernehmen wir 1:1:

```
// sqlmvd/main.cpp (fortgesetzt)

  QWidget w;
  QPushButton *submitPb = new QPushButton(
              QObject::tr("Änderungen speichern"));
  QPushButton *revertPb = new QPushButton(
              QObject::tr("Änderungen zurückrollen"));
  QGridLayout *lay = new QGridLayout(&w);
  QTableView *manualTableView = new QTableView;
  lay->addWidget(manualTableView, 0, 0, 1, 2);
  lay->addWidget(submitPb, 1, 0);
  lay->addWidget(revertPb, 1, 1);
  QSqlTableModel manualTableModel;
  manualTableModel.setTable("mitarbeiter");
  manualTableModel.select();
  manualTableModel.setEditStrategy(
              QSqlTableModel::OnManualSubmit);
  manualTableView->setModel(&manualTableModel);
  QObject::connect(submitPb, SIGNAL(clicked(bool)),
              &manualTableModel, SLOT(submitAll()) );
  QObject::connect(revertPb, SIGNAL(clicked(bool)),
              &manualTableModel, SLOT(revertAll()) );
  w.setWindowTitle("Manuell rücksetzbare Tabelle");
  w.show();

  return app.exec();
}
```

Nachdem wir die Editierstrategie auf OnManualSubmit umgestellt haben, fügen wir noch zwei Signal-Slot-Verbindungen ein: Ein Klick auf den submitPb-Knopf ruft den submitAll()-Slot auf, während revertPb revertAll() auslöst.

Abbildung 9.5:

Mit der

Editierstrategie

OnManualSubmit

übermittelt man

lokale Änderungen zu

einem beliebigen

Zeitpunkt an die

Datenbank

Nun dürfen wir nicht vergessen, das Hauptwidget **w** als neues Top-Level-Widget anzuzeigen. Das Ergebnis illustriert Abbildung 9.5.

9.7.5 Fehler der Tabellenmodelle

Einige Probleme, die im Zusammenhang mit den Tabellenmodellen in Qt 4.1 auftreten, sollen an dieser Stelle nicht unerwähnt bleiben: Zum einen funktionieren Editoroperationen nach dem Entfernen von Spalten nicht zuverlässig. Das **QSql-RelationalTableModel** ignoriert die **removeColumn()**-Anweisung sogar gänzlich. Als Workaround empfiehlt sich hier ein Proxymodell, das die unerwünschten Datensätze herausfiltert. Sollen die Daten nur angezeigt werden, kann man stattdessen einfach eine SQL-Anfrage über das **QSqlQueryModel** stellen.

Ein weiteres Problem betrifft den Slot **revertAll()**, der bei relationalen Tabellen mit der Editierstrategie **OnManualSubmit** alle Änderungen rückgängig machen soll. Auf den Spalten, auf denen zuvor mit **setRelation()** eine Fremdschlüsselbeziehung definiert wurde, setzt **revertAll()** die Werte jedoch nicht zurück. Hier hilft bislang nur, den Slot der Schaltfläche mit einem selbstgeschriebenen Slot zu verbinden, der das aktuelle Modell gegen ein neues mit gleichen Eigenschaften austauscht. Da das Modell die Daten zwischenspeichert, gehen sie auf diese Weise verloren, und das neue Modell zeigt wieder die Originaldaten aus der Datenbank.

10

Die Grafikbibliothek Arthur

Dieses Kapitel beschäftigt sich mit den Zeichenmethoden der Klassenbibliothek, die Trolltech – vermutlich in Anspielung auf Microsofts „Avalon"-Technologie – auf den Namen „Arthur" getauft hat. Um zu betrachten, wie Qt sowohl Puffer im Grafik- und Hauptspeicher als auch Widgets und andere Geräte „bemalt", und die zu Arthur gehörigen Klassen samt ihren klassischen Anwendungsgebieten ausführlich vorzustellen, werden wir auch in diesem Kapitel mit Beispielen arbeiten. Doch vorher müssen wir genauer klären, wie das Zeichnen in Qt eigentlich funktioniert. Dazu schauen wir uns zunächst die von Qt verwendeten Farbangaben an.

10.1 Farben

Farbangaben sind bei grafischen Oberflächen von zentraler Bedeutung. Eine wichtige Frage ist dabei, wie Farben erzeugt und bekannte Farben benannt werden, um effizient mit ihnen arbeiten zu können. Der folgende Abschnitt widmet sich der Frage, wie Entwickler Farben verwalten können.

10.1.1   Der RGB-Farbraum

Qt kapselt Farben in der Klasse **QColor**. Diese basiert auf dem RGB-Modell, bei dem je 8 Bit mit einem Werbebereich von 0 bis 255 einer Farbe zugeordnet sind. Zusätzlich spezifiziert **QColor** einen achten Wert, den sogenannten Alpha-Wert, auch *Alpha-Kanal* genannt. Er definiert die Transparenz eines Pixels.

QColor kann aber nicht nur mit Ganzzahlen arbeiten. Zu jedem Befehl existiert eine Fließkommavariante. Sie erlaubt es, Farben exakter zu treffen. Wann immer im Folgenden eine **QColor**-Methode besprochen wird, die Farbangaben verwendet, kann man stets auch die Fließkommavariante einsetzen, die **qreal**-Werte akzeptiert. Beispielsweise gibt es neben der Methode **setRgb()**, die drei Farbwerte für Rot, Grün und Blau sowie optional einen Alpha-Wert erwartet, ein Fließkomma-Äquivalent namens **setRgbF()**.

Um ein neues **QColor**-Objekt zu erzeugen, gibt es mehrere Möglichkeiten: Der **QColor()**-Konstruktor legt ein Objekt mit einer ungültigen Farbe an. Des Weiteren gibt es einen Konstruktor, der Farben als Integer akzeptiert. Die Semantik entspricht dabei der von **setRgb()**. Für Fließkommazahlen existiert kein eigener Konstruktor, denn der wäre mehrdeutig, da C++ Ganzzahlwerte automatisch in Fließkommawerte konvertiert. Um dennoch eine Farbe mit Fließkommawerten zu initialisieren, erstellt man ein leeres (und zunächst ungültiges) **QColor**-Objekt und setzt dann die Farbe per **setRgbF()**.

Einen anderen Konstruktor haben wir in früheren Beispielen schon oft benutzt: Er akzeptiert eine von 20 vordefinierten Farben, die im **GlobalColor**-Enumerator definiert sind. Darunter sind auch einige Spezialfälle: Die Farbe **Qt::transparent** entspricht zum Beispiel **QColor(0, 0, 0, 0)** und lässt die Hintergrundfarbe durchscheinen.

Zusätzlich kann **QColor** die Farbe aus den Namen herleiten, wie sie in der SVG-1.0-Spezifikation definiert sind.[1] Dazu besitzt die Klasse einen Konstruktor, der einen **QString** oder eine Zeichenkette akzeptiert. Ebenso funktioniert die Methode **setNamedColor()**. Sie erlaubt, nachträglich eine benannte Farbe zu setzen, wie folgendes Beispiel zeigt:

```
QColor color("navy"); // Setzt ein dunkles Blau
color.setNamedColor("royalblue"); // Setzt ein helles Blau
```

Die Namen aller verfügbaren benannten Farben gibt **QColor** mit der Methode **colorNames()** zurück.

Schließlich besitzt **QColor** einen Konstruktor, der einen **QRgb**-Wert annimmt (**QRgb** ist dabei keine Klasse, sondern eine Typdefinition für einen 32-Bit-Integer). Er akzeptiert diesen Wert als Argument und setzt die RGB-Werte sowie den Alpha-Wert

---

[1] Siehe http://www.w3.org/TR/SVG/types.html#ColorKeywords.

der Klasse auf die in der **QRgb**-Variablen kodierten Werte. **QRgb** spielt als leichtgewichtige Alternative zum Transport einer RGB-Farbinformation seine Vorteile vor allem dann aus, wenn es um das massenhafte Auslesen von Pixeldaten aus einem Bild geht.

QRgb teilt den zur Verfügung stehenden Integer in vier Farbwerte à acht Bit von 0 bis 255 auf. In Hexadezimalschreibweise sieht dies wie folgt aus:

```
0xAARRGGBB
```

QRgb-Werte muss man jedoch nicht selber konstruieren: Die Hilfsfunktionen **qRgb()** und **qRgba()** übernehmen diese Aufgabe und erwarten die Farbangaben in drei Argumenten als Wert zwischen 0 und 255 einschließlich. **qRgb()** verzichtet auf die Angabe eines Alpha-Kanals und stellt ihn auf 255 (opak, also undurchsichtig). Auf die einzelnen **QRgb**-Komponenten kann man dann per **QRgb::qRed()**, **QRgb::qGreen()**, **QRgb::qBlue()** sowie **QRgb::qAlpha()** zugreifen. Auch diese Funktionen liefern jeweils Werte von 0 bis 255 zurück.

Das folgende Beispiel erstellt einen roten, halbtransparenten **QRgb**-Wert und übergibt ihn an ein **QColor**-Objekt. Dort lesen wir die Farben samt Alpha-Kanal über die Funktion **rgba()** aus und schreiben sie in die **QRgb**-Variable zurück:

```
QRgb rgba = qRgba(255, 0, 0, 127); // A=127, R=255, G=0, B=0
QColor color = QColor::fromRgba(rgba);
rgba = 0; // A=0, R=0, G=0, B=0
rgba = color.rgba();  // A=127, R=255, G=0, B=0
```

Es ist wichtig, hier die statische Methode **fromRgba()** zu verwenden, denn der Standardkonstruktor, der einen **QRgb**-Wert akzeptiert, ignoriert den Alpha-Kanal.

10.1.2 Weitere Farbräume

Zusätzlich zu RGB beherrscht **QColor** das HSV-Modell, das eine Farbe durch Farbton (*Hue*), Sättigung (*Saturation*), Helligkeit (*Value*) definiert. HSV wird manchmal auch als HSB bezeichnet, dabei steht B für *Brightness*, die eigentlich genauere Bezeichnung für den dritten Parameter. Das HSV-Modell entspricht am ehesten der menschlichen Vorstellung von Farbkomposition.

Um es zu nutzen, müssen wir die aktuelle Farbe per **toHsv()** entsprechend umrechnen. Anschließend lassen sich die HSV-Parameter entweder komponentenweise per **hue()**, **saturation()**, **value()** und **alpha()** oder alle gleichzeitig mittels **getHsv()** auslesen:

```
QColor red(Qt::red);
QColor red = red.toHsv();
int h, s, v, a;
```

```
red.getHsv(h, s, v, a);
// HSV-Angaben liegen nun in h, s, v
```

Um eine Farbe im HSV-Modell anzugeben, existiert die Methode **setHsv()**, die die drei Komponenten und optional auch den Alpha-Kanal als Integer erwartet. Wenn der Alpha-Wert fehlt, nimmt QColor ihn mit 255, also als *opak*, undurchsichtig, an.

QColor ist auch in der Lage, CMYK-Farbangaben zu akzeptieren und Farben in CMYK auszugeben. Da sich die Farbräume der beiden Modelle jedoch unterscheiden und es sich bei CMYK um ein subtraktives, bei RGB jedoch um ein additives Farbmodell handelt, sind nicht alle Farben in beiden Farbmodellen darstellbar. Qt bemüht sich in diesem Fall, die Farben so gut wie möglich anzunähern.

Um die CMYK-Darstellung einer Farbe zu erhalten, genügt es, die vier Farbkomponenten und den Alpha-Kanal mit **getCmyk()** auszulesen:

```
QColor red(Qt::red);
int c, m, y, k, a;
red.getCmyk(c,m,y,k,a);
// CMYK-Farben liegen nun in c, m, y, k
```

Qt berechnet dabei in **getCmyk()** die passenden Vierfarbwerte aus der intern abgelegten RGB-Notation. Falls eine Programmroutine die Farbe besonders oft in einem anderen Farbmodell als RGB benötigt, kann QColor sie auch intern in CMYK oder HSV speichern. In diesem Fall fallen beim Zugriff auf die Farben per **getCmyk()** bzw. **getHsv()** keine Kosten für die Umrechnung an, allerdings ist die Interpretation als RGB-Farben mit Kosten verbunden. Zur Umrechnung in ein anderes Farbmodell dienen die Methoden **toHsv()**, **toCymk()** und **toRgb()**. Die Konvertierung kann zu einem beliebigen Zeitpunkt vor dem Zugriff auf das entsprechende Farbmodell erfolgen:

```
QColor red(Qt::red);
// red intern ins Vielfarbmodell konvertieren
QColor red = red.toCmyk();
int c, m, y, k, a;
// Keine Konvertierung notwendig
red.getCmyk(c,m,y,k,a);
// CMYK-Farben liegen nun in c, m, y, k
```

Eine dauerhafte Umrechnung in ein anderes Farbmodell sollte jedoch gut begründet sein – intern setzt Qt fast durchgängig auf das RGB-Modell, weshalb eine Klasse nach der Konvertierung in ein anderes Farbmodell im RGB-Einsatz langsamer ist.

Eine Farbe mit CYMK-Farbangaben definiert die Methode **setCmyk()**, die analog zu **getCmyk()** vier Farben und optional auch den Alpha-Kanal einliest.

10.1.3 Farbauswahldialog

Der Farbauswahldialog **QColorDialog** (Abbildung 10.1 links) ist auf die Auswahl von Farben aus dem RGB-Modell spezialisiert.[2] Seine API verfügt ausschließlich über statische Methoden. Um einen RGB-Wert auszulesen, verwendet man **getColor()**:

```
QColor color = QColorDialog::getColor(Qt::red, this);
```

Der erste Parameter legt die Farbe fest, die der Dialog initial auswählt, der zweite beschreibt das obligatorische Elternwidget, das auch 0 sein kann, wenn die Modalität des Dialogs keine Rolle spielt. Bricht der Benutzer den Dialog ab, gibt die Methode eine ungültige Farbe zurück, was sich mit **!color.isValid()** prüfen lässt.

Um eine Farbe mit Alpha-Kanal zu bestimmen, existiert eine weitere Methode namens **getRgba()** (Abbildung 10.1 rechts):

```
bool ok;
QRgb rgb = QColorDialog::getRgba(qRgba(255,0,0,127), &ok, this);
QColor color(rgb);
```

Diese Methode erwartet im Gegensatz zu **getColor()** einen **QRgb**-Wert. Da **QRgb** keinen dedizierten Wert für „ungültig" kennt, verfügt **getRgba()** wieder über einen ok-Parameter, der nach Druck auf **Abbrechen false** zurückgibt. In diesem Falle liefert **getRgba()** den übergebenen Default-Wert zurück. Die letzte Zeile zeigt, wie man einen **QRgb**-Wert (samt enthaltenem Alpha-Kanal) in einem **QColor**-Objekt speichert.

Dank der Existenz eines Copy-Konstruktors in **QColor**, der einen **QRgb**-Wert annimmt, lässt sich das Resultat von **getRgba()** direkt in eine **QColor**-Variable überführen. Zudem liefern **QColor**-Objekte per **toRgba()** den passenden Wert für die Vorgabefarbe:

```
bool ok;
QColor color = Qt::red;
color.setAlpha(127);
color = QColorDialog::getRgba(color.toRgba(), &ok, this);
```

QColorDialog erlaubt es, zusätzlich zu den vordefinierten eine Anzahl eigener Farben in einer getrennten Palette abzulegen. Wieviele Felder dafür zur Verfügung stehen, gibt die statische Methode **QColorDialog::customCount()** vor.

---

[2] Ein HSV-Auswahldialog steht als kostenpflichtige Qt Solution zur Verfügung.

Abbildung 10.1:
QColorDialog::
getRgba() *(rechts)*
unterscheidet sich
von QColorDia-
log::getColor() *nur*
durch das Eingabefeld
für den Alpha-Kanal

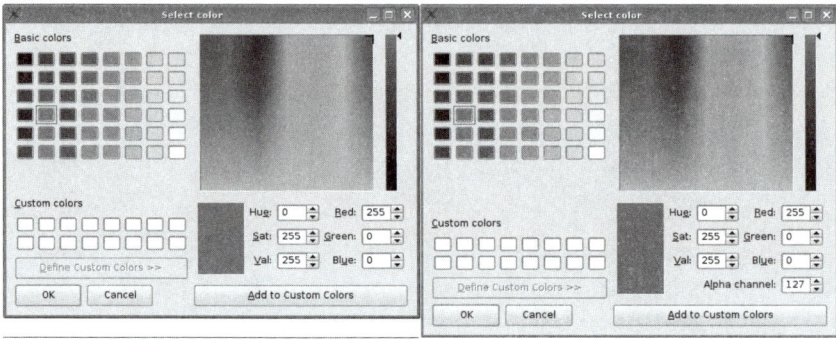

Um eine Farbe zu setzen, bedient man sich der Methode **setCustomColor()**. Sie erwartet die Palettenposition sowie die Farbe als **QRgb**-Wert. Folgender Aufruf belegt die erste Position der Palette mit einem halbtransparenten Rot-Ton:

```
QColorDialog::setCustomColor(0, qRgba(255, 0, 0, 127));
```

customColor() ruft die an einer bestimmten Stelle der eigenen Palette gesetzte Farbe ab. Diese Methode gibt bei gegebenem Index den gesetzten **QRgb**-Wert zurück:

```
QRgb QColorDialog::customColor(0);
```

Einmal gesetzt, gelten die Farben während der gesamten Lebensdauer der Anwendung für alle **QColorDialog**-Aufrufe.

10.2 Zeichnen mit Qt

Beschäftigen wir uns nun mit Klassen, die Farben in bestimmten Formen zeichnen. Wie im echten Leben ist dazu Malwerkzeug und eine Zeichenfläche notwendig.

Das Malwerkzeug bündelt Qt in der **QPainter**-Klasse. Sie kann sowohl einfache Striche zeichnen als auch mit komplexeren geometrischen Formen sowie mit Bitmaps umgehen. Als Zeichenflächen, die als Ziel von **QPainter**-Operationen in Frage kommen, existieren eine Reihe von Klassen. Sie sind Abkömmlinge der Klasse **QPaintDevice**. Jedes **QPaintDevice** kann also Empfänger für **QPainter**-Operationen sein. Dazu zählen unter anderem alle Widgets, Pixmaps sowie das Druckinterface **QPrinter**. Einen umfassenden Überblick gibt Abbildung 10.2.

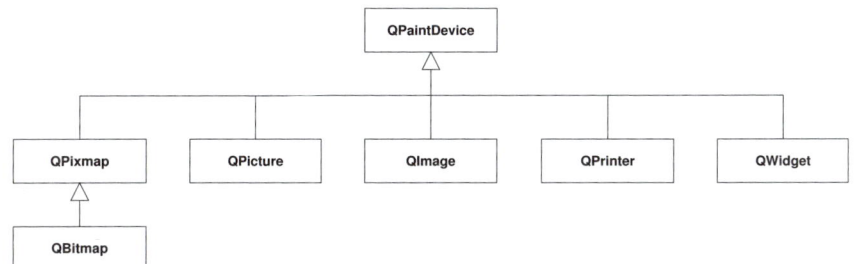

Abbildung 10.2:
Die Basisklasse
QPaintDevice *und ihre*
Spezialisierungen

Zum Einstieg ein kleines Programm, das einen gefüllten Kreis zeichnet:

```
// pixmap/main.cpp

#include <QtGui>

int main(int argc, char* argv[])
{
  QApplication app(argc, argv);
  QPixmap pm(100,100);
  pm.fill();

  QPainter p(&pm);
  p.setRenderHint(QPainter::Antialiasing, true);
  QPen pen(Qt::blue, 2);
  p.setPen(pen);
  QBrush brush(Qt::green);
  p.setBrush(brush);
  p.drawEllipse(10, 10, 80,80);
  QLabel l;
  l.setPixmap(pm);
  l.show();
  return app.exec();
}
```

Zunächst legen wir ein leeres **QPixmap**-Objekt an. Dessen Inhalt ist zunächst undefiniert, weshalb wir es mit einer Grundfarbe füllen: Ohne eine Farbe als Argument füllt **fill()** mit weißer Farbe.

Nun kommt der Painter zum Zuge: Er führt die eigentlichen Zeichenoperationen aus. Damit der Kreis wirklich rund aussieht und nicht abgestuft wirkt, schalten wir Antialiasing hinzu. Diese Technik glättet die Kanten durch Farbabstufungen und minimiert so die Treppchenbildung (Abbildung 10.3). Da sie besonders unter X11 zu deutlichen Performanceeinbußen führen kann, sollte man gut abwägen, wann man das **QPainter::Antialiasing**-Flag auf **true** setzt.

Abbildung 10.3:
Antialiasing
minimiert die
Treppchenbildung

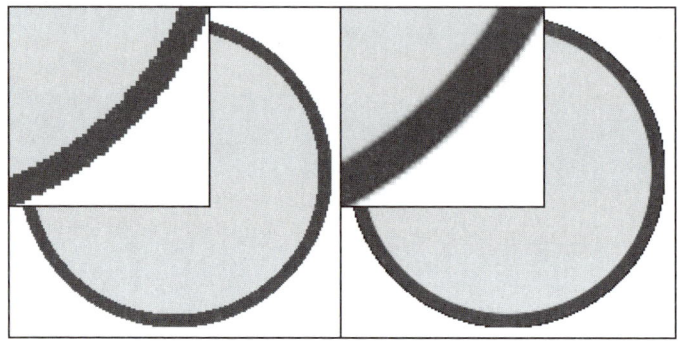

Zwei wesentliche Eigenschaften eines Painters sind in zusätzliche Klassen gekapselt: Der Stift (**QPen**) definiert, wie der Painter Linien zeichnet. Im Gegensatz dazu beschreibt der Pinsel in Form von **QBrush** die Füllung samt Muster und Texturen.

In unserem Fall nutzen wir einen blauen Stift von zwei Pixeln Dicke. Die Pinselfarbe legen wir auf grün fest, ohne Muster oder Textur. Diese Eigenschaften können wir bereits über die Konstruktoren festlegen. Anschließend weisen wir dem Painter diese neuen Definitionen mit **setPen()** bzw. **setBrush()** zu.

Schließlich verwenden wir eine **QPainter**-Zeichenmethode: **drawEllipse()** zeichnet von den Koordinaten 10,10 aus einen 80x80 Pixel großen Kreis. Da wir das gesamte Bild auf 100x100 Pixel festgelegt haben, liegt der Kreis also genau mittig im Bild. Qt hält sich bei der Angabe der Koordinaten an die in der Programmierung übliche Konvention, den Nullpunkt (0;0) in der oberen linken Ecke des aktuellen Bezugssystems festzumachen. In unserem Fall ist das die linke obere Ecke der definierten Pixmap.

Abbildung 10.4:
Unsere Pixmap in
einem einfachen
Label

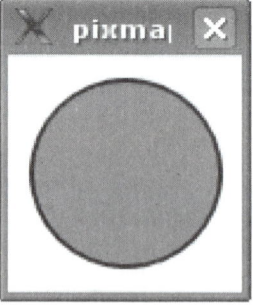

Das resultierende Bild zeigen wir in einem **QLabel** an, das neben Text auch Pixmaps darstellt, wenn man statt **setText()** die Methode **setPixmap()** verwendet. Diese erwartet eine Referenz auf eine **QPixmap**. Das Ergebnis zeigt Abbildung 10.4.

10.3 Geometrische Hilfsklassen

Im eben genannten Beispiele haben wir den Kreis mit

```
p.drawEllipse(10, 10, 80,80);
```

geometrisch gesehen in ein Quadrat mit der Kantenlänge 80x80 Pixel gelegt, dessen linke obere Ecke der Punkt (10; 10) bildet. Hätten wir für Höhe und Breite verschiedene Werte gewählt, wäre dabei ein Rechteck herausgekommen – und **drawEllipse()** hätte eine Ellipse gezeichnet. Um solcherart zweidimensionale geometrische Objekte zu beschreiben, stellt Qt die Klassen **QPoint**, **QSize**, **QRect** sowie **QPolygon** zur Verfügung.

Die Klasse **QPoint** speichert zwei Koordinaten ohne Bezug zu einem externen System. **QSize** hingegen fasst zwei im Konstruktor übergebene Parameter als Höhe und Breite auf, wieder ohne einen Bezugspunkt festzulegen. Beide Eigenschaften vereinigt die Klasse **QRect**, die ein Rechteck erzeugt: Unter Angabe eines **QPoint** und einer **QSize** als Argumente spannt der **QRect**-Konstruktor ein passendes Viereck auf. Alternativ darf man wieder einen überladenen Konstruktor nutzen und in Form von vier Ganzzahlen die x,y-Position der oberen linken Rechteck-Ecke, Höhe und Breite angeben.

Für den Fall, dass sich ein Rechteck nicht über Aufhängungspunkt und Längen- bzw. Breitenangaben definiert, sondern über die Angabe eines oberen linken und eines unteren linken Punktes, bietet **QRect** einen weiteren Konstruktor, der diese Koordinatenpaare in Form zweier **QPoint**s erwartet.

QPolygon nimmt eine Menge von Punkten und spannt mit ihnen, einen Punkt nach dem anderen, ein Polygon auf. Diese Klasse ist ein Spezialfall von **QVector<QPoint>** und bringt eine Reihe nützlicher Methoden mit. So bestimmt **boundingRect()** das kleinstmögliche Rechteck, das alle Punkte des Polygons enhält.

Von all diesen Klassen existieren zusätzlich die Fließkomma-Varianten **QPointF**, **QSizeF**, **QRectF** sowie **QPolygonF**, die mit erhöter Genauigkeit aufwarten.

Anstatt **drawEllipse()** wie oben mit den Rechteck-Parametern selbst zu füttern, akzeptiert die Methode alternativ auch ein **QRect** als Argument:

```
QRect rect(10, 10, 80, 80)
p.drawEllipse(rect);
```

Der Vorteil dieser Schreibweise wird ersichtlich, sobald innerhalb derselben Koordinaten mehrere Aktionen stattfinden, also beispielsweise eine weitere geometrische Figur hinzugefügt werden soll. Den praktischen Einsatz der Klassen erläutert das folgende, leicht modifizierte Beispiel:

```
// pixmap2/main.cpp

#include <QtGui>

int main(int argc, char* argv[])
{
  QApplication app(argc, argv);
  QRect r(0,0, 100, 100);
  QPixmap pm(r.size());
  pm.fill();

  QPainter p(&pm);
  p.setRenderHint(QPainter::Antialiasing, true);
  QPen pen(Qt::red, 2);
  p.setPen(pen);
  QBrush brush(Qt::blue);
  p.setBrush(brush);
  QRect ri = r.adjusted(10,10,-10,-10)
  p.drawEllipse(ri);
  QLabel l;
  l.setPixmap(pm);
  l.show();
  return app.exec();
}
```

Hier bildet das Rechteck **r** das globale Bezugssystem, an dem wir alles weitere ausrichten. Die Dimensionen der damit aufgespannten Pixmap selber sind natürlich bezugslos, und so erwartet der entsprechende Konstruktor lediglich eine Größenangabe. Entsprechend übergeben wir die Größe des Rechtecks mit r.size() als QSize.

Für das Zeichnen der Ellipse erzeugen wir ein an jeder Seite um 10 Pixel geschrumpftes Rechteck, das wir für weitere Zeichenoperationen verwenden können:[3] Die **adjusted()**-Funktion erzeugt mit r als Bezugssystem die Koordinaten eines neuen Rechtecks: Dieses entsteht, indem man von der linken oberen Ecke 10 Pixel nach rechts und 10 Pixel nach unten sowie von der rechten unteren Ecke 10 Pixel nach links (da negativer Wert) und 10 Pixel nach oben geht und die Kanten von r so lange parallel verschiebt, bis sie auf diesen Punkten liegen.

Um komplexere geometrische Objekte zu erschaffen, für deren Konstruktion mehrere der gerade beschriebenen Primitiven nötig sind, existieren Zeichenpfade, die Qt in der Klasse **QPainterPath** kapselt. Ein QPainter-Objekt kann diese verwenden, um die damit beschriebene Fläche zu füllen, auszuschneiden[4] oder einfach einen entsprechenden Umriss zu zeichnen.

---

[3] Skalieren wäre auch über eine Matrixtransformation möglich. Qt ermöglicht dies über die Klasse QMatrix, die wir ab Seite 289 vorstellen.

[4] Diesen auch als *Clipping* bekannten Vorgang behandeln wir auf Seite 306.

10.4 Zeichnen auf Widgets

Wie im Vererbungsdiagramm in Abbildung 10.2 zu sehen, sind auch QWidget und damit alle Widgets zugleich QPaintDevices. Damit kommen wir zur wichtigsten Frage dieses Kapitels: Wie kann man auf Widgets malen?

Um diese zu klären, empfiehlt sich ein kleiner Exkurs in die Ereignisbehandlung von Qt: Wenn der Benutzer ein Programm startet, einen Dialog aufruft, die Oberfläche verändert oder ein über dem aktuellen Fenster liegendes Programm beendet, fordert das Grafik-Subsystem des Betriebssystems die Applikation auf, die entsprechenden Fenster oder Regionen neu zu zeichnen. Zu diesem Zweck löst es ein *Paint-Event* aus.

Qt ruft dann für die betroffenen Widgets die Methode paintEvent() auf. Sie beschreibt, wie das Widget gezeichnet wird, und erwartet ein QPaintEvent-Objekt als Argument, das aber nur bei komplexeren Widgets relevant ist. Dort lohnt es sich nämlich oft, nur die gerade benötigten Teile neu zu zeichnen. Dafür besitzt die Klasse zwei Methoden: region() verrät, welcher Bereich des Widgets neu zu zeichnen ist; rect() liefert ein Rechteck zurück, das diesen Bereich umgibt.

Für unser einfaches Beispiel brauchen wir diese Angaben jedoch nicht. Dessen Deklarationsteil sieht wie folgt aus:

```cpp
// widgetpaint/paintwidget.h

#include <QWidget>

class PaintWidget : public QWidget
{
    Q_OBJECT
    public:
    PaintWidget(QWidget* parent = 0);
    ~PaintWidget() {};

    virtual void paintEvent(QPaintEvent*);
    virtual QSize sizeHint() const {return QSize(200,200);}
};
```

Hier überschreiben wir zunächst paintEvent(). Zusätzlich bestimmen wir den Rückgabewert der sizeHint()-Methode neu. Damit stellen wir sicher, dass wir es zumindest nach dem Start des Programms mit einem Quadrat zu tun haben, in welches drawEllipse() einen Kreis zeichnet. Anderenfalls richtete sich sizeHint() entweder nach dem Layout, in das das Widget eingebunden ist, oder liefert, falls kein Layout für das Widget zuständig ist, eine ungültige Größe zurück. In beiden Fällen hätten wir also nicht sichergestellt, dass Höhe und Breite exakt identisch sind.

Qt nutzt den von sizeHint() gelieferten Größenhinweis beim Anzeigen des Widgets, es sei denn, ein eventuell zuständiges Layout erzwingt eine andere Größe. Allerdings forcieren wir im Folgenden weder eine permanent fixe Größe noch ein festes

Seitenverhältnis, so dass der Kreis beim Vergrößern des Widgets oder beim Einpassen in ein Layout ggf. zu einer Ellipse entartet.

Wer mit einem Widget fest vorgegebener Größe auskommt, verwendet einfach die QWidget-Methode setFixedSize(), die wahlweise einen QSize-Container oder eine ganzzahlige Höhen- und Breitenangabe erwartet. Ruft man sie direkt im Konstruktor auf, so entfällt die Reimplementierung von sizeHint(), und auch Layouts können die Größe des Widgets in diesem Fall nicht mehr ändern.

Flexibler löst man das Problem jedoch über eine eigene Layoutklasse, die ein festes Seitenverhältnis garantiert.

Am obigen Beispiel wird schnell sichtbar, welchen Vorteil es hat, den Kreis relativ zu einem festen Bezugssystem, in diesem Fall dem Rahmen unseres Widgets, zu definieren: Der Kreis wächst und schrumpft nun automatisch relativ zur Widgetgröße.

Sollte das Überschreiben von sizeHint() einmal nicht funktionieren, überprüfen Sie unbedingt, ob Sie vielleicht das Schlüsselwort const vergessen haben. Der Compiler generiert andernfalls eine nicht-konstante Variante der Methode, was in C++ etwas anderes, ebenfalls gültiges ist, und warnt daher nicht.

Bei der Implementierung interessiert uns nur der Inhalt der paintEvent()-Methode:

```
// widgetpaint/paintwidget.cpp

void PaintWidget::paintEvent(QPaintEvent* ev)
{
  QWidget::paintEvent(ev);
  QPainter p(this);
  p.setRenderHint(QPainter::Antialiasing, true);
  QPen pen(Qt::blue, 2);
  p.setPen(pen);
  QBrush brush(Qt::green);
  brush.setStyle(Qt::Dense4Pattern);
  p.setBrush(brush);
  QRect ri = rect().adjusted(10,10,-10,-10);
  p.drawEllipse(ri);
}
```

Das beim Aufruf übergebene Paint-Event ev reichen wir zunächst an die entsprechende Methode der Vaterklasse in der Vererbungslinie weiter, hier also QWidget::paintEvent(), damit diese beim Zeichnen als erste zum Zuge kommt.

Als nächstes instanzieren wir einen Painter auf dem Stack und behandeln diesen wie in Abschnitt 10.2. Der einzige Unterschied besteht in der Wahl unseres Bezugssystems. Dieses ist nun nicht länger künstlich gewählt, sondern hängt dynamisch von den Umgebungsmaßen des Widgets ab, die uns QWidget::rect() als Rechteck zurückliefert.

Nun zeichnen wir wieder unseren Kreis, diesmal jedoch auf dem PaintWidget statt auf einer Pixmap. Das Ergebnis lässt sich in Abbildung 10.5 bestaunen. Als weitere

Besonderheit ist unser Pinsel diesmal nicht komplett grün, sondern weist ein Muster (Qt::Dense4Pattern) auf. Denn Pinsel können Muster, Kacheln und Gradienten erzeugen. Die kommenden Beispiele werden dies verdeutlichen.

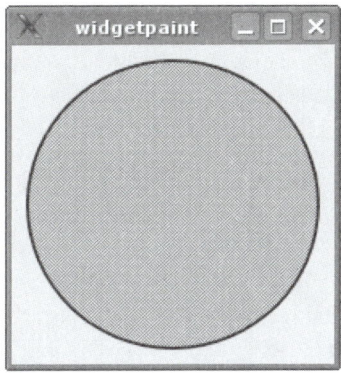

Abbildung 10.5:
Zeichnen ohne
Umweg: Unser
Beispiel benutzt einen
QPainter, um direkt
auf ein Widget zu
malen

In diesem Zusammenhang sei erwähnt, dass es sich in der Praxis lohnt, den eigentlichen Zeichencode in Hilfsmethoden auszulagern: paintEvent() wird erfahrungsgemäß schnell unübersichtlich.

10.4.1 Flimmerfrei auf den Bildschirm

Um den mit QPainter gezeichneten Inhalt flimmerfrei auf den Bildschirm zu bringen, verwendet Qt 4 eine Technik namens *Double-Buffering*, doppeltes Puffern. Dabei landen alle QPainter-Operationen zunächst in einem Puffer im Speicher, der nicht angezeigt wird. Erst wenn dieser fertig gemalt ist, kopiert Qt dessen Inhalt auf den Bildschirm.

Double-Buffering vermeidet also auf elegante Weise, dass der Benutzer beim Neuzeichnen unvollständige Zeichenoperationen auf dem Bildschirm als unangenehmes Flackern wahrnimmt.

Wer Double-Buffering selber implementieren will, kann das automatische Double-Buffering von Qt unter X11 mit folgenden Anweisungen abschalten:

```
extern void qt_x11_set_global_double_buffer(bool);
qt_x11_set_global_double_buffer(false);
```

Das ist aber nur in speziellen Fällen sinnvoll, beispielsweise falls ein Teil des Programms eine andere Rendering-Bibliothek verwendet. Ansonsten ist Double-Buffering auf allen Plattformen immer eingeschaltet.

10.5 Praktischer Umgang mit QPainter

Nun, da wir die Geometrieklassen und die grundlegenden Fähigkeiten von **QPainter** kennengelernt haben, wird es Zeit, sie an einem praktischen Beispiel zu erproben.

Wir schreiben eine **PieWidget**-Klasse, die ein Tortendiagramm samt Legende (Abbildung 10.6) auf ein Widget malt und die dafür erforderliche Größe berechnet. Dazu dienen die Methoden **sizeHint()** und **minimumSizeHint()**.

Abbildung 10.6:
Ein Tortendiagramm
mit Legende

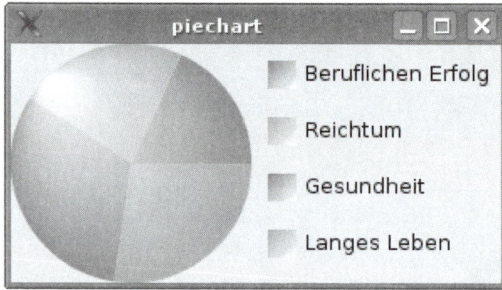

Den eigentlichen Zeichenvorgang implementieren wir in **paintEvent()**, die dafür nötigen Daten bezieht das Widget aus einem **QHash**. Dies ist eine assoziative Datenstruktur, die einen Schlüssel mit einem Wert verbindet.

Im assoziativen Hash **values** dient der Name (ein **QString**) als Schlüssel und der Integer als Wert. Semantisch gesehen ist der Schlüssel der Legendeneintrag und der Integer-Wert die zugehörige Zahl:

```
// piechart/piewidget.h

#ifndef PIEWIDGET_H
#define PIEWIDGET_H

#include <QWidget>
#include <QHash>

class PieWidget : public QWidget {
  Q_OBJECT
  public:
    PieWidget(QWidget *parent=0);

    QSize sizeHint() const;
    QSize minimumSizeHint () const;
    void addEntry(const QString& key, int val);

  protected:
    void paintEvent(QPaintEvent *ev);

  private:
```

```
    QHash<QString, int> values;
};

#endif // PIEWIDGET_H
```

10.5.1 Tortendiagramm zeichnen

Im konkreten Fall verwenden wir, wie in Abbildung 10.6 zu sehen, die Daten einer fiktiven Umfrage zu den wichtigsten Lebenszielen. Die Fragen dienen dabei als Schlüssel, als dazugehörige Werte speichern wir die Anzahl der Leute, die die entsprechende Auswahl getroffen haben.

Im Konstruktor initialisieren wir lediglich die Oberklasse. Die Methode **addEntry()** erlaubt es, neue Werte in die Hashtabelle einzutragen:

```
// piechart/piewidget.cpp

#include <QtGui>
#include "piewidget.h"

PieWidget::PieWidget(QWidget *parent)
  : QWidget(parent)
{
}

void PieWidget::addEntry(const QString& key, int val) {
  values.insert(key, val);
}
```

Bevor wir uns die Details zu **paintEvent()** anschauen, müssen wir uns Gedanken zur Aufteilung des Widgets machen. Das Tortendiagramm muss immer rund sein, also gilt hier Höhe ist gleich Breite. Der Legendenteil sollte immer so breit sein wie der längste Text im Hash. Die minimale Höhe ergibt sich aus der Anzahl der Legendeneinträge und ihrem vertikalen Abstand. Sowohl das Paint-Event als auch die reimplementierten Methoden **sizeHint()** und **minimumSizeHint()** müssen diese Bedingungen berücksichtigen.

Ehe wir mit dem Malen beginnen können, berechnen wir zunächst die Gesamtsumme aller Werte. Diese benötigen wir, um später im Dreisatz-Verfahren zu ermitteln, wieviel vom Kuchen das aktuelle Stück einnehmen soll:

```
// piechart/piewidget.cpp (fortgesetzt)

void PieWidget::paintEvent(QPaintEvent * /*ev*/)
{
  // Gesamtsumme berechnen
  QHash<QString, int>::const_iterator it;
  int total = 0;
```

```
for(it = values.begin(); it != values.end(); ++it)
  total += it.value();

// Painter vorbereiten
QPainter p(this);
p.setRenderHint(QPainter::Antialiasing, true);
```

Nun instanzieren wir den Painter und weisen ihm das aktuelle Widget (this) als Paint-Device zu. Außerdem aktivieren wir Antialiasing.

Tortenstücke zeichnen

Weiterhin benötigen wir eine Reihe Farben für die verschiedenen Tortenstücke im Diagramm. Dazu greifen wir auf die **colorNames()**-Methode zurück und lassen uns so alle in **QColor** vordefinierten Farben geben. Außerdem führen wir die Variable **colorPos** ein, die später ein Element aus der Liste auswählen wird. Wir initialisieren sie mit 13, weil ab dieser Stelle einige angenehme Pastellfarben hintereinander liegen (in der Praxis würde man vermutlich eine Liste mit eigenen Farben definieren):

```
// piechart/piewidget.cpp (fortgesetzt)

// Farben vorbereiten
QStringList colorNames = QColor::colorNames();
int colorPos = 13; // Pastellfarben

int height = rect().height();
QRect pieRect(0, 0, height, height);
```

Anschließend legen wir die Dimensionen des Charts fest. Sie sollen genau der aktuellen Höhe des Widgets entsprechen. Diesen Wert gewinnen wir aus dem aktuellen Umfang des Widgets: **rect()** liefert diesen in Form eines **QRect()** zurück. Hieraus extrahieren wir mit **height()** die Höhe.

Nun enthält **pieRect** das Rechteck, in das wir später unsere Tortenstücke zeichnen werden. Den in der Breite verbleibenden Platz reservieren wir für die Legende. Das entsprechende Rechteck gewinnen wir, indem wir zunächst mit **rect()** die Abmessungen des Widgets kopieren und von diesem Quadrat die Breite von **pieRect** mit **setLeft()** auf der linken Seite abziehen:

```
// piechart/piewidget.cpp (fortgesetzt)

// Rechte Hälfte für Legende
QRect legendRect = rect();
legendRect.setLeft(pieRect.width());
legendRect.adjust(10,10,-10,-10);
```

Mit dem **adjust()**-Aufruf wandern wir von allen vier Seiten zehn Pixel weiter nach innen, das Rechteck wird so kleiner. Dies hat den Effekt, dass wir je zehn Pixel Abstand zu den Außenrändern und zur rechten Seite der Tortengrafik erhalten.

Damit stehen die Geometrien für die beiden Teile des Widgets in Abhängigkeit von der aktuellen Widgetgröße fest, und wir gehen daran, die Tortenstücke und die zugehörigen Legendeneinträge Eintrag für Eintrag zu zeichnen. Dafür benötigen wir zwei Hilfsvariablen: **lastAngleOffset** gibt den Winkel im Kreis an, bei dem wir zuvor mit dem Zeichnen aufgehört haben. **currentPos** benötigen wir später, um den Legendeneintrag an der korrekten Stelle zu zeichnen:

```
// piechart/piewidget.cpp (fortgesetzt)

  int lastAngleOffset = 0;
  int currentPos = 0;

  // Für jeden Wert Tortenstück und Legendeneintrag erzeugen
  for(it = values.begin(); it != values.end(); ++it) {
    int value = it.value();
    QString text = it.key();

    int angle = (int)(16*360*(value/(double)total));
    QColor col(colorNames.at(colorPos%colorNames.count()));
    colorPos++;

    // Gradient für Tortenstücke
    QRadialGradient rg(pieRect.center(), pieRect.width()/2,
                       pieRect.topLeft());
    rg.setColorAt(0, Qt::white);
    rg.setColorAt(1, col);
    p.setBrush(rg);
    QPen pen = p.pen();
    p.setPen(Qt::NoPen);
    p.drawPie(pieRect, lastAngleOffset, angle);
    lastAngleOffset += angle;
```

Wir iterieren erneut über den Hash und merken uns Schlüssel und Wert. Nun ermitteln wir, wieviel Grad des Kreises dem aktuellen Tortenstück zustehen. Der im aktuellen Schlüssel gespeicherte Wert, geteilt durch die Gesamtsumme, ergibt den Bruchteil, den dieser Wert ausmacht. Multipliziert mit 360 verrät er uns, wieviel Grad das zu zeichnende Tortenstück einnimmt. Bleibt nur zu klären, woher der zusätzliche Faktor 16 kommt. Er ist einer Eigenart der **drawPie()**-Methode geschuldet, die die Angaben aus Genauigkeitsgründen in 1/16tel Grad erwartet. **angle** enthält also die tatsächliche Gradzahl multipliziert mit 16.

Die aktuelle Farbe wählen wir nun mit Hilfe der **colorPos**-Variablen aus der Liste **colorNames** aus. Mit einer Modulo-Berechnung (%) tragen wir Sorge, dass wir keinesfalls das Listenende überschreiten und so schlimmstenfalls mit der Farbvergabe von vorne beginnen müssten.

Als nächstes bestimmen wir Form und Farbe von Pinsel und Stift. Verwendeten wir bislang für den Pinsel immer eine durchgehende Farbe, wechseln wir nun zu einem Gradienten. Qt kennt mehrere vordefinierte Gradiententypen. Wir nutzen hier einen radialen.

Dieser besitzt ein Zentrum, einen Durchmesser und einen Schwerpunkt. Das Zentrum legen wir auf das echte Zentrum von **pieRect** fest, den Durchmesser bestimmen wir ebenfalls über **pieRect()**. Damit sich der Gradient später am Rand des Tortenkreises „knautscht" und damit den Eindruck räumlicher Tiefe hervorruft, legen wir den Schwerpunkt an den Rand des oberen linken Bereichs. Dies erreichen wir, indem wir mit **pieRect.topLeft()** einen Bereich angeben, der eigentlich außerhalb des Kuchens liegt. Zwischen Zentrum und Außenrand müssen wir zudem mindestens zwei Werte für den Gradientenverlauf definieren. Dies erledigen wir mit **set-ColorAt()**, das für beliebige Fließkommazahlen zwischen 0 und 1 Farben akzeptiert. Den so gewonnenen Gradienten übergeben wir mit **setBrush()** anstatt einer Farbe.

Da wir keine Umrandung wünschen, setzen wir den Stift auf **NoPen**, nicht ohne den aktuellen Stift zuvor zu speichern – schließlich benötigen wir ihn noch zum Zeichnen des Legendentextes, wo er die Fontfarbe angibt.

Nun können wir den aktuellen Hash-Eintrag veranschaulichen. **drawPie()** spannt in **pieRect** ein Rechteck auf und zeichnet ein **angle**/16 Grad großes Tortenstück beginnend bei **lastAngleOffset**.

Legendensymbole zeichnen

Fehlt noch der passende Legendeneintrag im **legendRect**. Mit einem Quadrat in der Farbe des entsprechenden Tortenstücks, das wir in der Variablen **legendEntryRect** speichern, machen wir die Zugehörigkeit deutlich:

```
// piechart/piewidget.cpp (fortgesetzt)

    // Berechnungen für Legendenquadrate
    int fh = fontMetrics().height();
    QRect legendEntryRect(0,(fh*2)*currentPos,fh,fh);
    currentPos++;
    legendEntryRect.translate(legendRect.topLeft());

    // Gradient für Legendenquadrate
    QLinearGradient lg(legendEntryRect.topLeft(),
                       legendEntryRect.bottomRight());
    lg.setColorAt(0, col);
    lg.setColorAt(1, Qt::white);
    p.setBrush(QBrush(lg));
    p.drawRect(legendEntryRect);
```

Da dieses Quadrat in Höhe und Breite der Schriftgröße entsprechen soll, muss sich seine Größe nach der Beschaffenheit der aktuellen Schrift richten. Dabei hilft uns die Klasse **QFontMetrics**, die die Größe von Buchstaben und Strings in einer bestimmten Schrift berechnet. Die Fontmetriken des aktuellen Widgets beziehen wir über **fontMetrics()**. Will man lediglich innerhalb des Painters den Font kurzfristig wechseln, sollte man die Fontmetriken über die gleichnamige Methode aus **QPainter** auslesen.

Wir benötigen hier nur Informationen über die maximale Höhe eines Buchstabens, die wir mit **height()** auslesen. Wenn wir nun ebensoviel Platz zwischen den Einträgen einplanen, wie für einen Eintrag nötig ist, können wir die Position des Quadrats errechnen: An der X-Achse liegt es direkt am Nullpunkt an, während es auf der Y-Achse pro Position zwei Fonthöhen nach unten wandert (**(fh*2)*currentPos**). Die Breite und die Höhe sind ebenfalls jeweils durch **fh** gegeben.

Nun müssen wir **legendEntryRect** noch ins **legendRect** verschieben, denn bislang liegt es am Nullpunkt der X-Achse. Dies geschieht mit Hilfe der **translate**-Methode, der wir den oberen linken Punkt, also unseren gewünschten Offset, übergeben.

Das Quadrat selber zeichnen wir wieder mit einem Gradienten, diesmal jedoch mit einem linearen, der von oben rechts nach unten links verläuft und in die Farbe Weiß ausläuft. Da der Stift immer noch mit **NoPen** definiert ist, zeichnet die nun mit dem Rechteck aufgerufene Methode **drawRect()** das Quadrat ebenfalls ohne Rand.

Legendentexte einfügen

Nun wird es Zeit, den Legendentext neben das Quadrat zu zeichnen. Damit sich die Entfernung vom Quadrat zum Text an die Größe der verwendeten Schrift anpasst, wählen wir als Abstand die Breite des Buchstabens **x** im jeweiligen Font. Zu diesem Zweck addieren wir die entsprechende Breite zur X-Komponente des Punktes **textStart** hinzu. Nun enthält diese Variable den obersten linken Punkt unseres Texts. Den unteren linken ermitteln wir, indem wir die rechte Ecke von **legendRect** und die Unterseite des aktuellen Eintragsrechtecks **legendEntryRect** zu einem neuen Punkt zusammenfassen. Dieser spannt nun zusammen mit **textStart** das **textEntryRect** auf, in dem unser Text Platz finden soll:

```
// piechart/piewidget.cpp (fortgesetzt)

    // Text hinter Legendenquadrat zeichnen
    QPoint textStart = legendEntryRect.topRight();
    textStart = textStart + QPoint(fontMetrics().width('x'), 0);
    QPoint textEnd(legendRect.right(), legendEntryRect.bottom());
    QRect textEntryRect(textStart, textEnd);
    p.setPen(pen);
    p.drawText(textEntryRect, Qt::AlignVCenter, text);
  }
}
```

Nachdem wir unseren Pinsel wiederhergestellt haben, passen wir den Legenden-text mit der **drawText()**-Methode genau ins gegebene Rechteck ein. Die Option **AlignVCenter** sorgt dafür, dass der Text in der Vertikale mittig ausgerichtet wird.

Diese Prozedur wiederholen wir für jeden Eintrag in der Liste, bis der Kreis schließ-lich komplett gefüllt ist.

10.5.2 Widgetgröße festlegen

In den Methoden **minimumSizeHint()** und **sizeHint()** müssen wir nun sinnvolle Minimal- und Standardgrößen für das Widget ermitteln. Wir legen fest, dass das Widget nicht kleiner als die Standardgröße werden darf, und schalten damit beide Methoden gleich. Aufblähen darf sich das Widget jedoch jederzeit.

Maßgeblich für die vertikale Ausdehnung ist die Höhe, die alle Legendeneinträge mit ihren Zwischenräumen zusammengerechnet ergeben. Für die horizontale müs-sen wir zunächst die Länge des längsten Eintrags in Pixeln errechnen. Dazu iterieren wir wieder durch den Hash und suchen den längsten String heraus:

```
// piechart/piewidget.cpp (fortgesetzt)

QSize PieWidget::minimumSizeHint() const
{
  int fh = fontMetrics().height();
  int height = fh*2*values.count();
  int longest = 0;
  QHash<QString, int>::const_iterator it;
  QFontMetrics fm = fontMetrics();
  for(it = values.begin(); it != values.end(); ++it)
    longest = qMax(fm.width(it.key()), longest);
  int width = height+longest+fontMetrics().width('x')+fm+(2*10);
  QSize minSize(width, height);
  return minSize;
}

QSize PieWidget::sizeHint() const
{
  return minimumSizeHint();
}
```

Die Template-Funktion **qMax()** hilft uns dabei. Sie ist in der Lage, zwei Objekte gleichen Typs miteinander zu vergleichen, solange sie den Kleiner-Operator imple-mentieren, und gibt das größere Element zurück. Analog dazu existiert **qMin()**.

Die Breite ergibt sich aus der Widgethöhe des Tortenquadrats[5], dem längsten Ein-trag in der Hashtabelle, der Breite eines **x**, der Breite des Legendenquadrats (**fm**)

---

[5] Bei Quadraten stimmen Länge und Breite überein.

sowie 2x10 Pixel Randabstand auf beiden Seiten des Legendenquadrats. Höhe und Breite packen wir in eine QSize-Instanz und geben diese zurück.

10.5.3   Die Diagramm-Applikation

Um die Klasse zu verwenden, instanzieren wir das Widget, fügen ein paar Einträge mit Werten ein und zeigen es an. Das Ergebnis haben wir bereits in Abbildung 10.6 gesehen:

```cpp
// piechart/main.cpp

#include <QtGui>
#include "piewidget.h"

int main(int argc, char* argv[])
{
  QApplication app(argc, argv);
  PieWidget w;
  w.addEntry("Reichtum", 50);
  w.addEntry("Beruflichen Erfolg", 40);
  w.addEntry("Langes Leben", 60);
  w.addEntry("Gesundheit", 70);
  w.show();
  return app.exec();
}
```

10.6   Transformationen des Koordinatensystems

Normalerweise zeichnet ein QPainter in ein neutrales, zweidimensionales Koordinatensystem. Manchmal ist es jedoch nötig, dieses zu manipulieren. Zu diesem Zweck bringt Qt die Klasse QMatrix mit, der wir uns zunächst theoretisch nähern. Eine QMatrix stellt eine 3x3-Matrix der Form

$$\begin{pmatrix} m11 & m12 & 0 \\ m21 & m22 & 0 \\ dx & dy & 1 \end{pmatrix}$$

zur Verfügung. Um ihre Funktionsweise zu verstehen, empfiehlt sich ein kleiner Exkurs in die Mathematik: Um einen Punkt $(x; y)$ im zweidimensionalen Raum in den neuen Punkt $(x'; y')$ zu überführen, gilt:

$$x' = m11 * x + m21 * y + dx$$
$$y' = m22 * y + m12 * x + dy$$

Der Konstruktor von **QMatrix** hat die Form

```
QMatrix(qreal m11, qreal m12, qreal m21, qreal m22, qreal dx, qreal dy);
```

Er übernimmt also die einzelnen Matrix-Komponenten als Fließkommazahlen.[6]

Bei invertierbaren Matrizen macht die *inverse* Matrix die von der Ursprungsmatrix ausgeführten Operationen wieder rückgängig. Für **QMatrix**-Objekte berechnet eine Methode namens **inverted()** die passende inverse Matrix. Als Parameter erwartet sie einen Zeiger auf eine boolesche Variable. Ist deren Wert nach Aufruf der Methode **true**, so gibt **inverted()** die inverse Matrix bezüglich der gegebenen Matrix als neues **QMatrix**-Objekt zurück. Setzt ihn **inverted()** hingegen auf **false**, ist die Matrix *singulär*, es existiert also keine zu ihr inverse Matrix. In diesem Fall gibt die Methode die *Einheits-* oder *Identitätsmatrix* zurück, bei deren Anwendung keine Transformation stattfindet, die also alle Punkte wieder auf sich selber abbildet. Ob sich eine Matrix invertieren lässt, prüft man bei Bedarf mit **isInvertible()**.

In der Einheitsmatrix haben alle Elemente auf der Hauptdiagonalen (*m*11 und *m*22) den Wert 1, der Rest den Wert 0. Ob eine Matrix eine Einheitsmatrix ist, verrät der boolesche Rückgabewert der Methode **isIdentity()**.

Um mit Hilfe einer Matrix Punkte zu verschieben, weist man *dx* und *dy* Werte zu, im folgenden Beispiel jeweils 10:

$$x' = 1 * x + 0 * y + 10$$
$$y' = 1 * y + 0 * x + 10$$

Die entsprechende Matrizentransformation translatiert sie so, dass die neue x-Koordinate *x'* gegenüber *x* um *dx* (hier: 10) Punkte verschoben ist. Analog gelangt man zu *y'*, indem man *y* um *dy* (hier ebenfalls 10) Punkte verschiebt.

Statt selbst zu ermitteln, wie die entsprechende **QMatrix** aussieht, wendet man die Funktion **translate()** auf eine Einheitsmatrix an:

```
QMatrix matrix; // liefert Einheitsmatrix
matrix.translate(10.0, 10.0);
```

Ab sofort verschiebt **matrix** alle Punkte um 10 Einheiten.[7]

Die entscheidenden Variablen beim Skalieren (also beim Verkleinern oder Vergrößern) sind *m*11 und *m*22, im folgenden Beispiel jeweils auf 10 gesetzt:

---

[6] qreal ist ein von Qt definierter Datentyp, der dem C++-Typ **double** entspricht. Anhang B.6 listet alle von Qt definierten Typendefinitionen und erläutert deren Vorteile.

[7] Die Einheiten selbst gibt die Klasse vor, die die Matrix verwendet. Im Moment verwenden wir den Begriff abstrakt.

$$x' = 10 * x + 0 * y + 0$$
$$y' = 10 * y + 0 * x + 0$$

Die entsprechende Matrizentransformation vergrößert die Punkte in der Abbildung um den Faktor 10 und skaliert so das Koordinatensystem. Dem entspricht der Aufruf

```
QMatrix matrix; // liefert Einheitsmatrix
matrix.scale(10.0, 10.0);
```

Fehlt noch die Manipulation von $m21$ und $m12$. Dabei bewegen sich Ober- und Unterseite eines Rechtecks in horizontaler Richtung voneinander weg, die Seiten neigen sich entsprechend. Bei diesem Effekt, der auf Abbildung 10.7 unten rechts zu sehen ist, spricht man von *Scherung*, englisch *Shearing*:

$$x' = 1 * x + 10 * y + 0$$
$$y' = 1 * y + 10 * x + 0$$

Die Rotation nutzt die Faktoren für Scherung und Skalierung. Die dahinterliegende Theorie ist jedoch komplexer; eine tiefergehende Behandlung nebst Herleitung sprengte den Rahmen dieses Buches, weshalb wir hier nur feststellen, dass sich Rotation um den Ursprung des Koordinatensystems wie folgt darstellen lässt:

$$x' = \cos\alpha * x - \sin\alpha * y + 0$$
$$y' = \sin\alpha * y + \sin\alpha * x + 0$$

α steht dabei für den Rotationswinkel in Radiantenform; die Rotationsrichtung ist dem Uhrzeigersinn entgegengesetzt. Die Methode **rotate()** implementiert diese Drehung. Als Parameter verlangt sie den Winkel in Grad, der in Fließkomma-Genauigkeit angegeben werden kann.

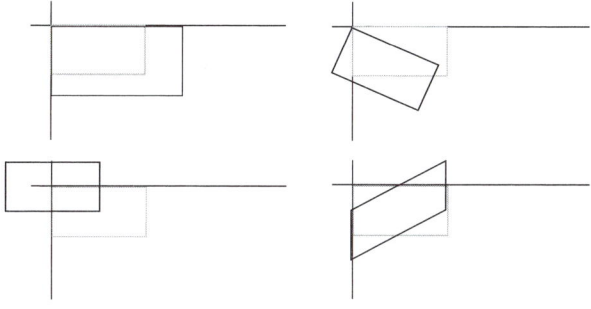

Abbildung 10.7:
Alle vier Trans-
formationen im Blick:
Skalierung und
Drehung (oben),
Verschiebung und
Scherung (unten)

10.6.1 Transformationen in der Praxis

Um Transformationen mit Qt genauer zu verstehen, betrachten wir folgendes Beispiel, das einen mit einem Muster gefüllten Kreis auf ein Widget zeichnet. Ein Klick auf das Widget lässt es rotieren, ein weiterer stoppt es wieder. Zusätzlich erlauben wir es dem Benutzer, die Rotation mit dem Mausrad vor oder zurück zu drehen.

Neben dem **sizeHint()**, der die initale Größe des Widgets vorgibt, reimplementieren wir **paintEvent()** zum Zeichnen, **mousePressEvent()**, um Mausklicks abzufangen, **wheelEvent()**, um auf das Scrollrad zu reagieren und **timerEvent()**, mit dessen Hilfe wir die Rotationsautomatik realisieren werden. **rotate()** verrichtet die tatsächliche Rotationsarbeit. Außerdem brauchen wir die Variable **timerId**, um mit einem Timer umgehen zu können. Mit **degree** merken wir uns, um wieviel Grad der Kreis gerade gedreht ist:

```
// rotationwidget/rotationwidget.h

#ifndef ROTATIONWIDGET_H
#define ROTATIONWIDGET_H
#include <QWidget>
#include <QSize>

class RotationWidget : public QWidget {
  Q_OBJECT
  public:
    RotationWidget(QWidget *parent=0);

    QSize sizeHint() const {return QSize(200,200);}

  protected:
    void paintEvent(QPaintEvent *ev);
    void mousePressEvent(QMouseEvent *ev);
    void timerEvent(QTimerEvent *ev);
    void wheelEvent(QWheelEvent *ev);

    void rotate(int degree);

  private:
    int timerId;
    int degree;
};
#endif // ROTATIONWIDGET_H
```

Der Konstruktor initalisiert die Oberklasse und stellt sicher, dass die beiden Membervariablen mit Null vorbelegt sind:

```
// rotationwidget/rotationwidget.cpp

#include <QtGui>
```

```
#include "rotationwidget.h"

RotationWidget::RotationWidget(QWidget *parent)
  : QWidget(parent)
{
  degree = 0;
  timerId = 0;
}
```

In paintEvent() ermitteln wir uns zunächst die Geometrie des Widgets. Damit unser drawEllipse()-Aufruf gleich einen Kreis ergibt, passen wir die Breite des Rechtecks seiner Höhe an. Danach justieren wir das Rechteck nach: QPainter rechnet die Linie, die wir mit dem Stift ziehen, seit Version 4.0 nämlich nicht mehr zu den Abmessungen der Figuren hinzu. Entsprechend müssen wir das Rechteck, in das wir den Kreis gleich zeichnen, um die Breite des Stifts verringern, in diesem Fall also um zwei Pixel:

```
// rotationwidget/rotationwidget.cpp (fortgesetzt)

void RotationWidget::paintEvent(QPaintEvent* /*ev*/)
{
  QRect paintRect = rect();
  paintRect.setWidth(paintRect.height());
  paintRect.adjust(2,2,-2,-2);
  QPainter p(this);
  p.setRenderHint(QPainter::Antialiasing, true);

  QMatrix m;
  m.translate(center.x(), center.y());
  m.rotate(degree);
  m.translate(-center.x(), -center.y());
  p.setMatrix(m);

  QPoint center = paintRect.center();
  p.setBrush(QPixmap("qt.png"));
  p.setPen(QPen(Qt::black, 2, Qt::DashLine));
  p.drawEllipse(paintRect);
}
```

Nachdem wir den QPainter instanziert und ihm Antialiasing beigebracht haben, ist es nun an der Zeit, eine Matrix zusammenzustellen, die das Koordinatensystem um den Kreismittelpunkt rotieren lässt. Dazu erstellen wir eine neue Matrix. Da nicht der Koordinatenursprung, sondern ein anderer Punkt das Rotationszentrum bildet, verschieben wir das Zentrum unseres Quadrats zunächst in den Nullpunkt des Koordinatensystems. Danach rotieren wir die Matrix und schieben den Punkt wieder an seinen Ursprungsort zurück.

Die so generierte Matrix übergeben wir an den Painter. Alles, was er ab sofort malt, ist um die in degree angegebene Anzahl Grad verdreht.

Als Zeichenobjekt wählen wir eine Ellipse. Um sie mit einem Kachelmuster zu füllen, übergeben wir dem Pinsel ein Bild, das er dann, ausreichend Platz vorausgesetzt, nebeneinander kachelt.

Auch den Stift wählen wir diesmal ein wenig anders: Er ist schwarz, hat wie angekündigt eine Dicke von zwei Pixeln und strichelt (Qt::DashLine). Schließlich zeichnen wir eine Ellipse in das Quadrat und erzwingen so einen Kreis.

Sobald der Benutzer mit einer seiner Maustasten das Widget anklickt, erhält das Widget ein **mousePressEvent()**. Wir prüfen zunächst, ob der Benutzer die linke Maustaste gedrückt hat und ob der Timer 0 ist. In diesem Fall läuft er nicht und wir können ihn jetzt starten. Enthält er hingegen eine von 0 verschiedene Zahl, so ist er aktiv und wir löschen ihn, nicht ohne auch die **timerId** zurückzusetzen:

```
// rotationwidget/rotationwidget.cpp (fortgesetzt)

void RotationWidget::mousePressEvent(QMouseEvent* ev)
{
  if (ev->button() != Qt::LeftButton)
    return;
  if ( timerId == 0 )
    timerId = startTimer(20);
  else {
    killTimer(timerId);
    timerId = 0;
  }
}

void RotationWidget::timerEvent(QTimerEvent *ev)
{
  if (ev->timerId() == timerId)
    rotate(1);

}
```

Das Timerintervall setzen wir auf 20 Millisekunden, was 50 Timer-Events und damit idealerweise 50 Bildern pro Sekunde entspricht, denn für jedes ausgelöste **timerEvent()** ruft das Programm **rotate()** auf. Der Parameter (hier: 1) gibt an, um wieviel Grad sich der Kreis drehen soll.

Bei den meisten Mäusen entspricht eine Mausradbewegung 15 Grad. Qt multipliziert dies mit dem Faktor 8, durch den wir hier dividieren. Somit rotiert eine Mausradbewegung den Kreis um 15 Grad nach rechts oder links – je nach Drehrichtung des Rades:

```
// rotationwidget/rotationwidget.cpp (fortgesetzt)

void RotationWidget::wheelEvent(QWheelEvent *ev)
{
```

```
  rotate(ev->delta()/8);
}

void RotationWidget::rotate(int deg)
{
  degree = degree + deg % 360;
  update();
}
```

rotate schließlich verwaltet den **degree**-Wert, den wir im Paint-Event verwenden. Sobald er 359 überschreitet, sorgt der Modulo-Operator dafür, dass der Zähler danach wieder in die Nullstellung läuft.

Um ein Paint-Event zu forcieren, müssen wir nun **update()** aufrufen. **update()** schickt ein **repaintEvent()** über das Eventsystem an das Widget. Dies führt wiederum dazu, dass der **repaintEvent()**-Handler aufgerufen und das Widget neu gezeichnet wird.

Um dieses Verhalten zu demonstrieren, genügt es, das Widget zusammen mit einer **QApplication** zu instanzieren, anzuzeigen und anschließend mit **app.exec()** in die Eventschleife einzutreten:

```
// rotationwidget/main.cpp

#include <QtGui>
#include "rotationwidget.h"

int main(int argc, char* argv[])
{
  QApplication app(argc, argv);
  RotationWidget w;
  w.show();
  return app.exec();
}
```

10.7 QImage

Sollen Bildpunkte direkt manipuliert werden, bietet sich die darauf optimierte Klasse **QImage** als „Leinwand" an. Entsprechende Operationen führt Qt jedoch auf dem Prozessor aus, während für **QPixmap**-Operationen in der Regel die Grafikkarte zuständig ist.

Ein weiterer wichtiger Unterschied hat vor allem unter X11 Bedeutung: Für **QImages** ist der X-Client verantwortlich, Pixmaps zeichnet der Server. Jede Konvertierung zwischen den Klassen ist daher langsam und gegebenenfalls bandbreitenintensiv[8],

[8] Bedenken Sie, dass eine Konvertierung auch in einer lokalen X-Sitzung teuer ist, also selbst dann, wenn Sie die Netzwerkfähigkeit des X-Servers nicht nutzen.

gleichwohl mit QPixmap::convertToImage() und QPixmap::convertFromImage() generell möglich. Für QImage spricht seine Plattformunabhängigkeit, die QPixmap nicht aufweist.

Falls ein Programm nur auf QCoreApplication basieren, aber trotzdem Grafik verarbeiten soll, steht QPixmap nicht zur Verfügung, die Arbeit mit QImage ist jedoch weiterhin möglich.[9]

10.7.1 Speicherformate, Transparenz und Farbpaletten

Ein QImage vermag Bilder auf verschiedene Art und Weise im Arbeitsspeicher abzulegen. Der Entwickler kann dies im Konstruktor der Klasse bestimmen, indem er den passenden Wert des Format-Enumerators mitliefert. Die Methode format() gibt entsprechend das Format des aktuellen QImage zurück.

Gewöhnlich speichert Qt Bilder in einer Qualität, in der jedes Pixel 32 Bit benötigt. Dabei wendet QImage je 8 Bit für die Farben Rot, Grün und Blau auf und verbraucht damit erst einmal nur 24 Bit. Das verbleibende Byte bleibt entweder mit QImage::Format_RGB32 ungenutzt[10] oder gibt die „Durchsichtigkeit", den *Alpha-Kanal*, eines Pixels an. Das Format mit dem vorangestellten Transparenzwert bezeichnet Trolltech als *ARGB32* (QImage::Format_ARGB32).

Einen Alpha-Kanal beim Zeichnen anzuwenden ist jedoch verhältnismäßig teuer, denn bei jeder Zeichenoperation muss eine Reihe Berechnungen angestellt werden: Für jedes Pixel multipliziert der Prozessor jeden Farbkanal mit dem Wert des jeweiligen Alpha-Kanals und teilt das Ergebnis anschließend durch 255. Die naheliegende Überlegung, diese Berechnungen bereits beim Setzen des Pixels durchzuführen und in den Farbwerten zu speichern, hat Trolltech mit dem *ARGB32-Premultiplied*-Format (QImage::Format_ARGB32_Premultiplied) umgesetzt. Dabei bleibt der Alpha-Kanal als zusätzlicher Wert gespeichert. Der Nachteil dieses Formats besteht darin, dass man beim Herausrechnen des Alpha-Kanals nicht wieder exakt dieselbe Farbe trifft. Da die Abweichung jedoch sehr gering ist, kann man dies oft vernachlässigen. Nur bei dauerhaftem Konvertieren bereits aus dem RGB32-Premultiplied-Format zurückkonvertierter Farben wird die Farbabweichung irgendwann deutlich sichtbar. Wegen seiner Geschwindigkeitsvorteile ist ARGB32-Premultiplied trotzdem das bevorzugte Format der von QImage unterstützten RGB-32-Familie.

Alternativ kann man eine Farbpalette verwenden. Ähnlich der Palette eines Malers stehen dabei nur ausgewählte Farben zur Verfügung. Beim QImage-*Indexed8*-Format (QImage::Format_Indexed8) steht für die Farben ein 8-Bit-Index zur Verfü-

---

[9] Trotzdem bleibt QImage Teil der QtGui-Bibliothek. Diese muss man also auf jeden Fall ins Projekt aufnehmen. Man spart lediglich die Abhängigkeit von der grafischen Oberfläche.

[10] Die naheliegende Idee, die Größe auf 24 Bit zu schrumpfen, ist schlecht, weil moderne Prozessoren ohnehin zumeist mindestens 32-Bit-Worte verarbeiten. Im schlimmsten Fall reduzierte sich die Geschwindigkeit durch entsprechende Sonderbehandlungen.

gung, was bedeutet, dass maximal 256 Farben gleichzeitig auf der Palette Platz finden. Bevor man mit diesem Format arbeiten kann, muss man die Anzahl der Farben in der Palette per **setNumColors()** mit einer Zahl zwischen 1 und 256 festlegen. Die entsprechende Abfragemethode **numColors()** liefert nur für Farbpaletten-basierte Formate einen gültigen Wert, ansonsten 0.

Um die Farbpalette zu setzen, bietet die API zwei Möglichkeiten: Zum einen erlaubt **setColorTable()** das Belegen der kompletten Palette mit einem aus RGB-Farbangaben bestehenden Vektor (**QVector<QRgb>**). Darüber hinaus gestattet **setColor()** das Festlegen einzelner Paletteneinträge. Diese Methode erwartet als Parameter die Position als Ganzzahl sowie die Farbe als **QRgb**.

Einfarbige Bilder speichert **QImage::Format_Mono**. Dabei repräsentiert jedes Bit ein Pixel, wobei das höherwertigste Bit[11] zuerst steht. Im Gegensatz dazu legt **QImage::Format_Mono_LSB** monochrome Bilder mit dem niederwertigsten Bit[12]. zuerst ab.

Ein **QImage** lässt sich über die **convertToFormat()**-Methode in ein anderes Format konvertieren. Die Methode erwartet zunächst das neue Format, als zweiten Parameter benötigt sie nähere Angaben zur Konvertierung, die oft nicht verlustfrei verläuft.

Wird ein QImage ungültig, ist auch sein Format ungültig, und **format()** liefert **QImage::Format_Invalid** zurück.

10.7.2 Pixel zeilenweise auslesen

Wer Bilder komplexen Operationen unterziehen will, muss Zugriff auf jedes einzelne Pixel haben. Dazu bietet **QImage** die Methode **scanLine()**, welche die Farbinformationen einer Zeile pixelweise als Array von **unsigned chars** zurückgibt. Da ein **unsigned char** acht Bit groß ist, repräsentieren jeweils vier Angaben ein Pixel.

Hierbei kommt dem Entwickler jedoch die Byte-Reihenfolge[13] in die Quere: Einige Systeme legen die Bytes von links nach rechts ab, so dass das niederwertigste Byte an der niedrigsten Speicheradresse liegt. Diese Architekturen, zu denen unter anderem die Intel-x86-Familie gehört, bezeichnet man als *little endian*. Bei anderen Systemen ist das Gegenteil der Fall: Sie speichern das höchstwertige Byte an der niedrigsten Speicheraddresse. Zu dieser Gattung, den *Big-Endian*-Systemen[14],

---

[11] englisch: *Most Significant Bit*
[12] englisch: *Least Significant Bit*
[13] englisch: *Byte Order*
[14] Die Begriffe *big endian* und *little endian* (sinngemäß: dickes oder dünnes Ende) verdanken ihren Ursprung einer Analogie zu einer Geschichte aus „Gullivers Reisen", in der zwei Staaten einen Krieg darüber führen, an welchem Ende man sein Frühstücksei zu köpfen habe. Die ähnlich erhitzte Diskussion um die bessere Byte-Reihenfolge scheint sich zur Zeit zu Gunsten von Big-Endian-Architekturen zu entwickeln. Big endian ist ebenfalls als *Network-Byteorder* bekannt, weil es auch zum Transport von Daten über das Internet zum Einsatz kommt.

gehört der PowerPC-Prozessor, der in einer Reihe von IBM-Linux-Servern und in vielen bislang verkauften Macintosh-Computern und -Laptops von Apple eingesetzt wird.

Die Farbangaben eines vier Pixel großen Bilds können also, je nach Architektur, auf der das Bild als **QImage** abgelegt ist, in folgenden zwei Variationen angeordnet sein:

BBGGRRAABBGGRRAA**BBGGRRAA**BBGGRRAA (little endian)

AARRGGBBAARRGGBB**AARRGGBB**AARRGGBB (big endian)

Um Farbangaben ohne Rücksicht auf die Byte-Reihenfolge zu realisieren, bedient sich Qt eines kleinen Tricks: Es definiert den Typ **QRgb**. Dabei handelt es sich lediglich um einen 32-Bit-Integer, der den Alpha-Kanal und die drei Farbkanäle in der Form 0xAARRBBGG speichert. Beim Konvertieren per **reinterpret_cast<QRgb*>** fasst Qt dabei die **unsigned chars** in der Byte-Reihenfolge der Plattform[15] auf. Auf die einzelnen Komponenten der Farbe kann man nun sicher per **QRgb::qRed()**, **QRgb::qGreen()**, **QRgb::qBlue()** sowie **QRgb::qAlpha()** zugreifen, die jeweils Werte von 0 bis 255 zurückliefern.

Das folgende Beispiel liest ein Bild zeilenweise aus und rotiert die RGB-Werte durch. Das Ergebnis speichert es ebenfalls in einem **QImage**.

Das Herzstück des Programms ist die Methode **rotateRgb()**. Sie erstellt ein neues **QImage**-Objekt identischer Größe und identischen Farbformats. Danach öffnet sie in beiden Dateien jeweils die gleiche Zeile und reinterpretiert die Zeichen als **QRgb**-Array. Die Anzahl der Zeilen ist durch die Höhe des Bildes, die Spaltenanzahl durch die Breite gegeben. Für jedes Pixel können wir nun alle Farbwerte separat auslesen und nach Belieben rekombinieren. Abschließend geben wir das so bearbeitete Bild zurück:

```
// rotatergb/main.cpp

#include <QtGui>

QImage rotateRgb(const QImage &in)
{
  QImage out(in.size(), in.format());
  for(int line = 0; line < in.height(); line++) {
    const QRgb* inPixels = reinterpret_cast<const QRgb*>
                                         (in.scanLine(line));
    QRgb* outPixels = reinterpret_cast<QRgb*>(out.scanLine(line));
    for(int pos = 0; pos < in.width(); pos++) {
      int red = qRed(inPixels[pos]);
      int green = qGreen(inPixels[pos]);
      int blue = qBlue(inPixels[pos]);
      int alpha = qAlpha(inPixels[pos]);
      outPixels[pos] = qRgba(blue, red, green, alpha);
```

---

[15] englisch: *Host Byte Order*

```
    }
  }
  return out;
}
```

In der **main()**-Funktion laden wir das Referenzbild, lassen es durchrotieren und zeigen das nun verfälschte Bild in einem Label an. Dann wiederholen wir die Prozedur und erhalten ein noch immer verfälschtes Bild. Erst nach dem dritten Tausch sind die Farben wieder in Ordnung. Alle drei Labels nebeneinander zeigt Abbildung 10.8.

```
// rotatergb/main.cpp (fortgesetzt)

int main(int argc, char* argv[])
{
  QApplication app(argc, argv);
  QImage img("qt.png");
  QLabel rgb;
  img = rotateRgb(img);
  QLabel brg;
  brg.setPixmap(QPixmap::fromImage(img));
  img = rotateRgb(img);
  QLabel grb;
  grb.setPixmap(QPixmap::fromImage(img));
  img = rotateRgb(img);
  rgb.setPixmap(QPixmap::fromImage(img));
  rgb.show();
  brg.show();
  grb.show();
  return app.exec();
}
```

Abbildung 10.8:
Ein Bild, drei
Farbanordungen:
Unsere
Testanwendung hat
die RGB-Kanäle
getauscht

10.8 SVG-Unterstützung

Seit Version 4.1 unterstützt Qt 4 das *Scalable-Vector-Graphics*-Format, kurz SVG. Es wird vom W3-Konsortium verabschiedet, das unter anderem für die HTML- und

CSS-Standards zuständig ist. SVG beschreibt zweidimensionale Vektorgrafiken und setzt dabei im Gegensatz zu vielen etablierten Vektorgrafikstandards auf XML. Die letzte vom W3C verabschiedete SVG-Version ist 1.1, die SVG-Arbeitsgruppe des W3C arbeitet an Version 1.2, die derzeit den Status eines Arbeitsentwurfs[16] hat.

Um den Einsatz auf mobilen Plattformen zu gewährleisten, verabschiedete das W3C zusätzlich sogenannte Profile mit reduziertem Funktionsumfang namens *SVG-Basic* und *SVG-Tiny*.[17]

Qt 4 implementiert SVG-Tiny und SVG-Basic in den Versionen 1.1 und 1.2, unterstützt derzeit jedoch weder ECMA-Script (oft auch als JavaScript bezeichnet) noch anderweitige Grafikmanipulationen über das *Document Object Model* (DOM).

Die SVG-Klassen kapselt Qt in einer eigenen Bibliothek namens QtSvg. Um sie zu verwenden, erweitert man zunächst die .pro-Datei wie folgt:

```
QT += svg
```

Die Include-Anweisung lautet entsprechend dem Bibliotheksnamen:

```
#include <QtSvg>
```

Qt handhabt SVG-Dateien bislang nicht über **QPixmap**. Stattdessen stellt es die Rendering-API unter dem Namen **QSvgRenderer** direkt zur Verfügung. Zusätzlich existiert mit **QSvgWidget** ein Widget, welches SVG-Bilder (im Folgenden die Datei **file.svg**) direkt anzeigt:

```
QSvgWidget *svgw = new QSvgWidget("file.svg");
```

QSvgWidget kennt den Slot **load()** in zwei Varianten: Die erste erwartet einen Dateinamen als **QString**, ähnlich dem Konstruktor im obigen Beispiel. Der zweiten übergibt man den Inhalt einer SVG-Datei als **QByteArray**. Hierzu existiert kein entsprechender Konstruktor.

Eine weitere Methode, die **QSvgWidget** von einem normalen **QWidget** unterscheidet, ist die Zugriffsfunktion **renderer()**, die einen Zeiger auf das für das Widget verwendete **QSvgRenderer**-Objekt zurückgibt. **QSvgRenderer** zeichnet als Klasse für das eigentliche Rendering verantwortlich.

Wenn **QSvgWidget** ein Bild geladen hat, informiert es sich mit **QSvgRenderer::defaultSize()** über dessen **sizeHint()**, der der in der SVG-Datei vorgeschlagenen Bildgröße entspricht. Ohne geladenes Bild erbt es das Verhalten von **QWidget::size()**.

Der **QSvgRenderer** selbst bietet eine umfangreiche API zur Kontrolle von Bildern und Animationen. Zu dem auch in **QSvgWidget** vorhandenen Slot **load()**, der hier

---

[16] englisch: *Working Draft*
[17] siehe http://www.w3.org/TR/SVGMobile/

ebenfalls in den beiden beschriebenen Varianten vorliegt, gesellt sich der **render()**-Slot, der ein **QPainter**-Objekt als Parameter erwartet. Er ermöglicht das Neuzeichnen des Widgets mit dem übergebenen Painter, falls man das Render-Objekt direkt nutzen möchte. Dies ist bei Widgets beispielsweise immer dann notwendig, wenn ein Paint-Event auftritt. **QSvgWidget** reagiert darauf etwa wie folgt:

```
void QSvgWidget::paintEvent(QPaintEvent *)
{
  ...
  QPainter p(this);
  renderer->render(&p);
}
```

renderer ist dabei die **QSvgRenderer**-Instanz. Ob die geladene SVG-Datei animierte Elemente enthält, prüft die Methode **QSvgRenderer::animate()**. Ist dies der Fall, liefert **animationDuration()** die Dauer der Animation als Ganzzahlwert in Sekunden. In Qt 4.1 ist diese Methode jedoch nicht vollständig implementiert: Sie gibt immer 0 zurück. **framesPerSecond()** verrät die Anzahl Bilder pro Sekunde. Die Standardabspielgeschwindigkeit beträgt 30 Bilder pro Sekunde. **setFramesPerSecond()** verändert diesen Wert und verlangsamt oder beschleunigt damit die Animation.

Lädt **load()** eine SVG-Datei mit animierten Elementen, emitiert **QSvgRenderer** das Signal **repaintNeeded()** entsprechend den Vorgaben durch **framesPerSecond()**. Das aktuelle Bild einer Animation verrät **currentFrame()**. **setCurrentFrame()** legt es fest.

10.9 Drucken mit QPrinter

Für das Drucken in Qt ist die **QPrinter**-Klasse zuständig. Wie **QPixmap** oder **QImage** ist sie ein **QPaintDevice**, weist jedoch einige interessante Besonderheiten auf.

Damit der Druckvorgang beginnen kann, muss der aktuelle Painter explizit mit **end()** das Ende seiner Arbeit bestätigen. Zusätzlich muss man für jede neue Seite, auch für die erste, die **QPrinter**-Methode **newPage()** aufrufen. Der Painter, der auf der **QPrinter**-Instanz arbeitet, hat dann wieder eine freie Seite zur Verfügung. Einige Parameter wie die Seitenorientierung (Porträt- oder Landschaftsmodus) lassen sich nur verändern, *bevor* sich der Painter beim **QPrinter**-Objekt registriert, also bereits im **QPainter**-Konstruktor.

Zusätzlich existiert die Klasse **QPrintDialog**, die eine Vielzahl von Einstellungen am Drucker erlaubt. Unter Windows und Mac OS X zeigt die Klasse den Druckdialog des Systems, sonst verwendet sie einen eigenen Dialog. Darin kann der Benutzer alle Optionen selbst beeinflussen.

Wir wollen uns diesen Klassen anhand eines kleinen Programms zum Erstellen von Screenshots nähern (Abbildung 10.9 auf Seite 306). Dieses besitzt einen Slot, der das Aufnehmen des Bildschirmfotos vorbereitet, einen weiteren, der den Screenshot abholt, und einen dritten zum Ausdrucken.

Zusätzlich verfügt es über das **previewLabel**, ein **QLabel**, das den letzten Screenshot in Vorschaugröße anzeigt, sowie über **screenshot**, eine **QPixmap** mit dem Screenshot in voller Auflösung:

```
// screenshot/grabdialog.h

#ifndef GRABDIALOG_H
#define GRABDIALOG_H
#include <QDialog>
#include <QPixmap>

class QLabel;

class GrabDialog : public QDialog
{

  Q_OBJECT
  public:
    GrabDialog(QWidget *parent=0);

  protected slots:
    void prepareGrabDesktop();
    void grabDesktop();
    void printScreenshot();

  private:
    QLabel *previewLabel;
    QPixmap screenshot;
};
#endif // GRABDIALOG_H
```

Im Konstruktor legen wir ein Tabellenlayout an, in das wir das **previewLabel** so hineinlegen, dass es zwei Spalten einnimmt. Zwei Schaltflächen, eine zum Auslösen des Screenshots und eine zum Drucken, legen wir eine Reihe darunter jeweils in eine eigene Spalte. Damit das Preview-Label immer sichtbar ist, fixieren wir es auf 300x200 Pixel:

```
// screenshot/grabdialog.cpp

#include <QtGui>
#include "grabdialog.h"

GrabDialog::GrabDialog(QWidget *parent)
  : QDialog(parent)
{
  QGridLayout *lay = new QGridLayout(this);
  previewLabel = new QLabel;
```

```
    previewLabel->setFixedSize(300,200);
    lay->addWidget(previewLabel, 0, 0, 1, 2);
    QPushButton *screenshotBtn = new QPushButton(tr("&Screenshot!"));
    QPushButton *printBtn= new QPushButton(tr("&Drucken"));
    lay->addWidget(screenshotBtn, 1, 0);
    lay->addWidget(printBtn, 1, 1);
    connect(screenshotBtn, SIGNAL(clicked()), SLOT(prepareGrabDesktop()));
    connect(printBtn, SIGNAL(clicked()), SLOT(printScreenshot()));
    grabDesktop();
    setWindowTitle(tr("Screenshot"));
}
```

Danach verbinden wir das clicked()-Signal der Screenshot!-Schaltfläche mit dem
Slot, der den Screenshot vorbereitet, und das der Drucken-Schaltfläche mit dem
Slot, der die Konfiguration der Druckparameter gestattet. Dann rufen wir grab-
Desktop() auf, das einen Screenshot vom aktuellen Bildschirm zum Zeitpunkt des
Programmstarts holt. Es ist als reiner Lückenfüller für das previewLabel gedacht.

10.9.1 Exkurs: Screenshots erstellen

Weil Screenshot-Programme in der Regel kein reiner Selbstzweck sind, sollten sie
sich während der Aufnahme möglichst rar machen. Dazu rufen wir hide() auf, unmittelbar gefolgt von einem *Singleshot-Timer*,[18] der grabDesktop() startet:

```
// screenshot/grabdialog.cpp (fortgesetzt)

void GrabDialog::prepareGrabDesktop()
{
  hide();
  QTimer::singleShot(500, this, SLOT(grabDesktop()));
}
```

Die 500 Millisekunden Verzögerung sollen dem Betriebssystem die Möglichkeit geben, eventuelle Artefakte, die durch das plötzliche Verschwinden des Fenster ent-
standen sind, noch vor dem eigentlichen Screenshot auszugleichen.

Doch wie kommen wir nun an ein Abbild des gesamten Bildschirms? Zwar stellt
QPixmap die statische Methode grabWidget() zur Verfügung, doch lassen sich damit nur einzelne Widgets in der aktuellen Applikation ablichten. Glücklicherweise
gibt es auch die statische Methode grabWindow(), die nicht einen Zeiger auf ein
Widget, sondern eine Fenster-ID erwartet. Der Gebrauch dieser IDs ist grundsätzlich portabel, trotzdem warnt die Dokumentation eindringlich davor, bestimmte
Annahmen über die IDs zu treffen.

---

[18] Im Gegensatz zu normalen Timern meldet sich ein Singleshot-Timer nur ein einziges Mal, nicht
in gewissen Abständen.

Informationen über den aktuellen Desktop liefert uns die Klasse QDesktopWidget. Die QApplication-Instanz stellt schon ein Objekt dieser Klasse bereit, auf das wir sofort zugreifen können. Die Fenster-ID des gesamten aktuellen Desktops erhalten wir über die QWidget-Methode winId(), angewendet auf den aktuellen Bildschirm, den QDesktopWidget::screen() zurückliefert. screen() gibt ein QWidget zurück, das wir zwar leider nicht direkt mittels grabWidget() abfotografieren können, das dafür aber die Maße des aktuellen Desktops und eben auch seine Fenster-ID trägt.

Mit grabWindow() können wir den Screenshot aber holen und in screenshot speichern. Eine auf die Größe des Labels herunterskalierte Pixmap kommt zusätzlich ins previewLabel. Außerdem speichern wir den Screenshot auf der Festplatte, genauer im aktuellen Arbeitsverzeichnis der Applikation, und zeigen danach das Fenster wieder an:

```cpp
// screenshot/grabdialog.cpp (fortgesetzt)

void GrabDialog::grabDesktop()
{
  QDesktopWidget *w = qApp->desktop();
  screenshot= QPixmap::grabWindow(w->screen()->winId());
  previewLabel->setPixmap(screenshot.scaled(previewLabel->size()));
  screenshot.save("screenshot.png", "PNG");
  show();
}
```

10.9.2 Ausdrucken einer Bilddatei

Nun geht es ans Drucken: Dafür instanzieren wir zunächst ein QPrinter-Objekt. Da wir ein Bild drucken wollen, benötigen wir eine hohe Auflösung. Zu diesem Zweck würden wir dem Konstruktor gern den Parameter QPrinter::HighResolution übergeben. Aufgrund des immensen Speicherverbrauchs hilft uns diese Vorsichtsmaßnahme allerdings unter Linux nichts. Dies ist jedoch weniger Qt, als der Linux-Speicherverwaltung geschuldet. Sie swapt bei solchen Bilder selbst auf Systemen mit 512 MB Arbeitsspeicher so lange, bis das System de facto einfriert. Deswegen belassen wir es bei der Standardauflösung, wenngleich sie etwas schlechtere Resultate hervorbringt:

```cpp
// screenshot/grabdialog.cpp (fortgesetzt)

void GrabDialog::printScreenshot()
{
  QPrinter printer;
  printer.setOrientation(QPrinter::Landscape);
  QPrintDialog dlg(&printer, this);
  if (dlg.exec() == QDialog::Accepted) {
    printer.newPage();
```

```
    QPainter p(&printer);
    QPixmap resized = screenshot.scaledToWidth(
                        printer.pageRect().width());
    p.drawPixmap(0,0, resized);
    p.end();
  }
}
```

Im nächsten Schritt instanzieren wir einen Druckdialog und starten ihn mit **exec()**. So erhält der Benutzer die Möglichkeit, fast alle vorher gesetzten Optionen nach seinem Gusto zu verändern. Der Dialog orientiert sich an den aktuellen **QPrinter**-Einstellungen: Die Orientierung steht so z. B. bereits auf **Landscape**.

Hat der Benutzer den Dialog per Druck auf **Ok** beendet, beginnt der eigentliche Druckvorgang: Wir instanzieren einen neuen **QPainter**, der den Drucker bedient. Danach skalieren wir den Screenshot so, dass er genau auf die Seite passt – üblicherweise ist er – je nach Auflösung – etwas größer. Als Orientierungsgröße verwenden wir dabei **pageRect()**: Dieser Wert berücksichtigt bereits eventuell eingestellte Seitenränder. Die in der Größe passende Pixmap **resized** zeichnen wir nun mit **drawPixmap()** auf den Drucker. Mit **p.end()** signalisieren wir den Abschluss unserer Arbeit, und **QPrinter** versendet unseren Auftrag an einen Drucker.

10.9.3 PDFs generieren

Seit Qt 4.1 ist **QPrinter** außerdem in der Lage, PDF-Dateien zu generieren. Um unser Bild in eine PDF-Datei zu schreiben, genügt folgender Code:

```
QPrinter printer;
printer.setOutputFormat(QPrinter::PdfFormat);
printer.setOutputFileName("out.pdf");
printer.newPage();
QPainter p(&printer);
QPixmap resized = screenshot.scaledToWidth(
                    printer.pageRect().width());
p.drawPixmap(0,0, resized);
p.end();
```

10.9.4 Die Testanwendung

Die Testroutine für den Dialog instanziert ein **QApplication**-Objekt und einen Dialog. Anstatt ihn jedoch mit **exec()** in eine eigene Eventschleife zu schicken, zeigen wir ihn ganz normal mit **show()** an (Abbildung 10.9) und steigen anschließend in die globale Event-Loop ein.

Abbildung 10.9:
Das Screenshot-
Programm nach dem
Start

Abbildung 10.9:
Das Screenshot-
Programm nach dem
Start

Dieser Weg ist ideal, wenn man weder einen Rückgabewert noch einen sich modal verhaltenden Dialog braucht:

```cpp
// screenshot/main.cpp

#include <QtGui>
#include "grabdialog.h"

int main(int argc, char* argv[])
{
  QApplication app(argc,argv);
  GrabDialog dialog;
  dialog.show();
  return app.exec();
}
```

10.10 Komplexe Grafiken

Die Möglichkeiten, die **QPainter** bietet, lassen sich geschickt kombinieren, und zwar im Wesentlichen durch drei Techniken: durch Clipping, den Einsatz von Painterpfaden und die Kompositionsmodi.

10.10.1 Clipping

Beim Clipping beschneidet man ein **QPaintDevice** mit Hilfe einer Figur so, dass es nur innerhalb der Figur zu sehen ist. Diese Technik demonstriert Abbildung 10.10, in der das Kachelmuster durch ein Dreieck beschränkt wird.

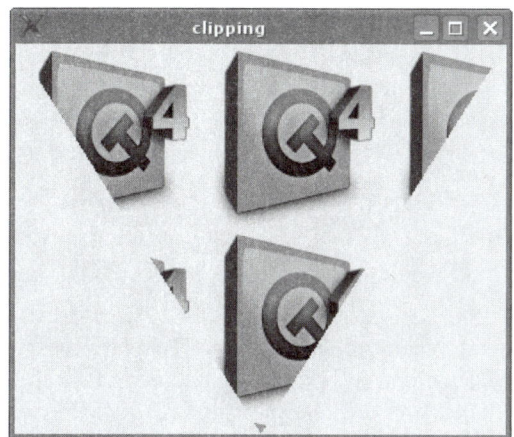

Abbildung 10.10:
Ein dreieckiges
Polygon begrenzt den
Painter

Im entsprechenden Code erstellen wir eine **QWidget**-Unterklasse namens **Paint-Widget**. Sie besitzt neben dem leeren Konstruktor nur einen statischen sizeHint():

```
// clipping/paintwidget.h

#include <QWidget>

class PaintWidget : public QWidget
{
    Q_OBJECT
    public:
    PaintWidget(QWidget* parent = 0);

    virtual void paintEvent(QPaintEvent*);
    virtual QSize sizeHint() const {return QSize(200,200);}
};
```

Im Konstruktor initialisieren wir die Oberklasse, während wir in **paintEvent()** einen **QPainter** auf dem Widget instanzieren. Dort bauen wir anschließend ein **QPolygon** mit drei Punkten auf:

```
// clipping/paintwidget.cpp

#include <QtGui>
#include "paintwidget.h"

PaintWidget::PaintWidget(QWidget *parent)
    : QWidget(parent)
{
}
```

```
void PaintWidget::paintEvent(QPaintEvent* /*ev*/)
{
  QPainter p(this);
  QPolygon poly;
  poly << rect().topLeft();
  poly << QRect(rect().center().x(), rect().bottom());
  poly << rect().topRight();
  p.setClipRegion(poly);
  painter.drawTiledPixmap(rect(), QPixmap("qt.png"));
}
```

Die **QPolygon**-Klasse basiert auf **QVector<QPoint>**, so dass wir neue Punkte mit den Streaming-Operatoren hinzufügen können. Wir wählen sie so, dass sie ein Dreieck zwischen den beiden oberen Eckpunkten und dem unteren Mittelpunkt aufspannen und setzen das so erstellte Polygon als *Clip-Region*.

Nun malen wir ein Kachelmuster über den gesamten Widget-Hintergrund. Zu sehen ist jedoch wie in Abbildung 10.10 nur der Teil, der innerhalb des Dreiecks liegt.

Abbildung 10.11:
Painterpfade erlauben
flexible Formen mit
Gradientenverlauf

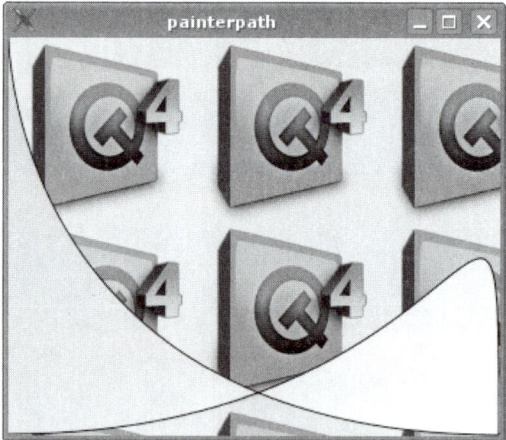

10.10.2 Painterpfade

Das zweite Thema, das im Zusammenhang mit komplexen Grafiken eine Rolle spielt, sind Painterpfade. Die Klasse **QPainterPath** kann Instanzen aller primitiven Geometrieklassen zu einer nahezu beliebig komplexen Figur zusammenfügen und zusätzlich Bezierkurven einfügen. Mit dieser Technik lassen sich etwa Figuren wie in Abbildung 10.11 realisieren. Ihr liegt folgender Quellcode zu Grunde:

```
// painterpath/paintwidget.cpp

#include <QtGui>
#include "paintwidget.h"

PaintWidget::PaintWidget(QWidget *parent)
    : QWidget(parent)
{
}

void PaintWidget::paintEvent(QPaintEvent* /*ev*/)
{
    QLinearGradient gradient(rect().topLeft(), rect().bottomRight());
    gradient.setColorAt(0, Qt::yellow);
    gradient.setColorAt(1, Qt::white);

    QPainterPath path;
    path.cubicTo(rect().topLeft(), rect().bottomLeft(),
      rect().bottomRight());
    path.cubicTo(rect().topRight(), rect().bottomRight(),
      rect().bottomLeft());

    QPainter p(this);
    p.setRenderHint(QPainter::Antialiasing, true);
    p.drawTiledPixmap(rect(), QPixmap("qt.png"));
    p.setBrush(gradient);
    p.drawPath(path);
}
```

Klassendeklaration und Konstruktor entsprechen denen aus dem vorherigen Beispiel. Die Unterschiede befinden sich in der **paintEvent()**-Methode.

Dort instanzieren wir zunächst ein **QLinearGradient**-Objekt, dessen Farbverlauf von
Gelb nach Weiß sich über das ganze Widget entlang der Hauptdiagonale ziehen
soll. Mit diesem Gradienten wollen wir einen Painterpfad füllen, der aus zwei ku-
bischen Bezierkurven besteht. Deren Formen machen wir an den Eckpunkten der
Widgetgeometrie fest.

Nachdem wir diese Vorbereitungen abgeschlossen haben, instanzieren wir auch
hier einen **QPainter**. Im nächsten Schritt aktivieren wir das Antialiasing, zeichnen
den Hintergrund und übergeben den Gradienten an den Pinsel. Dieser füllt nun die
von ihm überstrichenen Pixel entsprechend den Vorgaben des Gradienten. Zeichnen wir den Pfad, enthält dieser den Farbverlauf. Auch über Painterpfade lassen
sich also elegante Figuren realisieren.

10.10.3 Kompositionsmodi

Schließlich unterstützt **QPainter** die sogenannten *Kompositionsmodi* (*Composition Modes*) für Pixel nach Porter und Duff.[19]

Beim Porter-Duff-Compositing kombiniert man ein Pixel aus je zwei Quellen, die über Farbangaben mit Alpha-Kanal verfügen. Sogenannte *Kompositionsoperatoren* fügen sie zu einem neuen Pixel zusammen.

In Qt betrachten diese immer die aktuelle Painteroperation (die Quelle oder auch *Source*) sowie das aktuelle Zielpixel auf dem Zeichengerät (Ziel oder *Destination*). Der Kompositionsmodus lässt sich vor jeder Zeichenoperation ändern. Ein neues ARGB32-Pixel ergibt sich nach der Formel

$$\text{Ergebnisfarbe}_{\text{Pixel}} = \text{Quellfarbe}_{\text{Pixel}} *_{\text{pdo}} \text{Zielfarbe}_{\text{Pixel}}$$

Dabei ist der Operator $*_{\text{pdo}}$ keine normale Multiplikation, sondern steht für einen der Porter-Duff-Operatoren, die beide Werte nach Belieben miteinander kombinieren. Das Setzen eines solchen Operators ändert den Kompositionsmodus im **QPainter**.

Damit das funktioniert, muss das **QImage** das **Format_ARGB32_Premultiplied** oder das **Format_ARGB32** verwenden. Ist dies nicht der Fall, wandelt man es mittels **convertToFormat()** entsprechend um.

Compositing-Operatoren

Einige Kompositionsmodi, etwa *SourceOver* und *DestinationOver*, entfalten ihre Wirkung nur bei Bildern mit Alpha-Kanälen. Der SourceOver-Modus (**QPainter:: CompositionMode_SourceOver**) heißt umgangsprachlich auch *Alpha-Blending*: Dabei malt der Painter das Quellpixel über das Zielpixel. Bei eingeschalteter Transparenz scheint das Zielpixel noch anteilig durch (Abbildung 10.12 links).

Umgekehrt ist es bei DestinationOver (**QPainter::CompositionMode_Destination-Over**): Hier wird das Quellpixel zum Hintergrund, das Zielpixel bleibt entsprechend im Vordergrund (Abbildung 10.12 rechts).

---

[19] Benannt nach Thomas Porter und Tom Duff, die diese Technik bei Lucasfilm entwickelten und auf der SIGGRAPH-Konferenz veröffentlichten (Thomas Porter und Tom Duff, „Compositing Digital Images", SIGGRAPH Vol. 88, 1984, Seite 253–59). Man spricht auch von der *Porter-Duff-Algebra*.

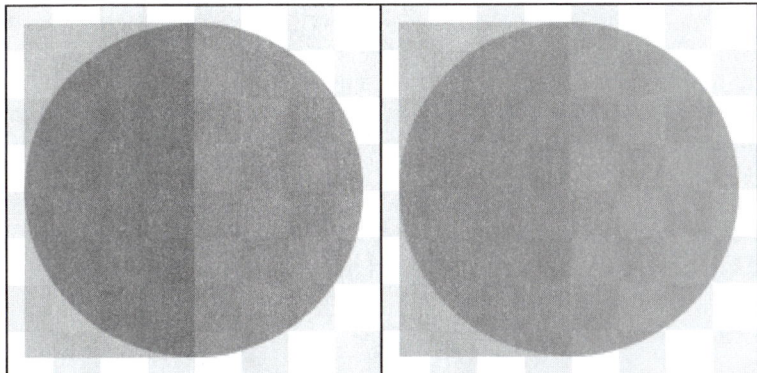

Abbildung 10.12:
SourceOver- *und*
DestinationOver-
Operator im
Vergleich

Die Operatoren *Source* und *Destination* verhalten sich ebenfalls komplementär: Im Source-Modus (QPainter::CompositionMode_Source) ergibt sich das neue Pixel unmittelbar aus dem Quellpixel. Sein Inhalt überschreibt den vorherigen Inhalt dieses Pixels.

Umgekehrt ignoriert **QPainter::CompositionMode_Destination**, der Destination-Operator, das neugezeichnete Pixel und berücksichtigt nur den bereits vorhandenen Bildinhalt. In Abbildung 10.13 wird dies deutlich: Der linke Kreis, im Source-Modus gezeichnet, überdeckt das Rechteck und den transparenten Bereich vollständig. Rechts hingegen ist kein Kreis zu sehen, weil selbst die transparenten Zielpixel die Quellpixel dominieren.

Beide Verfahren verhalten sich äquivalent zu SourceOver und DestinationOver, wenn Quell- und Ziel-Farbe undurchsichtig sind, also einen Alpha-Wert von 255 besitzen.

Abbildung 10.13:
Die Operatoren
Source und
Destination lassen
nur eine Farbe durch,
statt sie wie ihre
Brüder SourceOver
oder DestinationOver
zu kombinieren

Bei den im Folgenden besprochenen Operatoren spielt der Alpha-Kanal eine wichtige Rolle. Mit dem *SourceIn*-Verfahren (QPainter::CompositionMode_SourceIn) ergibt sich die Farbe des neuen Pixels aus dem der Quelle, reduziert um den Alpha-Wert des Ziels. Die Reduktion des Alpha-Kanals bedeutet dabei eine höhere Transparenz[20], wie links auf Abbildung 10.14 zu sehen ist. Invers ergibt sich die neue Farbe beim *DestinationIn*-Verfahren (QPainter::CompositionMode_DestinationIn) aus dem Ziel, reduziert um den Alpha-Wert der Quelle. In der Abbildung ist das Ergebnis dieses Modus rechts zu sehen.

Abbildung 10.14:
Die komplementären
SourceIn- und
DestinationIn-
Operatoren im
Vergleich

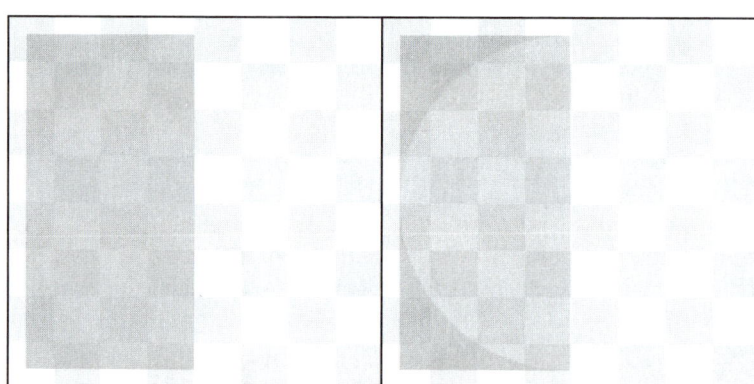

Die Modi *SourceOut* und *DestinationOut* funktionieren analog zu SourceIn und DestinationIn durch Verwendung des Alpha-Kanals. Der einzige Unterschied besteht im zu subtrahierenden Wert: Bei SourceOut (QPainter::CompositionMode_SourceOut) zieht man das Inverse der Quelle, bei DestinationOut (QPainter::CompositionMode_DestinationOut) den inversen Alpha-Wert des Ziels ab. Jener ist dabei wie folgt definiert:

$$\text{inverseAlpha} = 255 - \text{alpha}$$

Abbildung 10.15 zeigt den Kreis und das Rechteck aus den vorangegangenen Beispielen links gemalt im SourceOut-Modus, rechts im DestinationOut-Modus. Dort ist die rechte Kreishälfte unsichtbar, da der für diese Positionen erreichnete Alpha-Wert 0 beträgt.

Natürlich lassen sich auch die Modi SourceOver und SourceIn bzw. ihre Gegenstücke DestinationOver und DestinationIn kombinieren. Diese tragen die Namen *SourceAtop* und *DestinationAtop*.

Im SourceAtop-Modus (QPainter::CompositionMode_SourceAtop) wird die Quelle mit dem Ziel überblendet und der Alpha-Wert der Quelle dabei um den Alpha-Wert des Ziels verringert.

---

[20] Ein Alpha-Wert von 0 macht ein Pixel voll transparent, 255 macht es voll sichtbar.

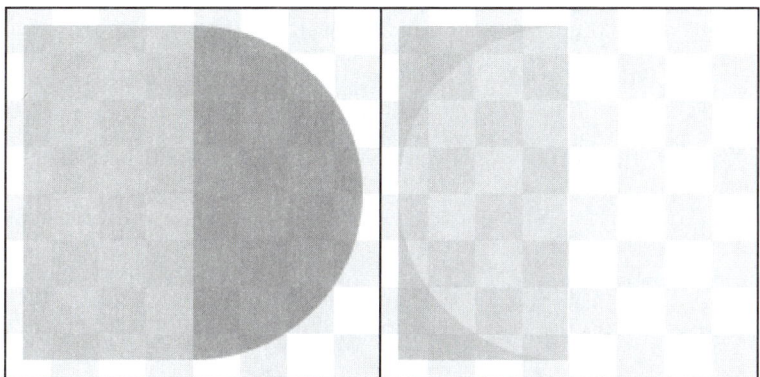

Abbildung 10.15:
Die SourceOut- und
DestinationOut-
Operatoren arbeiten
wie SourceIn und
DestinationIn,
verwenden aber einen
inversen Alpha-Wert

Im inversen DestinationAtop-Modus (QPainter::CompositionMode_Destination-
Atop überblendet die Quelle das Ziel. Der Unterschied zu SourceAtop wird in der
Abbildung 10.16 an der Dominanz der Füllfarben von Kreis und Rechteck deutlich.
Zusätzlich zieht dieser Modus den Alpha-Wert des Zielpixels von dem des Quellpi-
xels ab.

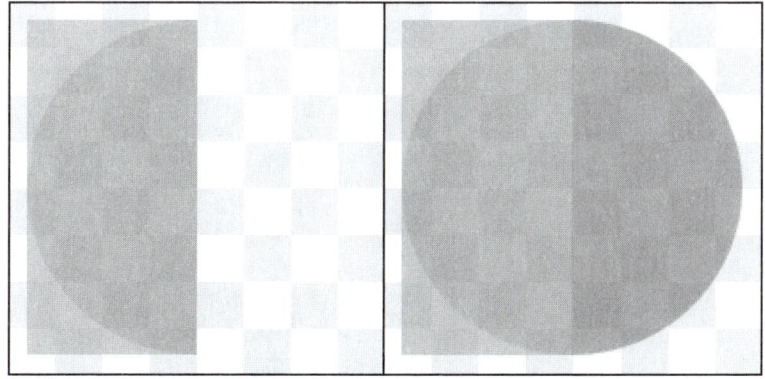

Abbildung 10.16:
SourceAtop und
DestinationAtop
kombinieren
SourceOver und
SourceIn sowie
DestinationOver und
DestinationIn

Im *XOR*-Modus (QPainter::CompositionMode_Xor) verknüpft der Painter den Alpha-Wert der Quelle, vom Inversen des Ziels abgezogen, mit dem Ziel, dessen Alpha-
Wert er vom Inversen der Quelle subtrahiert. Das Ergebnis dieser Operation zeigt der
linke Teil von Abbildung 10.17.

Den rechts abgebildeten *Clear*-Modus (QPainter::CompositionMode_Clear) nutzt
man z. B., um aus Figuren Masken herauszustanzen. Für jedes Pixel der Quelle, bei
dem der Alpha-Kanal einen von 0 verschiedenen Wert besitzt, setzt der Painter im
Clear-Modus den Alpha-Wert des Zielpixels auf 0 und macht das entsprechende
Pixel somit durchsichtig.

Abbildung 10.17:
Der XOR-Operator
verknüpft Quelle und
Ziel mit einem
exklusiven Oder; Clear
ermöglicht es,
komplexe Figuren aus
Bildern auszustanzen

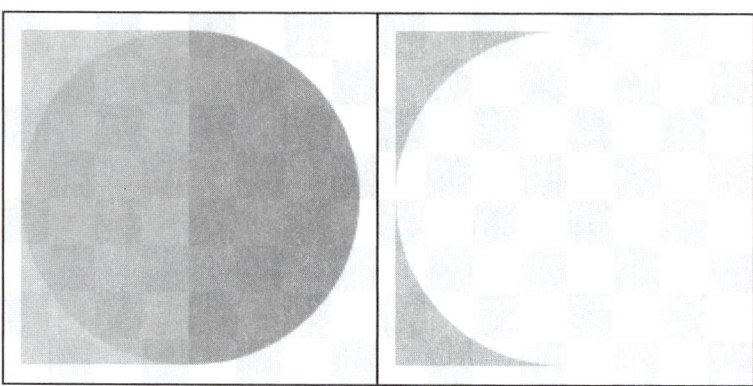

DestinationOut-Operator auf einen Painterpfad anwenden

Wir passen das Beispiel aus Abschnitt 10.10.2 (Seite 308) nun so an, dass ein Compositing-Operator die Fläche dunkel färbt. Das Ergebnis soll dem in Abbildung 10.18 entsprechen.

Abbildung 10.18:
DestinationOut
verdunkelt den
Painterpath

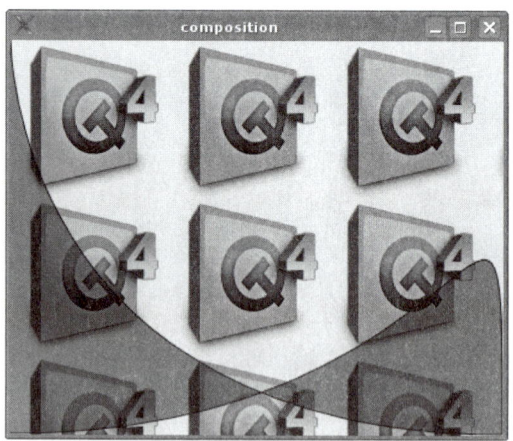

Der Painterpfad im **paintEvent()** bleibt der gleiche; wir instanzieren wieder den Painter und aktivieren das Antialiasing. Dann zeichnen wir den Hintergrund. Als Pinsel wählen wir Schwarz mit einem halbtransparenten Alpha-Kanal. Mit dem DestinationOut-Operator erhält der Painterpfad so seine schwarze, halbtransparente Färbung:

```
// composition/paintwidget.cpp

#include <QtGui>
#include "paintwidget.h"

PaintWidget::PaintWidget(QWidget *parent)
    : QWidget(parent)
{
}

void PaintWidget::paintEvent(QPaintEvent* /*ev*/)
{
  QPainterPath path;
  path.cubicTo(rect().topLeft(), rect().bottomLeft(),
    rect().bottomRight());
  path.cubicTo(rect().topRight(), rect().bottomRight(),
    rect().bottomLeft());

  QPainter p(this);
  p.setRenderHint(QPainter::Antialiasing, true);
  p.drawTiledPixmap(rect(), QPixmap("qt.png"));
  p.setBrush(QColor::fromRgba(qRgba(0,0,0,128)));
  p.setCompositionMode(QPainter::CompositionMode_DestinationOut);
  p.drawPath(path);
}
```

Die Tatsache, dass das Widget selbst opak ist, macht die meisten Compositing-Operatoren in diesem Beispiel nicht sehr spannend, da sie ihre volle Wirkung nur zeigen, wenn Quelle und Ziel einen nicht-opaken Alpha-Kanal haben.

Trotzdem ist Compositing eine interessante Alternative zum Clipping, das nicht mit Fähigkeiten wie Alphatransparenz oder Antialiasing aufwarten kann. Dies erkauft man sich jedoch bisweilen vor allem unter X11 mit erheblich langsameren Programmen.

11

Ein-/Ausgabeschnittstellen

Als Toolkit stellt Qt 4 dem Programmierer auch betriebssystemunabhängige Schnittstellen zur Kommunikation mit der Umgebung zur Verfügung, denn ein Programm ohne Zugriff auf Dateien, Netzwerk oder externe Prozesse ist heute kaum denkbar.

Zwar bietet jedes der von Qt unterstützten Betriebssysteme Schnittstellen für diese Problemstellung, leider sind diese jedoch nicht einheitlich. Dieser Umstand zwingt Programmierer häufig dazu, den Code komplett umzugestalten, wenn sie einen Datenstrom nicht (mehr) in einer Datei speichern, sondern beispielsweise über ein Netzwerk versenden wollen. Qt 4 umgeht dieses Problem, indem es allen diesen Schnittstellen eine Basisklasse namens **QIODevice** zu Grunde legt.

11.1   Die QIODevice-Klassenhierarchie

QIODevice implementiert Operationen wie Lesen und Schreiben auf einem Gerät. Auch eine Netzwerkverbindung sieht Qt dabei als Gerät an. Natürlich bestehen dort einige Einschränkungen, denn stromorientierte Verbindungen (auch *sequentielle Verbindungen* genannt), etwa über TCP, stehen natürlich nicht für wahlfreien Zugriff zur Verfügung.

QIODevice ist eine abstrakte Klasse, der Entwickler instanziert sie also niemals von Hand. Sie bildet den kleinsten gemeinsamen Nenner für die Ein- und Ausgabeoperationen. Abbildung 11.1 gibt einen Überblick über die Ein-/Ausgabeklassen auf der Basis von QIODevice.

Abbildung 11.1: Die Basisklasse QIODevice *und ihre Spezialisierungen*

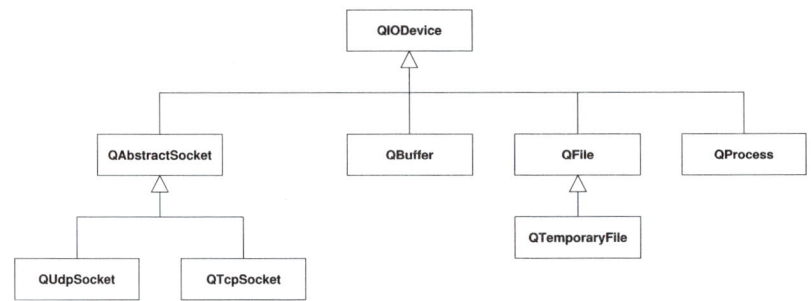

11.1.1 Abgeleitete Klassen

QAbstractSocket als Basisklasse für Socket-basierte Kommunikation ist im Gegensatz zu ihren Unterklassen QUdpSocket und QTcpSocket nicht direkt nutzbar. QUdpSocket ermöglicht die Kommunikation über das *User Datagram Protocol* (UDP). Es arbeitet verbindungslos und gibt keine Garantie dafür, dass die versendeten Daten am anderen Ende vollständig und in der korrekten Reihenfolge ankommen. Aufgrund der fehlenden Korrekturmaßnahmen ist es jedoch wesentlich schneller als das *Transmission Control Protocol* (TCP), über das die Klasse QTcpSocket Daten versendet.

Im Gegensatz zu UDP sind TCP-Verbindungen verbindungsorientiert und sorgen für eine zuverlässige Übertragung der Daten. Viele der heute populären Protokolle, wie das im World Wide Web gebräuchliche HTTP zur Übertragung von Webseiten und Downloads, basieren auf TCP.

Die QBuffer-Klasse ermöglicht es, auf QByteArray-Instanzen zu schreiben, als wären sie QIODevice-basierte Geräte. Dieses Verfahren haben wir in Abschnitt 8.8 auf Seite 240 bereits kennengelernt und werden es ab Seite 322 im Zusammenhang mit QDataStream noch weiter erläutern.

Am häufigsten verwendet man vermutlich die QIODevice-Unterklasse QFile. Ihre Fähigkeit, Dateien auf dem lokalen Dateisystem zu lesen und zu schreiben, haben wir erstmals auf Seite 110 kennengelernt.

Falls es nicht genügt, temporäre Daten über **QBuffer** in einem **QByteArray** im Arbeitsspeicher zwischenzuspeichern, steht **QTemporaryFile** zur Verfügung. Im Gegensatz zu **QFile** generiert die Klasse selbständig einen Dateinamen und sichert zu, dass dieser einmalig ist, also nicht aus Versehen andere Files überschreibt. Die temporäre Datei legt **QTemporaryFile** unterhalb des des Qt bekannten temporären Verzeichnisses ab. Welches das ist, verrät die statische Methode **QDir::tempPath()**. Sobald das Objekt gelöscht wird, löscht es automatisch die damit verbundene temporäre Datei.

Auch **QProcess** basiert auf **QIODevice**. Die Klasse ermöglicht es, Prozesse mit zusätzlichen Argumenten zu starten und mit ihnen über die **QIODevice**-Methoden zu kommunizieren. Außerdem kann die Klasse gezielt die Umgebungsvariablen des Prozesses beeinflussen.

11.1.2 I/O-Devices öffnen

Jedes **QIODevice** muss zunächst geöffnet werden. Dafür steht die Methode **open()** zur Verfügung, deren Argumente das Wie näher beschreiben, etwa ob das Programm (und damit der Nutzer) nur Schreib- oder nur Leserechte haben soll. Von der Idee her ähnelt die Methode also der POSIX-Funktion **open()**.

Flag	Wert	Beschreibung
QIODevice::NotOpen	0x0000	Gerät ist nicht geöffnet (als Angabe für **open()** nicht sinnvoll)
QIODevice::ReadOnly	0x0001	Gerät wird zum Lesen geöffnet
QIODevice::WriteOnly	0x0002	Gerät wird zum Schreiben geöffnet
QIODevice::ReadWrite	ReadOnly | WriteOnly	Gerät wird zum Lesen und Schreiben geöffnet
QIODevice::Append	0x0004	Gerät wird im Anfügemodus geöffnet und alle Daten ans Ende angefügt
QIODevice::Truncate	0x0008	wenn möglich, wird aller bisheriger Inhalt beim Öffnen des Geräts gelöscht
QIODevice::Text	0x0010	beim Lesen von Text werden die Zeilenenden in die systemspezifischen Zeilenbegrenzer (Windows: \r\f, Unix/OS X: \r) überführt, beim Schreiben umgekehrt
QIODevice::Unbuffered	0x0020	direkter Zugriff, alle Puffer im Gerät übergehen

Tabelle 11.1:
Parameter der
QIODevices::open()-
Methode

Tabelle 11.1 gibt die möglichen Zugriffsflags in Potenzen zur Basis 2 an, so dass sie sich (zumindest theoretisch) beliebig mittels logischem Oder (|) kombinieren lassen. Bei **ReadWrite** macht Qt dies selbst vor: Dieses Flag kombiniert **ReadOnly** und **WriteOnly**. Da jedes Gerät einzelne Flags ignorieren darf, ist die Gefahr, die von unsinnigen Kombinationen ausgeht, allerdings gering.

Damit gibt es keinen Grund, *nicht* von den recht fein strukturierten Zugriffsmethoden Gebrauch zu machen. Im Klartext heißt das: Wenn man aus einer Datei nur lesen möchte, sollte man sie auch nur mit **ReadOnly** öffnen. Das Betriebssystem kann dann unter Umständen auf teures Locking verzichten, und das Programm kommt schneller an angeforderte Dateien heran. Außerdem läuft die Anwendung so nicht Gefahr, Dateien beim Lesen aus Versehen zu überschreiben.

11.2 Zugriff auf lokale Dateien

Schon mehrfach kam in den vorangegangenen Kapiteln die Klasse **QFile** zum Einsatz. Dabei haben wir die zu öffnende Datei als Argument im Konstruktor übergeben und die Datei anschließend geöffnet. Im Folgenden lernen wir eine Situation kennen, in der wir traditionelle **FILE**-Zeiger mit **QFile** öffnen.

Dazu schreiben wir ein kleines Programm, das aus einer Datei alle Leer- und Kommentarzeilen entfernt. Als Kommentarzeichen dient das Rautensymbol (#) am Zeilenanfang.

Unser Programm erwartet die zu analysierende Datei als erstes Argument. Ist ein zweites Argument vorhanden, schreibt es die Ausgabe in die hier genannte Datei. Andernfalls soll die modifizierte Datei über die Standardausgabe **stdout** auf der Konsole erscheinen.

Bemerkenswert ist, dass wir für dieses Beispiel nicht einmal ein **QCoreApplication**-Objekt benötigen, da **QFile** nicht auf eine Event-Loop angewiesen ist.

In der **main()**-Funktion überprüfen wir zunächst, ob neben dem Dateinamen zumindest ein Argument vorliegt. Dann versuchen wir, die Datei lesend zu öffnen. Existiert sie nicht, meldet **open()** aufgrund des **ReadOnly**-Zugriffs einen Fehler, den wir mit einer Fehlermeldung abfangen. Dank des **Text**-Flags konvertiert **QFile** die Windows-Zeilenenden beim Lesen entsprechend den Unix-Konventionen (vgl. Tabelle 11.1):

```
// extractessentials/main.cpp

#include <QtCore>
#include <iostream>
#include <stdio.h>
using namespace std;

int main(int argc, char* argv[])
```

```
{
  if (argc < 2) {
    cout << "Usage: " << argv[0] << " infile [outfile]" << endl;
    return 1;
  }

  QFile in(argv[1]);
  if(!in.open(QIODevice::ReadOnly|QIODevice::Text)) {
    cerr << "File " << argv[1] << " does not exist" << endl;
  }

  QFile out;
  if (argc >= 3) {
    out.setFileName(argv[2]);
    if (out.exists()) {
      cerr << "File" << argv[2] << " already exists" << endl;
      return 1;
    }
    if(!out.open(QIODevice::WriteOnly|QIODevice::Text)) {
      cerr << "Failed to open file " << argv[2] <<
        " for writing" << endl;
      return 1;
    }
  }
  else
    if(!out.open(stdout, QIODevice::WriteOnly|QIODevice::Text)) {
      cerr << "Failed to open standard output for writing" << endl;
      return 1;
    }

  while (!in.atEnd()) {
    QByteArray line = in.readLine();
    if (!line.trimmed().isEmpty() &&
        !line.trimmed().startsWith('#'))
      out.write(line);
  }

  in.close();
  out.close();

  return 0;
}
```

Als nächstes prüfen wir, ob mindestens ein weiterer Parameter vorliegt. Unabhängig davon benötigen wir eine zweite QFile-Instanz, die wir ohne Argument auf dem Stack anlegen. Ist ein zweiter Parameter vorhanden, so übergeben wir ihn per set-FileName() nachträglich als Dateinamen. Bevor wir die Datei dank des QIODevice::WriteOnly-Parameters überschreiben, nutzen wir die Methode exists(), um den Benutzer zu warnen und sicherheitshalber abzubrechen. Erst jetzt öffnen wir die Datei.

Wenn der Benutzer keinen zweiten Parameter an das Programm übergeben hat, lenken wir die Ausgabe auf die Standardausgabe. Dazu nutzen wir eine überladene Variante von **open()**, die neben den Zugriffsrechten als erstes Argument einen FILE-Zeiger erwartet. Das C-Include **stdio.h** definiert eine Reihe von Zeigern, unter anderem **stdout**, der auf die Standardausgabe verweist.

In der folgenden Schleife lesen wir den Inhalt der ersten Argumentdatei zeilenweise aus. In jeder Zeile überprüfen wir, ob die Zeile leer ist oder mit einem Kommentarzeichen beginnt. **trimmed()** entfernt zusätzlich alle Whitespaces am Anfang und Ende einer Zeile, so dass das Programm auch Zeilen, die aus vergessenen Leerzeichen bestehen, als Leerzeilen und eingerückte Kommentare als Kommentarzeilen erkennt. Um andere eingerückte Zeilen nicht versehentlich zu verändern, wenden wir **trimmed()** nur in den Testbedingungen an. Alle Zeilen, auf die die Kriterien nicht zutreffen, landen in **out** und damit je nach Parameterwahl auf der Standardausgabe oder in einer neuen Datei.

Am Ende schließen wir beide Dateien sicherheitshalber. Solange wir das **QFile**-Objekt auf dem Stack anlegen oder sicherstellen, dass auf dem Heap befindliche Objekte vor Beendigung des Programms gelöscht werden, ist ein explizites **close()** allerdings nicht notwendig, denn der **QFile**-Destruktor erledigt dies für uns.

11.3   Objekte serialisieren

In C++ liegen Daten zumeist als Objekte vor. In dieser Form können Programme sie nicht direkt in Dateien speichern oder über das Netzwerk versenden. Stattdessen muss der Entwickler zunächst festlegen, welche Eigenschaften eines Objektes er speichern oder in welcher Reihenfolge er sie versenden will.

Es geht also darum, Objekte auseinanderzunehmen und ihre wesentlichen Bestandteile „auf ein Band zu legen". Zur Wiederherstellung nimmt man die Daten vom Band und verpackt sie wieder in ein Objekt. Diese Vorgänge bezeichnet man als *Serialisierung* und *Deserialisierung*. In der Interprozesskommunikation, wo dieses Verfahren auch Anwendung findet, spricht man vom *Marshalling* (Anordnen) bzw. *Demarshalling*.

Die Klasse **QDataStream** ist in Qt für die Serialisierung aller Datentypen zuständig. Sie arbeitet daher auf allen **QIODevice**-Klassen. Auf Seite 240 haben wir die Klasse benutzt, um eine Liste von Stringlisten in ein für eine Drag&Drop-Operation genutztes **QByteArray** zu verpacken:

```
QByteArray encodedData;
QDataStream stream(&encodedData, QIODevice::WriteOnly);
```

Der hier verwendete alternative **QDataStream**-Konstruktor erleichtert den Umgang mit dem **QByteArray**, während der Hauptkonstruktor als Argument einen Zeiger auf das **QIODevice** verlangt, mit dem er arbeiten soll. Der obige Code entspricht also folgendem:

```
QByteArray encodedData;
QBuffer buffer(&encodedData);
buffer.open(QBuffer::WriteOnly);
QDataStream stream(&buffer);
```

Um die Daten eines **QByteArray** zu serialisieren, nutzt man also einen **QBuffer**. Einen Anwendungszweck kennen wir aus Kapitel 8.8 bereits: das Versenden von Daten zwischen Programmen per Drag&Drop.

Damit dies z. B. auch über Netzwerkverbindungen funktioniert, ist das Format von **QDataStream** plattformunabhängig. Ein auf einem PowerPC serialisierter Stream lässt sich also auf einem Intel-Rechner problemlos wieder in ein Objekt überführen.

Das **QDataStream**-Format hat sich allerdings über die Entwicklungszeit von Qt mehrmals geändert und wird dies auch zukünftig tun. Deswegen kennt die Klasse verschiedene Versionstypen: Nagelt man einen **QDataStream** mittels **setVersion()** auf eine konkrete Version fest, so wird er auch in späteren Qt-Versionen korrekt in diesem Format versendet und auf der anderen Seite wieder ausgelesen.

Um Daten in einen Datenstrom einzulesen, verwendet man dessen <<-Operator:

```
QByteArray encodedData;
QDataStream stream(&encodedData, QIODevice::WriteOnly);
QString text = "Nun folgt eine Zeitangabe";
QTime currentTime = QTime::currentTime();
stream << text << currentTime;
```

Wie man **QDataStream** in der Praxis verwendet, um Daten in einer Datei zu speichern, betrachten wir im folgenden Beispiel, in dem Datensätze durch eine Klasse **Datensatz** wie folgt repräsentiert werden:

```
// datensatz/datensatz.h

#ifndef DATENSATZ_H
#define DATENSATZ_H

#include <QString>
#include <QDataStream>
#include <QDebug>

class Datensatz
{

  private:
    QString m_vorname;
    QString m_nachname;
```

```
      QString m_strasse;
      int m_hausnummer;
      int m_plz;
      QString m_ort;

   public:
      Datensatz(QString vorname, QString nachname, QString strasse,
        int hausnummer, int plz, QString ort)
      {
        m_vorname = vorname;
        m_nachname = nachname;
        m_strasse = strasse;
        m_hausnummer = hausnummer;
        m_plz = plz;
        m_ort = ort;
      }

      Datensatz() {}

      QString vorname() const { return m_vorname; }
      QString nachname() const { return m_nachname; }
      QString strasse() const { return m_strasse; }
      int hausnummer() const { return m_hausnummer; }
      int plz() const { return m_plz; }
      QString ort() const { return m_ort; }

      void setVorname(const QString& vorname) { m_vorname = vorname; }
      void setNachname(const QString& nachname) { m_nachname = nachname; }
      void setStrasse(const QString& strasse) { m_strasse = strasse; }
      void setHausnummer(int hausnummer) { m_hausnummer = hausnummer; }
      void setPlz(int plz) { m_plz = plz; }
      void setOrt(const QString& ort) { m_ort = ort; }

      Datensatz(const Datensatz& ds) {
        m_vorname = ds.m_vorname;
        m_nachname = ds.m_nachname;
        m_strasse = ds.m_strasse;
        m_hausnummer = ds.m_hausnummer;
        m_plz = ds.m_plz;
        m_ort = ds.m_ort;
      }

      Datensatz& operator=(const Datensatz& ds) {
        m_vorname = ds.m_vorname;
        m_nachname = ds.m_nachname;
        m_strasse = ds.m_strasse;
        m_hausnummer = ds.m_hausnummer;
        m_plz = ds.m_plz;
        m_ort = ds.m_ort;
        return *this;
      }
};
```

Jedes Datum im Datensatz verfügt über eine Get- und eine entsprechende Set-Methode. Wichtig ist, die Get-Methoden immer **const** zu deklarieren. Das ist nicht nur für den Compiler besser, sondern hilft uns auch beim Serialisieren der Daten weiter. Außerdem benötigen wir den Copy-Operator **Datensatz(const Datensatz& ds)** sowie den Zuweisungsoperator **operator=**, da wir die Klasse wertebasiert kopieren müssen.

11.3.1 Serialisierungsoperatoren definieren

Zum Serialisieren schließlich definieren wir **operator<<()**, der einen **Datensatz** in einen **QDataStream** überführt. Hier liegt der Grund dafür, dass die Get-Methoden **vorname()**, **nachname()** usw. **const** deklariert sein müssen: weil die **Datensatz**-Instanz **const** ist:

```
// datensatz/datensatz.h (fortgesetzt)

QDataStream& operator<<(QDataStream &s, const Datensatz &d)
{
  s << d.vorname() << d.nachname() << d.strasse()
    << (qint32)d.hausnummer() << (qint32)d.plz() << d.ort();
  return s;
}
```

In der Operatordefinition legen wir nun nur noch die Reihenfolge der Daten fest. Außerdem müssen wir primitive Datentypen (PODs) wie Integer spätestens hier auf eine plattformunabhängige Typdefinition casten. Eine Übersicht über alle diese Typdefinitionen gibt Abschnitt B.6 im Anhang ab Seite 424.

Als Gegenstück definieren wir nun den **operator>>()**, der Daten aus einem **QDataStream** in ein **Datensatz**-Objekt überführt. Dazu instanzieren wir einen **QString** und einen **qint32** und lesen die Daten mit ihrer Hilfe in der Reihenfolge aus, in der wir sie in **operator<<()** eingelesen haben. Danach befüllen wir die jeweilige Eigenschaft der übergebenen **Datensatz**-Instanz mit der entsprechenden Set-Methode. Zum Schluss reichen wir den Datenstrom mittels **return** weiter, auch wenn wir ihn in dieser Methode nicht verändert haben:

```
// datensatz/datensatz.h (fortgesetzt)

QDataStream& operator>>(QDataStream &s, Datensatz(&d))
{
  QString data;
  qint32 number;
  s >> data;
  d.setVorname(data);
  s >> data;
  d.setNachname(data);
```

```
    s >> data;
    d.setStrasse(data);
    s >> number;
    d.setHausnummer(number);
    s >> number;
    d.setPlz(number);
    s >> data;
    d.setOrt(data);

    return s;
}


#endif // DATENSATZ_H
```

11.3.2 Serialisierte Daten in einer Datei speichern und aus ihr auslesen

Nun, da wir die Datenstruktur **Datensatz** und ihre Serialisierungsoperatoren definiert haben, schreiben wir ein kleines Beispielprogramm, das mit ihnen arbeitet: Es verfügt über die Funktionen **saveData()** und **readData()**, um passende Daten in einer Datei zu speichern bzw. aus ihr auszulesen.

saveData() öffnet die Datei zunächst im Schreibmodus, installiert darauf die **QDataStream**-Instanz **ds** und setzt die Version auf die bei Drucklegung des Buchs aktuellste **QDataStream**-Version 4.0. Um sicherzugehen, dass die Datei von unserem Programm geschrieben wurde, reservieren wir die ersten 32 Bit für eine sogenannte *Magic Number*. Außerdem geben wir in einem zweiten Feld eine Versionsinformation (hier: **1**) an. Danach serialisieren wir jeden Datensatz in der Liste, schreiben ihn in die Datei und schließen sie danach:

```
// datensatz/main.cpp

#include <QtCore>
#include <iostream>
#include "datensatz.h"

using namespace std;

void saveData(const QList<Datensatz> &data, const QString &filename) {
    QFile file(filename);
    if (!file.open(QIODevice::WriteOnly)) return;
    QDataStream ds(&file);
    ds.setVersion(QDataStream::Qt_4_0);
    // Magic Number
    ds << (quint32)0xDEADBEEF;
    // Version
    ds << (qint32)1;
    foreach(Datensatz datum, data)
```

```
    ds << datum;
    file.close();
}
```

Die Funktion **readData()** hat die Aufgabe, eine Datei, deren Namen sie als String erhält, zu öffnen, den Inhalt zu analysieren und auszulesen. Auch hier öffnen wir die Datei, diesmal jedoch im Lesemodus, installieren wieder den **QDataStream** und setzen die gewünschte Datenstrom-Version. Nun prüfen wir anhand der Magic Number, ob die Datei tatsächlich von uns stammt, und überprüfen die selbstdefinierte Version. Stimmt alles, können wir die Datei nun Datensatz für Datensatz bis an ihr Ende auslesen, sie schließen und die gewonnene Datenstruktur an den Aufrufer liefern:

```
// datensatz/main.cpp (fortgesetzt)

QList<Datensatz> readData(const QString &filename) {
    QFile file(filename);
    file.open(QIODevice::ReadOnly);
    QDataStream ds(&file);
    ds.setVersion(QDataStream::Qt_4_0);
    // Magic number
    quint32 magic;
    ds >> magic;
    if (magic != 0xDEADBEEF) {
        qWarning("Wrong magic!\n");
        return QList<Datensatz>();
    }
    // Version
    qint32 version;
    ds >> version;
    if (version != 1) {
        qWarning("Wrong version!\n");
        return QList<Datensatz>();
    }
    QList<Datensatz> satzliste;
    Datensatz satz;
    while (!ds.atEnd()) {
        ds >> satz;
        satzliste.append(satz);
    }
    file.close();
    return satzliste;
}
```

Damit haben wir alles bereit für ein Hauptprogramm, mit dem wir die Funktionalität unserer Methoden ausprobieren: Wir erstellen zuerst zwei Datensätze, die wir in eine typisierte **QList** einfügen. Diese übergeben wir mit einem Dateinamen an **saveData()**. Danach löschen wir alle Einträge in der Liste, um sie anschließend neu mit den Ergebnissen aus **readData()** zu füllen:

```
// datensatz/main.cpp (fortgesetzt)

int main()
{
    QList<Datensatz> data;
    data.append(Datensatz("Tilda", "Tilli", "Rosenweg", 4, 20095,
        "Hamburg"));
    data.append(Datensatz("Lara", "Lila", "Lilienweg", 14, 80799,
        "München"));
    saveData(data, "datei.db");
    data.clear();
    data = readData("datei.db");
    foreach(Datensatz satz, data)
        cout << qPrintable(satz.nachname()) << endl;

    return 0;
}
```

Wenn wir jetzt die Nachnamen aus jedem gelesenen Datensatz ausgeben, zeigt die Standardausgabe die Strings **Tilli** und **Lila** auf der Konsole.

Die Hilfsfunktion **qPrintable()** hilft bei der Ausgabe von **QString**-Objekten und verwendet dabei intern die Methode **toLocal8Bit()**.

11.4   Prozesse starten und kontrollieren

Vor allem auf Unix-artigen Betriebssystemen möchte man hin und wieder die Dienste kommandozeilenbasierter Programme in Anspruch nehmen. Für die Ausführung und Kontrolle solcher externen Prozesse ist **QProcess** zuständig. Dank ihres **QIODevice**-Erbes ist diese Klasse in der Lage, die Ausgaben von Prozessen zu lesen und Eingaben zu tätigen. Außerdem besitzt sie Methoden zur Manipulation der Umgebungsvariablen eines Prozesses.

Dabei zählt **QProcess** zu den asynchronen Geräten: Sobald Daten anliegen oder andere Ereignisse auftreten, löst die Klasse ein Signal aus. Der entsprechende Aufruf kehrt sofort zurück. Man kann **QProcess** für Operationen, die kurz genug sind, um die GUI nicht zu blockieren, oder bei der Verwendung in Threads auch synchron betreiben. Dieses Verhalten gilt analog für alle asynchronen, **QIODevice**-basierten Klassen.

11.4.1   Synchroner Gebrauch von QProcess

Im folgenden Beispiel sehen wir uns mit Hilfe des Systemwerkzeugs **tar** den Inhalt von Archivdateien in einem **QListWidget** an (Abbildung 11.2). Dabei soll jede Datei einen eigenen Eintrag bilden. Den Archivnamen übergeben wir dem Programm als Argument, fehlt er, beenden wir es sofort:

```
// showtar/main.cpp

#include <QtGui>

int main(int argc, char* argv[])
{
  if (argc < 2)
    return 1;

  QApplication app(argc, argv);

  QProcess tar;
  QStringList env = QProcess::systemEnvironment();
  env.replaceInStrings(QRegExp("^LANG=(.*)"),"LANG=C");
  tar.setEnvironment(env);
  QStringList args;
  args << "tf" << argv[1];
```

Andernfalls instanzieren wir **QApplication** und **QProcess**. Anschließend stellen wir sicher, dass **tar** seine Ausgaben auf Englisch macht – lokalisierte Ausgaben würden unseren Parser irritieren. Zu diesem Zweck suchen wir die **LANG**-Variable in den Umgebungsvariablen des Prozesses, die wir über die Methode **systemEnvironment()** als Stringliste erhalten, und ersetzen sie mit **LANG=C**, dem Standard-Locale.

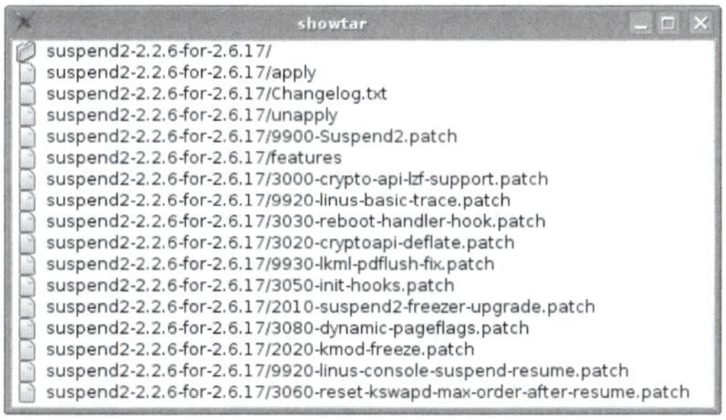

Abbildung 11.2:
showtar *zeigt den*
Inhalt eines
.tar-Archivs an

Nachdem wir das neue Environment mit **setEnvironment()** an den Prozess übergeben haben, sammeln wir die Argumente, mit denen wir **tar** aufrufen wollen, in einer Stringliste: Mit den Flags **tf** versehen, listet das Programm den Inhalt der Datei auf, deren Namen wir als zweites Argument anfügen.

Die fertige Argumentenliste übergeben wir zusammen mit dem Programmnamen **tar** an die Methode **start()**, die nun das Kommando **tar tf** *dateiname* ausführt:

```
// showtar/main.cpp (fortgesetzt)

  tar.start("tar", args);
  QByteArray output;
  while ( tar.waitForReadyRead() )
    output += tar.readAll();
```

Da diese Methode sofort zurückkehrt, wir aber synchron arbeiten wollen, warten wir mit **waitForReadyRead()**, bis die ersten Daten ankommen. Diese sammeln wir in einem **QByteArray** und warten erneut, bis der Prozess sich beendet.

Nun beginnen wir damit, die Ausgabe zu parsen, indem wir sie an den Zeilenenden auftrennen und zunächst in eine Stringliste stecken:

```
// showtar/main.cpp (fortgesetzt)

    QStringList entries = QString::fromLocal8Bit(output).split('\n');
    entries.removeLast();

    QListWidget w;

    QIcon fileIcon = app.style()->standardIcon(QStyle::SP_FileIcon);
    QIcon dirIcon = app.style()->standardIcon(QStyle::SP_DirClosedIcon);

    foreach(QString entry, entries) {
      if (entry.endsWith('/'))
        new QListWidgetItem(dirIcon, entry, &w);
      else
        new QListWidgetItem(fileIcon, entry, &w);
    }

    w.show();
    return app.exec();
}
```

Die erhaltenen, 8-Bit-kodierten Daten wandelt Methode **fromLocal8Bit()** in Unicode um, wie es **QString** verwendet. Den letzten Eintrag entfernen wir, er ist leer, weil auch die letzte Zeile der **tar**-Ausgabe mit einem **\n** endet.

Nun instanzieren wir das **QListWidget**, in dem wir den Inhalt des Tar-Archivs ausgeben wollen. Jeden Eintrag verpacken wir in ein **QListWidgetItem**, wobei wir zwischen Verzeichnissen und Dateien unterscheiden: Wir dekorieren sie mit unterschiedlichen Symbolen, die wir dem verwendeten Style entnehmen. Er kennt eine Reihe Standardicons, vor allem für Ein-/Ausgabeoperationen. Auf das aktuelle **QStyle**-Objekt greifen wir über die **QApplication**-Methode **style()** zurück. Schließlich bleibt uns nur noch, das Listenwidget anzuzeigen und die Kontrolle an die Event-Loop zu übergeben.

Das Ergebnis sollte Abbildung 11.2 entsprechen. Wer das Beispiel ausprobiert, stellt fest, dass man die Verzögerung beim Start vor allem bei kleinen Archiven kaum merkt. Anders sieht es bei komplexen Operationen aus, etwa dem Durchsuchen von Verzeichnissen, das aufgrund der geringen Geschwindigkeit selbst moderner Festplatten eine ganze Weile dauern kann.

11.4.2 Asynchroner Gebrauch von QProcess

Das folgende Beispiel demonstriert einen solchen Fall: Die Klasse **LineParserProcess** liest die Ausgabe eines Prozesses asynchron aus und legt sie, genau wie im vorherigen Beispiel, in einem **QListWidget** als Items ab. Wir implementieren sie als Unterklasse von **QProcess**. Der einzige Slot, den wir hier benötigen, heißt **readData()**. Darin müssen wir auf die **QListWidget**-Instanz zugreifen, weshalb wir eine entsprechende Membervariable vorsehen:

```
// lineparserprocess/lineparserprocess.h

#ifndef LINEPARSERPROCESS_H
#define LINEPARSERPROCESS_H

#include <QProcess>

class QListWidget;

class LineParserProcess : public QProcess
{
  Q_OBJECT
  public:
    LineParserProcess(QListWidget*w, QObject *parent=0);

  protected slots:
    void readData();

  protected:
    QListWidget *listWidget;
};
#endif // LINEPARSERPROCESS_H
```

Im Konstruktor verbinden wir zunächst das **readyRead()**-Signal mit unserem neuen Slot. Danach stellen wir wieder sicher, dass die Ausgabe des Prozesses nicht lokalisiert erfolgt:

```
// lineparserprocess/lineparserprocess.cpp

#include <QtGui>
#include <QDebug>
#include "lineparserprocess.h"

LineParserProcess::LineParserProcess(QListWidget *w, QObject *parent)
  : QProcess(parent), listWidget(w)
{
  connect(this, SIGNAL(readyRead()), SLOT(readData()));
  QStringList env = systemEnvironment();
  env.replaceInStrings(QRegExp("^LANG=(.*)"),"LANG=C");
  setEnvironment(env);
```

```
}

void LineParserProcess::readData()
{
  QByteArray line;
  while (!(line = readLine()).isEmpty())
    new QListWidgetItem(QString::fromLocal8Bit(line), listWidget);
}
```

In readData() lesen wir alle Daten bis zum letzten Zeilenumbruch im Datenstrom
mit readLine() zeilenweise ein. Dieses Verfahren ist sicher, weil wir wissen, dass \n
das letzte zu lesende Zeichen in der Ausgabe ist, und wir so früher oder später
alle Zeichen auslesen. Liegen keine neuen Daten mehr vor, ist line leer und das
Programm kehrt vorerst in die Event-Loop zurück, bis readyRead() erneut herein-
kommende Daten signalisiert.

Nun wandeln wir die 8-Bit-kodierte Zeile wie im vorherigen Beispiel mit fromLo-
cal8Bit() in einen QString um und fügen den Inhalt in ein QListWidgetItem ein.
Da wir als zweites Argument das Elternwidget angeben, wird es sofort vom Listenwidget aufgenommen.

Nun können wir die Klasse verwenden, um etwa einen Verzeichnisbaum mit ls re-
kursiv aufzulisten. Das Ausgangsverzeichnis erwarten wir wie gehabt als Argument.
Nachdem wir sichergestellt haben, dass ein Argument übergeben wurde, instanzieren wir neben dem obligatorischen QApplication-Objekt ein QListWidget sowie
einen LineParserProcess, der einen Zeiger auf die QListWidget-Instanz erhält:

```
// lineparserprocess/main.cpp

#include <QtGui>
#include "lineparserprocess.h"

int main(int argc, char* argv[])
{
  if (argc < 2) return 1;
  QApplication app(argc, argv);
  QListWidget w;
  LineParserProcess process(&w);
  process.setWorkingDirectory(QString::fromLocal8Bit(argv[1]));
  process.start("ls", QStringList() << "-Rl" );
  w.show();
  return app.exec();
}
```

Anstatt das Ausgangsverzeichnis als Argument an ls zu übergeben, wechseln wir
mit setWorkingDirectory() kurzerhand ins entsprechende Verzeichnis. Anschließend starten wir den Prozess; die Argumente -Rl sorgen für ein rekursives und
ausführliches Listing aller Dateinamen unterhalb des aktuellen Pfades. Schlussend-
lich zeigen wir das Widget an und treten in die Event-Loop ein.

Wer dieses Beispiel ausprobiert stellt fest, dass die GUI nicht blockiert, während sie neue Daten vom gestarteten Prozess erhält. Diese Art der asynchronen Programmierung nennt man auch *Event-Loop-Programmierung*.

11.5 Kommunikation im Netzwerk

Auch die Netzwerkfunktionalität in Qt basiert zum Großteil auf **QIODevice**. Sie ist jedoch nicht Bestandteil des QtCore-Pakets, sondern in einer Bibliothek namens Qt-Network untergebracht. Um sie einer Qt-Anwendung zugänglich zu machen, muss die .pro-Datei folgende Zeile enthalten:

```
QT += network
```

Auch für die QtNetwork-Bibliothek gibt es eine eigene Meta-Include-Datei, die alle anderen Header enthält. Um sie einzubinden, genügt die Zeile

```
#include <QtNetwork>
```

Das Modul besteht aus den **QIODevice**-Unterklassen **QAbstractSocket**, **QTcpSocket** und **QUdpSocket**, und enthält mit **QTcpServer** zudem eine Klasse, die die Implementierung TCP-basierter Dienste ermöglicht. Außerdem verfügt das QtNetwork-Modul mit den Klassen **QHttp** (siehe Seite 364) und **QFtp** über vollwertige Implementierungen der beiden gängigen Internetprotokolle. Die Klasse **QHostAddress**, die Hostnamen und IP-Adressen kapselt, ist außerdem bereits IPv6-fähig.

Seit Qt 4.1 verfügt das Modul dank der Klasse **QNetworkProxy** über eine Socks-5-Proxy-Implementierung für UDP und TCP sowie über Proxyunterstützung auf der Anwendungsschicht für HTTP und FTP. Die Klassen **QHttp** und **QTcp** enthalten daher Methoden zur Angabe eines Anwendungsproxys, ohne dass man **QNetworkProxy** manuell instanzieren muss.

11.5.1 Namensauflösung mit QHostInfo

Für einfache Namensauflösung ist die Klasse **QHostInfo** zuständig. Die statische Methode **QHostInfo::fromName()** liefert Informationen über die gegebene Adresse als **QHostAddress**-Instanz, blockiert dabei aber die Event-Loop. Wer dies vermeiden möchte, greift auf die ebenfalls statische Methode **lookupHost()** zurück, die als Argument einen Slot erwartet, der das übergebene **QHostAddress**-Objekt weiter behandelt. Der folgende Code ...

```
QHostInfo::lookupHost("www.example.com",
                this, SLOT(doSomething(const QHostInfo&)));
```

...schlägt also im DNS den Host **www.example.com** nach und liefert das Ergebnis an einen Slot namens **doSomething()**.

11.5.2 QTcpServer und QTcpSocket nutzen

Um uns mit der Funktionsweise der Netzwerkklassen vertraut zu machen, implementieren wir einen kleinen Dienst, der sich auf einen Port bindet und jedem Anfrager die aktuelle Uhrzeit im ISO-Format liefert. Der Client soll mit **ACK** (nicht zu verwechseln mit dem **ACK**-Paket von TCP) quittieren, dass er den String verarbeitet hat.

Der Server verwendet dabei die Event-Loop des Systems: Jeder Aufruf kehrt also sofort zurück, Ergebnisse werden über Signale ausgeliefert, die wir passend mit Slots verbinden müssen.

Wie in der Deklaration zu sehen, benötigen wir für dieses Beispiel nur einen einzigen zusätzlichen Slot, die übrige Funktionalität erben wir von **QTcpServer**:

```
// timeserver/timeserver.h

#ifndef TIMESERVER_H
#define TIMESERVER_H
#include <QTcpServer>

class TimeServer : public QTcpServer
{
  Q_OBJECT
  public:
    TimeServer(QObject *parent = 0);

  protected slots:
    void serveConnection();
};
#endif // TIMESERVER_H
```

Im Konstruktor verbinden wir das **newConnection()**-Signal mit diesem, **serveConnection()** genannten Slot. Er holt mit **nextPendingConnection()** die nächste am Socket anliegende Client-Verbindung ab. Jede aktive Verbindung wird durch ein **QTcpSocket**-Objekt repräsentiert.

Als **QIODevice**-Unterklasse ist **QTcpSocket()** in der Lage, Daten an den Client zu senden oder von ihm zu empfangen. Den Socket delegieren wir an eine Hilfsklasse namens **ConnectionHandler**, die sich um alles Weitere kümmert:

```
// timeserver/timeserver.cpp

#include <QtCore>
#include <QtNetwork>
```

```
#include "timeserver.h"

TimeServer::TimeServer(QObject *parent)
  : QTcpServer(parent)
{
  connect(this, SIGNAL(newConnection()),
              SLOT(serveConnection()));
}

void TimeServer::serveConnection()
{
   QTcpSocket *socket = nextPendingConnection();
   if (!socket)
     return;
   new ConnectionHandler(socket);
}
```

Der ConnectionHandler sendet zunächst das Datum aus und wartet dann auf neue Daten, die er im confirm()-Slot überprüft. Für den Fall, dass der Client nicht antwortet, verwenden wir einen QTimer. Diese Klasse stellt – anders als das timerEvent()-Verfahren aus Kapitel 7 – einen Zeitgeber zur Verfügung, der nach seinem Timeout ein Signal aufruft.

Soll der Timeout wie hier einmal ausgelöst werden, reicht dazu die statische Methode singleShot(), die die Zeit bis zum Timeout in Millisekunden sowie das Objekt und dessen aufzurufenden Slot als Argumente erwartet. Schließlich speichern wir den Slot in der privaten Membervariablen socket. Nach einem Timout melden wir dem Client, dass wir nicht länger warten, und terminieren die Verbindung:

```
// timeserver/connectionhandler.h

#ifndef CONNECTIONHANDLER_H
#define CONNECTIONHANDLER_H

#include <QtCore>
#include <QtNetwork>
#include <QDebug>
class ConnectionHandler : public QObject
{
  Q_OBJECT
  private:
    QTcpSocket *socket;
  public:
    ConnectionHandler(QTcpSocket *socket, QObject *parent=0)
      : QObject(parent)
    {
      QString dt = QDateTime::currentDateTime().toString(Qt::ISODate);
      socket->write(dt.toUtf8());
      connect(socket, SIGNAL(readyRead()), SLOT(confirm()));
```

```
        QTimer::singleShot(10000, this, SLOT(timeout()));
        this->socket = socket;
    }

protected:
    void closeConnection() {
        socket->close();
        delete socket;
        deleteLater();
    }

protected slots:
    void timeout() {
        socket->write("ERROR: Timeout while waiting for
           acknowledgement\n");
        closeConnection();
    }
    void confirm()
    {
        QByteArray reply = socket->readAll();
        if(reply == "ACK\n")
          closeConnection();
        else
          socket->write("ERROR: Unknown command\n");
    }
};

#endif // CONNECTIONHANDLER_H
```

Im Slot **confirm()** überprüfen wir, ob der Client ein **ACK**, gefolgt von einem Zeilenumbruch, gesendet hat. Ist dies nicht der Fall, senden wir dem Client eine Fehlermeldung, ansonsten beenden wir die Verbindung kommentarlos. Das Schließen übernimmt in beiden Fällen die Methode **closeConnection()**. Sie schließt einfach nur den Socket.

Damit auch der **ConnectionHandler** gelöscht wird, rufen wir **deleteLater()** auf. QObject-basierte Objekte dürfen niemals direkt mit **delete** gelöscht werden. **deleteLater()** sorgt dafür, dass die Anwendung, sobald sie das nächste Mal in die Event-Loop eintritt, das Objekt löscht.

Zwar hätten wir hier das **QTcpServer**-Objekt als Elternobjekt übergeben und darauf warten können, dass die Klasse am Programmende gelöscht wird. Bei einer Anwendung, die während ihrer Laufzeit mehrere tausend Verbindungen und somit genauso viele **ConnectionHandler**-Objekte verwaltet, wäre die Speicherverschwendung in diesem Fall enorm. Aus dem gleichen Grund löschen wir zuvor den nun nicht mehr verwendeten **QTcpSocket**.

Um unser neues Programm auszuprobieren, instanzieren wir ein **TimeServer**-Objekt, lassen es auf Port **4711** lauschen und binden es an alle Netzwerkschnittstellen. Wer seinen Dienst stattdessen nur ans Loopback-Interface binden möchte, verwendet statt **QHostAddress::Any** die Adresse **QHostAddress::LocalHost**. Schließlich treten wir in die Event-Loop ein, und unser Serverdienst ist bereit:

```
// timeserver/main.cpp

#include <QtCore>
#include "timeserver.h"

int main(int argc, char* argv[])
{
  QCoreApplication app(argc, argv);
  TimeServer ts;
  ts.listen(QHostAddress::Any, 4711);
  return app.exec();
}
```

12

Threading mit QThread

Wenn es darum geht, Prozesse in einem Programm parallel abzuarbeiten oder aufwändige Jobs auszuführen, ohne dass die GUI blockiert, gibt es nur zwei Alternativen: *Forking* oder *Threading*.

Beim Forken erstellt das Betriebssystem eine exakte Kopie des aktuellen Prozesses. Diese kann einen eigenen Codepfad abarbeiten, um etwa Berechnungen anzustellen. Zwischen Ursprungsprozess und seinem Fork benötigt man zusätzlich Interprozesskommunikation. Während dieses Verfahren insbesondere auf Unix-artigen Betriebssystemen üblich ist, unterstützt Windows es eher schlecht, und der Prozess des Forkens ist dort sehr zeitaufwändig.

Da Qt plattformunabhängiges Programmieren in den Vordergrund stellt, gilt hier Threading als Mittel der Wahl. Dabei laufen mehrere Threads, auch *Leichtgewichtsprozesse* genannt, innerhalb eines Prozesses. Neue Threads zu erstellen und zwischen ihnen umzuschalten kostet dabei relativ wenig, da ein Thread lediglich über einen Stack und die Prozessorregister verfügt. Wie aus Abbildung 12.1 hervorgeht, müssen sich die Threads alle anderen Ressourcen, etwa den Heap, teilen.

12.1 Threads verwenden

Die Klasse **QThread** repräsentiert Threads in Qt. Auch wenn man explizit keine Leichtgewichtsprozesse anlegt, erstellt **QCoreApplication** intern stets einen Haupt-thread. Im Zusammenhang mit **QApplication** spricht man auch vom *GUI-Thread*. Ihm fällt eine ganz besondere Aufgabe zu: Nur der GUI-Thread kann Widgets er-stellen oder mit **QPainter** zeichnen.

Abbildung 12.1:
Threads in einem
Prozess verfügen über
einen eigenen
Registersatz und
einen eigenen Stack,
den Rest teilen sie
sich

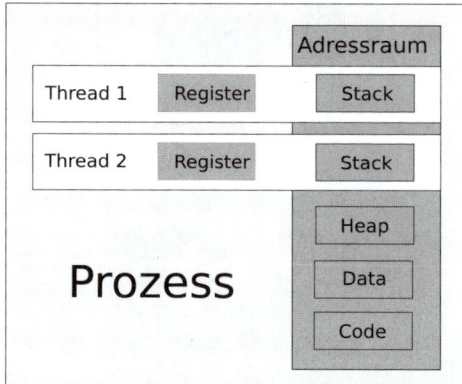

In einem ersten Beispiel stellen wir den Zeitserver aus Kapitel 11.5.2 (Seite 334) von der asynchronen Behandlung durch die Event-Loop auf **QThread** um. Dazu reimplementieren wir **QTcpServer**, doch anstatt im Konstruktor, der diesmal leer bleibt, Signale mit Slots zu verbinden, überschreiben wir die Methode **incoming-Connection()**. Sie erhält als Argument den **socketDescriptor**, eine Nummer, die einen TCP-Socket identifiziert. **QTcpServer** ruft diese Methode für jede eingehende Verbindung auf, **socketDescriptor** referenziert also den Socket der Verbindung:

```
// threadedtimeserver/timeserver.h

#ifndef TIMESERVER_H
#define TIMESERVER_H
#include <QTcpServer>

class TimeServer : public QTcpServer
{
  Q_OBJECT
  public:
    TimeServer(QObject *parent = 0)
      : QTcpServer(parent) {}
  protected:
    void incomingConnection(int socketDescriptor);
};
#endif // TIMESERVER_H
```

In der Implementierung erstellen wir für jede eingehende Verbindung einen eigenen Thread. Hat dieser seine Arbeit getan, soll er sich selbst löschen, was wir durch Verbinden des **finished()**-Signals mit dem **deleteLater()**-Slot erreichen. Der so vorbereitete Thread wechselt sich, einmal gestartet, mit den anderen Threads in regelmäßigen Intervallen ab:

```
// threadedtimeserver/timeserver.cpp

#include <QtCore>
#include <QtNetwork>

#include "timeserver.h"
#include "connectionthread.h"

void TimeServer::incomingConnection(int socketDescriptor)
{
  ConnectionThread *thread = new ConnectionThread(socketDescriptor);
  connect(thread, SIGNAL(finished()), thread, SLOT(deleteLater()));
  thread->start();
}
```

Die eigentliche Arbeit übernimmt die Klasse **ConnectionThread**. Als Thread in Qt erbt sie von **QThread** und muss daher neben dem Konstruktor auch die rein abstrakte Methode **run()** implementieren. **run()** ist eine geschützte Methode, die von **start()** aufgerufen wird. Sie muss daher die Funktionalität des Threads implementieren:

```
// threadedtimeserver/connectionthread.h

#ifndef CONNECTIONTHREAD_H
#define CONNECTIONTHREAD_H

#include <QThread>
#include <QTcpSocket>

class ConnectionThread : public QThread
{
  Q_OBJECT
  public:
    ConnectionThread(int socketDescriptor, QObject *parent = 0);
    void run();

  private:
    int socketDescriptor;
};
#endif // CONNECTIONTHREAD_H
```

Der Konstruktor bleibt auch hier leer, wir übergeben lediglich den **socketDescriptor** und initialisieren die Oberklasse **QThread** mit **parent**:

```
// threadedtimeserver/connectionthread.cpp

#include <QtCore>
#include <QtNetwork>
#include "connectionthread.h"

ConnectionThread::ConnectionThread(int socketDescriptor, QObject* parent)
  : QThread(parent), socketDescriptor(socketDescriptor)
{
}
```

In run() erzeugen wir ein **QTcpSocket**-Objekt und übergeben ihm den Deskriptor. Sollte dabei irgendetwas schief laufen, warnen wir und brechen den Vorgang ab:

```
// threadedtimeserver/connectionthread.cpp (fortgesetzt)

void ConnectionThread::run()
{
  QTcpSocket tcpSocket;
  if (!tcpSocket.setSocketDescriptor(socketDescriptor)) {
    qWarning("ERROR: %s", qPrintable(tcpSocket.errorString()));
    return;
  }
  QDateTime time = QDateTime::currentDateTime();
  tcpSocket.write(time.toString(Qt::ISODate).toUtf8());

  forever {
    if (!tcpSocket.waitForReadyRead(10*1000)) {
      tcpSocket.write("ERROR: Timeout while waiting for ACK\n");
      break;
    }
    QString reply = tcpSocket.readAll();
    if (reply.isEmpty()) {
      qWarning("ERROR: %s", qPrintable(tcpSocket.errorString()));
      break;
    }
    else if ( reply == "ACK\n")
      break;
    else
      tcpSocket.write("ERROR: Invalid command\n");
  }

  tcpSocket.disconnectFromHost();
  if (!tcpSocket.waitForDisconnected(1000))
    qWarning("WARNING: Could not disconnect");

}
```

Wer an dieser Stelle genauere Informationen über den Fehler benötigt, kann die **QTcpSocket**-Methode **error()** aufrufen, die ein Mitglied des **SocketError**-Enumerators liefert.

Wie schon im Beispiel aus Kapitel 11.5.2 besorgen wir uns nun das aktuelle Datum und die aktuelle Zeit und schreiben beides als **QString** in den Socket. Da der **write()**-Aufruf sofort zurückkehrt, wir aber im Thread einen Aufruf nach dem anderen abarbeiten wollen, verwenden wir die **waitFor***-Methoden, die wir bereits auf Seite 329 für blockierende Aufrufe verwendet haben.

Unmittelbar nach dem **write()** treten wir in eine Endlosschleife ein. **forever** ist genau wie **foreach()** ein von Qt definiertes Schlüsselwort und entspricht **while(true)**. In der Schleife warten wir zunächst mit **waitForReadyRead()** auf Daten. Im Argument können wir einen Timeout in Millisekunden angeben, den wir hier auf zehn Sekunden festlegen. Gibt die Methode **false** zurück, ist der Timeout überschritten. In diesem Fall melden wir dem Client, dass wir nicht länger warten, und steigen mit **break** aus der Schleife aus.

Liegen jedoch Daten an, lesen wir diese aus. Ist das zurückgegebene Bytearray leer, so trat ein Fehler auf, und wir beenden die Verbindung sicherheitshalber. Entspricht sein Inhalt der Zeichenkette **ACK**, beenden wir die Verbindung. Andernfalls beschweren wir uns beim Client über ein ungültiges Kommando.

Nun schließen wir die Verbindung mit **disconnectFromHost()** und warten eine Sekunde auf etwaige Fehler. Spätestens wenn **tcpSocket** beim Verlassen der **run()**-Methode gelöscht wird, beendet dies die Verbindung aber auch automatisch.

Die **main()**-Methode dieses gethreadeten **TimeServer** unterscheidet sich nicht weiter von der auf Seite 337: Wir erstellen wieder eine **QCoreApplication** und ein Server-Objekt, lassen es auf einem Port lauschen und starten die Eventschleife:

```cpp
// threadedtimeserver/main.cpp

#include <QtCore>
#include "timeserver.h"

int main(int argc, char* argv[])
{
  QCoreApplication app(argc, argv);
  TimeServer ts;
  if (!ts.listen(QHostAddress::Any, 4711))
    qWarning("Server kann nicht am angegebenen Port horchen!\n");
  return app.exec();
}
```

12.2 Threads synchronisieren

Daten, die nicht auf dem Stack liegen, müssen sich verschiedene Threads teilen, was im eben gezeigten Beispiel nicht der Fall war. Dies kann zu Problemen führen, weil das Betriebssystem einen Prozess jederzeit schlafen legen und einen anderen dafür aufwecken darf.

Um dieses Problems Herr zu werden, müssen wir kritische Abschnitte im Code so schützen, dass nur ein Thread zur Zeit auf sie zugreifen kann. Andere Threads, die diese Ressource nutzen wollen, müssen solange warten. Diesen exklusiven Zugriff gewährt die Klasse QMutex. Der Name *Mutex* steht für *mutual exclusive* und bezeichnet also einen gegenseitigen Ausschluss: Einen durch einen Mutex geschützten Abschnitt darf kein anderer Thread passieren, bis der Mutex wieder aufgehoben wurde.

Wenn Threads auf Ressourcen warten müssen, sollten sie sich solange schlafen legen, ohne das System ständig nach deren Zustand zu fragen (*busy-waiting*). Zu diesem Zweck existiert die Klasse QWaitCondition: Mit ihr lassen sich Threads schlafen legen, bis eine bestimmte Bedingung eintritt.

12.2.1 Das Consumer/Producer-Pattern

Beide Prinzipien lassen sich sehr gut am sogenannten *Consumer/Producer-Use-Case* festmachen: Ein Produzententhread stellt Daten zur Verfügung, die ein Konsumententhread verarbeiten soll. Um die Daten von einem Thread zum anderen zu schaffen, legt der Produzent sie in einer Warteschlange ab, der Consumer entnimmt sie dort.

Die Warteschlange als gemeinsam genutzte Ressource muss vor dem Zugriff durch einen Mutex geschützt werden. Arbeitet der Konsument schneller als der Produzent, kann es vorkommen, dass die Warteschlange leer ist. Das Gegenteil tritt ein, wenn der Produzent schneller arbeitet als der Konsument. In beiden Fällen muss einer der beiden Threads schlafen, bis die Daten wieder verfügbar sind bzw. die Schlange freie Plätze enthält.

Dieses Szenario implementieren wir im Folgenden mit den Mitteln von Qt. Dazu deklarieren wir zunächst ein paar globale Variablen: Als Datenstruktur für die Warteschlange g_queue, in der wir Integer-Daten speichern, verwenden wir die Klasse QQueue, die Anhang B ab Seite 406 näher erläutert. Sie verfügt über die Methoden enqueue(), mit der man ein Datum in die Schlange legt, und dequeue(), die das älteste Datum ausliest.

Der Integer g_maxlen gibt die maximale Anzahl von Elementen in der Schlange an, der Mutex g_mutex wird die Codeabschnitte sperren, in denen ein Thread auf die Schlange zugreift. Die *Wait-Condition* g_queueNotFull soll den Produzententhread aufwecken, wenn in der Schlange wieder Platz ist. Umgekehrt weckt g_queueNotEmpty den Verbraucher, wenn wieder Elemente in der Schlange vorliegen:

```
// producerconsumer/producerconsumer.cpp

#include <QtCore>
#include <QDebug>
```

```
QQueue<int> g_queue;
int g_maxlen;
QMutex g_mutex;
QWaitCondition g_queueNotFull;
QWaitCondition g_queueNotEmpty;
```

Zunächst betrachten wir den Produzenten: Die Methode **run()** tritt in eine Endlosschleife ein, in der sie im Wechsel eine Nachricht produziert und danach bis zu drei Sekunden schläft. Die eigentliche Funktionalität implementieren wir dabei in **produceMessage()**. Bevor wir auf die Schlange zugreifen, schützen wir **g_queue** durch den Mutex, indem wir **lock()** aufrufen:

```
// producerconsumer/producerconsumer.cpp (fortgesetzt)

class Producer : public QThread
{
  public:
    Producer(QObject *parent=0)
      : QThread(parent) {}

  protected:
    void produceMessage()
    {
      qDebug() << "Producing...";
      g_mutex.lock();
      if (g_queue.size() == g_maxlen) {
        qDebug() << "g_queue voll, warte!";
        g_queueNotFull.wait(&g_mutex);
      }

      g_queue.enqueue((rand()%100)+1);
      g_queueNotEmpty.wakeAll();
      g_mutex.unlock();
    }

    void Producer::run()
    {
      forever {
        produceMessage();
        msleep((rand()%3000)+1);
      };
    }
};
```

Nun prüfen wir, ob in der Schlange noch Platz ist. Ist das nicht der Fall, tritt die Wait-Condition in Kraft. Da der Mutex während des Wartens nicht gesperrt sein darf, übergeben wir der Methode **g_mutex** zur Verwaltung. Sie entsperrt den Mutex, solange der Thread wartet. Wer immer den Thread wieder aufweckt, muss also dafür sorgen, dass in der Schlange Platz ist, und den Konsumententhread dann über das zuständige Wait-Condition-Objekt aufwecken.

Wurde der Thread geweckt oder war die Schlange in diesem Durchlauf nicht voll, fügen wir eine Zufallszahl zwischen 1 und 100 ein. Da sich nun mindestens ein Element in der Schlange befindet, können wir **Consumer**-Threads aufwecken, die sich schlafen gelegt haben, falls die Schlange vor dem **enqueue()**-Aufuf leer war, und auf eine Änderung der Wait-Condition **g_queueNotEmpty** warten. Schließlich müssen wir auf **g_queue** nicht mehr zugreifen und entsperren den Mutex.

Die andere Seite, den Konsumenten, lassen wir in **run()** durchschnittlich etwas länger schlafen als den Produzenten, um so eine volle Queue provozieren zu können. Um den Mutex hier zu sperren, verwenden wir einen **QMutexLocker**, der diese Aufgabe erleichtert. Der Konstruktor der Klasse ruft **lock()** auf, während ihr Destruktor den Mutex mit **unlock()** wieder freigibt. Auf diese Weise ist ausgeschlossen, dass man ein **unlock()** vergisst und so eine *Verklemmung* (ein *Deadlock*) produziert. In diesem Fall können beide Threads nicht mehr in die kritischen, durch den Mutex geschützten Abschnitte vordringen – das Programm bleibt stecken.

Der Konsument prüft nun zuerst, ob in der Schlange überhaupt Einträge hinterlegt sind. Ist dies nicht der Fall, legt er sich schlafen, im Gegensatz zum **Producer**-Thread verwendet er jedoch die Wait-Condition **g_queueNotEmpty**. Wird der Thread danach wieder aufgeweckt oder war die Schlange zuvor nicht leer, so entnehmen wir ein Element aus der Queue und wecken danach eventuell schlafende **Producer**-Threads, die auf Daten warten:

```cpp
// producerconsumer/producerconsumer.cpp (fortgesetzt)

class Consumer : public QThread
{
  public:
    Consumer(QObject *parent=0)
      : QThread(parent) {}

  protected:
    int consumeMessage()
    {
        qDebug() << "Consuming...";
        QMutexLocker locker(&g_mutex);
        if (g_queue.isEmpty()) {
          qDebug() << "g_queue empty, waiting!";
          g_queueNotEmpty.wait(&g_mutex);
        }
        int val = g_queue.dequeue();
        g_queueNotFull.wakeAll();
        return val;
    }

    void run()
    {
```

```
      forever {
        qDebug() << consumeMessage();
        msleep(( rand()%4000 )+1);
      }
    }
};
```

Um das Erzeuger-Verbraucher-Szenario zu testen, erstellen wir eine kleine **main()**-Funktion, in der wir die Anzahl der Elemente in der Schlange auf zehn festlegen, je einen Produzenten und einen Konsumenten erstellen und beide starten:

```
// producerconsumer/producerconsumer.cpp (fortgesetzt)

int main()
{
  g_maxlen = 10;
  Producer producer;
  Consumer consumer;
  producer.start();
  consumer.start();
  producer.wait();
  consumer.wait();
  return 0;
}
```

Da **start()** sofort zurückkehrt, wir hier aber in keine Eventschleife eintreten, warten wir mit **wait()** auf das Ende des jeweiligen Threads. Da beide Threads niemals aus **run()** zurückkehren, muss das Programm an dieser Stelle von außen über (Strg)+(C) beendet werden, denn das **return**-Statement wird das Programm nie erreichen.

12.3 Thread-gebundene Datenstrukturen

Wer Daten pro Prozess speichern will, findet in der Template-Klasse **QThreadStorage** die Lösung. Aufgrund von Compiler-Limitierungen kann sie nur zeigerbasierte Objekte aufnehmen, weshalb in ihr abgelegte Datenstrukturen mit **new** erzeugt werden müssen.

Ein kleines Beispiel soll ihre Funktionsweise erläutern: Wir wollen, dass jeder Thread eine eigene Liste mit Zeitstempeln führt. Weil der Inhalt von **QThreadStorage** ein Zeiger sein muss, deklarieren wir die Klasse als **QThreadStorage<QList<QTime>*>**:

```
// threadstorage/storingthread.cpp

#include <QtCore>
#include <stdlib.h>
#include <QDebug>
```

```
class StoringThread : public QThread
{

  private:
    QThreadStorage<QList<QTime>*> storage;

  public:
    StoringThread(QObject *parent=0)
      : QThread(parent) {}

  protected:
    void StoringThread::run()
    {
      forever {
        if (!storage.hasLocalData()) {
          sStorage.setLocalData(new QList<QTime>);
          qDebug() << objectName() << ": Erstelle Liste."
                << "Zeiger:" << storage.localData();
        }
        storage.localData()->append(QTime::currentTime());
        qDebug() << objectName() << ":"
                << storage.localData()->count() << "Daten gesammelt";
        msleep((rand()%2000)+1);
      };
    }
};
```

In **run()** prüfen wir in jedem Thread zunächst mit **hasLocalData()**, ob **QThread-Storage** hier bereits initialisiert wurde. Ist dies nicht der Fall, erstellen wir die Liste.

Jetzt können wir in jedem Schleifendurchlauf die aktuelle Zeit einfügen. Die Debug-Ausgabe zeigt die Anzahl der aktuell von diesem Thread gesammelten Daten an. Um zwischen den Ergebnissen der Threads unterscheiden zu können, wählen wir eine zufällige Wartezeit zwischen einer und 2000 Millisekunden, bevor wir erneut in die Schleife eintreten. So kann sich die Ausführungsreihenfolge der Threads zufällig verschieben.

Nun schreiben wir ein kleines Testprogramm mit drei Threads. Sie alle erhalten Namen – ebenfalls eine Maßnahme, um sie in der Debug-Ausgabe zu unterscheiden. Dann starten wir sie und sorgen mit **wait()** dafür, dass sie in ihrer Endlosschleife verbleiben:

```
// threadstorage/storingthread.cpp (fortgesetzt)

int main()
{
  StoringThread thread1;
  StoringThread thread2;
  StoringThread thread3;
```

```
    thread1.setObjectName("thread1");
    thread2.setObjectName("thread2");
    thread3.setObjectName("thread3");
    thread1.start();
    thread2.start();
    thread3.start();
    thread1.wait();
    thread2.wait();
    thread3.wait();
    return 0;
}
```

Der Debug-Output auf der Konsole zeigt, dass jeder Thread in der **QThreadStorage**-Instanz in der Tat eine andere Datenstruktur wiederfindet. Wir erkennen dies an der jeweils unterschiedlichen Adresse des jeweiligen Zeigers:

```
"thread3" : Erstelle Liste. Zeiger: 0x8051b80
"thread2" : Erstelle Liste. Zeiger: 0x8052090
"thread1" : Erstelle Liste. Zeiger: 0x80573f0
```

Außerdem zeigen sich bereits nach wenigen Sekunden Unterschiede bei der Anzahl der gesammelten Daten:

```
"thread2" : 4 Daten gesammelt
"thread1" : 7 Daten gesammelt
"thread3" : 6 Daten gesammelt
```

Pro Prozess erlaubt Qt maximal 256 **QThreadStorage**-Objekte. Dies stellt in den meisten Fällen kein Problem dar. Wichtiger zu wissen ist, dass die Klasse die Daten für einen Thread automatisch löscht, sobald sich dieser beendet.

12.4 Signale und Slots zwischen Threads nutzen

In Qt 4 ist es möglich, Signale und Slots zwischen Threads zu versenden. Dies funktioniert dank sogenannter *Queued Connections* (verzögerter Verbindungen), die in Qt 4 zusätzlich zu den traditionellen *Direct Connections* (also direkten Verbindungen) existieren.

Unter direkten Verbindungen versteht man Verbindungen innerhalb eines Threads, wie wir sie in Kapitel 7 kennengelernt haben. Bei verzögerten Verbindungen kopiert man eventuelle Argumente von Signalen und überstellt diese beim nächsten Threadwechsel an den Empfängerthread. Üblicherweise emittieren *Worker-Threads* Signale, die Nachrichten in Form von Argumenten enthalten und die ein Slot im Hauptthread aufnimmt. Der umgekehrte Fall ist auch möglich, doch dazu benötigt der Worker-Thread eine eigene Event-Loop (siehe Abschnitt 12.5 ab Seite 352).

Dieses Prinzip demonstrieren wir, indem wir die Thread-Variante des **TimeServer**-Beispiels aus Kapitel 12.1 (Seite 340) so erweitern, dass die Worker-Threads Nachrichten emittieren, die in einem Fenster im GUI-Thread ankommen.

Dazu fügen wir in den Deklarationen der Worker-Thread-Klasse **ConnectionThread** und der **TimeServer**-Klasse jeweils folgendes Signal ein:

```
void message(const QString& message);
```

Nun passen wir die Klasse **ConnectionThread** so an, dass sie für jeden möglichen Fehler das Signal **message** mit einer Fehlerbeschreibung auslöst. Damit wir die Verbindung identifizieren können, besorgen wir uns per **peerAddress()** den Hostnamen des Clients:

```cpp
// threadedtimeserverslots/connectionthread.cpp

void ConnectionThread::run()
{
  QTcpSocket tcpSocket;
  if (!tcpSocket.setSocketDescriptor(socketDescriptor)) {
    emit message("ERROR: "+ tcpSocket.errorString());
    return;
  }
  QByteArray error;
  QString peerHostName = tcpSocket.peerAddress().toString();
  emit message("INFO: "+ peerHostName + " connected.");
  QDateTime time = QDateTime::currentDateTime();
  tcpSocket.write(time.toString(Qt::ISODate).toUtf8());

  forever {
    if (!tcpSocket.waitForReadyRead(10*1000)) {
      error = "ERROR: Timeout while waiting for ACK";
      tcpSocket.write(error+"\n");
      emit message(peerHostName+": " + error);
      break;
    }
    QByteArray reply = tcpSocket.readAll();
    if ( reply != "ACK\n") {
      error = "ERROR: Invalid command: " + reply.simplified() ;
      tcpSocket.write(error+"\n");
      emit message(peerHostName+": " + error);
    }
    else
      break;
  }

  tcpSocket.disconnectFromHost();
}
```

Die TimeServer-Klasse erweitern wir nun so, dass sie die Meldung jedes Threads über ihr eigenes **message()**-Signal weiterreicht: Da diese Verbindung über Threadgrenzen hinweg besteht, handelt es sich um eine verzögerte Verbindung (Queued Connection):

```cpp
// threadedtimeserverslots/timeserver.cpp

#include <QtCore>
#include <QtNetwork>

#include "timeserver.h"
#include "connectionthread.h"

TimeServer::TimeServer(QObject *parent)
  : QTcpServer(parent)
{
}

void TimeServer::incomingConnection(int socketDescriptor)
{
  ConnectionThread *thread = new ConnectionThread(socketDescriptor);
  connect(thread, SIGNAL(message(const QString&)),
                  SIGNAL(message(const QString&)));
  connect(thread, SIGNAL(finished()), thread, SLOT(deleteLater()));
  thread->start();
}
```

Die **main()**-Funktion bauen wir so um, dass sie nun eine **QApplication** instanziert – schließlich wollen wir ein grafisches Log-Fenster haben. Dieses implementieren wir als **QTextBrowser** und geben ihm einen Fensternamen:

```cpp
// threadedtimeserverslots/main.cpp

#include <QtGui>
#include <QDebug>
#include "timeserver.h"

int main(int argc, char* argv[])
{
  QApplication app(argc, argv);
  QTextBrowser logWindow;
  logWindow.setWindowTitle(QTextBrowser::tr("Log Window"));
  TimeServer ts;
  QObject::connect(&ts, SIGNAL(message(const QString&)),
    &logWindow, SLOT(append(const QString&)));
  if (!ts.listen(QHostAddress::Any, 4711))
    qWarning("Server cannot listen on port 4711!\n");
  logWindow.show();
  return app.exec();
}
```

Nachdem wir den Server instanziert haben, verbinden wir sein **message()**-Signal mit dem **append()**-Slot. Hierbei handelt es sich um eine direkte Verbindung, schließlich befindet sich **TimeServer** im gleichen Thread wie das Log-Fenster. Nun können wir den Server mit **listen()** starten und das Log-Fenster anzeigen. Das Ergebnis nach ein paar Verbindungen zeigt Abbildung 12.2.

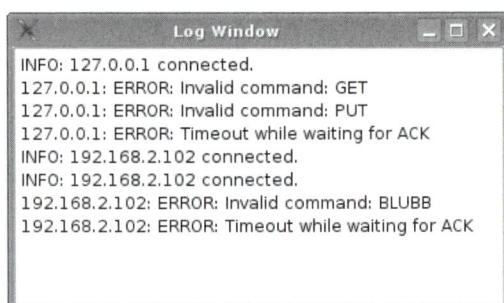

12.5 Eigene Event-Loops für Threads

Jeder Thread kann eine eigene Event-Loop besitzen und damit Klassen bedienen, die nur in einer Event-Loop arbeiten können, z. B. **QTimer** oder **QHttp**. Threads mit Event-Loop dürfen Slots haben, die als Empfänger verzögerter Signale fungieren. Darüber hinaus funktionieren innerhalb einer solchen Thread-eigenen Event-Loop auch direkte Verbindungen.

Um eine Event-Loop in einem Thread zu starten, muss die letzte Methode in **run()** **exec()** lauten. Man startet die Schleife also mit demselben blockierenden Aufruf wie im Falle von **QApplication**. Auch die Event-Loop von Threads lässt sich über den **quit()**-Slot oder die **exit()**-Funktion beenden. Diese Funktionsaufrufe entsprechen exakt denen in **QApplication**.

Im Folgenden erstellen wir einen Thread, der die Nachrichten, die von den einzelnen **ConnectionThread**-Instanzen kommen, in eine Datei schreibt. Dieser Thread erhält dazu einen öffentlichen Slot namens **append()**, den wir später in der **main()**-Methode mit dem **message()**-Signal verbinden:

```
// threadedtimeserverslots/loggerthread.h

#ifndef LOGGERTHREAD_H
#define LOGGERTHREAD_H

#include <QThread>
#include <QFile>
```

```
class LoggerThread : public QThread
{
  Q_OBJECT
  public:
    LoggerThread(const QString& fileName, QObject *parent = 0);
    void run();

  public slots:
    void append(const QString& message);

  private:
    QFile file;
};
#endif // LOGGERTHREAD_H
```

Im Konstruktor legen wir den Dateinamen für die Datei fest, öffnen sie aber noch nicht. In **run()** starten wir lediglich die Event-Loop des Threads per **exec()**. **append()** öffnet die Datei für jede eingehende Nachricht, schreibt den Inhalt von **message** zusammen mit einem Zeilenvorschub hinein und schließt sie wieder. Dies ist zwar nicht sehr effizient, dafür können wir davon ausgehen, dass unsere Ausgabe sofort in der Logdatei erscheint:

```
// threadedtimeserverslots/loggerthread.cpp

#include <QtCore>
#include <QtNetwork>
#include <QDebug>
#include "loggerthread.h"

LoggerThread::LoggerThread(const QString& fileName, QObject* parent)
  : QThread(parent)
{
  file.setFileName(fileName);
}

void LoggerThread::run()
{
  exec();
}

void LoggerThread::append(const QString& message)
{
  file.open(QIODevice::WriteOnly|QIODevice::Append);
  file.write(message.toUtf8()+'\n');
  file.close();
}
```

Anschließend fügen wir folgende Zeilen vor den **ts.listen()**-Aufruf in der **main()**-Methode von Seite 351 ein:

```
LoggerThread logger("timeserver.log");
QObject::connect(&ts, SIGNAL(message(const QString&)),
    &logger, SLOT(append(const QString&)));
QObject::connect(&app, SIGNAL(lastWindowClosed()),
    &logger, SLOT(quit()));
```

Die erste Zeile erstellt eine Logger-Instanz, während die zweite das **message()**-Signal an den **append()**-Slot weiterleitet. Auch hier handelt es sich um eine verzögerte Verbindung, die der Empfängerthread dank Event-Loop entgegennimmt.

12.5.1 Kommunikation über Events ohne Thread-eigene Event-Loop

Auch der aus Qt 3 bekannte Weg, Nachrichten über Events an Objekte in anderen Threads zu schicken, steht weiterhin offen. Hierbei lädt die Methode **QCoreApplication::postEvents()** das Event im richtigen Thread ab, denn generell ist es unsicher, ein **QObject**-basiertes Objekt aus einem anderen Thread aufzurufen als dem, in dem es erstellt wurde.

Um Problemen vorzubeugen, sollte man die Verbindung zu einem anderen Thread nur über **postEvent()**, verzögerte Signal-Slot-Verbindungen oder per Mutex geschützte Puffer aufnehmen. Die Funktion von **postEvent()** beschreibt Kapitel 7 ab Seite 183.

13

XML-Behandlung mit QtXml

Dateiformate, die auf der *Extensible Markup Language* (XML) basieren, werden immer häufiger. Qt bringt im Modul **QtXml** gleich zwei APIs für den Umgang mit XML-Dateien mit, die zwei verschiedene Herangehensweisen bedienen: die *Simple API for XML* (SAX) und das *Document Object Model* (DOM).

DOM, der wohl bekanntere Vertreter der XML-APIs, ist ein Standard des W3C. Hier wird der Inhalt eines XML-Dokuments in ein Objekt-Modell, eine baumartige Struktur, überführt, die die Struktur des Dokuments genau nachbildet. So nutzen beispielsweise alle modernen Webbrowser intern das Document Object Model, weil sie damit an jedes beliebige Element des XML-Baums gelangen und es auslesen können. Aber auch andere Anwendungen verwenden DOM, weil man einen DOM-Baum im Speicher wieder in ein XML-Dokument überführen kann. Dies bedeutet aber auch, dass sich das DOM aufgrund seines nicht unerheblichen Speicherbedarfs nicht für große XML-Dokumente eignet. DOM ist in verschiedenen Leveln spezifiziert, wobei die Qt-Implementierung dem DOM-Level 2 genügt.[1]

---

[1] http://www.w3.org/DOM/

SAX löst beim Parsen eines XML-Dokuments hingegen verschiedene Ereignisse aus, z. B. jedes Mal, wenn es auf einen öffnenden oder schließenden Tag stößt. Jedes Ereignis wird durch eine Methode repräsentiert. Der Programmierer muss die Methoden reimplementieren und kann dann selber entscheiden, welche Tags oder Attribute er speichern möchte. Dass die Ergebnisse in diesem Fall in vom Benutzer definierten Datenstrukturen liegen, bedeutet, dass SAX im Gegensatz zu DOM eine konzeptionell rein lesende API ist. Ihre Stärken spielt sie beim effizienten Auswerten großer Dokumente aus. Die Spezifikation von SAX übernimmt heute das SAX-Projekt.[2]

Wer die Funktionalität einer der beiden APIs verwenden will, muss **qmake** durch die folgende Direktive anweisen, das QtXml-Modul zum aktuellen Projekt hinzuzulinken:

```
QT += xml
```

Klassenimplementierungen und -deklarationen, in denen Klassen aus dem **QtXml**-Modul zum Einsatz kommen sollen, können entweder die Klassennamen als Includes oder stattdessen das Meta-Include **QtXml** benutzen:

```
#include <QtXml>
```

Dieses Kapitel erklärt beide APIs grundlegend und erläutert wichtige Unterschiede zu Vorgaben des W3C bzw. des SAX-Projekts. Eine umfassende Behandlung der beiden Standards ist an dieser Stelle aufgrund ihrer hohen Komplexität jedoch nicht möglich.

13.1 Die SAX2-API

Wenden wir uns zunächst der SAX-API zu. Sie entspricht weitestgehend der Referenzimplementierung des SAX-Projekts, die in Java vorliegt. Die Namenskonventionen hat Trolltech hingegen leicht angepasst, so dass sie denen von Qt entsprechen.

13.1.1 Funktionsweise

Die SAX-API parst XML-Quelltext ereignisbasiert. Der Parser löst Events beispielsweise dann aus, wenn er auf einen Tag oder auf Text stößt. Als praktisches Beispiel betrachten wir folgenden Auszug aus einem XML-basierten XHTML-Dokument:

[2] http://www.saxproject.org/

```
<a href="http://www.example.com">
  <img src="http://www.example.com/example.png" />
  <p>Klicken Sie hier</p>
</a>
```

Der SAX-Parser löst für diesen Auszug folgende Ereignisse aus:

- Starttag gefunden (<a>)

- Starttag gefunden (<img />)

- Endtag gefunden (<img />)

- Starttag gefunden (<p>)

- Text gefunden (**Klicken Sie hier**)

- Endtag gefunden (</p>)

- Endtag gefunden (</a>)

Die Ereignisse fängt man ab, indem man gewisse Methoden in *Handler-Klassen* reimplementiert. Wir interessieren uns für die zwei am häufigsten gebrauchten Klassen: Der **QXmlContentHandler** behandelt Tag- und Text-Ereignisse, während der **QXmlErrorHandler** an die Arbeit geht, sobald der Parser syntaktische Fehler im XML findet.

Seltener braucht man **QXmlDTDHandler** und **QXmlDeclHandler**. Beide behandeln (unterschiedliche) Ereignisse, die die *Document Type Definition* (DTD) eines XML-Dokuments auslöst. Außerdem kann man mit dem **QXmlEntityResolver** in die Behandlung von XML-Entities eingreifen, während die Methoden des **QXmlLexical-Handler** bei lexikalischen Ereignissen ausgelöst werden. Sie werden hier nicht behandelt. Die Homepage des SAX-Projekts hält jedoch eine detaillierte Interfacedokumentation bereit.

Alle Methoden der Handler-Klassen sind als Interfaces ausgelegt, also rein virtuell. Um nicht jede Methode und jeden Handler einzeln implementieren zu müssen, existiert die Klasse **QXmlDefaultHandler**, die von allen Handlern erbt und ihre Methoden so implementiert, dass alle Events ignoriert werden. Es ist nun Aufgabe des Programmierers, die von ihm benötigten Events abzufangen und zu behandeln.

13.1.2 Default-Handler für das Lesen von RSS-Feeds reimplementieren

Wie man einen Default-Handler reimplementiert und für seine Zwecke nutzt, demonstriert das folgende Beispiel, in dem wir einen Parser für das bekannte RSS-

Format[3] schreiben. Wir verzichten dabei bewusst darauf, alle Tags auszuwerten. Eine typische RSS-Datei sieht wie folgt aus:

```
<?xml version="1.0" encoding="utf-8"?>
<rss version="2.0">
  <channel>
    <title>Titel des Feeds</title>
    <link>Adresse der Webpräsenz</link>
    <description>Kurze Beschreibung des Feeds</description>
    <language>de-de</language>
    <copyright>Copyright-Informationen</copyright>
    <pubDate>Erstellungsdatum</pubDate>
    <image>
      <url>URL zu einem Bild (z.B. einem Piktogramm)</url>
      <title>Titel des Bildes</title>
      <link>URL zum Blog bzw. zur News-Seite.</link>
    </image>
    <item>
      <pubDate>Veröffentlichungszeitpunkt</pubDate>
      <title>Titel des ersten Artikels</title>
      <link>Adresse, die zur Gesamtansicht des Artikels führt</link>
      <author>Autor des Artikels &lt;E-Mail-Adresse&gt</author>
      <description>Eine kurze Zusammenfassung des Artikels</description>
    </item>
    <item>
    ...
    </item>
  </channel>
</rss>
```

Der Root-Tag <rss> kann einen oder mehrere, durch den <channel>-Tag spezifizierte *Kanäle* einschließen. Diese betrachtet man als den eigentlichen Newsfeed.

Ein Channel identifiziert sich über eine Reihe von Angaben wie den Titel oder ein Bild. Die eigentlichen Blog- oder Newseinträge kapselt man in <item>-Tags. Sie enthalten jeweils den Veröffentlichungszeitpunkt, einen Titel, einen Link zur vollständigen News, den Namen der Autoren sowie einen *Teaser* (<description>), der auch die gesamte Story enthalten kann.

Unseren **RssHandler** wird ein **QStandardItemModel** (siehe Seite 246) mit Daten zum aktuellen Feed befüllen. Er erbt von **QXmlDefaultHandler** und fängt die Ereignisse **startElement()**, **endElement()** und **characters()**, die aus **QXmlContentHandler** stammen, sowie **fatalError()** aus **QXmlErrorHandler** ab. Auch die Funktion **errorString()** stammt aus dem Error-Handler, stellt jedoch kein Ereignis dar:

---

[3] Die Abkürzung steht für *Really Simple Syndication*, sinngemäß: wirklich einfache Verbreitung. Dieses Format nutzt man seit geraumer Zeit, um Blogeinträge oder News-Artikel in XML zu beschreiben.

```
// rssreader/rsshandler.h

#ifndef RSSHANDLER_H
#define RSSHANDLER_H

#include <QXmlDefaultHandler>
#include <QString>
#include <QModelIndex>

class QDocumentModel;
class QStandardItemModel;
class QXmlParseException;

class RssHandler : public QXmlDefaultHandler
{
  public:
    RssHandler(QStandardItemModel *model);

    bool startElement(const QString &namespaceURI,
        const QString &localName, const QString &qName,
        const QXmlAttributes &attributes);
    bool endElement(const QString &namespaceURI,
        const QString &localName, const QString &qName);
    bool characters(const QString &str);
    bool fatalError(const QXmlParseException &exception);
    QString errorString() const;

  private:
    bool rssTagParsed, inItem;
    QStandardItemModel *itemModel;
    QString errString;
    QString currentText;
};

#endif // RSSHANDLER_H
```

Die booleschen Variablen **rssTagParsed** und **inItem** benötigen wir, um uns Zustände zu merken: Wer sich das RSS-Format anschaut, stellt fest, dass das RSS-Format einige Tag-Namen wie **title** sowohl zur Beschreibung eines Feeds als auch zur Beschreibung eines Newseintrags, also eines <item>, nutzt. Die Zustandsvariablen verwenden wir, um beide Funktionen zu unterscheiden.

currentText hilft dabei, den Text zwischen zwei Tags einzusammeln, während **errString** eine Fehlermeldung speichert. Diese wird die Implementierung von **errorString()** zurückliefern, wenn eine der Methoden **false** zurückgibt.

Im Konstruktor initialisieren wir die Membervariable **itemModel** mit dem übergebenen Standardmodell und alle Statusvariablen mit **false**. Außerdem versehen wir die ersten beiden Spalten im Modell mit Überschriften: In der ersten soll sich später der Inhalt des <title>-Tags wiederfinden, die zweite ist für den Inhalt von <pubDate> reserviert.

```
// rssreader/rsshandler.cpp

#include <QtXml>
#include <QtGui>
#include <QDebug>
#include "rsshandler.h"

RssHandler::RssHandler(QStandardItemModel *model)
{
  itemModel = model;
  rssTagParsed = false;
  inItem = false;
  model->setHeaderData(0, Qt::Horizontal, QObject::tr("Titel"));
  model->setHeaderData(1, Qt::Horizontal, QObject::tr("Datum"));
}
```

In der **startElement()**-Methode finden vor allem Plausiblitätsprüfungen statt. Außerdem ist diese zusammen mit **endElement()** für das Setzen von Zustandsvariablen zuständig:

```
// rssreader/rsshandler.cpp (fortgesetzt)

bool RssHandler::startElement(const QString & /* namespaceURI */,
                             const QString & /* localName */,
                             const QString &qName,
                             const QXmlAttributes &attributes )
{
  if (!rssTagParsed && qName != "rss") {
    errString = QObject::tr("Dieses Feed ist keine RSS-Quelle.");
    return false;
  }

  if (qName == "rss") {
    QString version = attributes.value("version");
    if (!version.isEmpty() && version != "2.0") {
      errorStr = QObject::tr("Kann nur RSS 2.0 verarbeiten.");
      return false;
      rssTagParsed = true;
  } else if (qName == "item") {
    inItem = true;
    itemModel->insertRow(0);
  }
  currentText = "";
  return true;
}
```

Die ersten beiden Argumente betreffen die Namensraumbehandlung. Da RSS keine Namensräume verwendet, können wir sie ignorieren. qName enthält den Namen des Tags, die Klasse QXmlAttributes kapselt eventuell vorhandene Argumente.

Die ersten Zeilen der Methode enthalten eine Plausibilitätsprüfung: Ist die Variable rssTagParsed noch aus dem Konstruktor false und der aktuelle Tag *nicht* <rss>, so muss ein Fehler vorliegen, denn der Root-Tag im Dokument muss <rss> lauten. Finden wir ihn, setzen wir rssTagParsed später im Code auf true. So haben wir mit Hilfe eines Zustands und zwei Vergleichen die Bedingung „Root-Knoten muss <rss> lauten." formuliert. Trifft sie nicht zu, setzen wir eine Fehlermeldung und kehren mit false aus der Methode zurück.

Treffen wir hingegen auf <rss>, so prüfen wir zuerst die Versionsnummer. Wir unterstützen nur die RSS-Version 2.0 (bzw. eine Untermenge davon). Andere Versionen lehnen wir daher präventiv ab. Außerdem ist es nun Zeit, rssTagParsed auf true zu setzen, damit wir in späteren Elementen nicht fälschlicherweise durch die erste Prüfung abgewiesen werden.

Stoßen wir auf <item>, so wechselt inItem seinen Zustand auf true, um wie oben beschrieben den Kontext der Tags unterscheiden zu können. Außerdem fügen wir eine neue Zeile ins Modell ein, die wir gleich mit Werten beschreiben werden.

Beginnt ein neuer Tag, sollten wir außerdem currentText leeren, da diese Variable nur den Text zwischen zwei Tags enthalten soll.

In der Methode characters lesen wir nun die Daten ein, die zwischen zwei Tags liegen. Wenn der Parser diesen Text als mehrere, direkt aufeinanderfolgende Texte auffasst, etwa einen normalen Text und eine CDATA-Sektion, in der Daten mit spitzen Klammern stehen können, ohne dass sie als XML interpretiert werden, fügen wir alle Texte zu einem zusammen. Da hier aus unserer Sicht kein Fehler auftreten kann, geben wir in jedem Fall true zurück:

```
// rssreader/rsshandler.cpp (fortgesetzt)

bool RssHandler::characters( const QString &str )
{
  currentText += str;
  return true;
}
```

Den so eingesammelten Text fügen wir in endElement() in die vorgefertigte Zeile des Modells ein. Wieder interessieren wir uns nicht für Namensräume, sondern lediglich für den aktuellen Tag, der in der Variablen qName bereitsteht:

```
// rssreader/rsshandler.cpp (fortgesetzt)

bool RssHandler::endElement( const QString & /* namespaceURI */,
                             const QString & /* localName */,
                             const QString &qName )
```

```
{
  if ( qName == "item" ) {
    inItem = false;
  } else if ( qName == "title" ) {
    if (inItem) {
      QModelIndex idx = itemModel->index(0,0);
      itemModel->setData(idx, currentText);
    }
  } else if ( qName == "pubDate" ) {
    if (inItem) {
      QModelIndex idx = itemModel->index(0,1);
      itemModel->setData(idx, currentText);
    }
  } else if ( qName == "description" ) {
    if (inItem) {
      QModelIndex idx = itemModel->index(0,0);
      QString preview;
      if (preview.length() >= 300 )
        preview = currentText.left(300)+"...";
      else
        preivew = currentText;
      itemModel->setData(idx, preview, Qt::ToolTipRole);
      itemModel->setData(idx, currentText, Qt::UserRole);
    }
  }
  return true;
}
```

Stoßen wir auf ein <item>-Tag, verlassen wir den Kontext eines Items und setzen daher <inItem> auf **false** zurück. Kümmern wir uns nun um die Inhalte der Tags <title>, <pubDate> und <description>, müssen wir jeweils sicherstellen, dass wir uns innerhalb eines Items befinden, weshalb wir zusätzlich **inItem** prüfen.

Da wir die Daten jeweils in der nullten Zeile einfügen – schließlich haben wir vorhin auch das neue Element in dieser Zeile eingefügt –, ermitteln wir für den Titel den Modell-Index in Spalte Null. Dort setzen wir **currentText**, also den eingelesenen Text, als Inhalt zwischen die Tags. Dasselbe geschieht mit **pubDate**, nur dass wir hier die erste Spalte wählen.

Mit der Beschreibung aus <description></description> verfahren wir auf zwei Weisen: Zum einen schneiden wir die ersten 300 Zeichen willkürlich heraus und bieten mit ihnen im Tooltipp eine Textvorschau an. Um darauf aufmerksam zu machen, dass der Text noch weitergeht, hängen wir Auslassungszeichen (…) an.[4]

Außerdem legen wir hier erstmals Daten in der **UserRole** ab, diesmal den kompletten Inhalt von <description>. Ihn benutzen wir später, um den Inhalt des aktuellen Eintrags in einem **QTextBrowser** anzuzeigen.

---

[4] Da wir uns an dieser Stelle in der Mitte eines HTML-Tags befinden können, gibt es keine Garantie, dass der Anwender die drei Punkte auch zu sehen bekommt. Ein richtiger Feed-Reader müsste einen besseren Algorithmus verwenden, um den Text abzuschneiden.

Im letzten Teil der **RssHandler**-Implementierung kümmern wir uns um die Fehlerbehandlung. Auf Seite 359 kam bereits kurz zur Sprache, dass Fehler, die die Implementierung unserer Klasse auslöst, für den Parser über **errorString()** abrufbar sein müssen. Deswegen gibt diese Methode schlicht die letzte, in der Variablen **errorString** gesetzte Fehlerbeschreibung zurück:

```
// rssreader/rsshandler.cpp (fortgesetzt)

QString RssHandler::errorString() const
{
  return errString;
}
```

Diese Fehler, aber auch fatale Fehler, die aus dem Parser selbst stammen und die die Weiterverarbeitung des Dokuments verhindern, lösen den Aufruf der **fatalError()**-Methode aus, jedoch nur beim ersten Parserfehler, es sei denn, wir geben **true** zurück. Ereignisse werden nach Auftreten eines Fehlers nicht weiterverarbeitet:

```
// rssreader/rsshandler.cpp (fortgesetzt)

bool RssHandler::fatalError( const QXmlParseException &exception )
{
  QMessageBox::information( 0, QObject::tr( "RSS-Reader" ),
          QObject::tr( "Parserfehler in Zeile %1, Spalte %2:\n %3" )
                       .arg( exception.lineNumber() )
                       .arg( exception.columnNumber() )
                       .arg( exception.message() ) );
  return false;
}
```

Wir geben die Fehler mittels **QMessageBox** an den Benutzer weiter. Der Parameter **exception** liefert Details zum aufgetretenen Fehler.

13.1.3 Exkurs: Den RSS-Reader mit GUI und Netzwerkfähigkeit ausstatten

Nun lässt sich unser Parser in einen Feedreader einbauen, der einen RSS-Feed anhand einer HTTP-Adresse herunterlädt, parst und anzeigt. Abbildung 13.1 zeigt, wie sich die Anwendung aufbaut: Der Line-Edit erwartet die Adresse zum Feed, dessen Inhalt ein **QTextView** auf der linken Seite darstellt. Auf der rechten Seite sehen wir in einem **QTextBrowser** den aus der Liste ausgewählten Artikel.

Abbildung 13.1:
Der SAX-basierte
RSS-Reader zeigt die
Blogs der
KDE-Entwickler

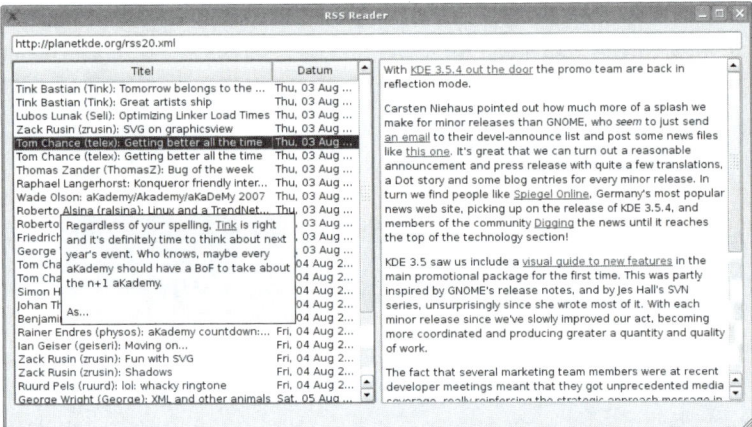

Abbildung 13.1:
Der SAX-basierte
RSS-Reader zeigt die
Blogs der
KDE-Entwickler

Um die Datei von einem Webserver herunterzuladen, verwenden wir die Klasse **QHttp**, die asynchrone Kommunikation mit Webservern erlaubt. Sie ist Teil der Netzwerkklassen aus Kapitel 11, wo wir noch nicht näher auf sie eingegangen sind. Außerdem begegnen wir der Klasse **QBuffer** wieder, in der wir den Inhalt der RSS-Datei zwischenspeichern. Den Integer **jobId** benötigen wir später im Zusammenhang mit **QHttp**. Unserem Fenster legen wir **QMainWindow** zu Grunde, unter anderem weil wir dessen Statusleiste nutzen werden:

```
// rssreader/mainwindow.h

#ifndef MAINWINDOW_H
#define MAINWINDOW_H

#include <QMainWindow>

class QLineEdit;
class QTextBrowser;
class QTreeView;
class QHttp;
class QBuffer;
class QModelIndex;

class MainWindow : public QMainWindow
{
  Q_OBJECT
  public:
   MainWindow(QWidget *parent=0);

  protected slots:
   void readResponse(int id, bool error);
```

```cpp
  void retrieveRss();
  void showArticle(const QModelIndex& index);
  void showRss();

 private:
  QHttp *http;
  QLineEdit *lineEdit;
  QTextBrowser *textBrowser;
  QTreeView *treeView;
  QBuffer *rssBuffer;
  int jobId;
};

#endif // MAINWINDOW_H
```

Im Konstruktor geben wir dem Fenster einen Namen und ordnen die Subfenster in einem Tabellenlayout an. Dabei spannen wir den Line-Edit über eine Zeile und zwei Spalten, zu erkennen am vierten bzw. fünften Parameter der ersten addWidget()-Angabe. Die Baumansicht und den Textbrowser fügen wir in der zweiten Zeile jeweils in der ersten und zweiten Spalte ein:

```cpp
// rssreader/mainwindow.cpp

#include <QtGui>
#include <QtXml>
#include <QtNetwork>
#include "mainwindow.h"
#include "rsshandler.h"

MainWindow::MainWindow(QWidget *parent)
  : QMainWindow(parent), jobId(0)
{
  setWindowTitle(tr("RSS-Reader"));
  QWidget *cw = new QWidget;
  QGridLayout *lay = new QGridLayout(cw);
  lineEdit = new QLineEdit;
  lay->addWidget(lineEdit, 0,0,1,2);
  treeView = new QTreeView;
  treeView->setRootIsDecorated(false);
  lay->addWidget(treeView, 1,0);
  textBrowser = new QTextBrowser;
  lay->addWidget(textBrowser, 1,1);
  setCentralWidget(cw);

  rssBuffer = new QBuffer(this);
  rssBuffer->open(QIODevice::ReadWrite);

  http = new QHttp(this);

  connect(lineEdit, SIGNAL(returnPressed()), SLOT(retrieveRss()));
  connect(treeView, SIGNAL(activated(const QModelIndex&)),
```

```
                        SLOT(showArticle(const QModelIndex&)));
    connect(treeView, SIGNAL(doubleClicked(const QModelIndex&)),
                        SLOT(showArticle(const QModelIndex&)));
    connect(http, SIGNAL(requestFinished(int, bool)),
                        SLOT(readResponse(int, bool)));

    statusBar()->showMessage(tr("Willkommen im RSS-Reader!"));
}
```

Das gesamte Layout liegt auf einem einfachen **QWidget** namens **cw**, das wir als Zentral-Widget ins Hauptfenster einfügen. Zum Schluss erzeugen wir noch einen Puffer und öffnen ihn für lesenden und schreibenden Zugriff.

Außerdem erstellen wir das **QHttp**-Objekt. Die Klasse arbeitet rein asynchron, es besteht also nicht einmal die theoretische Möglichkeit, das Objekt auf dem Stack anzulegen und die Verarbeitung so lange zu blockieren, bis ein Ergebnis vorliegt. Stattdessen kehren alle Aufrufe sofort zurück, die eigentliche Reaktion erfolgt später über ein Signal.

Deshalb erstellen wir zum Schluss vier Signal-Slot-Verbindungen, die jedoch nicht alle mit der **QHttp**-Instanz zusammenhängen. Sobald der Benutzer die Eingabe im Line-Edit mit (Enter) bestätigt, stößt **retrieveRss()** den Download der Datei an. Der zweite und dritte Connect-Aufruf verbindet einen Tastendruck bzw. einen Doppelklick auf einen Eintrag in der Listenansicht mit der Methode **showArticle()**, die den entsprechenden Artikel anzeigt. Schließlich verbinden wir das Signal **requestFinished()**, das **QHttp** nach Abschluss einer Operation auslöst, mit dem selbstgeschriebenen Slot **readResponse()**.

In **retrieveRss()** übertragen wir den Text aus dem Line-Edit in ein **QUrl**-Objekt. Es versucht automatisch, aus dem übergebenen Text eine URL herauszuparsen:

```
// rssreader/mainwindow.cpp (fortgesetzt)

void MainWindow::retrieveRss()
{
  QUrl url(lineEdit->text());
  if(!url.isValid || url.schema() != "http") {
    statusBar()->showMessage(tr("Ungültige URL: '%1'")
                        .arg(lineEdit->text()));
    return;
  }
  http->setHost(url.host());
  jobId = http->get(url.path(), rssBuffer);
  statusBar()->showMessage(tr("Hole RSS-Feed '%1'...")
                        .arg(url.toString()));
}
```

Ergibt der Text keine gültige URL (d. h., isValid() liefert **false**) oder lautet das *Schema* (also die Protokollangabe) *nicht* auf http://, brauchen wir nicht weiterzumachen und kehren zurück, nicht ohne eine Fehlermeldung zu hinterlassen. Nun setzen wir mit setHost() den Namen des Servers, von dem wir den RSS-Feed beziehen wollen. url.host() hält dabei bereits den passenden Hostnamen für uns bereit.

Aufgrund der asynchronen Natur von QHttp werden alle Methodenaufrufe, die auf dem Server arbeiten, in eine Warteschlange eingereiht und nacheinander ausgeführt. Jeder Methodenaufruf gibt eine Job-ID zurück. Sobald ein Job abgearbeitet wurde, emittiert QHttp das requestFinished()-Signal, dessen erstes Argument die Job-ID ist.

Aus diesem Grund merken wir uns die Job-ID der Get-Anfrage an den Server in der Member-Variablen jobId. Die get()-Methode verlangt den Pfad zur Datei sowie einen Zeiger auf ein QIODevice, in dem sie die geholte Datei ablegen kann, als Argumente. Zum Schluss informieren wir den Benutzer darüber, dass wir den RSS-Feed herunterladen.

Im readResponse()-Slot greifen wir lediglich das Ergebnis des Get-Jobs ab. Der zweite Parameter gibt an, ob ein Fehler beim Herunterladen der Datei auftrat, etwa weil der Server nicht erreichbar war oder der Pfad nicht stimmte. Ist das nicht der Fall, verarbeiten wir die Daten via showRss() und geben eine dreisekündige Erfolgsmeldung in der Statusleiste aus. Andernfalls erscheint ebensolange eine Fehlermeldung:

```
// rssreader/mainwindow.cpp (fortgesetzt)

void MainWindow::readResponse(int id, bool error)
{
  if (id == jobId) {
    if (!error) {
      showRss();
      statusBar()->showMessage(
              tr("RSS-Feed erfolgreich geladen"), 3000);
    }
    else
      statusBar()->showMessage(
              tr("Fehler beim Holen des RSS-Feeds!"), 3000);
  }
}
```

showRss() erledigt die eigentliche Arbeit. Hier legen wir ein Standardmodell mit zwei Spalten an, das wir unserem RssHandler übergeben:

```
// rssreader/mainwindow.cpp (fortgesetzt)

void MainWindow::showRss()
{
  QStandardItemModel *model = new QStandardItemModel(0, 2);
  RssHandler handler(model);
  QXmlSimpleReader reader;
```

```
reader.setContentHandler(&handler);
reader.setErrorHandler(&handler);
rssBuffer->reset();
QXmlInputSource source(rssBuffer);
if (!reader.parse(source))
  return;
delete treeView->model();
treeView->setModel(model);
}
```

QXmlSimpleReader ist dafür zuständig, die Datei unter Verwendung des **RssHand-lers** zu parsen. Da **RssHandler** von **QXmlDefaultHandler** und somit von allen Hand-lern erbt, wir jedoch nur die Funktionalität von **QXmlContentHandler** und **QXmlEr-rorHandler** implementiert haben, müssen wir den **RssHandler** sowohl als Content-als auch als Error-Handler beim **reader**-Objekt anmelden.

Als Dokumentenquelle für **QXmlSimpleReader** dient die Klasse **QXmlInputSource**, die ihre Daten von einem **QIODevice** bezieht. Bevor wir jedoch eine solche Eingabe-quelle instanzieren und dabei den Puffer als Argument übergeben, müssen wir die Leseposition im Puffer mit **reset()** an den Anfang des internen **QByteArray** setzen, damit der eben geschriebene Inhalt sich auslesen lässt. **reader.parse()** startet nun den eigentlichen Parsing-Vorgang.

Verlief dieser erfolgreich, löschen wir zunächst ein eventuell existierendes, mit der Baumansicht verknüpftes Modell, um nun unser mit frischem Inhalt versehenes Modell an die Ansicht zu übergeben.

Nun gilt es, im letzten Schritt den **showArticle()**-Slot zu implementieren, um den in der Baumansicht selektierten Eintrag im Textbrowser anzuzeigen. Dazu greifen wir auf die **data()**-Methode des aktiven Modells zurück. Den Index des aktuellen Ein-trags erhalten wir aus dem Argument des Slots. Als Rolle wählen wir die **UserRole** aus, in der wir zuvor den kompletten Inhalt des **<description>**-Tags untergebracht haben. Diesen wandeln wir nun mittels **toString()** von einem **QVariant** zurück in einen **QString** und übergeben diesen dem Textbrowser als HTML:

```
// rssreader/mainwindow.cpp (fortgesetzt)

void MainWindow::showArticle(const QModelIndex& index)
{
  QVariant tmp = treeView->model()->data(index, Qt::UserRole);
  QString content = tmp.toString();
  textBrowser->setHtml(content);
}
```

Damit ist unser rudimentärer RSS-Reader fertig. Die obligatorische **main()**-Methode instanziert **QApplication** und das **MainWindow**, zeigt das Fenster an und setzt es auf eine initiale Größe von 640x480 Pixeln. Danach tritt die Anwendung in die Event-Loop ein:

```
// rssreader/main.cpp

#include <QtGui>
#include "mainwindow.h"

int main(int argc, char *argv[])
{
  QApplication app(argc, argv);
  MainWindow mw;
  mw.show();
  mw.resize(640, 480);
  return app.exec();
}
```

Bereits dieses einfache Beispiel zeigt, dass SAX2 es erlaubt, Dokumente mit vergleichsweise geringem Aufwand zu parsen. Je genauer die Checks jedoch werden, umso komplexer wird der Code. Wer diese Komplexität scheut und ohnehin nur kleine Dokumente verarbeitet, sollte einen Blick auf das Document Object Model werfen, das einen gänzlich anderen Ansatz verfolgt.

13.2 Die DOM-API

QDom, die DOM-API von Qt, ist eine sehr bequeme Art, auf XML-Dateien zuzugreifen. Die Klasse **QDomDocument** repräsentiert dabei eine komplette XML-Datei. Deren setContent()-Methode ist in der Lage, DOM-Bäume aus XML-Dateien zu generieren und umgekehrt den Inhalt von DOM-Bäumen in ein XML-Dokument zu schreiben.

Der DOM-Baum selber besteht aus DOM-Elementen (**QDomElement**). Sie können innerhalb ihres *Start-Tags* Attribute und zwischen Start- und End-Tag Text oder wiederum Kindelemente enthalten. So baut sich aus der XML-Struktur der DOM-Baum auf, dessen Elemente ausnahmslos DOM-Knoten (**QDomNodes**) sind.

QDomNodes kennen das Prinzip der Elternschaft: Werden sie in einen anderen Teil des Baums eingefügt, so werden sie nicht kopiert, sondern wechseln den Ort im Baum. Der Knoten, in den sie eingefügt wurden, fungiert nun als ihr neuer Elternknoten. Allerdings darf nicht jeder Knoten Kindknoten besitzen. Versucht man beispielsweise, Attributknoten ein Kind unterzujubeln, fügt das Objekt den neuen Knoten als Schwesterknoten ein. Dies weicht von der DOM-Spezifikation ab, die an dieser Stelle fordert, eine Exception zu werfen.

Hier zeichnet sich bereits ein allgemeiner Unterschied zur DOM-Spezifikation ab: Qt verwendet keine Exceptions, um Fehler zu melden, sondern verwendet entweder Rückgabewerte oder wählt ein alternatives Verhalten. Daher empfiehlt es sich, Fehlerfälle im Vorfeld eines Aufrufs durch möglichst viele Checks auszuschließen und eventuelle Rückgabewerte der Methoden zu prüfen.

13.2.1 XML-Dateien einlesen und verarbeiten

Die folgende HTML-Datei ist in XHTML abgefasst:

```
<!DOCTYPE html PUBLIC "-//W3C//DTD XHTML 1.0 Strict//EN"
        "http://www.w3.org/TR/xhtml1/DTD/xhtml1-strict.dtd">
<html xmlns="http://www.w3.org/1999/xhtml" lang="en" xml:lang="en">
  <head>
   <title>Titel</title>
  </head>
  <body>
    <p>
      <a href="http://www.example.com">Example.com</a>
      <a href="http://www.example.net">Example.net</a>
      <a href="http://www.example.org">Example.org</a>
    </p>
  </body>
</html>
```

Diese wollen wir in einer Testanwendung in ein **QDomDocument** laden und mit ihr arbeiten, um so verschiedene Aspekte von QDom zu betrachten. Zu diesem Zweck öffnen wir die Datei mit **QFile** und lesen ihren Inhalt aus. Dann instanzieren wir ein **QDomDocument** und übergeben ihm mit **setcontent()** das ausgelesene Bytearray. **using namespace std;** erlaubt es uns, statt **std::cout** einfach **cout** zu schreiben, um Daten auf der Standardausgabe anzuzeigen.

```
// xhtmldomparser/main.cpp

#include <QtCore>
#include <QtXml>
#include <iostream>

using namespace std;

int main(int argc, char* argv[])
{
  QCoreApplication app(argc, argv);
  QFile file("index.xml");
  if (!file.open(QIODevice::ReadOnly))
    return 1;
  QByteArray content = file.readAll();
  QDomDocument doc;
  QString errorMessage;
  int line, col;
  if (!doc.setContent(content, &errorMessage, &line, &col))
  {
    cout << "Error in Line " << line << ", Column " << col
        << ":" << qPrintable(errorMessage) << endl;
    return 1;
  }
```

setcontent() parst die Eingabe und gibt bei einem Parserfehler **false** zurück. Wer – wie wir – Genaueres über den Fehler erfahren will, übergibt ihr außer dem Byte-array je einen Zeiger auf einen **QString** und zwei Integer. Die Funktion füllt diese im Fehlerfalle mit der Problembeschreibung und der passenden Zeilen- und Spal-tenangabe im Dokument.

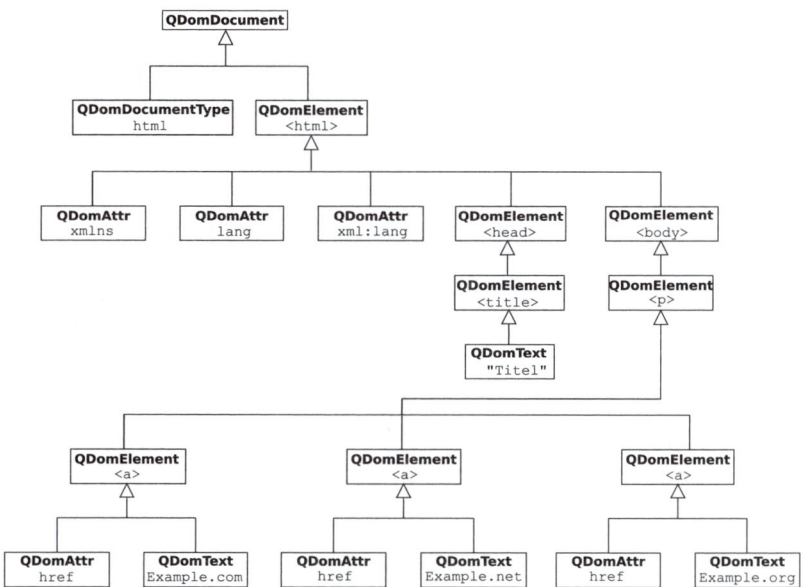

Abbildung 13.2:
Jedes Objekt in dem
aus dem XML
generierten
DOM-Baum ist immer
auch ein QDomNode

Den so geparsten DOM-Baum zeigt Abbildung 13.2. Mit ihm werden wir nun ar-beiten: Zunächst lesen wir den Namen des Dokumententyps sowie den Tag-Namen des Root-Elements im Dokument aus. Den Dokumententyp liefert uns **docType()** in einem **QDomDocumentType**-Objekt. Sein Name, also der Teil, der unmittelbar hinter **DOCTYPE** steht, lautet hier **html**. Dies finden wir über die Methode **name()** heraus:

```
// xhtmldomparser/main.cpp (fortgesetzt)

  QDomDocumentType type = doc.doctype();
  cout << "Document type: " << qPrintable(type.name()) << endl;;

  QDomElement root = doc.documentElement();
  if (root.hasAttribute("xmlns")) {
    QDomAttr attr = root.attributeNode("xmlns");
    cout << "xmlns: " << qPrintable(attr.value()) << endl;
  }

  if (root.hasAttribute("lang")) {
    QDomAttr attr = root.attributeNode("lang");
```

```
      cout << "lang: " << qPrintable(attr.value()) << endl;
    }

    QDomNode node = root.firstChild();
    while(!node.isNull())
    {
      if(node.isElement()) {
        QDomElement elem = node.toElement();
        cout << "Kind von Root: " << qPrintable(elem.tagName()) << endl;
        cout << "Dessen Text: " << qPrintable(elem.text()) << endl;
      }
      node = node.nextSibling();
    }
```

Das Root-Element erhalten wir über die **QDomDocument**-Methode **document-Element()** und speichern es als **QDomElement**. Die Attribute von Elementen liefert **attributeNode()**. Im Beispiel greifen wir exemplarisch die Attribute **xmlns** und **lang** heraus. Enthielte die Datei sie nicht, gäbe **attributeNode()** ein leeres **QDomAttr**-Objekt zurück. Deshalb überprüfen wir zuvor mit **hasAttribute()**, ob das Element das entsprechende Attribut überhaupt besitzt. Mit **value()** erhalten wir schließlich dessen Wert.

Anschließend lesen wir alle Kindknoten des Root-Elements aus. Dazu lassen wir uns mit **firstChild()** den ersten DOM-Knoten (also **head**) geben, alle weiteren (hier nur **body**) erhalten wir mit **nextSibling()**. Handelt es sich dabei um ein Element, konvertieren wir den Knoten in ein **QDomElement**. Wenn wir auf einen Attribut- oder einen Kommentarknoten stoßen, geht das natürlich nicht. Um an den Namen eines **QDomElement**s zu kommen, verwenden wir die Methode **tagName()**.

Die Methode **text()** sammelt die Textknoten eines Elements und seiner Kindelemente in einem **QString**. Hier erhalten wir einmal den Text der Überschrift aus dem **head**-Element und beim zweiten Schleifendurchlauf die Texte aller drei Verweiselemente (**<a>**) unterhalb des **body**-Elements.

Nun belegen wir die Variable **node** mit dem nächsten Schwesterknoten und wiederholen den Vorgang. Ist kein Schwesterknoten mehr vorhanden, so liefert **next-Sibling()** einen Null-Knoten, der die Schleifenbedingung nicht mehr erfüllt. Die Ausgabe des obigen Beispiels sieht daher wie folgt aus:

```
Document type: html
Root tag: html
Document type: html
xmlns: http://www.w3.org/1999/xhtml
lang: en
Kind von Root: head
Dessen Text: Titel
Kind von Root: body
Dessen Text: Example.comExample.netExample.org
```

Die Konvertierung der von firstChild() und nextSibling() zurückgegebenen QDom-Nodes in QDomElements kann man sich übrigens sparen, wenn man an ihrer statt firstChildElement() und nextSiblingElement() verwendet. Die hier benutzte Vorgehensweise ist vor allem dann sinnvoll, wenn man aus dem Dokument zusätzlich beispielsweise Kommentare (repräsentiert durch QDomComment) oder Text (repräsentiert durch QDomText und QDomCDATASection) filtern möchte.

13.2.2 Elemente gezielt suchen

Nachdem wir gesehen haben, wie man im DOM-Baum navigiert, beschäftigen wir uns mit den Methoden, mit denen wir gezielt nach bestimmten Elementen suchen können. DOM sieht die Funktion elementsByTagName() für diesen Zweck vor. Sie erwartet den Namen eines Elementtyps. Ruft man sie als Methode einer QDomDocument-Instanz auf, so durchsucht sie alle Elemente im gesamten Dokument, während die gleichnamige Methode in QDomElement alle Elemente unterhalb dieses Elements durchsucht.

Beide Funktionen geben eine QDomList zurück. Dabei handelt es sich *nicht* um eine Typdefinition für QList<QDomNode>, sondern um eine Datenstruktur, die in den DOM-Spezifikationen festgeschrieben ist. Daher können wir diese Liste nicht mit foreach() abarbeiten. Stattdessen verwenden wir eine for()-Schleife, um durch die Liste zu iterieren:

```
// xhtmldomparser/main.cpp (fortgesetzt)

  QDomNodeList anchors = doc.elementsByTagName("a");
  for(uint i = 0; i < anchors.length(); i++) {
    QDomElement anchor = anchors.at(i).toElement();
    QString href = anchor.attribute("href");
    cout << qPrintable(href) << endl;
  }
```

Die Anzahl der Elemente ermittelt die Methode length(). Bevor wir Attribute aus dem aktuellen DOM-Knoten auslesen können, müssen wir ihn wieder in ein Element konvertieren. Die DOM-API sieht bei Listen stets nur eine QDomNodeList vor. Die Methode attribute("href") ist eine Kurzform für attributeNode("href").value() und gibt den Wert direkt als QString zurück. Die Ausgabe für unsere Beispieldatei sieht dementsprechend wie folgt aus:

```
http://www.example.com
http://www.example.net
http://www.example.org
```

Die Methode QDomNode::childNodes() liefert alle Unterknoten ebenfalls in einer QDomNodeList.

13.2.3   Den DOM-Baum manipulieren

Wir können natürlich auch neue Elemente in den Baum einfügen oder bestehende eliminieren. Um einen DOM-Knoten aus dem Baum zu löschen, ruft man im Elternknoten, den **parentNode()** ermittelt, die Methode **removeChild()** auf und übergibt ihm den betroffenen Knoten als **QDomElement**:

```
// xhtmldomparser/main.cpp (fortgesetzt)

  QDomElement examplecom = anchors.at(0).toElement();
  examplecom.parentNode().removeChild(examplecom);
```

Die verbliebenen Links wollen wir nun in nicht anklickbaren Text umwandeln, der jedoch immer noch hervorstechen soll. Dies realisieren wir mit einem <b>-Tag. Idealerweise ändern wir also den Tag-Namen des Elements und entfernen das **href**-Attribut mit folgendem Code:

```
// xhtmldomparser/main.cpp (fortgesetzt)

  for(uint i = 0; i < anchors.length(); i++) {
    QDomElement anchor = anchors.at(i).toElement();
    anchor.setTagName("b");
    anchor.removeAttribute("href");
  }
```

Alternativ hätten wir auch ein neues Element erstellen, den Text kopieren, den Elternknoten mit **parentNode()** aufsuchen und von dort aus den **href**-Tag durch die **replaceChild()**-Methode austauschen können. Sie erwartet zuerst den zu ersetzenden und dann den neuen Knoten als Argumente.

Als nächstes erstellen wir einen neuen Teilbaum und fügen ihn anschließend in den DOM-Baum ein. Als Basis für Teilbäume eignet sich die Klasse **QDomDocumentFragment**. Sie speichert Bäume, die nicht unbedingt wohlgeformtes XML enthalten müssen. So kann ein solcher Teilbaum mehrere direkte Kindelemente enthalten, während in einem **QDomDocument** höchstens ein Element, das Wurzelelement, vorhanden sein darf.

QDomDocumentFragmenten kommt in Methoden wie **appendChild()**, **insertBefore()** oder **insertAfter()** eine besondere Rolle zu: Erhalten diese ein Fragment als Parameter, so fügen sie nicht das Fragment, sondern all seine Unterknoten ein.

Um einen Knoten (also ein auf einer **QDomNode**-Unterklasse basierendes Objekt) anzulegen, müssen wir eine der Factory-Methoden aus **QDomDocument** verwenden, die alle mit **create** beginnen. Die einzige Ausnahme ist das **QDomDocument** selber, das wir direkt instanzieren können. Instanziert man einen Knoten, ohne ihn mit der passenden Factory-Methode zu initialisieren, so gilt er als undefiniert. Dieses Verhalten stellt eine nicht einfach zu erkennende Fehlerquelle dar.

Im folgenden Code generieren wir ein Fragment und fügen dort zunächst ein Italic-Element (i) ein. In dieses Element platzieren wir einen Textknoten, indem wir einen **QDomText** anlegen und mit **appendChild()** anfügen. Als nächstes erstellen wir einen XML-Kommentar (**QDomComment**) und fügen sowohl das neue Element als auch den Kommentar ins Dokumentenfragment ein:

```
// xhtmldomparser/main.cpp (fortgesetzt)

  QDomDocumentFragment fragment = doc.createDocumentFragment();
  QDomElement italic = doc.createElement("i");
  QDomText text = doc.createTextNode("Hier ein paar Links:");
  italic.appendChild(text);
  QDomComment comment = doc.createComment("Links umkonvertiert");
  fragment.appendChild(italic);
  fragment.appendChild(comment);
  QDomNode para = doc.elementsByTagName("p").at(0);
  para.insertBefore(fragment, para.firstChild());
```

Um beide Elemente in unser Dokument oberhalb der Links einzutragen, holen wir uns das erste **p**-Element und fügen die Fragmentkinder per **insertBefore()** vor dem ersten bisherigen Kind ein.

13.2.4 DOM-Baum als XML ausgeben

Den bislang gewonnenen Baum kann **QDocument** auch wieder als XML-Struktur ausgeben. Dazu dienen die Methoden **toString()** und **toByteArray()**. Letztere ist vor allem dann interessant, wenn es darum geht, die XML-Datei zurück in ein **QIO-Device** zu schreiben. Der Parameter gibt die Anzahl der Leerzeichen an, die beim Einrücken der XML-Struktur verwendet werden sollen. Fehlt er, setzt Qt die Einrücktiefe auf ein Leerzeichen.

Im nachfolgenden Beispiel schreiben wir den aktuellen Stand des DOM-Baums in die zum Schreiben geöffnete Datei **out.xml**. Diese schließen wir anschließend und geben sie mit **toString()** auf der Standardausgabe aus. In beiden Fällen verwenden wir zwei Leerzeichen pro Stufe beim Einrücken der Elemente in der Ausgabe:

```
// xhtmldomparser/main.cpp (fortgesetzt)

  QFile outfile("out.xml");
  if (!outfile.open(QIODevice::WriteOnly)) {
    cout << "Konnte Datei nicht schreiben: "
         << qPrintable(outfile.fileName()) << endl;
    return 1;
  }
  QByteArray data = doc.toByteArray(2);
  outfile.write(data);
  outfile.close();
```

```
    // Alternativ auch als String
    QString string = doc.toString(2);
    cout << qPrintable(string) << endl;
    return 0;
}
```

Internationalisierung

Viele Programme sollen heutzutage Benutzer in verschiedenen Ländern erreichen. Deswegen ist es sehr wichtig, dass sich eine Anwendung möglichst leicht und flexibel auf die Gegebenheiten eines anderen Sprachraums anpassen lässt. Das geschieht u. a. durch die Übersetzung aller sichtbaren Texte. Aber auch die Textflussrichtung, an der sich auch die Anordnung der Widgets orientiert, ist von zentraler Bedeutung.

In diesem Kapitel übersetzen wir zunächst die Anwendung **CuteEdit**, die wir in Kapitel 4 erstellt haben, mit den Mitteln von Qt. Außerdem lernen wir ein paar nützliche Klassen kennen, deren Verwendung während des Entwicklungsprozesses späteren Problemen bei der Übersetzung vorbeugt.

14.1 Anwendungen in andere Sprachen übersetzen

Qt bringt einige Mechanismen mit, die die nachträgliche Übersetzung in andere Sprachen vorbereiten, und die wir z. B. auf Seite 47 sowie auf Seite 120 besprochen haben.

Die zwei wichtigsten Punkte seien an dieser Stelle noch einmal wiederholt: Alle übersetzbaren Strings im Programmcode müssen stets von der **QObject**-Methode **tr()** umschlossen sein. Außerdem dürfen Variablen in Strings niemals direkt miteinander verkettet werden, da sonst der Kontext verloren geht und die Übersetzung wie bei folgendem englischen Satz unmöglich wird:

```
QString dateiname = "file.txt";
QString meldung = tr("Could not save ") + dateiname;
```

Die deutsche Übersetzung lautete „Konnte file.txt nicht speichern", aber hinter dem Dateinamen kann der Übersetzer keinen Text platzieren. Korrekt verwendet man deshalb Platzhalter:

```
QString dateiname = "file.txt";
QString meldung = tr("Could not save %1.").arg(dateiname);
```

Dieser Satz lässt sich mit **Konnte %1 nicht speichern** übersetzen. Wie das geht, klären wir jetzt.

14.1.1 Die Anwendung vorbereiten

Die hier verwendete **CuteEdit**-Version unterscheidet sich von der in Kapitel 4 darin, dass sie englische Strings im Code verwendet. Dies ist nicht notwendig, aber sinnvoll, da gewöhnlich Englisch als Lingua franca dient, die externen Programmierern, deren Muttersprache nicht Deutsch ist, die Mitarbeit erlaubt.

Für die Übersetzung Qt-basierter Anwendungen stellt Qt die Programme **lupdate**, **linguist** und **lrelease** zur Verfügung. Der Übersetzungsvorgang stellt zudem keine separate, von der Code-Entwicklung vollständig getrennte Aufgabe dar, sondern ist in die Qt-Projektverwaltung eingebunden: Wenn unsere Projektdatei bislang wie folgt aussieht:

```
#cuteediti18n/cuteediti18n.pro

TEMPLATE     = app
SOURCES      = main.cpp mainwindow.cpp
HEADERS      = mainwindow.h
FORMS        = mainwindow.ui
RESOURCES    = pics.qrc
```

fehlt ihr noch der Eintrag **TRANSLATIONS**. Er erwartet eine oder mehrere Übersetzungsdateien als Argumente. Um Übersetzungen für Deutsch, Französisch und Italienisch hinzuzufügen, sieht das so aus:

```
#cuteediti18n/cuteediti18n.pro (fortgesetzt)

TRANSLATIONS = cuteedit_de.ts \
               cuteedit_fr.ts \
               cuteedit_it.ts
```

Mit dem **lupdate**-Werkzeug gewinnen wir diese Dateien tatsächlich aus den Projektquellen, den unter **SOURCES, HEADERS** und **FORMS** eingetragenen Dateien. Dabei genügt folgender Befehl:

```
lupdate cuteediti18n.pro
```

Er extrahiert alle Zeichenketten, die zu übersetzen sind. Diese *Übersetzungsquellen*, auf Englisch *Translation Sources* genannt, stehen nun in einem XML-basierten Format zur Verfügung.

Wenn bei der Weiterentwicklung des Programms neue Strings hinzukommen, bringt **lupdate cuteediti18n.pro** die Übersetzungsquellen wieder auf den aktuellen Stand, und die Übersetzer können die neuen Strings bearbeiten.

14.1.2 Übersetzungsquellen mit Linguist bearbeiten

Am komfortabelsten öffnet und bearbeitet man Übersetzungsquellen mit dem Programm Qt Linguist. Diese Arbeit können unabhängige Personen, beispielsweise professionelle Übersetzer, übernehmen.

Abbildung 14.1 zeigt das Hauptfenster des Linguist, nachdem er die Datei **cuteedit_de.ts** geladen hat. Das Kontext-Dockfenster auf der linken Seite gibt eine Übersicht über den Übersetzungskontext, üblicherweise nennt es den Namen der Klasse, in der ein String auftaucht.

Wählt man einen Kontext an, so erscheinen die in diesem Kontext zu übersetzenden Strings. Das mittlere Feld bietet Platz für eine individuelle Übersetzung.

Da es für viele Standardfloskeln und Menüpunkte Standardübersetzungen gibt, kann man sich über sogenannte *Phrasebooks* Vorschläge einholen. Qt hält solche Vorschlagssammlungen für viele gängige Sprachen unter **Phrases | Open Phrasebook...** bereit. Sind sie geladen, erscheinen im unteren rechten Fenster Vorschläge, falls Linguist Ähnlichkeiten mit dem zu übersetzenden Wort feststellt.

Nicht übersetzte Strings erhalten ein blaues Fragezeichen, übersetzte ein orangefarbenes. Entdeckt Linguist eine Inkonsistenz in der Übersetzung, etwa ein fehlendes „..." bei Menüpunkten, so stellt er ein rotes Ausrufezeichen voran und meldet das Problem in der Statusleiste. Ist man mit einer Übersetzung zufrieden, bestätigt man sie mit (Strg)+(Enter). Sie erhält dann ein grünes Häkchen.

Abbildung 14.1:
Der Qt Linguist hilft
mit Phrasebooks,
passende
Übersetzungen zu
finden, und prüft
diese auf Konsistenz

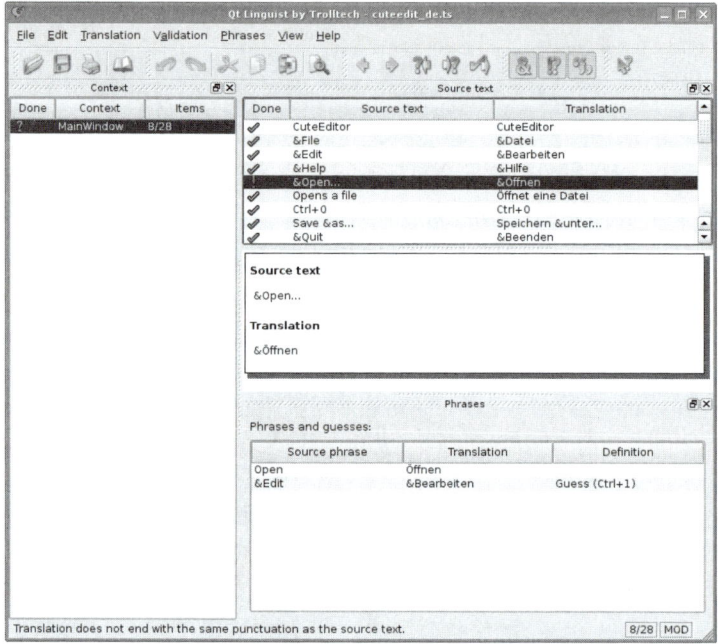

Sind alle Strings übersetzt, genügt einfaches Speichern: Die .ts-Datei enthält nun auch die übersetzten Strings. Das Kommando

```
lrelease cuteediti18n.pro
```

gewinnt aus den nun vollständig oder teilweise übersetzten Übersetzungsquellen Dateien in einem speziellen Binärformat, die das Qt-Programm verwenden kann. In unserem Fall sind dies cuteedit_de.qm, cuteedit_fr.qm und cuteedit_it.qm.

14.1.3 Übersetzungen im Programm verwenden

Die passende Übersetzung beim Programmstart zu laden ist Aufgabe der Klasse QTranslator. Sofern ihr beim Aufruf als zweites Argument kein Pfad mitgegeben wurde, sucht sie die Übersetzungsdateien im Arbeitsverzeichnis der Anwendung.

Um den Namen der Datei für die jeweilige Systemumgebung zu finden, verwenden wir QLocale::system(). Diese statische Methode gibt ein QLocale-Objekt mit Informationen über das aktuelle System-Locale aus. Die name()-Funktion liefert sie uns als String, zusammengesetzt aus einem Sprachcode und einem Ländercode in Großbuchstaben, für Deutschland etwa **de_DE**. Unser konstruierter Dateiname lautet nun also **cuteedit_de_DE**, nach einem vorsorglichen **toLower()** wird daraus **cuteedit_de_de**:

```
// cuteediti18n/main.cpp


#include <QApplication>
#include "mainwindow.h"

int main(int argc, char *argv[])
{
  QApplication a(argc, argv);

  QTranslator cuteeditTranslator;
  filename = QString("cuteedit_%1").arg(QLocale::system().name());
  filename = filename.toLower();
  cuteeditTranslator.load(filename);
  app.installTranslator(&cuteeditTranslator);
```

QTranslator sucht nun nach einem festen Muster nach dem Dateinamen: Zuerst hängt er .qm an die Datei an, dann probiert er es ohne. Wird er immer noch nicht fündig, streicht er von hinten alle Zeichen bis einschließlich des ersten Unterstrichs oder Punkts und beginnt von Neuem. In unserem Fall sieht das Suchmuster also so aus:

```
cuteedit_de_de.qm
cuteedit_de_de
cuteedit_de.qm
cuteedit_de
cuteedit.qm
cuteedit
```

Der Algorithmus würde bereits im dritten Schritt fündig. Durch den Ländercode ist die Lokalisierung für Länder möglich, deren Vokabular oder Sprachgebrauch sich unterscheidet. So ist **en** gewöhnlich amerikanisches Englisch, während sich die Anwendung im Falle von **en_UK** an den Sprachgebrauch in Großbritannien anpasst.

Wenn wir die Übersetzung mit **installTranslator()** in unsere **QApplication**-Instanz einfügen, zeigt die Anwendung nach dem Aufruf von **show()** eine übersetzte Benutzeroberfläche an.

Außerdem installieren wir einen **QTranslator**, der alle Strings der Qt-Bibliothek enthält:

```
// cuteediti18n/main.cpp (fortgesetzt)

  QTranslator qtTranslator;
```

```
QString filename("qt_%1").arg(QLocale::system().name());
filename = filename.toLower();
qtTranslator.load("qt_" + QLocale::system().name());
app.installTranslator(&qtTranslator);

QCoreApplication::setOrganizationName("OpenSourcePress");
QCoreApplication::setOrganizationDomain("OpenSourcePress.de");
QCoreApplication::setApplicationName("CuteEdit");

MainWindow mainWindow;
mainWindow.show();

return a.exec();
}
```

Das Verzeichnis **$QTDIR/translations** enthält die rohen Übersetzungsquellen in der Datei qt_untranslated.ts zusammen mit einer Reihe Übersetzungen für verschiedene Sprachen, beispielsweise qt_de.ts und qt_de.qm für Deutschland. Es genügt bereits, die entsprechenden Dateien ins aktuelle Verzeichnis zu kopieren, damit das QTranslator-Objekt sie findet.

Da Organisations- und Anwendungsname wie auch die Domain im Speicherpfad für die Konfigurationsdateien Verwendung findet, sollte man diese Strings nicht übersetzen.

14.1.4 Hinweise für die Übersetzung geben

Ist ein String nicht eindeutig, etwa, weil er nur aus einem Wort besteht, kann dies bei Übersetzungen zu Problemen führen: Dem Übersetzer, der das Wort nicht im GUI-Kontext, sondern nur als einzelnes Wort sieht, fehlt der Hinweis, ob beispielsweise **Stop** mit **Stopp** oder **Haltestelle** zu übersetzen ist. Deswegen erlaubt die Methode **tr()** die Angabe eines Übersetzungshinweises als zweites Argument. Der Code

```
QString busstop = tr("Stop", "bus stop");
QString stopaction = tr("Stop", "stop action");
```

erzeugt nach dem **lupdate**-Lauf in der Übersetzungsquelle zwei unterschiedliche Strings mit den jeweiligen Hinweisen.

14.1.5 Übersetzungskontext angeben

In globalen Funktionen, die nicht zu Klassen gehören, kommt die zugehörige Klasse nicht als Übersetzungskontext in Frage. Trotzdem ist es möglich, den String einem

Kontext zuzuordnen, indem man die eigentlich statische Methode **tr()** mit dem Klassennamen aufruft:[1]

```
void globale_funktion(MyWidget *w)
{
  QLabel *label = new QLabel(MyWidget::tr("foo"), w);
}
```

lupdate nimmt das Label dann in den korrekten Übersetzungskontext (hier: **My-Widget**) auf.

14.1.6 Zeichenketten außerhalb von Qt-Klassen internationalisieren

Oftmals speichert man gewisse Daten aus Platzgründen in einem statischem Array. Damit **lupdate** auch Einträge aus solchen **char**-Arrays erfasst, müssen sie vom Makro **QT_TR_NOOP** umschlossen sein. Nun sucht **tr()** wie gehabt ihre Übersetzungen aus dem Katalog.

Dies sehen wir am folgenden Beispiel, in dem wir einige Städtenamen in einem statischen, nullterminierten Array ablegen. Nachdem wir das **QCoreApplication**-Objekt instanziert und den Translator dort installiert haben, gibt das Programm über die **tr**-Anweisung die lokalisierten Städtenamen aus, sofern eine Übersetzungsdatei vorliegt:

```
// trnoop/main.cpp

#include <QtCore>
#include <QDebug>

int main(int argc, char* argv[])
{
  static const char* cities[] = {
    QT_TR_NOOP("Cologne"),
    QT_TR_NOOP("Munich"),
    QT_TR_NOOP("Rome"),
    0
  };

  QCoreApplication app(argc, argv);

  QTranslator translator;
  filename = QString("trnoop_%1").arg(QLocale::system().name());
  filename = filename.toLower();
  translator.load(filename);
```

---

[1] Die **QApplication**-Methode **translate()** verlangt ohnehin stets die Angabe des Übersetzungskontextes (siehe dazu Seite 47 f.).

```
app.installTranslator(&translator);


int i = 0;
while (cities[i])
  qDebug << QObject::tr(cities[i++]);

return 0;
}
```

Anhang

A

Hilfe bei der Fehlersuche

Die Fehleranalyse, aus dem Englischen auch als *Debugging* bekannt, ist eines der zeitraubensten Unterfangen bei der Softwareentwicklung. Neben der Fehlersuche mittels eines Debuggers sind Debug-Ausgaben das Mittel der Wahl. Damit lassen sich beispielsweise die Berechnungen von Algorithmen direkt ausgeben oder der Aufruf von Programmteilen durch gezielte Ausgaben nachvollziehen.

A.1   Debugging-Funktionen

Bei der Ausgabe von Debugging-Code gibt es, bedingt durch die Unterschiede zwischen C und C++, zwei unterschiedliche Ansätze. C-Entwickler arbeiten überwiegend mit printf(), während die C++-Literatur die Ausgabe über Streams per cout und cerr bevorzugt, da in diesem Fall kein Formatstring nötig ist.

Beides führt zu Problemen, sobald das Programm fertig ist: Vor jedem Release müssen die Debugging-Ausgaben deaktiviert werden; gewisse kritische Meldungen sollen jedoch eventuell erhalten bleiben.

Qt erlaubt eine alternative Herangehensweise, die beide Ansätze unterstützt und zudem die vorgenannten Probleme löst: Es verschweigt Debug-Meldungen, wenn das Makro QT_NO_DEBUG_OUTPUT während des Kompiliervorgangs definiert ist. Das ist automatisch der Fall, wenn man das Qt-Programm ohne Debug-Unterstützung baut. Dafür sorgt CONFIG -= debug in der Projektdatei.

Um die nachfolgend beschriebenen Funktionen und Makros zu benutzen, sind keine zusätzlichen Includes notwendig – außer bei Dateien, die ansonsten ohne Qt-Elemente auskommen. In diesem Fall muss man den QtGlobal-Header einbinden:

```
#include <QtGlobal>
```

Ist QT_NO_DEBUG_OUTPUT undefiniert, hängt es vom Betriebssystem ab, was mit den Fehlermeldungen passiert. Unter Unix-artigen Betriebssystemen wie Linux oder OS X erscheinen die Ausgaben auf der Standard-Fehler-Ausgabe, Unix-Kennern besser bekannt als stderr. Auf Windows-Rechnern landen die Ausgaben im Debugger. Wer sie anderweitig umleiten möchte, kann einen eigenen *Message-Handler* definieren, wie es der Abschnitt A.1.3 ab Seite 390 beschreibt.

Damit das funktioniert, stellt Qt drei Funktionen zur Verfügung, die für die Debug-Ausgabe verantwortlich sind: qDebug(), qCritical() und qFatal(). Sie unterscheiden sich nur hinsichtlich ihrer Auswirkung, lassen sich aber identisch verwenden. Schon die Signatur zeigt ihre Ähnlichkeit mit der C-Funktion printf(). Sie verwenden sogar die gleichen Formatoptionen.

A.1.1 Einfache Debug-Ausgaben

Für „normale" Debug-Ausgaben ist qDebug() das Mittel der Wahl:

```
void qDebug ( const char * msg, ersatzwerte_für_formatstrings )
```

Die Funktion setzt man beispielsweise ein, um Datenstrukturen zur Laufzeit zu untersuchen. Folgende Anweisung gibt etwa die Anzahl der Einträge im QList-Objekt liste aus:

```
qDebug("Anzahl der Listeneinträge: %d", liste.size());
```

In diesem Fall fügt qDebug() die Parameter der Reihe nach anstelle der mit dem Prozentzeichen eingeleiteten Formatierungsparameter ein – dank %d gibt qDebug() die Anzahl der Listeneinträge im Beispiel als Dezimalzahl aus. Die Parameterliste kann beliebig lang sein. Auf keinen Fall sollte man eine Variable als erstes Argument angeben, da qDebug() für die Ausgabe auf das systemseitige printf() zugreift und einige printf()-Implementierungen grundsätzlich zuerst einen Formatstring erwarten.

QStrings oder Bytearrays verwandelt die Hilfsfunktion **qPrintable()** in C-konforme
Zeichenketten (**const char ***), die qDebug() direkt ausgeben kann: [1]

```
QString str = "Hallo Welt!";
qDebug("Mein erstes Programm hat '%s' ausgegeben", qPrintable(str));
```

Eine wesentlich angenehmere und modernere Art der Fehlerausgabe steht zur Verfügung, wenn man den <QtDebug>-Header einbindet. Damit entfällt die manuelle
Serialisierung[2] weitestgehend, denn Qt sieht bereits für viele eigene Typen Serialisierungsoperatoren für den Einsatz mit **qDebug()** vor:

```
qDebug() << "Brush:" << myQBrush;
```

gibt beispielsweise alle Eigenschaften des Pinsels **myQBrush** aus. Das funktioniert
für alle Qt-Typen, so dass **qDebug()** auch Strings und Bytearrays ohne Umweg über
qPrintable() ausgeben kann. Das Konzept erinnert stark an die Ausgabe mittels
cerr, unterscheidet sich davon aber in zwei wichtigen Punkten: Zum einen fügt
qDebug() zwischen den verschiedenen Ausgaben ein Leerzeichen ein, zum anderen
sorgt es für einen Zeilenumbruch, ohne dass wie beim C++-Operator **cout** ein **endl**
als letztes Element serialisiert werden muss. Die Serialisierungsoperatoren sind nur
für **qDebug()**, jedoch nicht für die nachfolgend beschriebenen Funktionen definiert.

A.1.2 Fehler und Warnungen

Für Fehlerausgaben des laufenden Programms sieht Trolltech die Methode **qCriti-
cal()** vor. Sie arbeitet genau wie **qDebug()** nach dem Prinzip des **printf()**-Befehls:

```
void load(const QString &fileName)
{
    QFile file(fileName);
    if (!file.exists())
        qCritical("Datei '%s' existiert nicht!", qPrintable(fileName));
}
```

Trotzdem entbindet **qCritical** den Programmierer keinesfalls von der Interaktion mit
dem Benutzer, denn gerade bei einer grafischen Anwendung muss er davon ausgehen, dass ein Anwender nicht auf die Konsolenausgabe schaut – oder gar unter

---

[1] qPrintable() entspricht dem Aufruf str.toLocal8Bit().constData(), der ein **const char *** zurückliefert. Das Ergebnis ist aber nur solange gültig, wie der dahinterliegende String unverändert
bleibt. Wer einen selbständigen C-String benötigt, muss daher das Ergebnis mit **qstrdup()** duplizieren und den erstellten C-String später per **delete()** löschen.

[2] Unter *Serialisierung* versteht man die Umwandlung eines Objekts in einen Datenstrom mit
wohldefinierter Reihenfolge. Diese ist hier notwendig, will man alle relevanten Objekteigenschaften in der Debug-Ausgabe auflisten.

Windows einen Debugger anhängt, nur weil etwas nicht funktioniert. Deswegen sollten Fehler so oft wie nötig in verständlicher Form, etwa per Dialogbox, an den Anwender weitergegeben werden.

Ein weiteres Debugging-Werkzeug sind die sogenannten *Warnungen*. Diese per qWarning() ausgegebenen Zeichenketten erscheinen immer dann, wenn beim Kompilieren des Programms QT_NO_WARNING_OUTPUT *nicht* aktiviert ist. Setzt man zudem eine Umgebungsvariable namens QT_FATAL_WARNINGS, beendet sich das Programm an der ersten Stelle, an der ein qWarning() aufgerufen wird.

Soll sich das Programm beim Auftreten eines bestimmten Verhaltens auch in der Release-Version beenden, verwendet man die Funktion

```
void qFatal ( const char * msg, ... )
```

In diesem Fall gibt die Software den Wert 1 zurück. In der Debug-Version hängt das Verhalten von der Plattform ab: Unter Unix versucht das Programm, einen Core-Dump zu erzeugen, unter Windows meldet es einen _CRT_ERROR und gibt somit dem Debugger einen Hinweis. Ein Beispiel für einen Fehler, den man gern von qFatal() behandeln lässt, ist die Division durch Null:

```
int divide(int a, int b)
{
    if (b == 0)  // Fehler!
        qFatal("Division durch Null nicht erlaubt!");
    return a / b;
}
```

Egal, ob qDebug(), qFatal(), qWarning() oder qCritical() – für jede der C-Funktionen mit printf()-Semantik ist der interne Puffer auf 8192 Bytes beschränkt. Dies schließt auch das terminierende \0-Zeichen ein. Zusätzlich warnt Trolltech, dass die Übergabe von (const char *)0 als Parameter auf einigen Plattformen zum Absturz des Programms führt. Grund sind falsch implementierte printf()-Funktionen, auf die Qt für die Debugging-Funktionen zurückgreift.

A.1.3 Ausgabe der Debugging-Funktionen anpassen

Unter Windows schickt Qt allen Debug-Output an einen Debugger. Entwickler, die die Kommandozeile gewohnt sind und nicht mit Visual Studio arbeiten, haben damit zuweilen ein Problem. Mit sogenannten *Message-Handlern* erlaubt es Qt jedoch, Debug-Nachrichten beliebig umzuleiten.

Folgender Code zeigt einen eigenen Message-Handler für den Fall, dass die Applikation unter Windows läuft. Er nutzt das Makro Q_WS_WIN, das es nur in Qt für Windows gibt:

```
int main( int argc, char* argv[] )
{
   QApplication app( argc, argv );
#ifdef Q_WS_WIN
   qInstallMsgHandler(debugWinMsgHandler);
#endif
   ...
}
```

Es stellt sicher, dass der Handler wirklich nur unter Windows angesprochen wird.[3] Natürlich spricht generell nichts dagegen, ihn auf allen Plattformen zu aktivieren, auf denen man die Konsolenausgabe bevorzugt. Ein Debug-Handler, der die Debug-Ausgabe in einem separaten Fenster ausgibt, könnte zum Beispiel so aussehen:

```
void debugWinMsgHandler(QtMsgType type, const char *msg)
{
    static QTextEdit *edit = new QTextEdit();
    edit->setWindowTitle("Debug window");
    edit->show();

    switch (type) {
    case QtDebugMsg:
        edit->append(QString("<b>Debug:</b> \%1").arg(msg));
        break;
    case QtWarningMsg:
        edit->append(QString("<b>Warning:</b> \%1").arg(msg));
        break;
    case QtCriticalMsg:
        edit->append(QString("<font color=\"red\">
                        <b>Critical:</b></font> \%1").arg(msg));
        break;
    case QtFatalMsg:
        QMessageBox::critical(0, "Debug - Fatal", msg);
        abort();
    }
}
```

Die Signatur der Methode ist, wie bei Callbacks üblich, fest vorgegeben, der Funktionsname hingegen frei wählbar. Wichtig ist nur, dass **qInstallMsgHandler()** die Methode mit ihrem korrekten Namen sowie ohne Klammern und Argumente spezifiziert.

Das Herz des Handlers besteht aus einer **switch**-Anweisung, die verschiedene Nachrichten-Typen (die von qDebug() ausgegebenen QtDebugMsgs, die von qFatal() generierten QtFatalMsgs etc.) voneinander unterscheidet, so dass sie gesondert behandelt werden.

---

[3] Alternativ existieren die Makros **Q_WS_MAC** für Mac OS X, **Q_WS_X11** für X11-basierte Plattformen sowie **Q_WS_QWS** für die Embedded-Variante von Qt. http://doc.trolltech .com/4.1/qtglobal.html listet alle Compiler- und plattformabhängigen Makros.

Die schlichte Implementierung zeigt alle Debug-Ausgaben in einem **QMessageBox**-Textfenster. Da dessen Zeiger als **static** deklariert ist, erfolgt die Initialisierung mittels **new** nur beim ersten Durchlauf. Dies spart die Deklaration globaler Variablen und macht eine eigenen Klasse unnötig. Bei jeder Meldung stellt die Funktion sicher, dass das Fenster sichtbar ist und dass die neue Meldung im Fenster erscheint.

Da **QTextEdit** primitives HTML versteht, nutzt das Debug-Fenster diese Eigenschaft aus, um den Text zu übersichtlich zu formatieren. Lediglich fatale Fehler, bei denen das Programm sofort abbrechen soll, zeigt die Routine in einer modalen Message-Box, die den Rest der Anwendung blockiert. Hat der Anwender eine solche Meldung mit einem Druck auf **OK** bestätigt, terminiert sich das Programm sofort.

Einen kleinen Nachteil hat die hier vorgeschlagene Routine jedoch: Das Programm beendet sich erst, wenn auch das Debug-Fenster manuell geschlossen wurde.

A.2   Methoden zur Fehlerbehebung

Um Fehlern auf die Schliche zu kommen, kennen bereits C und C++ eine Reihe von Methoden. Qt fügt dieser Sammlung ein paar nützliche hinzu oder ersetzt die vorhandenen Funktionen durch portablere Pendants.

A.2.1   Annahmen prüfen

Die C-Funktion **assert()** unterbricht im Debug-Modus kompilierte Programme, falls der in den Klammern spezifizierte Ausdruck (die *Assertion*, Annahme) zu **false** evaluiert. Sie arbeitet nur dann, wenn das Makro **NDEBUG** *nicht* definiert ist und benötigt ein zusätzliches Include, zumeist **assert.h**.

In Qt existiert das Makro **Q_ASSERT()**, das genau wie **assert()** das Programm abbricht, falls gewisse Bedingungen nicht erfüllt sind. Es wird oft verwendet, um Vor- oder Nachbedingungen für bestimmte Codeabschnitte oder Methoden zu prüfen. Im Gegensatz zu **assert()** unterscheidet die Qt-Variante jedoch zwischen Release- und Debug-Versionen[4] eines Programms: In der Debug-Version bricht **Q_ASSERT()** mit einer Fehlermeldung ab.

Die folgende Qt-Assert-Anweisung beispielsweise überprüft, ob dem Programm ein oder mehrere Argumente übergeben wurden:

```
Q_ASSERT(argc > 1);
```

Steht sie innerhalb der **main()**-Funktion in Zeile 12 der Datei **main.cpp**, gibt das Programm im Fehlerfall auf der Kommandozeile Folgendes aus:

---

[4] Wie man ein Programm als Debug- oder Release-Variante kompiliert, ist ab Seite 25 beschrieben.

```
ASSERT: 'argc > 1' in file main.cpp, line 12
```

Falls wir das Programm im Debug-Modus kompiliert haben. beendet sich das Programm anschließend.

Oftmals ist es sinnvoll, zusätzlich zu Dateinamen und Zeilennummer einen Kontext anzugeben, der Informationen zum Zweck der Assertion liefert. Dafür kennt Qt das Makro Q_ASSERT_X():

```
Q_ASSERT_X(argc > 1, "main()", "Keine Argumente angegeben");
```

Damit wird das Programm erheblich gesprächiger und gibt den Kontext der Annahme an:

```
ASSERT failure in main(): 'Keine Argumente angegeben',
file main.cpp, line 12.
```

A.2.2 Zeiger überprüfen

Gerade wenn es darum geht, große Speichermengen zu allokieren oder einen Zeiger über Bibliotheksgrenzen hinweg zu referenzieren, lauern häufig unschöne Überraschungen auf die Entwickler portabler Programme. Betrachten wir folgenden Programmausschnitt:

```
char *vielspeicher = new char[1024*1024*1024]
Q_CHECK_PTR(vielspeicher);
```

Schlägt eine Zeigerzuweisung fehl, weist **new** dem Pointer den Wert 0 zu. Das hier verwendete Makro **Q_CHECK_PTR()** reagiert in diesem Fall mit einer Fehlermeldung wie der folgenden und terminiert das Programm:

```
In file main.cpp, line 14: Out of memory
```

Wer dieses Makro verwendet, sobald er eine sehr große Speichermenge anfordert, erspart sich viel Arbeit bei der Ursachenforschung bei Speicherengpässen. Speziell bei der Portierung auf Architekturen mit weniger Hauptspeicher ist dies von immenser Wichtigkeit.

Da **Q_CHECK_PTR()** genau wie **Q_ASSERT** und **Q_ASSERT_X** nur im Debug-Modus ausgeführt wird, ist es wichtig, mit seiner Hilfe keine Operationen durchzuführen, die den normalen Ablauf eines Programms unter Umständen beeinflussen. Solche auch als *Seiteneffekte* bezeichneten Operationen führen nämlich dazu, dass das Programm *nur* im Debug-Modus korrekt läuft. So stürzt folgende Variante unseres obigen Beispiels in der Release-Variante höchstwahrscheinlich immer ab:

```
char *vielspeicher;
Q_CHECK_PTR(vielspeicher = new char[1024*1024*1024]);
```

Dies liegt daran, dass der Zeiger auf den neuen Speicherbereich in der Release-Version nie initialisiert wird. Dadurch tätigt der nachfolgende Code, der **vielspeicher** benutzt, einen ungültigen Zugriff, was einen Programmabsturz nach sich zieht.

A.2.3 Häufige Linker-Fehler

Falls der Linker Fehler meldet, die die Stichwörter **vtbl**, **_vtbl** oder **__vtbl** enthalten, suche man das Problem zunächst beim Meta-Object-Compiler **moc**. Er generiert für alle Klassen, die die Zeile **Q_OBJECT** enthalten, eine zusätzliche Datei, die zum Projekt hinzugelinkt werden muss.

Eine falsch gesetzte Systemzeit, die auch sonst viele Probleme im Build-System auslösen kann, da sich dieses auf korrekte Zeitstempel verlässt, aber auch andere Ursachen führen dazu, dass **qmake** dies „vergisst". In diesem Fall lässt sich das Problem beheben, indem man **qmake** von Hand aufzuruft.

B

Tulip: Container und Algorithmen

Wer in C++ komplexe Algorithmen programmiert, greift oft auf die *Standard Template Library* (STL) zurück, eine Sammlung von Algorithmen und *Containern*, die Datenstrukturen implementieren. Letztere sind meist als Template-Klasse angelegt, während Algorithmen entweder auf Containern operieren oder selber Template-Funktionen sind, die mit dem jeweils benötigten Datentyp arbeiten.

Doch hat die STL bis heute diverse Nachteile: Einige, vor allem ältere Compiler implementieren manche Bibliotheksteile nicht vollständig oder inkorrekt. Da der Schleifeninhalt in einer eigenen Funktion stehen muss, lassen sich außerdem manche Algorithmen nicht intuitiv erfassen, wie folgender Code zeigt, der jedes Element des Vektors **v** über die Funktion **print_element()** am Bildschirm ausgibt:

```
// stl/main.cpp
```

```
#include <iostream>
#include <vector>

using namespace std;

void print_element(int element)
{
  cout << element << endl;
}

int main()
{
  vector<int> v;

  v.push_back(1);
  v.push_back(2);
  v.push_back(3);

  for_each(v.begin(), v.end(), print_element);

  return 0;
}
```

Daher bietet Trolltech eine leichtgewichtige Ergänzung zur STL mit Namen „Tulip"[1] an. Tulip ist STL-kompatibel, bringt also alle nötigen Methoden wie **push_back()** mit, darüber hinaus aber auch äquivalente Funktionen mit intuitiveren Namen. So ist **push_back()** lediglich ein Synonym für **append()**.

Zusätzlich setzen Tulip-Container auf Java-ähnliche Iterator-Konzepte. Sie bieten dazu eigene Datenstrukturen und passende Algorithmen, die etwas einfacher zu handhaben sind als die der STL.

B.1   Iteratoren

Wenn sie Zugriff auf die Elemente einer Liste benötigen, benutzen viele Entwickler den traditionellen Index-Zugriff in einer **for**-Schleife:

```
QStringList liste;
liste << "Hund" << "Katze" << "Maus";
for (int i = 0; i < liste.length(); i++)
{
  qDebug() << liste[i];
}
```

Dies hat eine Reihe von Nachteilen: Grundsätzlich ist das Iterieren per Index-Zugriff bei vielen Datenstrukturen (etwa einigen Listen-Typen oder in Bäumen) langsam,

---

[1]   Der Name leitet sich vom englischen Begriff *Tool Lib* (Werkzeugbibliothek) ab.

konkret bei solchen, die keinen direkten indexierten Zugriff erlauben.[2]

Daher gibt es *Iteratoren*.[3] Das sind auf das *Traversieren* (Durchwandern) von Datenstrukturen spezialisierte Objekte. Sie zeigen auf ein Element einer Datenstruktur und bieten gleichzeitig Methoden, um sich innerhalb der Datenstruktur ausgehend vom aktuellen Element fortzubewegen. Somit abstrahieren sie die Datenstruktur von der Iteration und vermeiden so den direkten, indexierten Zugriff.

Als weiteren Vorteil erlauben es Iteratoren, die Datenstruktur, auf der sie operieren, auszuwechseln, ohne den Iterationscode zu ändern. Stellt man fest, dass eine verkettete Liste sich besser für ein Problem eignet als eine gewöhnliche, Pointer-basierte QList, tauscht man einfach die Datenstruktur aus, ohne dass dies Auswirkungen auf den Iterator hätte.

Zusätzlich bieten Iteratoren einen gewissen Schutz vor Änderungen im Container, auf dem sie arbeiten. Wird z. B. in Folge einer Iteration ein Element an den Anfang einer Liste eingefügt (was bei der spezialisierten Liste QQueue oft der Fall ist), liefert ein indexierter Zugriff beim nächsten Zugriff das falsche Element.

Tulip unterscheidet zwei Iteratorenarten: STL-artige und Java-artige, die jeweils ein etwas anderes Konzept verfolgen.

B.1.1 STL-artige Iteratoren

Die im C++-Umfeld wohl bekanntesten Iteratoren, die STL-Iteratoren, implementiert Tulip in allen Container-Klassen. STL-Iteratoren zeigen immer auf Elemente. Gelangen sie dabei ans Ende des Containers, so weisen sie auf ein nicht existierendes Element hinter dem letzten Element. Greift man auf dieses Element zu, ist das Resultat undefiniert.

Am Beispiel einer QStringList, die im Grund nur eine spezialisierte QList<QString> ist, sieht das so aus:

```
// foriterator/main.cpp

#include <QtCore>
#include <QDebug>

using namespace std;

int main() {
  QStringList liste;
  liste << "Hund" << "Katze" << "Maus";
  QStringList::iterator it;
  for (it = liste.begin(); it != liste.end(); ++it)
  {
```

---

[2] Ein gutes Beispiel ist die ab Seite 400 besprochene QLinkedList.
[3] In Datenbank-Kreisen kennt man sie unter dem Begriff *Cursor*.

```
    qDebug() << *it << endl;
  }
  return 0;
}
```

Wendet man den *-Operator auf it an, gelangt man zu dem Listenelement, auf das der Iterator im Moment zeigt, da Qt * für Iteratoren zu diesen Zweck überlädt.

In solcherlei for-Schleifen achte man darauf, den Präinkrement-Operator (++it) statt des üblichen it++ zu verwenden: Dies spart pro for-Schleife ein unnötiges temporäres Objekt ein.

Falls die Elemente in der Schleife nur eingesehen, aber nicht verändert werden, verwende man einen const_iterator, der für eine erhöhte Ausführungsgeschwindigkeit sorgt.

B.1.2   Java-artige Iteratoren

Neben den STL-Iteratoren kennt Qt auch Java-ähnliche Iteratoren. Dabei handelt es sich um eigenständige Klassen, die Trolltech nach dem Namensschema Q*containername*Iterator benannt hat.

Von der Idee her unterscheiden sich Java-Iteratoren in einigen Punkten grundlegend von den STL-Iteratoren: Sie zeigen grundsätzlich *zwischen* zwei Einträge, nicht *auf* sie. Dies führt dazu, dass sich Java-Iteratoren oft einfacher handhaben lassen, aber etwas langsamer sind als ihre STL-kompatiblen Kollegen.

Ein weiterer Unterschied besteht darin, dass sie im Gegensatz zu ihren Namensbrüdern in der STL-Welt standardmäßig keinen Schreibzugriff zulassen. Dies hat gleich zwei Gründe: Zum einen werden Datenstrukturen häufiger gelesen als geschrieben. Damit spart ein *nicht-mutabler* (also: unveränderlicher) Java- bzw. ein const-Iterator (STL) Zeit. Zum anderen sichert ein unveränderlicher Iterator zu, dass die Daten nicht durch einen Fehler im Programm verändert werden.

Um schreibend auf die Elemente einer Datenstruktur zuzugreifen, kommen veränderbare Iteratoren (*mutable iterators*) zum Zuge. Für QList-basierte Listen heißt der veränderbare Iterator beispielsweise QMutableListIterator.

Das folgende Beispiel zeigt den Umgang mit Java-artigen Iteratoren. Es operiert auf einer vorhandenen Integerliste namens liste:

```
QListIterator<int> i(liste);
while(i.hasNext())
{
  cout << i.next() << endl;
}
```

hasNext() prüft, ob es ein nächstes Element gibt. next() springt nicht nur weiter, sondern liefert auch den Wert dieses Nachfolgers zurück. Der Iterator steht anschließend *hinter* dem nächsten Element, denn Java-artige Iteratoren stehen immer in den „Zwischenräumen" zwischen Elementen. Wer nur den Wert des nächsten Elements benötigt, ohne den Iterator zu verschieben, verwendet peekNext().

Äquivalent dazu existieren hasPrevious(), previous() und peakPrevious(), die ein Iterieren von hinten nach vorne erlauben. toBack() bringt den Iterator hinter das letzte Element, toFront() vor das erste.

Des Weiteren erlaubt findNext() die Suche nach Elementen mit einem spezifischen Wert. Die Funktion liefert wie hasNext() einen Wahrheitswert und positioniert den Iterator *hinter* der Fundstelle. Ebenso existiert findPrevious(), welches im Erfolgsfall den Iterator *vor* der Fundstelle platziert. Wird kein Element gefunden, landet der Iterator hinter dem letzten bzw. vor dem ersten Element. Der folgende Code demonstriert dies:

```
// qlistdemo/main.cpp

#include <QtCore>
#include <QDebug>

int main() {
  QList<int> intliste;
  intliste << 2 << 5 << 2 << 4 << 2;

  int fundstellen = 0;
  QListIterator<int> it(intliste);

  while (it.findNext(2))
    fundstellen++;
  qDebug() << fundstellen; // Ausgabe: 3
  // Iterator steht hinter dem letzten '2'-Element
  while (it.findPrevious(2))
    fundstellen--;
  qDebug() << fundstellen; // Ausgabe: 0
  // Iterator steht vor dem ersten '2'-Element
  return 0;
}
```

Veränderbare Iteratoren können darüber hinaus per insert() ein Element an der aktuellen Position einfügen und springen dann hinter den Ergänzungsort. Das nächste Beispiel verdeutlicht dies: Es springt hinter das letzte Element und fügt eine weitere 2 hinzu. Da der Iterator nun hinter dieser letzten Zwei steht, kommt der Algorithmus auf vier Fundstellen:

```
// mutableiterator/main.cpp

#include <QtCore>
```

```cpp
#include <QDebug>

int main() {
  QList<int> intlist;
  intlist << 2 << 5 << 2 << 4 << 2;

  QMutableListIterator<int> mit(intlist);
  mit.toBack();
  mit.insert(2);
  qDebug() << intlist; // Ausgabe: (2, 5, 2, 4, 2, 2)

  int fundstellen = 0;
  while (mit.findPrevious(2))
    fundstellen++;
  qDebug() << fundstellen; // Ausgabe: 4
  return 0;
}
```

Die folgenden Operationen muten etwas eigenartig an, da sie das Unveränderlichkeitsprinzip der Java-Iteratoren verletzen: Sie manipulieren oder inspizieren Elemente, obwohl der Iterator tatsächlich niemals direkt auf eines zeigt. Die Operationen **remove()**, **value()** sowie **setValue()** operieren daher auf dem zuletzt übersprungenen Element. Folgendes Beispiel löscht alle Elemente mit dem Wert 2:

```cpp
// mutableiterator2/main.cpp

#include <QtCore>
#include <QDebug>

int main() {
  QList<int> intliste;
  intliste << 2 << 5 << 2 << 4 << 2;

  QMutableListIterator<int> mit(intliste);

  while (mit.findNext(2))
    mit.remove();
  qDebug() << intliste; // Ausgabe: (5, 4)
  return 0;
}
```

B.2   Listen

Listen stellen für die meisten Anwendungen fundamentale Datenstrukturen dar. Qt kennt drei verschiedene Typen: **QList**, **QLinkedList** und **QVector**.

Dabei handelt es sich um Templates, die sich in ihrer Grundform nicht auf einen speziellen Datentypen spezialisieren. Folglich kann man nahezu jede Klasse in eine

Liste stecken. Sie muss lediglich zuweisbar sein, also sowohl über einen Copy- als auch über einen Zuweisungsoperator verfügen:

```
class Zuweisbar
{
public:
  Zuweisbar() {}
  Zuweisbar(const Zuweisbar &other); // Copyoperator
  Zuweisbar&operator=(const Zuweisbar &other); // Zuweisungsoperator
private:
  ...
};
```

Tulip-Container sind Werte-basiert, können aber auch mit Zeigern umgehen, denn ein Zeiger ist ja erst einmal nichts weiter als ein ganzzahliger Wert, nämlich eine Speicheradresse. Daher ist

```
QList<QDate> myDateList;
```

genauso zulässig wie

```
QList<QDate*> myDateList;
```

Zu beachten gilt es dabei, dass Qt die Elemente hinter den Zeigern nicht mitlöscht, wenn es die Liste löscht. Dieses Manko gleicht die Hilfsfunktion qDeleteAll() (siehe Kapitel B.5.7 auf Seite 420) aus, die wahlweise einen ganzen Container oder zwei Iteratoren als Argumente akzeptiert. In letzterem Falle löscht sie nur die Elemente zwischen Start- und Enditerator inklusive des Elements, auf das **begin()** zeigt:

```
// listpointerdemo/main.cpp

#include <QtGui>
#include <QDebug>

int main(int argc, char* argv[]) {
  QApplication app(argc, argv);
  QList<QWidget*> widgetListe;
  for (int i = 1; i < 10; i++)
  {
    widgetListe.append(new QWidget);
  }
  // Folgendes entspricht qDeleteAll(widgetListe);
  qDeleteAll(widgetListe.begin(), widgetListe.end());
  // Die nun ungültigen Pointer löschen
  widgetListe.clear();
  // Dies ist jetzt das erste Element in der Liste
  widgetListe.append(new QWidget);
  return 0;
}
```

Die Zeiger selber bleiben jedoch bestehen. Falls man die Liste – wie hier – weiterverwenden will, müssen sie zusätzlich mit **clear()** gelöscht werden.

Wer sich im Zusammenhang mit Containern Tipparbeit ersparen möchte, definiert mit dem C++-Schlüsselwort **typedef** eigene Namen für die gewünschten Listentypen:

```
typedef QList<QDate> QDateList;
```

Für den lesenden Zugriff auf Listenelemente ist es ratsam, nicht den Indexoperator ([]), sondern die **at()**-Methode zu verwenden. Bei Code wie

```
QList<QImage> liste;
...
QImage bild = liste[i];
```

liefert der Indexoperator nämlich nur einer **const**-deklarierten Methode eine **const**-Referenz. In allen anderen Fällen gibt er eine normale Referenz zurück. Auch wenn dies eigentlich gut ist (schließlich hilft die **const**-*Korrektheit*[4] beim Schreiben effizienter Programme), möchte man nicht immer sofort eine vollständige Kopie erzeugen. Das Problem tritt nicht auf, wenn man die **at()**-Methode verwendet:

```
QImage bild = liste.at(i);
```

B.2.1 Einfache Liste (QList)

STL-Programmierer setzen häufig einen **std::vector** ein, da er – im Gegensatz zum STL-Listencontainer, der als verkettete Liste implementiert ist, – beim Iterieren sehr schnell ist. Bei **QList**, dem in Qt am häufigsten verwendeten Listencontainer, handelt es sich aus Implementationssicht im Gegensatz zu **std::list** um ein Array von Zeigern, die auf Objekte weisen. Sofern man direkt auf Objekte zugreifen will, ist diese Lösung schneller als eine verkettete Liste. Auch das Anfügen an beide Listenenden mittels **prepend()** und **append()** geht sehr schnell – bei Listen mit tausend Einträgen ist **QList** meist die im Mittel aller Operationen schnellste Lösung, die die Qt- und STL-Klassen bieten.

B.2.2 Verkettete Liste (QLinkedList)

Wer in große Datenbestände häufig Elemente einfügen muss, ist besser mit einer **QLinkedList** beraten (siehe Abbildungen B.1 und B.2). Diese Klasse ist als verkettete

---

[4] const-*Korrektheit* bezeichnet die konsequente Verwendung des **const**-Schüsselworts bei Referenzparametern von Funktionen und Member-Funktionen, die das Objekt, für das sie aufgerufen werden, nicht modifizieren. So sollten Zugriffsmethoden, die interne Objekte nach außen weiterreichen, stets als **const** deklariert sein.

Liste implementiert. Sie hat jedoch den Nachteil, dass der Zugriff mittels Indexoperator oder **at()** bei großen Listen sehr langsam werden kann. Dies erklärt sich aus der Funktionsweise einer verketteten Liste: Jedes Element enthält hier einen Zeiger auf das nächste. Beim indexierten Zugriff muss der Container daher alle Elemente vom ersten bis zum gesuchten besuchen.

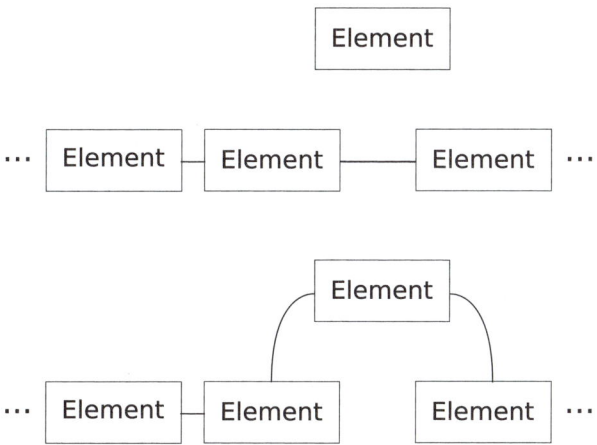

Abbildung B.1:
Um ein Element in eine verkettete Liste einzufügen, muss nur ein Zeiger (die längere Linie) auf das neue Element umgebogen werden...

Abbildung B.2:
...und ein neuer Zeiger, der vom neuen auf das bisherige Folgeelement weist, hinzukommen

B.2.3 Vektor (QVector)

Ein **QVector** eignet sich besonders dann, wenn man aneinanderliegenden Speicher benötigt und neue Daten nur hinten anfügt. Er stellt sicher, dass die Daten immer *adjazent*, also direkt nebeneinander, im Speicher liegen. Die **data()**-Methode nutzt diesen Umstand aus: Sie stellt ein Array des Datentyps zur Verfügung, mit dem der Vektor zur Zeit initialisiert ist.

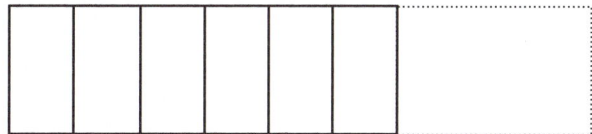

Abbildung B.3:
QVector stellt wie std::vektor ein dynamisches Array bereit

Ein Vektor verhält sich also wie ein variables Array: Intern reserviert die Datenstruktur immer ein wenig Speicher mehr als aktuell benötigt, weshalb Anfügeoperationen am Vektorende sehr schnell sind (Abbildung B.3).

Das folgende Beispiel verdoppelt jeden im Vektor **vector** abgelegten Wert:

```
// vectordemo/main.cpp

#include <QVector>
#include <QDebug>

int main()
{
  const int n = 10;
  QVector<int> vector(n);
  int *data = vector.data();
  // Vektor füllen
  for (int i = 0; i < n; ++i)
    data[i] = i;
  for (int i = 0; i < n; ++i) {
    data[i] *= 2;
    qDebug() << vector.at(i);
  }
```

Der Aufwand für diesen Durchlauf gleicht dem für den Zugriff auf ein gewöhnliches C-Array. Gleichsam entstehen durch den Aufruf von **data()** nur konstante Kosten, da **QByteArray** intern mit einem C++-Array arbeitet. Das Resultat von **data()** ist daher nur solange gültig, bis sich die Größe des Vektors ändert.

Der Indexoperator gibt eine Referenz auf das Element an der angeforderten Position zurück, sofern der angegebene Index nicht größer ist als die Anzahl der Elemente im Vektor. Mit Vektoren, die nicht **const** deklariert und damit frei beschreibbar sind, kann man damit folgenden Code fabrizieren:

```
// vectordemo/main.cpp (fortgesetzt)

  QVector<QString> strvector;
  strvector.append("Kurz und bündig");
  if (strvector[0] == "Kurz und bündig")
    strvector[0] = "Lang und ausführlich";
  qDebug() << strvector;
  return 0;
}
```

Auch hier stellt sich dem Nutzer ein Zugriff auf einen Vektor wie ein Lese-/Schreibzugriff auf ein Array dar, der – wie von C++ gewohnt – bei 0 beginnt. Wir fügen das erste Element mit **append()** ein, anstatt wie im vorherigen Beispiel mit **vector(n)** zehn Einträge im Konstruktor zu allokieren. Dies ist weniger effizient als bei einer **QList**, jedoch trotzdem möglich.

Um absolut sicherzustellen, dass man auf eine Indexposition niemals aus Versehen schreibend zugreift, auch wenn das Element nicht **const**-deklariert ist, verwendet man **at()** anstelle des Indexoperators.

B.3 Stapel und Schlangen

B.3.1 Stapel (QStack)

Stapel, auch Kellerspeicher oder *Stacks* genannt, sind Datenstrukturen, die nach dem sogenannten LiFo-Prinzip (*Last in, first out*) arbeiten. Wie auf einem echten Stapel kann man immer nur das oberste, also zuletzt darauf abgelegte Element abnehmen.

Abbildung B.4:
QStack *wirkt nicht nur in der grafischen Darstellung wie ein um 90 Grad gedrehter Vektor, die Klasse erbt in der Tat von* QVector

Das Ablegen auf einem **QStack** erledigt die Methode **push()**, die eine Instanz des verwendeten Typs als Parameter erwartet. Umgekehrt nimmt **pop()** das oberste Element vom Stapel und gibt es zurück. Das folgende Programm gibt die eingegebenen Zahlen rückwärts aus:

```cpp
// stackdemo/main.cpp

#include <QStack>
#include <QDebug>

int main()
{
  QStack<int> stack;
  stack.push(1);
  stack.push(2);
  stack.push(3);
  while (!stack.isEmpty())
    qDebug() << stack.pop(); // Ausgabe: 3, 2, 1
  return 0;
}
```

top() gibt eine Referenz auf das oberste Element zurück, ohne es vom Stack zu nehmen. Damit könnte man, wie im Abschnitt zu **QVector** beschrieben, auch tiefer in den Stack hineinschauen, da dieser eigentlich nur ein Vektor ist (Abbildung B.4). Dies verletzte allerdings die Sematik der Stapel-Datenstruktur. Aus diesem Grund empfiehlt es sich, die Methoden zu nutzen, die QStack direkt zur Verfügung stellt.

Als Java-artiger Iterator kommt QVectorIterator zum Einsatz, der mit der Semantik der QVector-Basisklasse funktioniert.

B.3.2 Warteschlange (QQueue)

In vielen Anwendungen wird man nicht um den Gebrauch einer Warteschlange herumkommen. Ob als Puffer[5] oder als temporärer Speicher für Baum-basierte Algorithmen wie die Breitensuche – die Einsatzmöglichkeiten sind vielfältig.

Für Warteschlangen sieht Qt die Klasse QQueue vor. Dabei handelt es sich lediglich um eine Spezialisierung der QList. Diese Designentscheidung ist gut nachvollziehbar, denn eine QList zeigt eine gute Performance beim Anfügen und Löschen am Anfang sowie am Ende der Liste.

Um einen Wert vorn in die Schlange einzureihen, kommt die Methode enqueue() zum Einsatz. Sie verlangt als Parameter einen Wert des Typs, mit dessen Hilfe die Schlange initialisiert wurde. dequeue() nimmt das letzte Element aus der Schlange.

Als Java-artiger Iterator kommt hier analog zum QStack der Iterator der Basisklasse, also QListIterator, zum Einsatz.

B.4 Assoziative Arrays

Die Containerklassen QMap und QHash dienen auf den ersten Blick demselben Zweck: Sie speichern eine Liste von Schlüssel-Wert-Zuordnungen, bei denen der Zugriff üblicherweise nicht über einen Index, sondern über den Schlüssel erfolgt. Trotzdem gibt es Unterschiede, die sich sowohl in der Implementiertung als auch in der Ausführungsgeschwindigkeit bemerkbar machen.

B.4.1 Zuordnungstabelle (QMap)

QMap stellt eine Zuordnungstabelle zur Verfügung und ist das langsamere von beiden Verfahren, sortiert die Wertepaare jedoch automatisch. Für den Programmierer ist dies besonders dann relevant, wenn er über die Datenstruktur iteriert: Beim Traversieren mittels QMap-Iteratoren sind die Ausgaben bereits nach dem Schlüssel sortiert.

Das nachfolgende Beispiel zeigt die Erstellung einer QMap, die einen String einem Integer-Wert zuordnet:

---

[5] Nicht zu verwechseln mit QBuffer, der ein Ein-/Ausgabegerät darstellt, siehe Kapitel 11.

```cpp
// mapdemo/main.cpp

#include <QMap>
#include <QMapIterator>
#include <QDebug>

int main()
{
  QMap<QString, int> map;

  map["eins"] = 1; // Einfügen via []-Operator
  map["zwei"] = 2;
  map.insert("sieben", 7); // Einfügen via insert()

  qDebug() << map["sieben"]; // Wert via []-Operator
  qDebug() << map.value("sieben"); // Wert via value()

  QMapIterator<QString, int> i(map);
  while (i.hasNext()) {
    i.next();
    qDebug() << i.key() << ":" << i.value();
  }
  return 0;
}
```

Mit Hilfe des Indexoperators oder mittels insert() füllen wir die Zuordnungstabelle map mit Werten. Das Argument in Klammern bzw. der erste Argument ist der Schlüssel, in diesem Fall nutzen wir einen vom Typ QString. Es lohnt sich übrigens, insert() gegenüber dem Indexoperator zu bevorzugen: Letzterer ist oft signifikant langsamer beim Einfügen von Einträgen.

Beim Zugriff ist allerdings Vorsicht geboten: value() und der Indexoperator verhalten sich nur bei const-deklarierten Objekten gleich. Sonst hat der Indexoperator einen mitunter bösen Nebeneffekt: Fehlt der gesuchte Schlüssel, legt er einen neuen Leereintrag an. Vor allem bei Suchanfragen auf gut Glück, bei der Tausende von Fehlzugriffen stattfinden, bläht sich die QMap-Instanz damit extrem auf. Ein Zugriff mittels value() schützt vor dieser Nebenwirkung.

Am Schluss des Beispiels klappert ein QMapIterator die Liste Eintrag für Eintrag ab. Im Gegensatz zu den bisher vorgestellten Iteratoren besitzt er die Methoden key() und value(), um der Natur der Datenstruktur gerecht zu werden.

Eigene Datentypen müssen für die Verwendung in assoziativen Arrays besondere Bedingungen erfüllen: Um mit einer QMap sortierbar zu sein, muss ein Datentyp den Kleiner-Operator (operator<()) implementieren. Wir vollziehen dies anhand einer Datensatzklasse nach, die Vor- und Nachname speichert:

```cpp
// customvaluedemo/datensatz.h

#ifndef DATENSATZ_H
```

```
#define DATENSATZ_H

#include <QString>
#include <QHash>

class Datensatz {
  public:
    Datensatz(const QString &nachname, const QString &vorname)
    {
      m_vorname = vorname;
      m_nachname = nachname;
    }

    QString vorname() const { return m_vorname; }
    QString nachname() const { return m_nachname; }

  private:
    QString m_vorname;
    QString m_nachname;
};
```

Nun implementieren wir den benötigten Kleiner-Operator:

```
// customvaluedemo/datensatz.h (fortgesetzt)

inline bool operator<(const Datensatz &e1, const Datensatz &e2)
{
  if ( e1.nachname() != e2.nachname() )
    return e1.nachname() < e2.nachname();
  return e1.vorname() < e2.vorname();
}
```

Das folgende Beispiel speichert die Datensätze zusammen mit einer ID, die die Personalnummer darstellt:

```
// customvaluedemo/main.cpp

#include "datensatz.h"
#include <QHash>
#include <QMap>
#include <QSet>
#include <QDebug>

int main()
{
  Datensatz d1("Molkentin", "Daniel");
  Datensatz d2("Molkentin", "Moritz");
  Datensatz d3("Molkentin", "Philipp");

  QMap<int, Datensatz> map;
```

```
map.insert(0, d1);
map.insert(1, d2);
map.insert(2, d3);

QMapIterator<int, Datensatz> mi(map);
while ( mi.hasNext() ) {
  mi.next();
  qDebug() << mi.key() << ":"
          << mi.value().nachname() << mi.value().vorname();
}
```

Den zusätzlichen **QHash**-Header benötigen wir auf Seite 412, wo wir unsere Klasse kompatibel zu Hashes machen.

Anforderungen an Schlüsselelemente

Da **QMap** die Einträge sortiert, muss auch die Klasse, die als Schlüssel verwendet wird, einen Kleiner-als-Operator (hier: <) besitzen, damit der Container eine (streng monotone) Ordnung aufstellen kann. Verwendet man Klassen ohne einen solchen Operator, beschwert sich der Compiler über dessen fehlende Definition.

B.4.2 Mehrere gleiche Schlüssel zulassen (QMultiMap)

Einen Nachteil hat **QMap** jedoch: Sie lässt mehrere Schlüssel mit ein und derselben Bezeichnung nicht zu. Belegt man einen Schlüssel ein zweites Mal mit einem anderen Wert, ist der vorherige Wert verloren, weil überschrieben.

Doch was ist mit folgendem Szenario? Ein Sägewerk erhält täglich Lieferungen verschiedener Baumstämme. Ein Arbeiter soll die Anzahl der Stämme und deren Holzart erfassen. Dem Betreiber ist es aber wichtig, die einzelnen Lieferungen für spätere statistische Auswertungen als getrennte Datensätze zu speichern.[6]

Hierfür sieht Trolltech die Klasse **QMultiMap** vor. Diese unterscheidet sich in einigen Punkten wesentlich von **QMap**: Zum einen kann sie mehrere Datensätze mit ein und demselben Schlüssel speichern. Zum anderen verzichtet **QMultiMap** aus technischen Gründen auf den Indexoperator, **value()** liefert immer das zuletzt eingefügte Element, ebenso wie **replace()**.

Um alle Datensätze auszulesen, die sich hinter einem bestimmten Schlüssel verbergen, ist **values()** die Methode der Wahl. Sie gibt eine **QList** aller Werte für einen bestimmten Schlüssel zurück, den man als Parameter an die Methode übergibt.

---

[6] Zugegeben: Vermutlich würde man solche Problemstellungen in Wirklichkeit mit einer SQL-Datenbank lösen. Wer sich für Datenbankzugriff interessiert, sei auf Kapitel 9 verwiesen, wo das Thema SQL-Datenbanken ausführlicher behandelt wird.

Der folgende Code setzt das Sägewerk-Beispiel mit Hilfe einer **QMultiMap** um. Jede **insert()**-Anweisung fügt ein neues Element ein, ohne einen eventuell schon bestehenden Schlüssel zu überschreiben. Die Integerliste **buchen**, die **values()** zusammengestellt hat, enthält alle eingegangenen Buchenstämme beginnend mit dem zuletzt eingefügten Wert:

```cpp
// multimapdemo/main.cpp

#include <QMap>
#include <QDebug>

int main()
{
  QMultiMap<QString, int> staemme;
  staemme.insert("Buche", 100);
  staemme.insert("Pinie", 50);
  staemme.insert("Fichte", 50);
  staemme.insert("Buche", 20);
  staemme.insert("Tanne", 70);
  staemme.insert("Buche", 40);

  QList<int> buchen = staemme.values("Buche");
  qDebug() << buchen; // Ausgabe: 40, 20, 100
  return 0;
}
```

Zusätzlich bietet **QMultiMap** die Additionsoperatoren + und += an, mit deren Hilfe sich mehrere Zuordnungstabellen zu einer einzigen vereinigen lassen. Für unser Beispiel bedeutet das, dass wir die Eingänge mehrerer Werke ganz einfach zusammenfassen können. In diesem Fall lohnt sich gegebenenfalls auch eine Typendefinition:

```cpp
typedef QMultiMap<QString, int> StammZahlMultiMap;
...
StammZahlMultiMap werk1erg = werk1.eingaenge();
StammZahlMultiMap werk2erg = werk2.eingaenge();
StammZahlMultiMap werk3erg = werk3.eingaenge();

StammZahlMultiMap gesamt = werk1erg + werk2erg + werk3erg;
```

Hier nehmen wir an, dass die bereits vordefinierten Objekte **werk1**, **werk2** und **werk3** eine Methode **eingaenge()** besitzen, die eine **StammZahlMultiMap** zurückgeben. Nun enthält die **QMultiMap gesamt** die Eingänge aller Werke.

B.4.3 Hashtabellen mit QHash

Die Datenstruktur **QHash** ist in ihrer Funktionsweise der **QMap** sehr ähnlich. Während **QMap** die Einträge nach den Schlüsseln vorsortiert, verwendet **QHash** intern eine Hashtabelle. Das bedeutet, dass ein **QHash** unsortiert ist. Zum Ausgleich winkt eine im Vergleich zu **QMap** leicht bessere Geschwindigkeit beim Suchen nach Schlüsseln.

Die API der beiden Datenstrukturen ist jedoch nahezu identisch, weshalb wir das erste **QMap**-Beispiel von Seite 406 per Suchen und Ersetzen auf **QHash** umschreiben können:

```cpp
// hashdemo/main.cpp

#include <QHash>
#include <QHashIterator>
#include <QDebug>

int main()
{
  QHash<QString, int> hash;

  hash["eins"] = 1; // Einfügen via []-Operator
  hash["zwei"] = 2;
  hash.insert("sieben", 7); // Einfügen via insert()

  qDebug() << hash["sieben"]; // Wert via []-Operator
  qDebug() << hash.value("sieben"); // Wert via value()

  QHashIterator<QString, int> i(hash);
  while (i.hasNext()) {
    i.next();
    qDebug() << i.key() << ":" << i.value();
  }
  return 0;
}
```

Auch bei **QHash** ist der Indexoperator gefährlich, da er ebenfalls einen neuen Eintrag einfügt, falls ein Wert nicht gefunden wurde. Für Abhilfe sorgt wieder die Methode **value()**. Sie erzeugt einen Leereintrag, falls der Wert im Hash fehlt, gibt ihn jedoch nur zurück, ohne ihn in den Hash einzufügen.

Interessant wird es, wenn es ums Erstellen eigener Klassen geht. Sie benötigen einen Vergleichsoperator **operator==()** sowie eine auf sie spezialisierte Hilfsfunktion namens **qHash()**.

Der Index-Operator ist schnell implementiert: Er vergleicht die Vor- und Nachnamenstrings beider Klassen und liefert bei Gleichheit **true**, anderenfalls **false** zurück.

Den Hash sauber zu berechnen ist ungleich schwieriger, denn diese Zahl muss ein Element eindeutig von anderen Elementen in einer **QHash**-Instanz unterscheiden. Da die **qHash()**-Hilfsmethode für alle primitiven und von Qt vorgegebenen Datentypen implementiert ist, können wir hier auf die spezifische Hashfunktion für **QString** zurückgreifen, um einen Hashwert für Vor- und Nachnamen zu errechnen.

Die Verknüpfung mittels exklusivem Oder (^) erzeugt aus den beiden Schlüsseln wiederum einen eindeutigen Schlüssel:

```
// customvaluedemo/datensatz.h (fortgesetzt)

inline bool operator==(const Datensatz &e1, const Datensatz &e2)
{
    return (e1.nachname() == e2.nachname())
        && (e1.vorname() == e2.vorname());
}

inline uint qHash(const Datensatz& key)
{
    return qHash(key.nachname()) ^ qHash(key.vorname());
}

#endif // DATENSATZ_H
```

Nun können wir unsere Datenstruktur genauso mit **QHash** benutzen, wie wir es eben mit **QMap** getan haben. Zu Demonstrationszwecken gibt das Beispiel darüberhinaus den Hashwert für jeden Eintrag im Hash aus:

```
// customvaluedemo/main.cpp (fortgesetzt)

  QHash<int, Datensatz> hash;
  hash.insert(0, d1);
  hash.insert(1, d2);
  hash.insert(2, d3);

  QHashIterator<int, Datensatz> hi(hash);
  while ( hi.hasNext() ) {
    hi.next();
    qDebug() << hi.key() << ":"
            << hi.value().nachname() << hi.value().vorname();
    qDebug() << qHash(hi.value());
  }
```

Genau wie **QMap** besitzt auch **QHash** eine Unterklasse, die die Aufnahme von Einträgen mit identischem Schlüssel erlaubt. Sie heißt **QMultiHash** und verändert das Verhalten von **insert()**, das nun nicht mehr einen eventuell bestehenden Eintrag überschreibt, sowie das von **replace()**, das hier den zuletzt eingefügten Eintrag im Hash ersetzt, falls mehrere Einträge den gleichen Schlüssel besitzen.

Analog zu **QMultiMap** erlaubt es **QMultiHash** zudem, mehrere **QMultiHashes** per +-Operator zu einem Hash zu vereinigen.

B.4.4 Hash-basierte Mengen mit QSet

Wer kein assoziatives Array, sondern eine einfache Liste benötigt, die nicht sortiert sein muss, jedoch das Auffinden von Daten sehr schnell ermöglichen soll, für den eignet sich QSet möglicherweise optimal.

QSet ist intern als QHash implementiert, bietet jedoch viele QString-Semantiken, etwa das Durchlaufen aller Elemente per foreach().

Dies verdeutlichen wir an unserem Datensatz-Beispiel, bei dem wir die zuvor erzeugten Einträge in ein spezialisiertes QSet einfügen. Hierzu verwenden wir den <<-Operator. Die Liste selbst durchlaufen wir mit foreach():

```cpp
// customvaluedemo/main.cpp (fortgesetzt)

  QSet<Datensatz> set;
  set << d1 << d2 << d3;

  foreach(Datensatz d, set)
    qDebug() << d.nachname() << ":" << d.vorname();

  return 0;
}
```

Zusätzlich bietet QSet alle grundlegenden, aus der Mathematik bekannten Operationen für Mengen, wie Vereinigung oder Subtraktion. Das folgende Beispiel erstellt zwei Mengen und subtrahiert identische Elemente, bildet also die Differenzmenge einer der beiden Mengen bezüglich der anderen. Die dafür zuständige Methode subtract() bezieht sich unmittelbar auf das Objekt, das sie aufruft, hier also das Mengenobjekt set1. Ihm entzieht sie alle Elemente, die auch in set2 vorhanden sind:

```cpp
// setdemo/main.cpp

#include <QSet>
#include <QDebug>

int main()
{
  QSet<int> set1;
  set1 << 1 << 2 << 3 << 4 << 5 << 6;
  QSet<int> set2;
  set2 << 4 << 5 << 6 << 7 << 8 << 9;
  set1.subtract(set2);
  // Ausgabe: 1,2, 3
  qDebug() << "Schnittmenge:" << set1;

  return 0;
}
```

Analog existieren die Methoden **unite()** für die Vereinigung und **intersect()** zur Bildung der Schnittmenge. Auch sie verändern die **QSet**-Instanz, auf der sie aufgerufen werden.

B.5 Algorithmen

B.5.1 Das foreach-Schlüsselwort

Als Alternative zu **const**-Iteratoren existiert das Makro **foreach()**:

```
// stringlistdemo/main.cpp

#include <QStringList>
#include <QDebug>

int main()
{
  QStringList names;
  names << "Patricia" << "Markus" << "Uli";
  foreach(QString name, names)
    qDebug() << name;
  return 0;
}
```

Wer die Verunreinigung des C++-Namensraums nicht mag (C++-Erfinder Stroustrup erwägt ein natives **foreach**-Schlüsselwort in kommenden Sprachversionen), kann stattdessen das Synonym **Q_FOREACH()** verwenden. Das Makro ist geringfügig langsamer als ein **const**-Iterator, was aber nur bei großen Datenstrukturen ins Gewicht fällt.

Es unterstützt darüber hinaus alle Gültigkeitseigenschaften für Variablendeklarationen, über die auch **for()** verfügt. So ist eine im Schleifenkopf deklarierte Variable bei ISO-konformen Compilern außerhalb der Schleife nicht mehr gültig.

Wichtig zu beachten ist, dass **foreach()** eine Kopie der Datenstruktur erstellt. Eine Modifikation der Liste berührt das Original also nicht. Wer jetzt Sorge hat, dass Qt eine vollwertige Kopie der Liste erstellt, sei beruhigt: Auch bei Listen greift Qt zum impliziten Sharing (siehe Seite 38).

Dass **foreach()** Kopien der Datenstruktur anlegt, hat weitere positive Aspekte:

```
foreach(QString results, results())
  ...
```

Falls hinter **results()** eine Operation mit den Kosten k steckt und die Funktion einen Container mit i Einträgen zurückgibt, entstünden bei einer gewöhnlichen for-Schleife Kosten von $k * i$ ($O(n)$). Die Kopie sorgt für einen Caching-Effekt, der die Kosten k auf linearen Aufwand ($O(1)$) herunterbringt, sie entstehen nur einmal.

B.5.2 Sortieren

Tulip bringt auch Funktionen zum Sortieren von Daten innerhalb von Containern mit. Die wohl am häufigsten benutzte heißt **qSort()** und erwartet einen Container als Argument, den sie mit dem Heap-Sort-Algorithmus sortiert:

```cpp
// listdemo/main.cpp

#include <QList>
#include <QDebug>

int main()
{
  QList<int> werte;
  werte << 1 << 10 << 5 << 6 << 7 << 3;
  qSort(werte);
  qDebug() << werte; // Ausgabe: ( 1, 3, 5, 6, 7, 10 )
  return 0;
}
```

Dieser ist auch bei großen Datenmengen sehr effizient, denn er arbeitet in linear-logarithmischer Zeit ($O(n \log n)$).

Zum Sortieren der Elemente zieht die Funktion den C++-Vergleichsoperator **operator<()** zu Rate. Bei zwei für diesen Operator identischen Werten lässt es die Implementierung von **qSort()** offen, ob die Elemente während des Sortiervorgangs getauscht werden oder nicht. Wenn **operator<()** nicht alle Objekteigenschaften vergleicht, können dabei subtile Unterschiede entstehen.

Deshalb gibt es zusätzlich die Funktion **qStableSort()**, die ebenfalls vermöge des Heap-Sort-Algorithmus implementiert ist. Im Gegensatz zu **qSort()** sichert sie jedoch zu, dass zwei wertidentische Elemente immer in der ursprünglichen Reihenfolge bleiben.

Beide Funktionen verfügen zusätzlich über je eine überladene Variante: So akzeptieren sie alternativ statt eines kompletten Containers zwei Iteratoren, von denen der erste auf das erste zu sortierende Element und der zweite auf das Element *nach* dem letzten zu sortierenden Objekt zeigt. Diese Variante akzeptiert alternativ noch einen Funktionszeiger auf eine Funktion, die dann statt **operator<()** als Vergleichsoperation herangezogen wird.

Dabei muss diese Vergleichsfunktion zwei Parameter vom gleichen Typ annehmen und vergleichen:

```
// sortdemo/main.cpp

#include <QStringList>
#include <QDebug>

bool caseInsensitiveLessThan(const QString &s1, const QString &s2)
{
  return s1.toLower() < s2.toLower();
}

int main()
{
  QStringList list;
  list << "AlPha" << "beTA" << "gamma" << "DELTA";
  qSort(list.begin(), list.end(), caseInsensitiveLessThan);
  qDebug() << list; // ( "AlPha", "beTA", "DELTA", "gamma" )
  return 0;
}
```

B.5.3   Suche in unsortierten Containern

Um einen Wert in einem Container zu finden, verfügt Tulip über die Funktion qFind(). Sie findet den als drittes Argument gegebenen Wert, beginnend bei dem Element, auf das der als erstes Argument genannte Iterator zeigt. Das Element *vor* dem Objekt, auf das der als zweites Argument übergebene Iterator weist, markiert das letzte Element des Suchbereichs.

Findet die Funktion den Wert, so gibt sie einen Iterator auf das als erstes gefundene Objekt zurück, anderenfalls den Iteratorwert **end()**.

Das folgende Beispiel sucht in einer Liste von Fruchtnamen zunächst das Wort **Birne** und anschließend nach einer **Orange**:

```
// finddemo/main.cpp

#include <QStringList>
#include <QDebug>

int main()
{
  QStringList liste;
  liste << "Apfel" << "Birne" << "Banane";

  QStringList::iterator i1 = qFind(liste.begin(), liste.end(), "Birne");
  // i1 == liste.begin() + 1

  QStringList::iterator i2 = qFind(liste.begin(), liste.end(), "Orange");
  // i2 == liste.end()
```

```
  return 0;
}
```

Nach Ablauf dieses Codes ruht der Iterator **i1** auf dem zweiten Element, während **i2** auf **end()**, gemäß STL-Iterator-Logik also auf das (undefinierte) Element hinter **Banane** zeigt.

B.5.4 Containerbereiche kopieren

Die **qCopy()**-Funktion erlaubt es, mehrere Elemente aus einem Container in einen anderen zu kopieren. Dabei erwartet die Funktion zwei Iteratoren, die das erste Element sowie das Objekt hinter dem letzten zu kopierenden Element angeben. Der dritte Parameter nennt die Position, an dem das erste Element im Zielcontainer erscheinen soll:

```cpp
// qcopydemo/main.cpp

#include <QStringList>
#include <QVector>
#include <QDebug>

int main()
{
  QStringList liste;
  liste << "eins" << "zwei" << "drei";

  QVector<QString> vect(liste.size());
  qCopy(liste.begin(), liste.end(), vect.begin());
  qDebug() << vect; // Ausgabe: ( "eins", "zwei", "drei" )
  return 0;
}
```

qCopyBackward() ist fast identisch mit **qCopy()**, fügt die zu kopierenden Werte jedoch ab dem angegebenen Element des zweiten Containers von hinten nach vorne ein, so dass sie vorwärts gelesen ihre korrekte Reihenfolge beibehalten:

```cpp
// backwardcopy/main.cpp

#include <QStringList>
#include <QVector>
#include <QDebug>

int main()
{
  QStringList list;
  list << "eins" << "zwei" << "drei";
```

```
QVector<QString> vect(5);
qCopyBackward(list.begin(), list.end(), vect.end());
qDebug() << vect; // Ausgabe: ( "", "", "eins", "zwei", "drei" )
return 0;
}
```

Das Beispiel zeigt, dass der Zielcontainer bereits ausreichend Speicherplätze allo-kiert haben muss. Bei **QVector** geschieht dies im Konstruktor durch Übergabe der Listengröße.

B.5.5 Binärsuche in sortierten Containern

In einer aufsteigend sortierten Liste kann man die Kosten mit Hilfe der binären Suche von linearen ($O(n)$) auf logarithmische ($O(\log n)$) reduzieren. Um eine Liste aufsteigend zu sortieren, eignet sich **qSort()** (siehe Seite 415).

qBinaryFind() implementiert die Binärsuche in Qt. Die Funktion erwartet zwei STL-Iteratoren, die jeweils auf den Anfang und hinter das Ende des zu durchsuchenden Bereichs weisen müssen. Der dritte Parameter ist der zu suchende Wert.

Folgendes Beispiel durchsucht eine Liste mit Zahlen nach der Ziffer 6, wobei der Iterator das dritte Element als Ergebnis liefert:

```
// binaryfinddemo/main.cpp

#include <QList>
#include <QDebug>

int main() {
  QList<int> zahlen;
  zahlen << 1 << 5 << 6 << 7 << 9 << 11;
  QList<int>::iterator it;
  it = qBinaryFind(zahlen.begin(), zahlen.end(), 6);
  // it == zahlen.begin() + 2
  qDebug() << *it; // 6
```

Sobald mehrere Werte auftreten, die der zum Vergleich herangezogene **operator<()** als ungleich erkennt, kommt es jedoch zu Problemen, denn es ist nicht definiert, auf welchen der (gleichen) Werte der zurückgegebene Iterator zeigt:

```
// binaryfinddemo/main.cpp (fortgesetzt)

  zahlen.clear();
  zahlen << 1 << 6 << 6 << 6 << 9 << 11;
  it = qBinaryFind(zahlen.begin(), zahlen.end(), 6);
  // it == zahlen.begin() + 1 oder
  // it == zahlen.begin() + 2 oder
  // it == zahlen.begin() + 3
```

```
  qDebug() << *it;

  return 0;
}
```

Das ist im Normalfall egal, wird aber dann entscheidend, wenn es darum geht, die Einfügeposition für ein neues Element zu ermitteln. Für diesen Fall gibt es die Methoden **qLowerBound()** und **qUpperBound()**. Beide erwarten die gleichen Parameter wie **qBinaryFind()** und führen ebenfalls eine Binärsuche durch. Sie verhalten sich jedoch im Anschluss anders.

qLowerBound() gibt einen Iterator auf das erste gefundene Element zurück. Falls das gesuchte Element nicht existiert, bleibt es *hinter* der als geeignet erachteten Einfügestelle stehen. So fügt ein nachfolgendes **insert()** den Wert in beiden Fällen an der lexikografisch korrekten Position ein, wie folgende Beispiele zeigen:

```
// upperlowerbound/main.cpp

#include <QDebug>
#include <QList>
#include <QVector>

int main()
{
  QList<int> liste;
  liste << 3 << 3 << 6 << 6 << 6 << 8;

  QList<int>::iterator it;
  it = qLowerBound(liste.begin(), liste.end(), 5);
  liste.insert(it, 5);
  qDebug() << liste; // Ausgabe: ( 3, 3, 5, 6, 6, 6, 8 )

  it = qLowerBound(liste.begin(), liste.end(), 12);
  liste.insert(it, 12);
  qDebug() << liste; // Ausgabe: ( 3, 3, 5, 6, 6, 6, 8, 12 )

  it = qLowerBound(liste.begin(), liste.end(), 12);
  liste.insert(it, 12);
  qDebug() << liste; // Ausgabe: ( 3, 3, 5, 6, 6, 6, 8, 12, 12 )
```

Im Gegensatz zu **qLowerBound()** platziert **qUpperBound()** den Iterator *hinter* dem gefundenen Wert. Ansonsten teilt es alle Eigenschaften von **qLowerBound()**.

qUpperBound() und **qLowerBound()** können so auch Elemente gleicher Wertigkeit von beiden Seiten eingrenzen:

```
// upperlowerbound/main.cpp (fortgesetzt)

  QVector<int> vect;
  vect << 3 << 3 << 6 << 6 << 6 << 8;
```

```
QVector<int>::iterator begin6 =
    qLowerBound(vect.begin(), vect.end(), 6);
QVector<int>::iterator end6 =
    qUpperBound(vect.begin(), vect.end(), 6);
QVector<int> vect2(end6-begin6);
qCopy(begin6, end6, vect2.begin());
qDebug() << vect2; // Ausgabe: ( 6, 6, 6 )
```

Durch Subtraktion der beiden Iteratoren voneinander erhalten wir die Anzahl der gleichen Elemente. Diese benötigen wir, um einen Vektor mit einer ausreichenden Anzahl an Leerelementen zu erstellen, denn qCopy() fügt keine neuen Elemente in die Datenstruktur ein.

B.5.6   Vorkommen gleicher Elementen zählen

Die Methode **qCount()** zählt, wie oft ein Objekt oder Wert innerhalb eines Containers vorkommt. Es erwartet als ersten Parameter einen Iterator auf das erste zu prüfende Element, gefolgt von einem Iterator auf das Element hinter dem letzten zu zählenden Element sowie dem zu zählenden Objekt. Dieses muss vom selben Typ wie der Container sein. Als letztes Argument erwartet **qCount()** eine Ganzzahl-Variable, in der es die Anzahl der Vorkommnisse speichert. Folgendes Beispiel verdeutlicht die Arbeitsweise von **qCount()** anhand einer Liste von Ganzzahlwerten:

```
// upperlowerbound/main.cpp (fortgesetzt)

  int anzahl6 = qCount(vect.begin(), vect.end(), 6);
  qDebug() << anzahl6; // 3
  return 0;
}
```

B.5.7   Zeiger in Listen löschen

Wenn Qt-Container, etwa eine **QList**, mit Pointern auf Elemente gefüllt sind, genügt ein einfaches **liste.clear()** nicht, da dies nur die Zeiger aus der Liste entfernt, jedoch nicht die Liste löscht.

Dafür ist die Methode **qDeleteAll()** zuständig, die in zwei Varianten existiert. Eine erwartet einen Container und löscht alle Elemente, die andere erwartet zwei Iteratoren, zwischen denen sie alle Elemente löscht.

Das folgende Codebeispiel entfernt alle Elemente aus einer Liste und leert diese anschließend:

```
...
QList<Obst *> liste;
liste.append(new Obst("Birne"));
```

```
liste.append(new Obst("Apfel"));
liste.append(new Obst("Orange"));

qDeleteAll(liste);
liste.clear();
...
```

B.5.8 Datenstrukturbereiche auf elementweise Gleichheit prüfen

Manchmal ist es notwendig, die Inhalte zweier Listen selben Typs miteinander zu vergleichen, die in verschiedenen Datenstrukturen gehalten werden. Ein Beispiel dafür sind die Datenstrukturen **QStringList** und **QVector<QString>**. Die Stringliste entspricht **QList<QString>**, so dass hier derselbe Datentyp in zwei verschiedenen Containern liegt.

Die Funktion **qEqual()** ist nun in der Lage, Teilbereiche zweier solcher Strukturen miteinander zu vergleichen. Dabei erwartet sie drei Parameter: Zwei STL-Iteratoren, von denen einer den Beginn und der andere das Ende des zu vergleichenden Bereichs in der ersten Datenstruktur markiert. Der dritte Parameter, ein Iterator der zweiten Datenstruktur, zeigt auf das Element, ab dem bis zum Containerende verglichen werden soll.

Entsprechend legt das folgende Programm zwei Container an und vergleicht alle Elemente auf Gleichheit:

```cpp
// qequaldemo/main.cpp

#include <QStringList>
#include <QVector>
#include <QDebug>

int main()
{
  QStringList list;
  list << "eins" << "zwei" << "drei";

  QVector<QString> vect(3);
  vect[0] = "eins";
  vect[1] = "zwei";
  vect[2] = "drei";

  bool ret = qEqual(list.begin(), list.end(), vect.begin());
  qDebug() << ret; // Ausgabe: true

  return 0;
}
```

Ändern wir nun eines der Elemente in einer der Datenstrukturen (etwa, wie folgt, im Vektor):

```
vect[2] = "zehn";
```

..., stellt **qEqual()** Ungleichheit fest.

B.5.9   Datenstrukturen auffüllen

Manchmal ist es nötig, gewisse Teile einer Liste mit einem Wert zu füllen. Bei Qt übernimmt das die Funktion **qFill()**, die als Parameter zwei Iteratoren erwartet: Der erste gibt den Beginn des zu überschreibenden Bereichs an, der zweite das Ende. Der dritte Parameter legt den einzufüllenden Wert fest.

Wenn wir die komplette Liste überschreiben wollen, geben wir die **begin()**- und **end()**-Iteratoren unserer Liste an:

```
// fillzero/main.cpp

#include <QList>
#include <QDebug>

int main()
{
  QList<int> werte;
  werte << 1 << 4 << 7 << 9;
  // Inhalt von werte: 1, 4, 7, 9
  qFill(werte.begin(), werte.end(), 0);
  qDebug() << werte; // Ausgabe: ( 0, 0, 0, 0 )
  return 0;
}
```

Wenn wir statt einer **QList** einen **QVector** verwenden, können wir statt **qFill()** auch die **QVector**-Methode **fill()** verwenden. Meist ist **QVector** für die Zwecke, die ein Füllen nötig machen, die bessere Wahl.

B.5.10   Werte tauschen

Die Funktion **qSwap()** vertauscht die Inhalte zweier beliebiger Datencontainer:

```
int a,b;
a = 1; b = 2;
qSwap(a,b);
qDebug() << "a=" << a << "b=" << b; // Ausgabe: a=2 b=1
```

B.5.11 Minima, Maxima und Grenzen

Um das wertmäßig größere zweier Elemente zu ermitteln, stellt Qt die Template-Funktionen **qMin()** und **qMax()** zur Verfügung. Beide Argumente müssen vom gleichen Typ sein. Falls es sich nicht um einen POD[7], sondern um eine Werte-basierte Klasse handelt, muss diese den Operator < gültig implementieren:

```cpp
// qmindemo/main.cpp

#include <QList>
#include <QDebug>

int main()
{
  // POD auf Maximum vergleichen
  int max = qMax(100, 200); // max == 200

  // Klasse (QString) auf lexikografisches
  // Minimum vergleichen
  QString s1 = "Daniel";
  QString s2 = "Patricia";
  QString min = qMin(s1, s2);
  qDebug() << min; // Ausgabe: "Daniel"
}
```

Soll ein Wert zwingend in einem bestimmten Wertebereich liegen, hilft **qBound()**. Diese Template-Funktion gibt den oberen bzw. unteren Grenzwert zurück, falls er größer als der Maximal- oder kleiner als der Minimalwert ist. Andernfalls erhält man den echten Wert unverändert zurück.

Folgende Methode für einen Radiotuner stellt sicher, dass der Anwender keine Frequenz außerhalb des für Europa gültigen UKW-Bandes anwählen kann:

```cpp
int Tuner::createValidFreq(qreal freq)
{
  return qBound(87.5, freq, 108.0);
}
```

Weder **qBound()** noch **qMax()** und **qMin()** verändern die Eingabedaten. Sie geben eine **const**-Referenz auf den jeweils von der Funktion ermittelten Wert zurück.

B.5.12 Betrag bestimmen

Die C-Bibliothek erlaubt es über die Funktion **abs()**, den Betrag eines Ganzzahl-Werts zu berechnen. Entsprechend existiert **fabs()** für die Berechnung des Betrags

---

[7] *Plain Old Datatype*, also alle von der Sprache definierten Datentypen wie **int** oder **bool**.

für Fließkommazahlen. Qt definiert die Methode **qAbs()**, die den Betrag für alle PODs ausrechnen kann. Zusätzlich funktioniert sie auch mit allen Klassen, die den Negations- sowie den Vergleichsoperator >= implementieren.

Das folgende Beispiel, das etwa in einem Fenstermanager auftauchen könnte, stellt sicher, dass der obere rechte Punkt eines Fensters nicht oberhalb des Punktes (0; 0), also der oberen rechten Ecke, liegt und nimmt an, dass eigentlich positive Werte gemeint waren:

```
void WindowManager::placeWindow(WId win, const QPoint& topRight)
{
...
QPoint actualPosition = qAbs(topRight);

...
}
```

B.6   Qt-eigene Typdefinitionen

Um sicherzustellen, dass Qt auf allen unterstützten Plattformen dieselben Eigenschaften besitzt, nutzt die Bibliothek für die meisten PODs eigene Definitionen. Nähere Informationen zu den Notwendigkeiten von plattformunabhängigen Datentypen bietet ein Buch von Brian Hook.[8] Trolltech definiert all diese Typen mit dem **typedef**-Kommando, verwendet also keine Makros. Das bietet den Vorteil, dass der Compiler besser mit ihnen arbeiten kann und die Fehlermeldungen auf die Qt-Typen lauten, was die Fehlersuche erleichtert.

B.6.1   Ganzzahl-Typen

Vorzeichenbehaftete Typen

- **qint8**-Variablen sind 8 Bit breit (Wertebereich: -128 – $+127$).

- **qint16**-Werte umfassen 16 Bit (Wertebereich: $-32\,768$ – $+32\,767$).

- **qint32**-Integer nehmen 32 Bit in Anspruch (Wertebereich: $-2\,147\,483\,648$ – $+2\,147\,483\,647$).

- **qint64**-Werte sind 64-Bit-Werte (Wertebereich: -2^{32} – $+2^{32} - 1$). Um solch große Werte als Literale zu erzeugen, existiert das **Q_INT64_C()**- Makro, denn einige Compiler unterstützen 64-Bit-Literale nicht direkt:

---

[8] Brian Hook, „Portabler Code", Open Source Press, München, 2006, ISBN 3-937514-19-8

```
qint64 value = Q_INT64_C(932838457459459);
```

qlonglong ist ein Synonym for **qint64**.

Vorzeichenlose Typen

- **quint8**-Werte sind 8 Bit groß (Wertebereich: 0 – 255).

- **quint16**-Werte umfassen 16 Bit (Wertebereich: 0 – 65 535).

- **quint32**-Werte sind 32 Bit breit (Wertebereich: 0 – 4 294 967 296).

- **quint64**-Integer nehmen 64 Bit in Anspruch (Wertebereich: $0 - +2^{64} - 1$). Um 64-Bit-Literale zu erzeugen, sollte man das **Q_UINT64_C()**-Makro benutzen, denn einige Compiler unterstützen so große Ganzzahl-Literale nicht direkt:

```
quint64 value = Q_UINT64_C(932838457459459);
```

Analog zu **qlonglong** ist **qulonglong** ist ein Synonym for **quint64**.

B.6.2 Fließkommazahlen

Mit **qreal** definiert Qt eine Fließkommazahl doppelter Genauigkeit. Sie entspricht dem C++-Typ **double**.

B.6.3 Kurzformen für gängige Typen

Folgende Definitionen verbessern nicht die Plattformunabhängigkeit, sondern ersparen lediglich die Eingabe von **long** für diejenigen, die nicht die von Qt definierten POD-Typdefinitionen verwenden:

- **uchar** entspricht **unsigned char**.

- **uint** entspricht **unsigned int**.

- **ulong** entspricht **unsigned long**.

- **ushort** entspricht **unsigned short**.

Index

open
source
PRESS

```c
int main(int argc, char **argv) {
   Writer *you;

   you = good_writer_create("<insert your name here>");

   if ((is_specialist(you, "Linux/Unix") ||
        is_specialist(you, "Open Source Software")) &&
      TRUE == want_to_write_book(you) &&
      TRUE == need_a_good_publisher_for_book(you)) {
    get_in_contact(you, "Open Source Press");
   }

   /* don't free 'you' as we want to re-use 'you'
      for another book */

   return 0;
}
```

www.opensourcepress.de